W0012795

Lehmann-Brauns · Die Eifelstädte und ihre Kirchen

Dem Ehepaar Schäfer
sehr herzlich gewidmet
von Ehe Germinsky/Lehmann-Brauns
nach dem Abend des 14. Mai 2005

Elke Lehmann-Brauns

Wasser, Wein, Vulkan und Stein

Die Eifelstädte und ihre Kirchen

Geschichte und Gegenwart in 22 Porträts

Mit Fotos der Autorin

J. P. Bachem Verlag Köln

Das Foto auf der Titelseite des Einbands zeigt die Laufenstraße in Monschau mit Haus Troistorff von 1783; im Hintergrund das Rote Haus und die Evangelische Kirche.

Vignette auf Seite 1: eine 360 Millionen Jahre alte Sonnenkoralle aus Gerolstein (Naturkundemuseum Gerolstein).

Foto auf der Rückseite des Einbandes: Nord- und Eulenturm von St. Clemens in Mayen.

Alle Fotos: Elke Lehmann-Brauns

Die Deutsche Bibliothek – CIP-Einheitsaufnahme

Lehmann-Brauns, Elke:
Die Eifelstädte und ihre Kirchen · Wasser, Wein, Vulkan und Stein /
Elke Lehmann-Brauns. Mit Fotos der Autorin. –
1. Aufl. – Köln · Bachem, 1999
   ISBN 3-7616-1358-X

Erste Auflage · 1999
© J. P. Bachem Verlag, Köln 1999
Einbandentwurf: Heike Unger, Köln
Satz und Druck: Druckerei J. P. Bachem GmbH & Co. KG Köln
Printed in Germany
ISBN 3-7616-1358-X

Inhalt

In Bitburgs Zentrum: Römische Statuette des thronenden Jupiter

Danksagung

Zum Entstehen meines Buches über die Städte der Eifel haben viele Fachkundige durch generöse Förderung beigetragen. An erster Stelle richte ich meinen besonderen Dank an Dr. Wolfgang Herborn vom Institut für geschichtliche Landeskunde der Rheinlande an der Bonner Universität. Er war ein wesentlicher und vielseitiger Ratgeber seit Beginn meiner Arbeit. Aufrichtigen Dank schulde ich auch Professor Franz Ronig, Bistumskonservator der Diözese Trier, der mir in Sachfragen zu Kirchenarchitektur und Ausstattung wertvolle Hinweise gab. Meine Dankbarkeit gilt ebenfalls Hochschullehrern der Bonner Universität: der Kunsthistoriker Professor Horst Hallensleben gab mir wichtige Anregungen zur Beschreibung der Heiligenfiguren des Mayener Bildhauers und Autodidakten Heinrich Alken. Er starb 1998. Professor Eduard Hegel von der Katholisch-Theologischen Fakultät beriet mich in theologischen Fragen, der Geologe Professor Wilhelm Meyer half mir großzügig durch Hinweise und Erläuterungen komplizierter Sachverhalte. Zu danken habe ich außerdem dem Baudirektor Klaus Markowitz in Mayen, der meinen Blick für den Wiederaufbau in der Nachkriegszeit schärfte und mich bis zum Schluß in meiner Arbeit durch Auskünfte unterstützte, und ferner dem Glasmalermeister Hans-Bernd Gossel. Der engste Mitarbeiter Georg Meistermanns führte mich in dessen »mit Glas gemalte« Kirchenfenster in Wittlich, Mayen und Heimbach ein.

Von unschätzbarem Wert waren für mich die vielfältigen Anregungen, die Aufmunterung und die Bestätigung, die ich während des Recherchierens und Schreibens von einem Eifelkenner, meinem Lektor Willy Leson, erfuhr. Ihm gilt mein tief empfundener Dank, wie vor allem auch meinem Mann, Claus Gennrich, der mir verständnisvoll und einfühlsam zur Seite stand und die Arbeit mittrug.

Bei meinen Untersuchungen und Befragungen vor Ort in den Städten traf ich auf großes Interesse, Entgegenkommen, Auskunftbereitschaft und Hilfestellung vor allem bei den Bürgermeistern, die meine Arbeit entscheidend bereicherten und mir Material zur Stadtgeschichte an die Hand gaben. Auch die Pfarrer unterstützten mich, Museumsdirektoren und viele Mitglieder von Geschichts- und Heimatvereinen, Stadtführer, Küster und Küsterinnen und besonders die Fremdenverkehrsvereine. Viele Bewohner trugen spontan zu Informationen bei. Ihnen allen sage ich meinen ganz besonderen Dank für ihr engagiertes Mitgestalten. Zu nennen sind in *Adenau*: Peter Becker, Friedel Röder, Bernd Schiffahrt; in *Bad Neuenahr-Ahrweiler*: Rainer Bös, Robert Bous, Herbert Rütten, Johannes Ulrich, Heike Wernz-Kaiser; in *Bad Münstereifel*: Hans-Joachim Bädorf, Harald Bongart, Paul Georg Neft, Joseph Matthias Ohlert, Frank G. Raschke, Josef Scherer; in *Bitburg*: Helmut Berscheid, Dietmar Henle, Anja Heyen, Werner Krämer, Graf Albrecht und Adda von Krockow, Hermann Ludwig Meiser, Dr. Peter Neu, Professor Marie Luise Niewodniczanska, Frank Schaal; in *Daun*: Harry Bergweiler, Dr. Iradj Eschghi, Gottfried Gilles, Franz Jung, Heinz Mengelkoch, Johanna Schiffels; in *Gerolstein*: Hermann Dahm, Irmgard Dunkel, Stefan Göbel, Georg Linnerth, Hiltrud Mertes, Eckhard Sander, Heinz Seiffer, Günther Socha, Maria Surges; in *Heimbach*: Wolfgang Marx, Joseph Olivier, Hans Günther Pütz, Karl Heinz Rommé; in *Hillesheim*: Johann Blum, Alois Faber, Martin Hank, Karl Kappel, Manfred Schmitz, Tassilo Sittmann, Matthias Stein, Helmut Stuck, Helga Thome; in *Kaisersesch*: Jakob Fuhrmann, Werner Lutz, Ursula Wagner; in *Kyllburg*: Hermann Hellinghausen, Anneliese Matschulies, Willy Müller, Josef Solchenbach, Thea Thömmes; in *Manderscheid*: Erich Gansemer,

Hans Gilles, Martha Hubertz, Dr. Martin Koziol, Rainer Schmitz; in *Mayen:* Inge Besche, Josef Brötz, Richard Busch, Günter Laux, Paul Milles, Ludwig Müller, Andreas Nöthen, Dr. Bernd Österwind; in *Mechernich:* Peter Dierichsweiler, Clemens Esser, Peter Geulen, Werner Kohser, Anton Könen, Dr. Peter Oberem, Peter Wassong, Sabine Weims; in *Mendig:* Ludwig Bell, Franz-Josef Blum, Ferdinand Fiege, Rita Hermann, Michael Hoellen, Josef Karst, Heinz Lempertz, Frank Neideck, Ottmar Schneider, Margaret Rawert, Karin Rieser; in *Monschau:* Karsten Adams, Dieter Franken, Anne Hoffmann, Franz-Peter Müsch, Karl-Heinz Lambertz, Caspar Seeger; in *Münstermaifeld:* Gertrud und Hermann-Josef Hoffmann, Michael Jaster, Dieter Müller, Gerd Müller, Josef Weiler; in *Neuerburg:* Hans Heinen, Norbert Klinkhammer, Hilmar Krämer, Josef Schmidt, Walter Simon; in *Nideggen:* Matthias Bergs, Rudolf Cremer, Peter Esser, Willy Hönscheid; in *Polch:* Gisela Ackermann-Minwegen, Ilma Adams, Anette Berressem, Werner Einig, Regine Gilles, Anton Reiter; in *Prüm:* Franz Josef Faas, Christian Krahwinkel, Robert Lürtzener, Dr. Reiner Nolden, Peter Pelz, Monika Rolef, Georg Sternitzke; in *Schleiden:* Philipp Cuck, Joseph Dederichs, Heinz Greving-Schröder, Wolfhart Hundhausen, Alfred Knips; in *Wittlich:* Dr. Marianne Bühler, Helmut Hagedorn, Simone Kaes-Torchiani, Karin Melder, Josef Niermann, Günter Thetard.

Schließlich danke ich all denen, die mir Bildmaterial überließen, und ganz besonders Leszek Hirch in Köln für bewährte und großzügige Beratung bei meinen Fotoarbeiten und für seine Handabzüge.

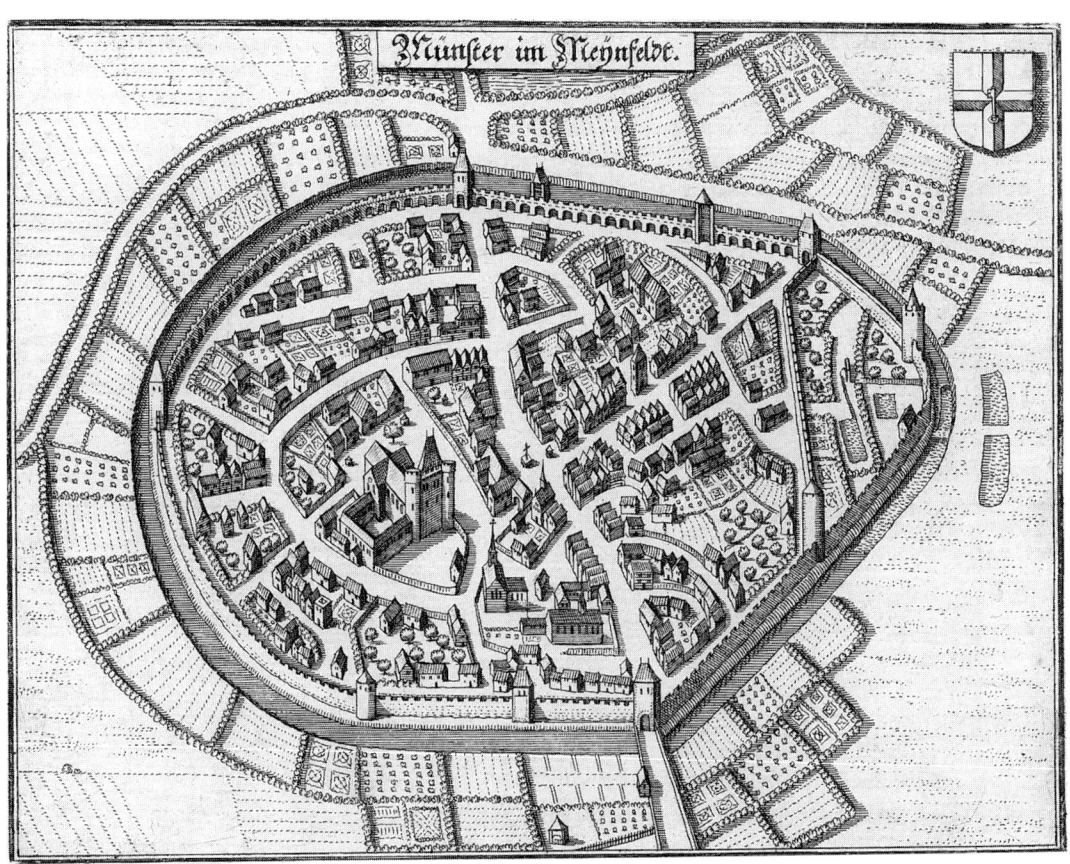

Stadtplan von Münstermaifeld aus dem Städte-Buch von Merian, 1664

Einführung

Die Städte der Eifel sind so unterschiedlich wie das vielgestaltige Gebirgsland selbst. Die naturbedingte Lage, Hinterlassenschaften der Römer, wie Verkehrswege und Kastelle, frühe Eisen-, Blei- und Steinindustrien, Handel, Gewerbe, Klöster, Stifte, Kirchen, Initiativkräfte und Persönlichkeiten prägten Orte von unverwechselbarem Charakter. Kriegszeiten hinterließen tiefe Spuren. Seit den Raubzügen Ludwigs XIV in den letzten Jahrzehnten des 17. Jahrhunderts stehen die meisten Burgen nur noch als Ruinen, die Städte waren niedergebrannt. Das Ausmaß der Zerstörung erreichte im Zweiten Weltkrieg einen weiteren Höhepunkt, als gegen Ende der Kämpfe im Winter 1944/45 im Zuge der Ardennenoffensive die Alliierten ihre Bombenangriffe flogen. Mancher Ort, wie Mayen, wurde zur »toten Stadt« erklärt. Das herrliche historische Monschau blieb wegen seiner engen Tallage verschont, und bald kamen die ersten Touristen, um das heile »Weltwunder« zu bestaunen. Den Verheerungen folgte der Wiederaufbau. Auch im 20. Jahrhundert richtete man sich meist nach den mittelalterlichen Stadtplänen, baute wieder über den alten Kellergewölben, so daß die ursprünglichen Strukturen überliefert sind.

Gründung der Städte

Die große Gründungswelle der kleinen Eifelstädte fällt, wie im übrigen Deutschland, in die zweite Hälfte des 13. Jahrhunderts und in das 14., nachdem die Vorreiter, wie Trier, Köln, Koblenz und Andernach, bereits aus römischen Städten und Kastellorten hervorgegangen waren. Die meisten Städte verdanken ihre Existenz territorialer Machtpolitik der drei großen rivalisierenden Landesherren: den Herzögen von Jülich und den Erzbischöfen von Köln und Trier. Im Kampf um Erweiterung und Sicherung ihrer Länder standen sich im Norden Jülich und Köln gegenüber, im Süden Trier und ebenfalls Köln. Alle drei nutzten Burgsiedlungen, die »Täler«, »Flecken« oder Dörfer zur strategischen Befestigung ihrer Territorien, indem sie sich bei den jeweiligen Königen für die Verleihung der Stadtrechte an diese Ortschaften einsetzten. Damit war nämlich die Verpflichtung zur Umwehrung mit Mauern, Türmen und Toren verbunden. Es entstanden Bollwerke, die abschreckten und vor Übergriffen schützten. Dazugehörige Privilegien wie Marktrecht, Befreiung von Zöllen, Steuer, Frondiensten, die eigene Gerichtsbarkeit und eigene Verfassung ließen die Orte wirtschaftlich erstarken, wovon der Landesfürst profitierte. Handel und Gewerbe blühten auf, die Bevölkerung wuchs. Allerdings fielen ihre Privilegien, die »Freiheiten«, unterschiedlich aus. Sie wurden nach Frankfurter, Aachener oder Koblenzer Recht gewährt und unterlagen der Auslegung des jeweiligen landesherrlichen Stadtherren. Je nach Vereinbarung mußten die Bürger Wach- und Wehrdienste leisten.

Wie heute stellten die kleinen Städte für die ländliche Umgebung wirtschaftliche und kulturelle Mittelpunkte dar und waren Verwaltungszentren für die Region. Denn zur Verankerung ihrer territorialen Macht hatten die Landesherren viele Orte zum Sitz eines Amtes gemacht. Prüm, das einstige Lieblingskloster der Karolinger und geistige Zentrum der Westeifel neben Trier, war zu dieser Zeit Fürstabtei geworden. Das Dorf Prüm jedoch besaß zwar seit dem Jahr 1016 Marktrecht, entwickelte sich aber erst durch die Auflösung des Klosters nach 1794, als ausgedehntes Gelände nahe der Abtei frei wurde. 1856 erhielt der Ort dann den Stadtstatus. Die Stiftsorte Münstereifel und Münstermaifeld sind dagegen mittelalterliche Stadtgründungen.

Entwicklung der Lebensgrundlagen

Die Berufszweige des freien Handwerkerstandes hatten, in Zünften organisiert, Wohlstand begründet, allen voran die Wollweber und auch die Gerber. Die Tuche wurden auf Messen in Frankfurt/Main, Köln und Leipzig verkauft. Stattliche Häuser des 17. und 18. Jahrhunderts bezeugen den Reichtum zum Beispiel noch in Adenau, Münstereifel, Neuerburg und in Monschau, dessen Stoffe Weltruf erlangten. Im Norden, im Schleidener Tal, blühte im 16. Jahrhundert unter Graf Dietrich IV von Manderscheid die überregionale Eisenindustrie. Die Toleranz der Manderscheider bereitete der neuen Lehre Luthers den Boden. Wie in Monschau war auch hier die tragende Schicht der Industrie protestantisch. Als sie wegen Unterdrückung im 17. Jahrhundert aus Schleiden nach Gemünd auswanderte, verlagerte sich die Eisenproduktion dorthin und erreichte im 19. Jahrhundert mit Unternehmern wie Schoeller und Poensgen in Deutschland bahnbrechende Erfolge. Aber die Bahnanbindung kam 1884 zu spät, um die Abwanderung der Firmen aufzuhalten. Eine bedeutende Steinindustrie mit Basaltlava trug die Wirtschaft von Mayen und Niedermendig, der Mühlsteinhandel war international. Gleichzeitig florierte Mayens Schieferabbau. 1853 begann man in Neuenahr und 1888 in Gerolstein, Tafel- und Sprudelwässer abzufüllen, die schnell Weltgeltung erzielten. Den Reichtum der Eifel an Quellen, deren aufsteigende Kohlensäure Nachwirkungen des Vulkanismus darstellt, nutzte seit 1900 ebenfalls Daun. In Bitburg wurde seit 1883 Bier nach Pilsener Art gebraut, es wurde zum Pionier in Deutschland für die Sorte Pils. Die namhafte Brauerei wird heute von der siebten Generation des Begründers geführt.

Gegen Ende des vorigen Jahrhunderts hatte sich die Eifel langsam von Einbrüchen der ins Abseits geratenen Industrien erholt und von den Hungerjahren nach Mißernten, die eine Auswandererwelle in die Vereinigten Staaten ausgelöst hatten. Mit einer Kuh, ein paar Ziegen und dem eigenen Stück Land hielten sich auch Städter, die keine Bauern waren, in Krisenzeiten über Wasser. Staatliche preußische Hilfsaktionen mit Eifelfonds stützten die Landwirtschaft, die seit Anbeginn das Fundament darstellte, was noch heute die Höfe in den Straßen demonstrieren. Systematische Aufforstung der zu Holzkohle verheizten Wälder trug Früchte, und vor allem gaben Schieneneröffnungen dem Handel und neuen Industrien durch verbesserte Absatzmöglichkeiten Auftrieb. Kartoffeln wurden waggonweise nach Köln verkauft. Mit der Bahn entwickelte sich lebhafter Fremdenverkehr, bis heute eine tragende Säule der Wirtschaft. Im Eifeler Hof von Kyllburg stieg Prominenz ab. Es hatte sich herumgesprochen, daß das »rheinische Sibirien« ein faszinierendes, ursprüngliches Gebirgsland ist. Auslöser war die Wander- und Reiselust im Schlepptau der Rheinromantik, die nun die Seitentäler eroberte und den Ahrtourismus begründete. Dichter wie Ernst Moritz Arndt oder Gottfried Kinkel schwärmten in ihren Schriften von der Eifel. Maler der Düsseldorfer Schule suchten und fanden Motive. Bädertourismus nach Kneippschem Verfahren sicherte dann auch Münstereifel nach 1881 das Überleben. Das ehemals geistige Zentrum der Nordeifel mit sechs Klöstern und berühmten Schulen war hart getroffen von der Säkularisation und hatte als Handels- und Gewerbezentrum den Anschluß an die neue Zeit verpaßt. Heute kommen außer Kurgästen im Jahr mehr als eine Million Tagestouristen in den historischen Ort.

Der gegenwärtige Fremdenverkehr läßt vielerorts den Besucher die Geologie der Eifel entdecken, führt ihn in Gerolstein zum »Mittelpunkt der Erde«. Die ungezählten Vulkane des Gebirgslandes, seine Maare und 360 Millionen Jahre alte Fossilien, spätestens seit Alexander von Humboldts Zeiten Gegenstand weltweiter Forschung, werden auch in Daun, Hillesheim und Manderscheid auf Geo-Pfaden und in Museen lebendig vor Augen geführt. »Vulkanpark rund um den Laacher See« heißt ein Großprojekt, an dem Mayen und Niedermendig teilhaben. Jeder Ort bemüht sich, Profil zu zeigen. Dazu gehört nicht zuletzt der Status als Stadt.

»Städtisches Gepräge« heute

Ahrweiler erhielt 1248 als erster Eifelort die Stadtrechte. Doch nicht alle Städte konnten ihren im Mittelalter verbrieften Rang behalten. Viele wurden zu Dörfern zurückgestuft, vor allem durch die neue Verwaltungsgliederung während der Fremdherrschaft der Franzosen (1794–1814) und auch durch die folgende preußische Städteordnung, die allerdings andere Orte wie Gemünd oder Prüm hochhob. Der Stachel der Degradierung wirkte nach. Daher nutzten etliche Orte, zum Beispiel Gerolstein, Daun und Kyllburg, die Phase des Wiederaufbaus nach dem Zweiten Weltkrieg in den fünfziger Jahren, um den Titel Stadt von der Landesregierung zurückzuerlangen. Bis in die jüngste Zeit macht sich dieser Ehrgeiz bemerkbar. 1997 bekamen Kaisersesch und Manderscheid am selben Tag die neue Urkunde, Gemeinden mit 2 861 und 1 400 Einwohnern. Aber auch ein aufstrebender Industrie- und Gewerbeort wie das alte Dorf Polch, das nie Stadt war, hatte sich 1987 mit Erfolg in Mainz beworben. Privilegien sind mit der Verleihung der Bezeichnung »Stadt« nicht mehr verbunden. Sie mag die Bewilligung öffentlicher Gelder erleichtern und birgt die Möglichkeit, in das von Bund und Land mitfinanzierte Städteförderungsprogramm aufgenommen zu werden. Die begehrte Aufwertung stellt jedoch eine offizielle Anerkennung von Leistungen der Gemeinden dar, die »städtisches Gepräge« nachweisen müssen, im Ortsbild und in der Bedeutung als wirtschaftliche, kulturelle und Verwaltungsmittelpunkte für das engere oder weitere Umland. Der Einzugsbereich ist gestaffelt von 10 000 bis zu 100 000 Bewohnern, die das »Unter- oder Mittelzentrum« versorgt (zum Beispiel Neuerburg oder Mayen). Oberzentren, wie Trier, liegen bereits außerhalb der Eifel. Die Bedingungen sind in den Gemeindeordnungen von Nordrhein-Westfalen und Rheinland-Pfalz, zu denen die Eifel gehört, gleich: »Die Bezeichnung Stadt kann Gemeinden verliehen werden, die nach Struktur, Siedlungsform, Gebietsumfang, Einwohnerzahl und anderen, die soziale und kulturelle Eigenart der

öffentlichen Gemeinschaft bestimmenden Merkmalen städtisches Gepräge haben.« Historischen Städten wird ihr Status nicht aberkannt. Die Einwohnerzahlen liegen zwischen 1 250 in Heimbach und 16 200/20 377 in Mayen. Die erste Zahl nennt die Einwohner der Kernstadt, die zweite enthält dazu die seit der Gebietsreform 1969/70 eingemeindeten Dörfer. Der Versorgungsgrad für Läden/ Märkte, Dienstleistungen, Behörden, Schulen, Krankenhaus, Wirtschaft und Kultur fällt unterschiedlich aus; nicht jede Stadt verfügt über ein Krankenhaus oder alle Schultypen. Doch ein dynamischer Ort wie Adenau, mit nur 3 000 Einwohnern, deckt alle Bereiche ab.

Anfang 1999 gab es 22 Städte in der Eifel. Die nördlichste ist Nideggen, die östlichste Bad Neuenahr-Ahrweiler, im Süden liegen Wittlich und Bitburg etwa auf gleicher Höhe, und das im äußersten Westen der Bundesrepublik gelegene Neuerburg pflegt im Grenzgebiet von Luxemburg, Belgien und Frankreich europäische Beziehungen.

In unseren letzten neunziger Jahren wuchsen wieder Neubaugebiete mit Einfamilienhäusern in sehr vielen Eifelstädten heran. Junge Bewohner aus Ballungsgebieten nutzen die günstigen Bodenpreise im Grünen und pendeln zur Arbeit, einheimischen Familien mit Kindern sind die Altbauten in der Kernstadt zu eng, und manch einer, der in den sechziger Jahren fortzog, kommt jetzt zurück, weil die Infrastruktur wesentlich verbessert ist. Industrie- und Gewerbeansiedlungen haben, beginnend seit den siebziger Jahren, den einschneidenden Strukturwandel der früher stark ausgeprägten Landwirtschaft mit aufgefangen, die Abwanderung aufgehalten und Arbeitsplätze für die Region geschaffen. Städte, die nahe an einer Autobahn liegen, wie Wittlich oder Mayen, entwickelten sich zu kraftvollen Industriestandorten. Die Fertigstellung der A 60, die Achse Lüttich – Rhein/Main, wird weiteren Auftrieb schaffen. Industrie- und Gewerbeansiedlungen sind auch für das wirtschaftlich mächtige Bitburg der Ausweg, die Schließung des Nato-Flugplatzes auszugleichen. Dort waren 650 Bitburger und 2 000 Bewohner der Region beschäftigt.

Die Firmen liegen an den Peripherien, berühren nicht die alten Kernstädte, viele verschwinden hinter einem Hügel. Im Abwägungsprozeß zwischen Landschaftsschutz und Entwicklung einer Kommune bestimmt das Land Zielvorgaben, die in regionale Raumordnungs- und schließlich Flächennutzungspläne münden. Mit der Bewilligung von Industrieansiedlung ist meist der Ausbau von Erholungsgebieten verbunden. Die vielen heilklimatischen Kurorte und Bäder bleiben frei von Fabriken, sie setzen weiter auf Tourismus, einige pflegen das Kleingewerbe.

Entstehung und Gliederung der Arbeit

Der Plan, ein Buch über die Städte der Eifel zu schreiben, entwickelte sich nach Abschluß meiner Publikation »Die alten Dorfkirchen der Eifel« (1994). Es lockte mich nun, die vielen Stadtkirchen, die das jeweilige Ortsbild prägen, näher kennenzulernen, die gotischen Hallenkirchen in Ahrweiler und Mayen, die ehemalige Stiftskirche von Münstermaifeld mit dem imposanten Westwerk, aber auch die jüngeren. Wieder interessierte mich das Leben der Menschen um sie herum. Dabei entwickelten die Städte mit all ihren Eigenarten, der mitwirkenden Landschaft, Toren, Türmen, den Häuserzeilen aus

verschiedenen Jahrhunderten, mit Geschichte, Kultur, den Lebensbedingungen früher und heute eine solche Sogkraft, daß Städteporträts entstanden, jedoch immer in der Verbindung mit einer ausführlichen Darstellung der jeweiligen Hauptkirche. Die vielen Kirchen, die wegen der Bevölkerungszunahme im vorigen Jahrhundert, meist in neogotischem Stil, errichtet worden waren, sind in klassischen Standardwerken nur kurz erwähnt oder charakterisiert. Auch zu den Kirchenneubauten aus der Nachkriegszeit wie in Mechernich, Daun oder Manderscheid gab es bisher keine ausführliche Beschreibung. Die Literatur zu Eifelburgen ist dagegen so umfangreich, daß ich sie nur streifen konnte.

Bei den Recherchen war es mir manches Mal möglich, eine ausführliche Chronik einzusehen. Mein Ziel war es jedoch, in einem einzigen Buch die Geschichte sämtlicher Städte der Eifel überschaubar zu bündeln, den Werdegang vom Mittelalter bis heute verfolgend, wobei ich das herausstellte, was ich besonders interessant fand. Die Darstellungen zu den heutigen 22 Städten erheben keinen Anspruch auf Vollständigkeit, sie sind auch keine wissenschaftlichen Dokumentationen. Der Aufbau der Kapitel ist für jede Stadt individuell angelegt, nur die Kirchenbeschreibungen folgen jeweils am Schluß, meist nach einem Stadtrundgang. Er umfaßt den überlieferten Stadtkern, jedoch nicht die seit 1969/70 eingemeindeten Dörfer.

Von klingendem Stein

Mayen, Stadt seit 1291
Kernstadt: 16 091 Einwohner
Gesamtstadt: 20 301 Einwohner
Kirche: St. Clemens

Nach Mayen führen alle Straßen abwärts. Der tiefe Kessel, den sich die Nette breit schaufelte, verschluckt die Stadt vollkommen, steht man an ihrem Ostrand. Der Blick gleitet dann über sie hinweg und bleibt an der Westflanke des Talgrundes haften, der Eifelhochfläche. Von Wald überzogen, verriegelt sie in langen sanften Schwüngen den Horizont. Die östliche Flanke des Kessels bilden Lavaströme. Ihre vulkanische Herkunft bezeugen als mächtiger Kegel der bewaldete Hochsimmer (587,5 m hoch) und der halbmondförmige, scharfkantige Ettringer Bellerberg mit dem Kottenheimer Büden. Im Frühjahr färben diesen kahlen Schlackenwall Kuhschellen blauviolett. Sein Auswurf, der Mayener Lavastrom, gibt den Menschen hier seit 5000 Jahren die Lebensgrundlage und der Stadt den schwarzen Stein. Grobporös und extrem druckfest war Basaltlava das ideale Material für Reib-und Mühlsteine, die früh international gehandelt wurden. Die harte und gefährliche Arbeit des Abbaus, seit dem Mittelalter untertage, hat die Mayener robust zupackende Steinhauer werden lassen, die nicht viele Worte machen.
Mit dem Ende des vorigen Jahrhunderts rückte die Bausteinproduktion in den Vordergrund. Vorbei ist längst die Zeit, als von hier Nordostwind den hellen wohltönenden

Klang unzähliger Eisenfäustel beim Behauen des porösen Materials zu Pflaster-, Bord-, Prell-, Treppen-, Häuser- und Brückensteinen bis hinunter nach Mayen trug. Dem letzten Höhepunkt dieser Steinindustrie mit 4500 Beschäftigten auf dem Mayener Grubenfeld, das jetzt Freilichtmuseum werden soll, setzte der Zweite Weltkrieg ein Ende. 300 Arbeitsplätze unterhält die uralte Branche noch, jetzt eine unter vielen anderen. Denn Mayen gelangen mit Unterstützung des Landes, des Kreises und der Wirtschaftsförderungsgesellschaft Mittelrhein Neuorientierung und Wandel zu einem kraftvollen Gewerbe- und Industriestandort, den nicht zuletzt der eigene Zubringer an die Autobahn A 48 und die Schnellanbindung zur A 61 ermöglichten. Die dynamische Entwicklung hält an. Handwerks- und Handelsbetriebe konzentrieren sich nahe dem Ostbahnhof, die Industrien greifen an der Peripherie im Süden, Norden und Osten aus. Schwerpunkte der Produktion für den europäischen und Weltmarkt liegen in den Sparten Papier, Schiefer, Maschinenbau, Hygiene, Textil. Mit 20 301 Einwohnern, inklusive den eingemeindeten Orten Alzheim, Hausen, Kürrenberg und Nitztal ist Mayen die bedeutendste Stadt der Eifel. In dem Kernort leben 16 091 Personen. Mayen wirkt für 80 000 Menschen im ländlichen Einzugsbereich als umfassendes Versorgungszentrum mit Behörden, Einzelhandel, dem Kreiskrankenhaus, allen Schultypen und Einrichtungen wie der Fachhochschule für öffentliche Verwaltung und der Imker-Fachschule sowie kulturellen Angeboten. Etwa 8000 Arbeitnehmer pendeln täglich nach Mayen ein, 2400 pendeln aus.

Das fünfgeschossige Obertor in Mayen, Baubeginn Anfang 14. Jahrhundert

16

Bei der Auflösung des Landkreises Mayen und Bildung des Kreises Mayen-Koblenz 1970/71 wurde Koblenz zentraler Verwaltungssitz und Mayen »große kreisangehörige Stadt«. Heute zeigt quirliges Treiben auf den Straßen einen vitalen Pulsschlag.

Blick auf die Stadt

Hinter den Eisenbahnschienen trumpft im Osten der Stadt der alte Wasserturm für die Dampflokomotiven von einst auf, umwehrt von schwarzen Pfeilern. Das Bahnhofsgebäude, prunksüchtiger Abschluß der neuen Strecke Mayen-Andernach von 1880 und Vorbild für viele Villen Ende vorigen Jahrhunderts, wurde im Krieg zerstört. Wie verloren ragt am Straßenrand noch ein schmalbrüstiges Stellwerk aus dem verwitterungsbeständigen Mayener Stein.

Hier beginnt die Stadt, hier war immer Leben. Links hinter den Firmenhallen und Märkten zeigt sich markant der Katzenberg wie ein Kopf mit buschigem Haar. Die Römer setzten ihm ein Kastell auf, um die Straßen und Basaltlavagruben zu schützen. Produktion und Handel von mächtigen Bauquadern und Steinen für Hand- und größere Getreidemühlen waren ausgedehnt, der Transport nahm schon damals den Weg nach Andernach zur Verschiffung. Römische Töpfereien hatten Nachfolger bis ins 15. Jahrhundert. Auch Schiefer, den der Katzenberg als Teil des Rheinischen Schiefergebirges reichlich birgt, bauten Caesars Landsleute ab. Seit dem Mittelalter ist Dachschiefergewinnung für Mayen eine bedeutende Industrie. Da das kostbare blau-graue Produkt im Handel den Weg zur Mosel nahm, bürgerte sich der Name Moselschiefer ein. Er liegt auf allen Dächern und Kirchtürmen seiner Stadt, auf Burgen ringsum, kann Jahrhunderte überdauern. Anders der Absatz; bis heute hat nur die alte Firma Rathscheck durchgehalten. Inzwischen beliefert sie den Weltmarkt aus einem Förderschacht von 260 Meter Teufe. Mayens berühmte Dachdeckerfachschule von 1938 hat alle Wirren überstanden, während die Steinmetzfachschule 1966 schloß.

Fußgängerzone am Brückentor

Untertage lauern Gefahren. Auf dem Grubengelände Katzenberg ließ die Betriebsleitung 1905 zu Ehren der Schutzheiligen der Bergleute, der hl. Barbara, eine Kapelle errichten. Der Bildhauer Carl Burger (1875–1966), dessen stilisierte Skulpturen und Brunnen aus Basaltlava Mayen bereichern, gestaltete die Kapelle schmal und hochgiebelig. Er stellte seine schlanke hohe Heiligenfigur auf einen Altar aus poliertem Schiefer. Am Barbaratag, dem 4. Dezember, hat bis heute die gesamte Belegschaft arbeitsfrei. Höhepunkt des Festes ist die Messe mit allen Angehörigen in der Clemenskirche. Sechs Bergleute in alter Uniform sind dann Meßdiener, man gedenkt der Toten, auch mit Klängen der Bergmannskapelle.

Begibt man sich hinunter zur Stadt, vorbei an St. Veith auf dem Platz einer fränkischen Siedlung, weiter hinab zum mittelalterlichen breiten Brückentor, das die verschwundene Stadtmauer noch anzeigt, folgt dem ihr nachgezeichneten Ring, um dann Im Möhren wieder hochhinauf zu gelangen, auf die Eifelhochfläche Heckesberg, so hat man vom Gymnasium aus den schönsten Blick auf die Stadt. Dicht verschachtelt füllen die Kuben der Häuser mit grau-blauen Dächern den weiten Talkessel, vis-à-vis nun der ausgeprägte Katzenberg und Hänge des Polcher Waldes. Mayen, abgeleitet vom keltischen Wort magos für Feld (Ort am fruchtbaren Maifeld), bekam 1291 mit fünf weiteren kurtrierischen Orten, darunter Wittlich, von König Rudolf von Habsburg die Stadtrechte. Damit bedankte sich der todkranke Monarch, der sechs Wochen später starb, bei dem Trierer Erzbischof Boemund von Warnesberg für Unterstützung seines Sohnes zum Thronerben. Denn Boemund hatte auf dem Frankfurter Reichstag diplomatisch für Albrecht von Österreich gestimmt, im Gegensatz zu den meisten anderen Fürsten. 1280 war bereits der von Erzbischof Heinrich von Vinstingen veranlaßte Bau der Burg von Mayen (und Koblenz) voraufgegangen, um Gebiete und Grenzen trierischer Besitztümer gegen das eroberungsfreudige Erzbistum Köln, das im nahen Andernach einen Sitz hatte, und gegen umliegende Grafen- und Ritterfestungen zu sichern. Die Burg wurde dann bald kurtrierischer Amtssitz und blieb es bis zur Besetzung der Franzosen 1794. Im 19. Jahrhundert in wechselnden Privathänden, mietete die evangelische Gemeinde den »Heustall« als Betsaal (bis 1838), dann diente die nun Genovefaburg genannte Festung als Gerichtslokal und Sitz einer Brauerei. Seit 1920 beherbergt sie die Sammlungen des Geschichts- und Altertumsvereins und wurde 1965 zum Eifeler Landschaftsmuseum ausgebaut.

Kein Wirtshaus

Die Grenzen der Altstadt im Kern hat Mayen längst gesprengt. Sie werden im Süden markiert durch die kraftvolle Silhouette der Genovefaburg auf dem Kleinen Simmer – in der Romantik meinte man hier den Sitz der sagenhaften Genovefa gefunden zu haben – und im Norden vom zierlichen Mühlenturm. Wie ein Gegengewicht zur Burg hebt sich vor

ihm die gravitätische, kunstvolle Clemenskirche hoch heraus. Ihre beiden ungleichen Türme und die ausdrucksvolle Zickzacklinie der Westgiebel an ihrem hohen Dach zeigen den spannungsvollen Charakter dieser gotischen frühen Hallenkirche des Rheinlandes (14. Jahrhundert). Sie, nicht die Burg, ist das Wahrzeichen von Mayen. Zu dieser Ehre kam sie, nachdem sich ihr Nordturm, ein achtseitiger, langgestreckter Helm, spiralförmig verdreht hatte, dazu aus dem Lot geraten war und schief blieb. Das war der Teufel, das ist stadtbekannt. Ihn zog die Baustelle damals an, und er erkundigte sich, was denn errichtet würde. Man sagte ihm: »Ein Wirtshaus«. Darauf half er eifrig mit. Doch wuchs sein Mißtrauen mit den höher werdenden Mauern. Und als die Kirche fertig stand, packte den Teufel eine solche Wut, daß er zur Kirchturmspitze hinaufflog und sie mit festem Griff herumdrehte. Bekannt ist auch, daß die Konstruktion des Turmhelmes fehlerhaft war, daß nämlich Streben um den Kaiserstiel fehlten und außerdem das Holz zu frisch, zu weich war. Winddruck machte es offenkundig in der Verformung. So unentbehrlich war den Mayenern der schiefe Turm, daß er nach der Kriegszerstörung der Kirche wieder gedreht und aus dem Lot (etwa 1,50 m) aufgebaut wurde, was einem Kunststück gleichkam. Nach dem Krieg wurden die Filialen von St. Clemens zu Pfarreien erhoben. Im Stadtgebiet hieß das Wiederaufbau der kathedralähnlichen Kirche Herz-Jesu von 1912 im Burgfrieden (Entwurf: Caspar Clemens Pickel) und Neubau von St. Veith (Dominikus Böhm). Die zerbombte evangelische Kirche von 1838 entstand Im Trinnel neu. Mit dem 1938 von den Nationalsozialisten entfachten Brand der Synagoge begann das in Deportationen und Emigration endende Verlöschen einer der blühendsten jüdischen Gemeinden der Eifel.

Die Trümmerlok

Mayen hat in der Region im Krieg mit am schwersten gelitten. Es wurde Ziel von insgesamt 35 alliierten Luftangriffen, vor allem seit dem Herbst 1944, als der Truppennachschub für die Ardennenoffensive über seine noch intakte Bahnlinie mit dem hohen Viadukt über die Nette in die Eifel verlief. Das verheerende Bombardement geschah am 2. Januar 1945, am Tag darauf wurde Mayen zur »toten Stadt« erklärt. 87 Prozent aller Häuser waren vernichtet, Hunderte von Toten zu beklagen. Ihre Zahl wäre weit höher gewesen, hätten nicht Experten von der Grube Katzenberg in den Burgberg, den Kleinen Simmer, der aus Schiefer besteht, ein ausgedehntes Stollensystem als Bunker getrieben. Er nahm mehr als 4000 Schutzsuchende auf, wurde aus dem tiefreichenden Brunnen der Genovefaburg belüftet. Sieben mal schlugen Bomben in die Burg ein an dem schlimmsten Tag, doch der Bunker unter ihr im Berg hielt stand.

Beim Blick über das ausufernde Mayen ahnt man nichts mehr von Kriegszerstörung. 1960 war der Wiederaufbau abgeschlossen. Mit Hilfe der Feldbahngleise und Loren vom Grubenfeld hatten die Aufräumarbeiten unmittelbar eingesetzt. Die kleine »Trümmerlok« zog den Schutt hinaus zur Polcher Straße, zukünftiges Industriegelände wurde damit hier befestigt.

Stadtbaumeister Fritz Braun ließ Mayen auf dem mittelalterlichen Stadtgrundriß neu entstehen und seine Eigenart behalten. Er orientierte sich an der Tradition, ohne zu rekonstruieren. Erhaltene Häuser gaben Maßstab und Gestaltungsrhythmus vor, die neuen schwingen von unten bis oben mit, indem Türen, Fenster und Mansarden die vorgegebene Fassadengliederung aufnehmen. Weiberner oder Ettringer Tuff, seltener Putz, verkleiden die Vorderseiten, Türen und Fenster sind von schmalen, gesägten Basaltlavagewänden ausdrucksvoll umrahmt. Braun nutzte die Kriegszerstörung, die an der Clemenskirche endende Marktstraße zum Stadtring am Mühlenturm zu verlängern, um das Zentrum durchlässiger zu machen. Die nahezu kreisförmige mittelalterliche Schutzmauer von 1326 um die Stadt war bereits Ende vorigen Jahrhunderts fast restlos niedergelegt worden. Nur die monumentalen Tore blieben unangetastet.

Das Rathaus von 1717

Warum die Mauer fiel

Das war das Werk von Bürgermeister Grennebach, der hartnäckig das preußische Kulturministerium in Berlin bestürmt hatte, der Hygiene Vorrang vor Denkmalschutz zu geben. Die Mauer verhinderte die Belüftung der Stadt. An ihren hohen Innenbögen hatten sich Elendshütten ausgebreitet, aus denen Cholera, Nervenfieber und Typhus die meisten Opfer holten. Von 16 Brunnen gaben nur drei einwandfreies Wasser. Grennebach ließ ein Wasserwerk bauen und beendete die Typhusepidemien. Er veranlaßte ferner als Hygienemaßnahme den Bau des öffentlichen Schlachthofes und weihte das dringend nötige große Auguste-Victoria-Krankenhaus ein. Die Einwohnerzahl hatte sich im Laufe des Jahrhunderts auf 10 000 vervielfacht. Die Stadt wurde unerträglich eng. Bahn- und Brückenbau bewirkte massenhaften Steinbedarf. Scharen zuziehender Arbeiter verdingten sich auf dem Grubenfeld. Dort wurde zuviel getrunken, die Freizeit dann im Wirtshaus verbracht. Kinder mußten ihren Vätern jeden Tag, auch im Winter, das Essen und Kaffee hinausbringen, manchmal sogar zweimal den weiten Weg antreten. Sie blieben dadurch nicht nur in der Schule häufig zurück.

Neben allem sozialen Dilemma gedieh Mayen prächtig, vor allem außerhalb der Altstadt. Zu den einfachen Häusern aus reiner Basaltlava in den Gassen, die Mayen das Eigenschaftswort »duster« einbrachten, gesellten sich aufwendige Klinkerfassaden in Rot, Braun, Gelb und Weiß, erstmalig auch verputzte Schauseiten. Der heimische Stein offenbarte als schwarze Kontur um Fenster und Giebel seine dekorative Kraft. Privatvillen der Grubenbesitzer und Amtsgebäude wetteiferten im Wiederbeleben historischer Baustile.

Tapfere Frauen

Streng und klar nimmt sich dagegen die Altstadt aus. Zwei von vier mittelalterlichen Toren sind ihr noch geblieben. Das Neutor ver-

Franz Moogs Brunnenfigur von 1967: »Hinne erüm« ...

schwand im vorigen Jahrhundert, das Wittbender Tor zerschlug der Krieg. Bis 1840 war das fünfgeschossige Obertor einziger Einlaß für den Verkehr aus der Eifel, der die Stehbachstraße entlang lief bis zum auswärtsführenden Brückentor. Nahe dem Obertor erinnert der Stierbrunnen von Carl Burger daran, daß hier der traditionelle Viehmarkt stattfand, heute in die Polcherstraße verlegt, wo immer noch Pferde, Schafe, Schweine und Rinder gehandelt werden. Seit Anbeginn hatte Mayen als Marktstadt Bedeutung. Kult und Handel blühten nebeneinander. Fürstbischof Werner von Falkenstein sah sich allerdings 1405 gezwungen, die Markttage von den Hochfesten der Gottesmutter auf die Tage um St. Lukas (18. Oktober) zu verlegen »wegen viel unredlicher Geschichten und Sachen, die nit gotlich sind« und der Marienverehrung abträglich. Der Lukasmarkt ist bis heute ein Volksfest, mit Riesenrad und Karussell auf dem ungewöhnlich großen Marktplatz. Ihn ziert am Nordrand das barocke Rathaus von 1717, ein Fachwerkbau. Das Portal ist der Burg am anderen Ende des Marktes abgekehrt, um Unabhängigkeit der Bürgerschaft zu demonstrieren, wie es heißt. Denn die Burg stand für den kurfürstlichen Herren der Stadt.

Mit dem Rathaus mußten damals fast die gesamte Stadt und die Burg wiederentstehen, nachdem sie von den Franzosen 1689 in Brand gesetzt und verwüstet worden war. Bereits 1673 hatten Truppen Ludwigs XIV die hohen Mauern mit ihren 16 Wehrtürmen belagert. Damals war es den Mayenern durch eine List gelungen, den übermächtigen Feind unter Marquis de la Trousse in die Flucht zu schlagen. Sie befahlen ihren Frauen, auf die Mauer zu klettern und dort oben ihr Gesäß zu entblößen. Verwirrt und abgelenkt, entging den Franzosen der Durchbruch der Miliz, die den Belagerern nun in den Rücken fiel und sie vertreiben konnte. »Hinne erüm hat Maye jewunne« ist seitdem ein geflügeltes Wort. Den Burgerschüler Franz Moog regten die tapferen Frauen zu einem reizvollen Brunnen an.

Mitten auf dem Marktplatz steht ein klassizistischer Brunnen, bekrönt von einem stili-

Nord- und Eulenturm der Clemenskirche

sierten Pinienzapfen. Die Brüder Michael und Heinrich Alken, der eine Architekt, der andere Bildhauer, hatten ihn gemeinsam 1812/13 entworfen, um aus getrennten Quellen Mensch und Tier den Durst zu stillen. Seine Restaurierung regte Baudirektor Klaus Markowitz an (1960–90), der in unzähligen feinen Eingriffen die Belebung des alten Kerns neben Stadterweiterung und Verkehrserschließung nicht aus den Augen verlor. Er verhinderte den Abriß des Bauernhauses neben dem Obertor, heute Stadtbücherei, um die Größe des Tores erfahrbar zu machen und erhielt aus demselben Grund das hundert Jahre alte Bürgerhaus vor der Burg, jetzt Geschäftsstelle der Burgfestspiele. Die hinter der Burg erhaltene und aus gewaltiger Höhe abbrechende Stadtmauer ließ er im Grundriß auf dem Gehweg als Basaltplattenband fortlaufen und legte in Mayens ältester (Stehbach-) Straße den Stadtbach wieder frei. Lebhaft in Erinnerung ist ihm der Protest der Einwohner gegen den Außenputz der Clemenskirche bei Erneuerungen, die 1973–76

seit der Rekonstruktion nach 1945 anfielen. Leitender Architekt war der Trierer K. P. Böhr. Mehr als hundert Jahre hatte das schwarze Basaltmauerwerk, »ihr Stein«, freigelegen. Es brauchte Zeit, bis die Mayener die «ale Kirch« in Weiß mit hellgrauen Pfeilern, dunkelroten Fensterlaibungen und Maßwerken, jeweils mit weißen Fugen, wieder liebten. Der feine Farbkanon entspricht dem mittelalterlichen Original.

Die neue Kirche der Chorherren

St. Clemens steht eng von Häusern umschlossen auf vier Vorgängerbauten. 3,50 mal 2,50 Meter maß das früheste christliche Kultgebäude aus Holz, wohl vom Ende des 6. Jahrhunderts. Es wurde im 8. Jahrhundert durch ein steinernes ersetzt. Zweihundert Jahre später nahm diese Stelle eine Saalkirche ein, die im 12. Jahrhundert von einer romanischen Pfeilerbasilika überbaut wurde. Deren Langhausmauern stecken im südlichen

Südliches Langhaus mit Portalvorhalle

Seitenschiff von St. Clemens; noch sichtbar erhalten, von den Bomben verschont, ist der alte »Eulenturm« mit dem schönen Rautendach neben dem schiefen Nordturm.

Der Schutzheilige der Kirche, Papst Clemens I, Patron der Steinmetze, kam vermutlich durch den Friesenapostel und Gründer des Klosters Echternach, Willibrord (657–739) nach Mayen, der bei seiner Bischofsweihe den Namen Clemens erhielt und sich für die Verbreitung dieses Patroziniums einsetzte.

Die aufstrebende Entwicklung der Siedlung Megina, Megena, Meina oder Meine, die die Kirchenbauten spiegeln, legte, von Trier gesteuert, seit dem Burgenbau und den Stadtrechten an Geschwindigkeit zu. Auch die Verlegung des Augustiner-Konvents von Lonnig nach Meyene 1326 durch Kurfürst Balduin aus dem Luxemburger Grafengeschlecht war ein Schachzug zur Stärkung der in seinem Land aufblühenden Stadt, deren Pfarrkirche nun auch Klosterkirche wurde. Die Pfeilerbasilika St. Clemens wurde den Chorherren zu eng. Sie wich nach sich hinschleppenden Bauphasen allmählich einer

stattlichen, gotischen Hallenkirche, die nach der neuesten Mode querhauslos die drei Schiffe unter einem gleichhohen Dach vereint und nach dem ersten Beispiel in Deutschland, der Elisabethkirche zu Marburg, Strebepfeiler außen hochführt, die die Wände vom Gewölbedruck entlasten. Zu diesem Typus, den die Laurentiuskirche von Ahrweiler mit einigem Zeitvorsprung gleichfalls verkörpert, gehört ein vieleckig gebrochener Chorschluß. Bei St. Clemens weicht nur der südliche Nebenchor, an den sich die Sakristei anschließt, von diesem Muster ab, was mit dem Vorgängerbau zu tun haben mag. Der dreijochige Bau mit Doppelturmfassade im Westen ist klar gegliedert. Ein umlaufendes Gesims setzt als kräftiger Streifen die Sockelzone ab, von der zwei- und dreiteilige, spitzbogige Maßwerkfenster hoch aufsteigen und den Bau, im Wechsel mit den mehrfach abgetreppten Strebepfeilern, senkrecht rhythmisieren. An den Längsseiten greifen Giebel den Takt der Fenster und Joche auf, durchbrechen als querlaufende Nebenfirste dynamisch den Abschluß des steilen Satteldaches und finden in den Giebeln der Türme eine harmonische Entsprechung. Zusätzlich werden die Längsseiten durch einander gegenüberliegende, gewölbte Portalvorhallen belebt, die eine Querachse des Baues vortäuschen. Das Westportal verband früher die beiden Türme, die auf quadratischem Grundriß in der Flucht der Seitenschiffe stehen, so daß die Kirche gerade schloß. Bei der Wiedererrichtung 1950–53 zog man das Portal vor und versah es außerdem mit einer Rosette. Auch ein Treppenturm tauschte hier seinen Eckplatz, ein weiterer, zwischen Haupt- und Nordchor, blieb dort erhalten. Die unterschiedlichen monumentalen Türme geben der Kirche ihre Eigenart. Kurz und kompakt, in romanischen Formen der südliche Eulenturm; der gotische Nordturm in der Gliederung angepaßt, aber höher und gestreckter, weist mit dem langgezogenen, verdrehten Helm hoch hinauf. Beide Türme steigen bis zum Glockengeschoß, das durch Gesimse stark konturiert wird, glatt auf. Doppelarkaden in Rundbogenblende durchbrechen am Eulenturm das Glockengeschoß und die schmückenden vier Giebel. Am höheren gotischen Nachbarturm kehren die Schallöffnungen in Spitzbogenblenden und größeren Proportionen wieder. Die vier Giebel sind steiler angelegt und werden durch kleine Schieferfenster in ihren Zwickeln betont.

Erst um das Jahr 1400 wurde St. Clemens restlos fertiggestellt. Drei Altäre waren bereits 1383 »der neuen Kirche« gestiftet worden. Da die Nord-und Südflanke von Gräbern umgeben waren, entstand für die Augustiner nach Behelfslösungen gegenüber der Westfront ein neues Klostergebäude mit Kreuzgang (1535–71). Schon 1601 wird der Konvent wegen Sittenverfalls in ein weltliches Kollegiatstift verwandelt, das dann 1802 mit der Säkularisation aufgehoben wurde. Den gotischen Klosterkomplex legte man zwischen 1880 und 1910 nieder. An seinem Platz steht heute ein Altenheim. Verschwunden ist auch die 1363 von der Witwe Nesar gestiftete Michaelkapelle mit dazugehörigem Gebeinhaus (für exhumierte Gebeine) bei der Kirche, nachdem sie infolge der Verlegung des Friedhofs aus der Stadt nach St. Veith 1784 noch als Schulhaus umgebaut worden war. Erhalten blieb die überlebensgroße Heiligenfigur des Erzengels Michael, des Patrons der Toten. Sie befindet sich in der Clemenskirche.

Die lichte Halle

Man betritt die Kirche durch eine Pforte neben dem Westportal, gelangt in den abgedunkelten Bezirk unter der Orgelempore zwischen den beiden Türmen und steht dann vor einem lichten, hohen, offenen Raum (30 m Länge, 20 m Breite, 15 m Höhe). Seine Monumentalität verkörpern kompakte Rundpfeiler, die in weiten Abständen, drei Joche markierend, auf den Chor zulaufen. Als Stützen der Halle geben sie ihr gleichzeitig die Einteilung in Haupt-und Nebenschiffe unter gleichhoher Decke. Der einheitlich helle, weite Raumcharakter wird in St. Clemens erreicht durch das harmonische Zusammenspiel der Farben in den hohen, die Umfas-

Blick in das südliche Seitenschiff auf die Kreuzigungsgruppe von Heinrich Alken (1753–1827)

sungsmauer durchleuchtenden Maßwerkfenstern und an den Stützelementen. Georg Meistermann (1911–1990) entwarf die Fenster 1973–76 in einem zarten grauen Grundton, auf den die ursprünglich rot und erst später hellgrau gefaßten Architekturteile dann abgestimmt wurden. So stehen die Pfeiler auf hohen Sockeln in Hellgrau mit weißen Fugen. Ansatzlos steigen von ihnen die gleichfarbenen Rippen zum Gewölbescheitel hoch hinauf, gesäumt von einer gemalten, zierlichen Kreuzblumenborte in Rostrot. Dadurch gewinnen die Bogenschwünge des strengen Kreuzrippengewölbes an Leichtigkeit, suggerieren Höhe und nicht Abschluß der Decke. Die arkadenähnlichen, breiten Scheidbögen, die die Pfeiler an der Decke spitzbogig verbinden, lenken die Augen zu den schmaleren offenen Seitenschiffen. Im südlichen, das wegen des Vorgängerbaues etwas breiter ist, enden die einander kreuzenden Gewölberippen auf Wandkonsolen.

Die Hauptblickrichtung zielt auf das Kultzentrum, den Chor, in dessen Mauern das letzte Pfeilerpaar eingeht. Er übernimmt die

Höhe der Halle und die Breite des Hauptschiffes, ist vom Gemeinderaum durch fünf Stufen abgesetzt, hat die Tiefe eines Joches und ist durch große Fenster in den vieleckig gebrochenen Schlußwänden prachtvoll in Licht getaucht. Auch der nördliche polygonale Nebenchor ist mit Fenstern herausgehoben und durch zwei Stufen erhöht. Dasselbe Niveau hat der südliche Chor, der gerade schließt und nur ein kleines Fenster unter der Decke aufweist. Hier findet sich als Eingang in die Sakristei ein Portal des Augustinerklosters mit der Jahreszahl 1555 und dem Wappen des Priors J. Baum. Die Nebenchöre bilden den Ostabschluß der Seitenschiffe, die im Westen in den beiden Turmhallen enden, über denen sich die Empore spannt. Während die nördliche Turmhalle durch zwei Spitzbögen in den Raum einbezogen ist, bleibt der Zugang zur südlichen, die fünf Stufen abgesenkt ist, verschlossen. Durch ihre Rundbogenöffnung in dicken Mauern sieht man alte Glocken aufgestellt: die »Armesünderglocke« aus dem 12. Jahrhundert (250 kg), die geläutet wurde, wenn jemand gestorben war; die »Maria- oder Beichtglocke« vom 13. Jahrhundert (62 kg) und die dem hl. Antonius geweihte »Segensglocke« von 1570 (760 kg). Zum aktiven Geläute von sechs Glocken, die nur noch im schiefen Turm erklingen, gehört die dem Patron der Kirche geweihte Clemensglocke von 1387. Als »Brandglocke« warnte sie bei Feuer.

Von der alten Ausstattung mit einst zehn Altären im Mittelalter ist kaum etwas geblieben. Im Chor ragt auf der Nordseite das steinerne Sakramentshäuschen als filigrane spätgotische Turmarchitektur hoch auf. Aus der Erbauungszeit stammt das mit Spitzbogenblenden verzierte Basaltlava-Taufbecken im Südchor. Das reliefierte Stadtwappen von 1370 im anschließenden Seitenschiff – eine Kopie, das Orginal wird im Museum verwahrt – präsentiert das rote Kreuz des Trierer Erzstiftes. In den Zwickeln symbolisieren die einander gegenüberliegenden Schlüssel Petrus, den Schutzheiligen des Erzstiftes. Die Buchenbäume stehen für Mayen, seinen mittelalterlichen Brauch, Maibäume aufzustellen, die Buchen waren.

Heinrich Alken, Mayens Bildhauer in der Kirche

Das klare, schlichte Kircheninnere mit weißen Wänden wird heute geprägt von überlebensgroßen, farbig gefaßten Holzfiguren von Heiligen, zum Teil Zunftpatrone, die auf üppig dekorierten klassizistischen Konsolen an den Längsseiten des Schiffes angebracht sind. Sie stammen von dem Mayener Bildhauer Heinrich Alken (1753–1827), der mit zielstrebiger Hartnäckigkeit, allen widrigen Umständen und Armut zum Trotz, ohne Lehre seinen künstlerischen Beruf aus Leidenschaft ausübte. Insgesamt gibt es mehr als 30 sakrale Holzskulpturen in Mayen und umliegenden Dorfkirchen von ihm (St. Johann, Mertloch, Monreal, Nitztal, Reudelsterz, Eich), mehrere Altäre und Zeichnungen. Er war das erste von 13 Kindern, hatte selbst elf Kinder aus zwei Ehen und verdiente sein Geld gelegentlich als Feldmesser, Holzschuhmacher, Weißbinder und seit 1797 als Lehrer an der Mädchenschule. Schon als Kind begleitete er seinen Vater, der in Kirchen Altäre und Heiligenfiguren vergoldete, anfangs als »Kindermagd« für die kleinen Geschwister, da auch die Mutter »wie ein Gesell« mitarbeitete, was er in seiner anrührenden Autobiographie mitteilt. Dann half er Farben anzurühren, Holzskulpturen auszubessern, lernte Vergolden und eignete sich bei einem Auftrag in Koblenz für einen trierischen Hof 1781 in Zusammenarbeit mit »geübten gereisten Bildhauern« die letzten Fertigkeiten an. Seine meisterlichen Holzskulpturen in der Clemenskirche sind in der Zeit danach entstanden: die Heiligen Severus (Patron der Wollweberzunft), Katharina (Steinhauerzunft), Maria Immaculata (Hämmererzunft), Michael (für die Toten), Matthias (Bauhandwerker), Joseph (Zimmerleute, für einen guten Tod), Wendelin (Bauern), Nepomuk (Brücken) und die Kreuzigungsgruppe aus der ehemaligen Kreuzkapelle. Diese Figuren stehen, mit Ausnahme des hl. Wendelin, noch in spätbarocker Tradition. Die Körper, in leichtem Hüftschwung durch Spielbein-Standbein-Haltung gedreht, werden umspielt von drapierten, langen Stoffmassen der Kleider und Umhänge, deren Bewegtheit im Fließen, Stau oder Bruch der Falten Ausdruck auch innerer Bewegung ist. Nur bei der Maria Immaculata (der unbefleckten Empfängnis), die ihren Kopf verzückt zurückgeworfen hat, wehen die Gewänder wie im Flug einer Siegesgöttin, bauschen auf in einem Schwung, den die Arme aufnehmen, als Entsprechung ihrer leidenschaftlichen Hingebung. Sie steht, dem apokalyptischen Weib verwandt, auf einer Mondsichel über der Schlange, die die Welt zu ihren Füßen machtlos umzingelt, denn Maria ist frei von Erbsünde. Bei den anderen Figuren ist dieses sehr barocke Pathos gemäßigter, die Gewandfülle beruhigter gestaltet, auch bei Joseph. Doch quicklebendig strampelt das nackte Jesuskind auf seiner Brust, so daß er es kaum halten kann. Die linke Hand hält Jesus im Segensgestus. Das Gesicht des Vaters, ihm liebevoll zugeneigt, ist mit schräg hochgezogenen Augenbrauen, wie bei den anderen Heiligen, von uralter, formelhafter Trauermimik geprägt.

Erzengel Michael ist flügellos geblieben. Er beugt sich über die hochgehaltene Waage, mit der er die Seelen der Toten wägt, und ist als Ritter in kurzen Pluderhosen mit schwerfälligen Falten dargestellt. Sein muskulöser schöner Oberkörper, den ein dünnes Hemd durchscheinen läßt, und der Kopf mit schlankem Helmbusch deuten dagegen Hinwendung zu klassizistischen Formen an. Beim hl. Wendelin zeigt sich Alken der volksnahen Romantik seiner eigenen Zeit, dem beginnenden 19. Jahrhundert, verhaftet. Wendelin, in Gestalt eines Schäfers mit einem Schaf zu seinen Füßen, ist im damals üblichen Sonntagsstaat der Bauern gekleidet, in langen Gamaschen, Kniehosen, Hemd und langem Gehrock. Um den Hals trägt er das seidene Tuch. Zwischen den zum Gebet andächtig zusammengenommenen Händen hält er seine Schäferschippe. Sein breites Gesicht mit versonnen nach oben gerichtetem Blick gibt keinen Idealtyp mehr wieder, sondern individuelle, wirklichkeitstreue Züge. Ein Selbstportrait? Unter seinen linken Arm hatte er noch einen schwarzen, breitkrempigen Hut geklemmt. Vor mehr als zehn Jahren, so Pfarrer

Konsolfigur des hl. Wendelin von Heinrich Alken

Konsolfigur des hl. Josef von Heinrich Alken

25

Müller, tat es während der Abendmesse plötzlich einen Schlag. Unter Wendelin wirbelte auf dem Fußboden eine Staubwolke aus Gips auf, und hervor zog man einen echten Filzhut. Alken hatte ihn in Gips getaucht und bemalt. Er arbeitete also wendig mit allen neuen »Tricks«. Auch Wendelins Umhängetasche ist eine echte, mit Gips versteift, während die Schäferschippe aus bemaltem Holz besteht wie auch die messingfarbene Waage des hl. Michael. Küster Brötz hat es untersucht.

Die monumentale Kreuzigungsgruppe von Alken im Südchor ist noch ganz von barockem, bewegt gefühlvollem Ausdruck. Christus richtet lebend die offenen Augen zum Gebet nach oben: »Mein Gott, mein Gott, warum hast Du mich verlassen...« Bei der Karfreitagsprozession wird eine Kopie des Kruzifixes durch Mayen getragen.

Meistermanns Fenster: mit Glas gemalt

Zu Restaurierungsarbeiten an der Clemenskirche 1973–76 gehörte der Ersatz der Notverglasung von insgesamt 17 meist großen zwei- und dreibahnigen Maßwerkfenstern. Zu diesem Zeitpunkt war Georg Meistermann, einer der großen Gestalter der deutschen Nachkriegskunst, als Maler, Grafiker, Hochschullehrer, Kultur- und Verbandspolitiker und Präsident des Deutschen Künstlerbundes (1967–72) landauf, landab bereits bekannt und gerühmt für seine monumentalen Glasfenster in Kirchen, Domen, Rathäusern, Schulen, Kliniken, Ämtern, Museen und vielen anderen öffentlichen Institutionen. Der Wiederaufbau bot, wie bei St. Clemens, ein weites Arbeitsfeld. Meistermann beschritt es als Erneuerer der Formen und der Farbigkeit. Mit der Eifel verband den Künstler nicht nur das Atelier in Schüller im alten Schulhaus, zusätzlich zu seinem Kölner Arbeitsplatz. 1949 wurde er verpflichtet, die Fenster der Wittlicher Kirche zu gestalten, denen 1955 die im Rathaus folgten, 1958 die der Ochtendunger, 1981 die der Heimbacher Kirche. Meistermanns Faszination für die Glasmale-

rei begann früh in der Kölner Georgskirche vor den expressionistischen Fenstern des Jan Thorn-Prikker und bei einem Besuch der Kathedrale von Chartres 1938. Ein glücklicher Zufall brachte ihm in demselben Jahr den Auftrag für die Kirchenfenster seiner Geburtsstadt Solingen, die später im Krieg zerstört wurden. Damals war er freischaffend, die Nazis hatten ihn gezwungen, sein Studium an der Düsseldorfer Akademie bei H. Nauen und E. Mataré abzubrechen und ihn mit Austellungsverbot belegt.

In der Mayener Clemenskirche traf Meistermann auf ideale Voraussetzungen, Offenheit des Pfarrers und des Architekten, die ihm in seiner abstrakten Formensprache, die Symbole und Figürliches einbezieht, jede Freiheit ließen. »Mit farbigem Glas zu malen«, wie er seine Kunst charakterisierte, setzt genaues Studium des Raumes und der Lichtverhältnisse voraus. Das religiöse Bildprogramm besprach er mit dem Pfarrer und gab Erläuterungen. Ohne jegliche Vorzeichnung oder Skizze entstanden die Entwürfe im Maßstab 1:1 auf weißem Karton mit Kohle und Pastellfarben. Oft fuhr Meistermann nach Waldsassen bei Bayreuth, um in dieser besten Glashütte Deutschlands die mundgeblasenen, vielfach überfangenen, farbigen Opalgläser (Mattglas) selbst auszusuchen. Meistens tat das aber der Glasmalermeister und Hochschullehrer für Glasmalerei, Hans-Bernd Gossel (Lahntal-Caldern), für ihn, der nach der Anfangszeit mit der Werkstatt Derix dann 40 Jahre, bis zu Meistermanns Tod dessen Partner blieb und einfühlsam die kunstreiche Ausführung übernahm. Eingehende Gepräche mit Notierungen in den Entwurf hinein waren vorausgegangen. »Das Entscheidende war, daß Meistermann seine Vorstellungen offenhielt«, erzählt Gossel, denn das vielschichtige Glas war immer unterschiedlich hell und dicht.

Gossel fertigte eine Schablone des Entwurfes an, schnitt die Gläser zu, patinierte sie mit Metalloxydfarbe, konturierte sie. Durch den Brand bei 640 Grad verschmolzen sie wetterfest. Dann versah der Glasmalermeister die Fenster mit 4–25 mm dicken Bleiruten, verlötete die Bundstellen, dichtete die einzelnen

Elemente mit Kitt ab, polierte sie mit Sägemehl und verstärkte die Innenseiten mit Windeisen. Erst dann erfolgte das Einsetzen an Ort und Stelle in Steinfalze oder Eisenrahmen. Genauso war auch die mittelalterliche Technik.

Die drei mittleren Chorfenster faßte Meistermann zu dem Thema der Auferstehung Christi zusammen. Sie bilden eine kompositorische Einheit, steigen alle drei von einem hellgrünen Fundament auf, über dem sich das Wechselspiel von abstrakten Formen, Linien und Farben entfaltet. Zarte Grautöne überwiegen in dem lockeren, kleinteiligen Fleckenteppich, dessen unregelmäßige Elemente feine schwarze Bleikonturen umgrenzen. Im Mittelfenster werden sie mit zunehmender Höhe größer, dann ganz hell, breiten sich aus und schweben als Formen wie aus Licht – dem Licht der Welt. Kaum wahrnehmbar in einem Längsrechteck über allem, die vorsichtige Andeutung eines Kopfes mit schwacher Nasenlinie. Auch die schreitenden Füße Christi sind im Gespinst der Linien auszumachen, und die Seitenwunde als kleiner grüner Riegel. Die oberste Zone dieses Fensters, deren Maßwerkbekrönung in Himmelblau leuchtet, vibriert wie ein dichter Regen aus unzähligen kurzen Fäden in den Spektralfarben. In gleichem Takt setzen sie sich in den seitlichen Fenstern fort, funkeln wie Diamanten, wenn die Sonne morgens auf ihnen liegt. In den unteren Partien hat Meistermann die Pfingstbotschaft vor Augen, »die Zungen des Geistes, die auf dem Hintergrund wellenartig geformter Gnadenströme auf die Gemeinde herabgekommen sind«. Sie ergießen sich, dicht gedrängt, dynamisch hin- und herwogend und fließen schließlich in das mittlere Fenster ein.

Das nördliche Chorfenster ist ganz großflächig angelegt. Die monumentale Form eines langgestreckten Schildes oder Blattes in Blauviolett, der Farbe der Karwoche, hebt sich vom grünen, Hoffnung symbolisierenden Untergrund ab, auf dem ein winziges, geätztes Kruzifix in rotem Viereck liegt. Die Farben sind hier bewußt abgedunkelt, um die Lichtwirkung der drei Chorfenster im Zentrum nicht zu stören. Nur der Sockel schim

Georg Meistermanns Rosenkranzfenster in der nördlichen Turmhalle

mert in Orange, der Gegenfarbe von Violett. Ausnahmsweise hat Meistermann, der nur Unikate herstellte, das kleine Kruzifix ein paarmal wiederholt. Ein Exemplar wünschte sich Kardinal Döpfner, nach seinem Tod erbat es der Amtskollege Ratzinger. Ein weiteres, in Hellblau, findet sich in St. Clemens in Heimbach. Wie eine Zeichnung auf weißem Papier ist das kleinere Fenster im Südchor ausgefallen, zu dem Meistermann »ein figürliches Thema« vorschlug, wie er an Pfarrer Wasmuth schrieb: »Der Verrat des Judas, und zwar deshalb, weil der Verrat an Christus in großen und kleinen Handlungen eine ständige Konfrontation der Gemeinde mit ihrem Verhalten bedeuten würde. Christus würde am oberen Ende des Fensters zu Tische sitzen, rechts und links übereinander die Apostel und am unteren Ende Judas mit dem Profil nach rechts gewandt, womit angegeben würde, daß er sich aus der Gemeinde der Gläubigen entfernt. In der Hand würde er einen Beutel mit dem Gelde halten, für das er den Verrat ausgeübt hat.«

Repräsentative Historismusvilla in der Veith-straße

Herausgehoben im Bildprogramm der 17 Fenster sind auch die drei schmalen hohen des Nordchores, die in hauchzartem oder dichterem Blaugrau ruhig zusammenklingen. Meistermann hatte dreißig verschiedene Grautöne. Hier legt er auf die freien Flächen sparsam gezeichnete Symbole, den David-stern, die sich hoch hinaufrankende Weinre-be mit hellgrünen Trauben und rotem Blatt (Eucharistie), oder Kronen (Drei Könige), das Kreuz und leuchtende Punkte, deren Zahlensymbolik sich auf das Evangelium be-zieht. Die Fenster der Längsseiten des Kir-cheninneren variieren phantasievoll und spielerisch die Auflösung der Flächen durch Strukturen und Farben. Querlaufende, diago-nale, einander kreuzende Linien, Wellen und Schlaufen, die den Schwung des Armes beim spontanen Aufzeichnen ohne Skizze nacher-fahrbar machen, halten das Auge in ständiger Bewegung, reißen es mit in ihrem Takt, der enge oder weite Formen spannungsvoll über-springt, auch von Fenster zu Fenster Verbin-dungen schafft, ebenso wie die Farben. Sie

sind der Lichtführung untergeordnet, »brem-sen« mit dichterem Glas im Süden die Son-nenstrahlen, können sie mit Dunkelbraun re-gelrecht abfangen. Das milde Nordlicht er-laubt dagegen mit seiner gleichmäßigen Leuchtkraft hellere Farben, größere Durch-lässigkeit. In das vorherrschende Grau der Fenster streut der Künstler oft kleine bele-bende bunte Einsprengsel. In dem Südfen-ster, neben dem lesenden hl. Matthias, kehrt das Buch als Motiv wieder. Auch in der Ro-sette im Westportal, die in Blickrichtung des Priesters am Altar liegt und deshalb in ab-blendendem dunkleren Grün und Blau er-scheint, sind noch einmal Symbole verwen-det: Alpha und Omega und das Buch der sie-ben Siegel aus der Apokalypse. »Das Bemühen, für die Kirche zu arbeiten, ist nur der Wunsch, dem Herrn die Zinsen darzu-bringen für das Kapital, das ich bekommen habe«, äußerte Meistermann. An den Be-trachter richtet er die Erwartung, daß er nicht nur mit den Augen über die Bildfläche »spa-zieren« geht, sondern sich durch die Farb-flächen und Fäden hindurch so in den Bild-grund einsieht, daß er sich meditativ für die dahinterliegende Dimension öffnet.

Kapellen in Mayen

Mayen war reich an Kapellen. Allein sieben umgaben die Stadtmauer, was Heinrich Alken auf einer Zeichnung 1779 festhielt. Dem Verlust durch Jahrhunderte stehen Wie-dererrichtung, zum Beispiel der Annenkapel-le, Koblenzer Ecke Ettringer Straße, der Schafstallerkapelle an der St. Veith-Straße und der Neubau der Waldkapelle 1945 als »Dank an Maria für Hilfe in schwerer Zeit« gegenüber. Im Stadtbild heben sich zwei ori-ginale Barockbauten auf mittelalterlichen Vorgängern hervor. Die Hl.-Geist-Kapelle wurde 1355 als Hospitalkapelle infolge der Pest errichtet. Das Hospital gab auch Armen und Bettlern Essen und Unterkunft, eine Tra-dition, die Ordensschwestern bis ins 20. Jahr-hundert aufrecht erhielten. Nach der Zer-bombung von St. Clemens diente die ein-schiffige Kapelle als Notkirche. Heute ist sie

Kriegergedächtnisstätte. Auf diese Funktion nehmen die Bilder der Glasfenster des Bonifatius Köck (Abtei Tholey) in dem klaren schlichten Raum eindrucksvoll Bezug.

Die einschiffige St. Veith-Kapelle wurde noch im 16. Jahrhundert als Mayens älteste Kirche bezeichnet. Man weiß heute, daß die Siedlung um sie herum etwas älter als die um St. Clemens ist, jedoch an Bedeutung verlor, seit St. Clemens um das Jahr 700 geweiht und erste Pfarrkirche wurde. Auch nach der Errichtung der Stadtmauer blieb St. Veith im Abseits, außerhalb. Der Chor der Kapelle wurde 1718 erneuert, das Langhaus 1785. Heute bestimmt die 1954 geweihte St. Veith-Kirche neben der Kapelle mit ihrem quergestreiften Turm das ansteigende weite Gelände, nun ein Park. Den Hauptweg säumen Burgers expressionistische Stationen der »Sieben Schmerzen Marias«, die Alkens verwitterte Fußfälle ersetzten. An der Kirchenmauer verschwindet in Büschen das alte Friedhofskreuz. Poesie verleihen dem Ort unter hohen Bäumen Burgers Figuren aus dem »Märchenhort«.

Genovefabrunnen von Carl Burger am Burgaufgang

Niedermendigs neogotische Cyriakus-Kirche von V. Statz und Turm der romanischen Anlage

Die Stadt auf Lavaströmen

Mendig, Stadt seit 1950
Gesamtstadt: 9 000 Einwohner
Kirche: St. Cyriakus

Als Niedermendig 1950 mit 5000 Einwohnern als erster Ort in Rheinland-Pfalz nach dem Krieg zur Stadt erklärt und damit Mendig wurde, stand ein repräsentatives Rathaus von 1913 am Marktplatz parat. Hochgehoben, auf der ehemaligen Grube Wenzelkaul und anstelle eines Hofes derer von Brewer, hatte es dasselbe Niveau wie die entfernt sichtbare St. Cyriakus-Kirche auf dem Kirchberg. Ihre 700-Jahrfeier, bei der man allerdings 100 Jahre unterschlagen hatte, gab den Anlaß zur Stadternennung, die den keltischen Namen der ersten urkundlichen Erwähnung von 1041 wiederbelebte. Den Dorfcharakter hatte Niedermendig bereits im vorigen Jahrhundert abgelegt. Steinindustrie, Brauereiwesen und Landwirtschaft trieben mit ihrer kraftvollen, ineinandergreifenden Entwicklung die Ausdehnung von Straßen zu den Grubenfeldern im Norden und Richtung Osten zur Bahn voran. Der alte Kern um den Kellbach, im Mittelalter von vier Toren geschützt, blieb unten zurück, es ging aufwärts. Denn Niedermendig liegt auf mächtigen Lavaströmen. Der vom Hochstein gibt dem Gelände im Westen mit seiner fingerförmigen Ausbreitung den Berg-und Talcharakter und stößt an die hohen, sich überlagernden Ströme, die im Norden aus den Vulkanen Thelen- und Wingertsberg hervorgeflossen waren. An ihrem Saum in der Tiefe bahnte sich der Kellbach seinen Weg, heute in Rohren unsichtbar gemacht. Nur die obere Schicht, die vier Quadratkilometer deckt, besteht aus der begehrten porösen, schwarzen Basaltlava. Die Mendiger nennen sie Blaustein, sie hat dieselbe Qualität wie die Mayener Basaltlava, die in Europa nur noch in der Auvergne zu finden ist, und begründete auch hier eine bedeutende Industrie mit ausgedehntem Handel von Mühlsteinen und später Bau- und Pflastersteinen aller Art. Den ersten Nachweis von Abbau liefern Wandstreifen an der Abteikirche von Maria Laach (1130). Der mit Mayen verglichen späte Start erklärt sich durch eine zehn Meter hoch aufliegende Bimsschicht, unter der die Basaltlava lange unentdeckt geblieben war und dann nur im Schachtbau, untertage, gewonnen werden konnte.

Gelehrtenstreit mit Goethe

Doch spätestens im vorigen Jahrhundert hatte Niedermendig den Vorsprung des großen Bruders aufgeholt, und Mendiger Stein, der früher im Handel meist dem Mayener zugerechnet wurde, bekam seinen eigenen Klang. Dazu trug der Anschluß an die Bahn mit dem Stationsnamen wesentlich bei. Die Forschung hatte den Mendiger Stein über einen Disput für sich entdeckt. Im »Basaltstreit«, den der Leipziger Gelehrte A. G. Werner (1749–1817) ausgelöst hatte mit seiner These, Basalt sei kein vulkanisches Gestein, sondern ausgetrockneter Meeresboden, der durch unterirdischen Brand gehärtet worden sei, befaßten sich nun Wissenschaftler Europas mit seiner Entstehungsgeschichte. Neptu-

»Inneres eines Mühlsteinbruches von Niedermennich«, französischer Stahlstich von 1802

nisten traten gegen Vulkanisten an. Im Hintergrund stand die Faszination an Ausbrüchen des Vesuvs, die damals als Ausdruck von Gewaltigkeit und Erhabenheit der Schöpfung Gottes erlebt wurden. Ausgrabungen in Pompeji und Herkulaneum steigerten die Begeisterung. Zudem begann 1805 die wissenschaftliche Erforschung des Vesuvs durch Alexander von Humboldt. Man suchte nun Vergleiche, kam angereist. In den unterirdischen Niedermendiger Mühlsteinbrüchen machten die großen Forscher wie Alexander von Humboldt, Graf Alessandro Volta, Sir William Hamilton und Voltaires Privatsekretär Cosmas Collini Untersuchungen.

Goethe, der leidenschaftliches Interesse an der Lava des Vesuvs und Ätnas auf seinen italienischen Reisen gezeigt und systematisch Gesteine und Mineralien gesammelt hatte, focht auf Seiten der Neptunisten mit, auch in seinen naturwissenschaftlichen Schriften. Am 28. Juli 1815 machte er auf seiner Rhein-Main-Reise mit dem Freiherrn vom Stein einen Abstecher nach Niedermendig. Sein Fazit teilte er dem Kölner Freund und Kunstsammler Sulpiz Boisserée mit: ... »Es möchte dem Vulkanismus schwerer fallen, die Mennigersteine als Lava durchzuführen und vollständig zu erklären, wie sie geflossen und dahin gekommen«... Nach fast 50 Jahren, um 1830, setzte sich dann die Meinung der Vulkanisten durch, die den Mendiger Stein als Vulkanauswurf hatten nachweisen können. Die Eruption des Wingertsberges geschah, wie man heute weiß, vor 200 000 Jahren, dabei erstarrte die glutflüssige Lava schockartig und erhielt schrumpfend die prismatische Säulenform.

Vulkanpark rund um den Laacher See

Heute entwickelt sich die Region zu einem Mekka für geologisch Interessierte. Mendig übernimmt dabei erneut eine zentrale Rolle. »Vulkanpark rund um den Laacher See« heißt ein Großprojekt, hinter dem die Landkreise Mayen-Koblenz und Ahrweiler mit einem Trägerverein stehen. Es erschließt dem wandernden Besucher die Einzigartigkeit der Vulkanlandschaft der Osteifel mit rund 100 Vulkanen aus der Quartärzeit seit etwa 600 000 Jahren um den See herum. Den Erlebnisraum durchziehen »Geotope«, die Wissenschaftler in allgemein verständlichen Texten erläutern. Das dazugehörige »Haus der Vulkane« wird in Mendig in der erweiterten ehemaligen Schultheißbrauerei im Jahr 2005 eröffnet werden. Dieses Museum präsentiert in modernsten Techniken zum Beispiel Zeitreisen zu den explosiven Vulkanausbrüchen wie der »Laacher See Eruption«, der größten in Mitteleuropa nach der letzten Eiszeit. Es vermittelt einen Überblick über die vulkanischen Phänomene und die Geschichte der Steingewinnung seit der Römerzeit. Das Haus der Vulkane wird Sitz des Informationszentrums »Vulkanpark« und beherbergt als Forschungsstätte auch das Vulkaninstitut, an dem Vulkanologen und Archäologen ihre Arbeit aufnehmen. Das 1987 in derselben Brauerstraße eröffnete Deutsche Vulkanmuseum wird mit seiner Sammlung vulkanischer Gesteine und Mineralien in die neue Einrichtung integriert, ebenso, als Fachsektion, die »Museumslay«. Diese Privatinitiative demonstriert schon seit Jahren mit Werkzeugen, einer Feldbahn und Steinmetzhütte Abbau und Förderung der Basaltlava in bereits historischen Formen. Geplant sind die Koordination mit Geozentren in Daun, Gerolstein und Manderscheid und auch Zusammenarbeit innerhalb der Großregion von Saar, Luxemburg, Rheinland-Pfalz und Wallonien.

Die Bahn am nahen Kloster

Das stattliche Rathaus mit neobarockem Giebel war Statussymbol des emporgewachsenen Ortes, dessen Hochblüte 1913 allerdings überschritten war. Prestige hatte früher schon, 1877, das kolossale Bahnhofsgebäude

Bahnhofsgebäude von 1877 aus Mendiger Basaltlava

demonstriert, und das selbstverständlich in der puren Schwärze des eigenen Blausteins. Er gibt dem neogotischen Gebäude in Gestalt einer Festung mit Zinnen, gewaltigen Treppengiebeln und stilisierten Maßwerkfenstern einen geradezu sagenhaften Charakter. In hellem Tuff sind nur das Geländer der aufwendigen Treppe und die Inschrift »Rheinische Eisenbahn« abgehoben. Sie verdiente an der neuen Station so viel, daß die Strecke Mayen-Andernach, der Niedermendig nun angeschlossen war, rentabler als alle anderen im Preußisch-Hessischen Eisenbahnnetz war. Den Gewinn brachten Frachtgebühren im Güterverkehr Richtung Andernach, dem Umschlagplatz der Handelsware, die über den Rhein weitertransportiert wurde. Fuhrwerke brachten Basaltlava-Steine aus Niedermendig, Tuff aus Rieden und Weibern zum Bahnhof, und gegen Abend, 17 und 19 Uhr, wurden täglich die weißen Waggons der insgesamt 28 Brauereien an der Bierrampe beladen.

Beim Personenverkehr profitierte die Station, die im Untertitel »Maria Laach« heißt, von dem fünf Kilometer entfernten Kloster, das nach seiner Auflösung 1802 dann 1863 von Jesuiten und 1892 wieder von Benediktinern besetzt war. Die Beziehungen dorthin beschränkten sich auf gute Nachbarschaft, denn Niedermendigs Kirche unterstand dem Erzbistum Trier. Doch waren Priester in St. Cyriakus seit dem Mittelalter häufig Mönche aus dem Benediktinerkloster und Mönche dort immer wieder Niedermendiger. Auch in der Landwirtschaft half man sich gegenseitig aus. Wurden in Laach zu viele Ferkel geworfen, verschenkte man sie zum Aufziehen dem Nachbarn, vor allem wußten die Mönche Rat, wenn Tiere erkrankt waren. Früher hatte Laach je einen Hof in Nieder- und Obermendig (Bruderhof) besessen. Als die Bahn kam, brachten Droschken Besucher zur Abtei und holten sie auch wieder ab. Im Sommer 1897 war der Fahrgast Kaiser Wilhelm II, der mit Gemahlin und Hofstaat die Renovierungen an Kloster und Abteikirche anzuschauen kam. Auch zu Manöverfahrten in die Eifel stieg der Kaiser in Niedermendig aus. So ging die Station als Kaiserbahnhof in die Dorfchronik ein.

Flugplatz und Wirtschaft

Niedermendigs goldenes Zeitalter hielt reichlich 50 Jahre an. Das Bahnhofsgebäude ist heute ein Denkmal in Privatbesitz, seine Funktion hat ein hellblauer Fahrkartenautomat, auf dem Bahnsteig postiert, übernommen, die Züge fahren alle halbe Stunde, der Hauptverkehr läuft über die Straße mit eigenem Anschluß an die Autobahn. Niedermendig hat so kurz nach dem Krieg Stadt werden können, weil die Schäden, fünf zerstörte Häuser, nicht die Substanz berührt hatten. Tiefflieger flogen vor allem gegen den Flugplatz außerhalb, der 1914 als Etappenflugzeugpark 3 für die Feldfliegerabteilungen angelegt und 1937 für die Luftwaffe ausgebaut worden war. 1945 besetzten ihn die Amerikaner, später diente er den französischen Streitkräften. Nach deren Rückverlegung wurde er 1957 erster Heeresflugplatz der Deutschen Heeresflieger, die von hier aus zu

besonderen Einsätzen starten, Waldbrände im In- und Ausland löschen helfen oder Versorgungsgüter im Rahmen der humanitären Hilfe fliegen. Mit rund 1300 Soldaten und 200 zivilen Angestellten ist der Flughafen ein bedeutender Wirtschaftsfaktor für die kleine Stadt. Denn ebenso wie in Mayen ging hier die traditionelle Steinindustrie nach dem Zweiten Weltkrieg drastisch zurück, schrumpfte auf fünf Betriebe, die allerdings hochmodern ausgestattet sind. Kunststoff- und Textilindustrie, der Reginarisbrunnen, dessen Wasser schon die Römer hier erfrischte, Dienstleistungsbetriebe, Handwerker und wenige Bauernhöfe geben nur einem Teil der Bewohner Arbeit, die meisten pendeln aus, Richtung Andernach. Doch kündigt sich mit Ausdehnung von Gewerbegebieten und Neubauvierteln eine günstige Entwicklung des Ortes an, der bis auf ein Gymnasium über alle Schultypen verfügt.

Die Stadt und ihr Dorf

Seit 1969 gehört Obermendig, einen Kilometer entfernt, zur Stadt Mendig und stellt ein Drittel der insgesamt 9 000 Einwohner (1999). Beide Orte, seit 1147 als Nieder- und Obermendig beurkundet, haben die Steine ihrer Häuser, schwarze Basaltlava und Tuff aus Weibern, gemeinsam, aber sonst kaum etwas. Obermendig gehörte zum St. Florinstift in Koblenz und nicht zu Trier, lebte hauptsächlich von der Landwirtschaft, hatte vier große Höfe im Mittelalter, von denen der Hummeshof an der Hauptstraße Ecke Hummesgasse noch voll in Betrieb ist, während der Bruderhof verwaist liegt. Der bedeutendste, der ehemalige Fronhof des Florinstiftes, büßte im Krieg die Wirtschaftsgebäude ein, birgt hinter hohen Mauern mit freistehendem Tor aber noch das Herrenhaus mit der angebauten spätgotischen Kapelle in feinen Formen. Vor der Tür fließt der Kellbach. Obermendig hat seinen Dorfcharakter mit geschlossenen langen, engen Straßen erhalten. Spätgotische Häuser mit steilen Giebeln, barocke zweistöckige Gebäude, klassizistische Hofanlagen und solche im Stil des Historismus belegen in der Hauptstraße und ihren Gassen Dynamik und Anpassung. Die Lücken durch Brände wurden immer wieder zugebaut. Der schwarze Niedermendiger Stein, von dem viele hier lebten, gibt den Ton und strengen Charakter an, trotz vieler verputzter Fassaden. Die Kirche St. Genovefa, eine dreischiffige Stufenhalle des 15. Jahrhunderts mit romanischem Turm, hat Friedrich von Schmidt von der Kölner Dombauhütte, als er schon Wiener Dombaumeister war, 1879 erweitert. Sie bekrönt den Ort und ist weithin sichtbar in der Pellenz, wie das fruchtbare Umland, einst Sitz der Pfalzgrafen, heißt.

Niedermendig, die städtische Zugkraft, ist eng im alten Kern unterhalb der Kirche, wo dicht an dicht verschachtelte winzige Häuser, Höfe vom Ende des 18. und mehrere aus dem 19. Jahrhundert zusammenstehen. Das älteste erhaltene Haus, Baujahr 1554, liegt in der Brunnenstraße. Es verfügt über einen offenen Kamin, wie er sonst nur in Herrensitzen üblich war. Der Garten des zweistöckigen Gebäudes stößt bereits an steile Abraummauern von Gruben. Was nach ihm kam, mußte bergan gebaut werden und verliert an organischem Zusammenhalt. Schlichte zweistöckige Wohnhäuser, Massivbauten aus Basaltlava-Steinen, manche verputzt und die Schmalseite vorzeigend, geben den Straßenzügen Trutzigkeit und Strenge. Die neoromanische Kapelle in der Pellenzstraße macht da keine Ausnahme. Villen von Grubenbesitzern trumpfen deutlich mit Breite und Zierat am Giebel auf, wie auch die alte Post. Mehrere »schwarze Kästen«, stattliche Häuser aus Basaltlava-Werksteinen, die Eigenart des Ortes, verschwanden mit der Abrißwut in den sechziger Jahren, am Marktplatz »verstellten sie die Aussicht ins Land«. Heute bemüht man sich um Neugestaltung der freien Fläche. Das alte Rathaus wurde erweitert und mit einem Glasanbau versehen, als Sitz der Verbandsgemeinde Mendig mit Bell, Rieden, Thür und Volkesfeld. Der Stadt-Bürgermeister residiert im Wohnhaus des Herrn von Brewer von der Jahrhundertwende vis-à-vis. Gewicht gibt dem Platz noch die alte Realschule, ein hochragender Kubus in neoro-

Das Pfarrhaus von 1757 in Obermendig

Alter Fronhof des Florinsstiftes mit spätgotischer Kapelle in Obermendig

Die alte Lassaulxsche Realschule, heute Kulturzentrum, und das ehemalige Wohnhaus des Herrn von Brewer

Die Heidenstockstraße

manischen Formen, den der Koblenzer Architekt Johann Claudius von Lassaulx (1781–1848) ursprünglich als Wohnhaus entworfen hatte. Er ließ ihn bewußt in Basaltlava errichten. Lassaulx begründete im Rheinland die Forderung nach Naturstein, der dann fast das ganze 19. Jahrhundert beherrscht. Die Bogenschwünge am Schulgebäude kehren in der Laacher-See-Halle von 1990 nebenan wieder. Beide Häuser arbeiten als Kulturzentrum, das Mendig auch wegen seiner 73 Vereine, darunter fünf Chöre, intensiv nutzt.

Blüte mit Bier

Im vorigen Jahrhundert war Niedermendiger Felsenbier in Deutschland ein Begriff. Sein Begründer hieß Joseph Gieser. Er war Braumeister der Brauerei der Herrnhuter Brüdergemeine in Neuwied und wollte die Konkurrenz mit dem neuen untergärigen bayrischen Bier aufnehmen, das bei 5–9 Grad Celsius zwei bis drei Monate gelagert werden muß. Ihm fehlten jedoch die kostspieligen Kopfeiskeller, und der Winter war zu kurz. Da fielen ihm »wie ein Gottesgeschenk« die unterirdischen, ausgebeuteten Basaltlava-Gruben von Niedermendig ein, gigantische Höhlen, die durch Verdunstungskälte gleichbleibende Temperaturen um 5 Grad halten. Die Probelagerung wurde ein Erfolg, so daß die Brüdergemeine 1844 in Niedermendig eine zweite Brauerei errichtete. Das muß sich wie im Lauffeuer herumgesprochen haben. Aus Koblenz, Köln, Holland, Andernach, Weißenthurm, Mühlstein siedelten sich weitere Brauereien an, und Niedermendig stand nicht nach. 1880 kulminierte die Zahl bei 28 Betrieben. Man baute möglichst nahe am Grundstoff Wasser. Für die Laacher Mönche zahlte sich jetzt der Rauschgraben in der Brauerstraße aus, ein Kanal, den Abt Fulbert (1152–1177) vom Laacher See abgezweigt hatte. Seinen Zufluß »verstopften« die Mönche, sobald ihnen der Wasserpreis zu niedrig erschien. Im Süden, auf der Höhe, wurde am Rinnsal Zeip gebraut, das durch den Pfarrgarten fließt. Man kaufte den Rohstoff auch aus dem Kellbach in Obermendig, ärgerte sich über die Wucherpreise dort, versuchte dafür mit den Mönchen härter zu handeln und bohrte schließlich eigene Brunnen. Das Wasser des Laacher See hatte sich für Bier als zu weich erwiesen. Immerhin taugte es noch zum Überfluten der Wiesen, um im Winter Eisweiher anzulegen. Denn die Brauereien brauchten Eis für die Bierschächte, zahlten 25 Pfennige für den Zentner. Zwei Mälzereien entstanden, Fuhrbetriebe erlebten Hochkonjunktur trotz der eigenen Zugpferde der Brauereien, an denen die Bauern mit Futterlieferungen verdienten. In den 30 Meter tiefen Gruben lief der Abbau von Basaltlava in Nachbarschaft zu den offenen Bierlagern auf vollen Touren weiter, machte Durst. Die Steinhauer bedienten sich so lange, bis die Brauereien den Zugang zum Bier mit Mauern versperrten. Nur Brauereipersonal bekam Freibier, das der »Affenvater« im Hof ausschenkte: Brauern und Küfern sechs Liter am Tag, Fuhrleuten und Tagelöhnern vier Liter, der Postbote wurde mit einem Liter bedacht. Metzger Laubenthal lieferte die Grundlage, belegte Brote und Wurst, die für ihn ein Esel in Körben anschleppte.

Mit dem Zuwachs der Bewohner durch die Brauereien waren die Evangelischen und die Juden in der katholischen Eifel eine größere Gruppe geworden. An die Synagoge von 1886 in der Wollstraße erinnert ein Gedenkstein. Die Reichskristallnacht hatte auch ihre Vernichtung gebracht, der Friedhof außerhalb ist bewahrt. Für die Evangelischen, die heute zehn Prozent der Bewohner ausmachen, stellte der Braumeister der Herrnhuter Brüdergemeine, die aus der protestantischen pietistischen Bewegung kam, 1857 seine Wohnung zum Gottesdienst einmal im Monat zur Verfügung, fünf Jahre lang. Dann überließ er ihnen einen kleinen Raum im stattlichen Brauereigebäude, bis 1892 die Kirche nahebei eingeweiht wurde. Der Pfarrer war aus Mayen alle vierzehn Tage anderthalb Stunden zu Fuß gekommen, seit 1877 konnte er in die Bahn steigen. Das »Betkämmerlein« ist, wie die gesamte großzügige Brauereianlage in der Brauereistraße, erhalten und heute Geschäftszimmer der Deutschen Vulkanischen Gesellschaft, dem Träger des Deutschen Vulkanmuseums. Seine Sammlungen werden nebenan im Sudhaus ausgestellt.

Die Erfindung der Eismaschine Ende vorigen Jahrhunderts bewirkte, daß die Brauereien nach und nach an ihre Ursprungsorte zurückzogen. 1900 waren noch acht ansässig, meist Niedermendiger. 1911 ging der Pionier, und der bedeutende Steinindustrielle F. X. Michels aus Andernach übernahm die Brauerei der Brüdergemeinde. Die verwaisten Betriebe wurden von Fabrikanten oder Landwirten genutzt, die meisten zu Wohnungen umgebaut. Mit den Brauereien war auch der Ort erst einmal wie stillgelegt. Bis heute existiert noch eine Brauerei, die Gäste 150 Stufen hinabführt und in den damals berühmten Felsenkellern die Geschichte vom Niedermendiger Bier erzählt, das bis nach Übersee verschifft wurde.

Die »ale Kirch«

Als Mitte vorigen Jahrhunderts die alte St. Cyriakus-Kirche der auf 2000 Mitglieder gewachsenen Gemeinde zu klein geworden war, beschloß man einen Neubau, den der versierte Kölner Vincenz Statz in harmonierenden Proportionen der romanischen Anlage 1857 zur Seite stellte. Die Rückbesinnung auf das Mittelalter im Zeitgeist der Romantik hatte gerade den Denkmalschutz begründet. Mit großem Respekt ließ Statz daher den romanischen Bau bestehen, bis auf den Durchbruch im nördlichen Seitenschiff, der beide Kirchen miteinander verbindet. So blieb Messebesuchern ihr Stammplatz in der geliebten »alen Kirch« in Sicht- und Hörweite erhalten.

Die alte Cyriakus-Kirche ist eine gewölbte Pfeilerbasilika aus der zweiten Hälfte des 12. Jahrhunderts mit quadratischem Westturm und einem rechteckigen Chor, der sehr viel niedriger als das Hauptschiff vorspringt. Der weißverputzte Bruchsteinbau zeigt ausgewogene Maßverhältnisse und feine Gliederungsformen wie gestufte Fenstergewände. Besonders hervorgehoben ist der Chor durch seinen Ostabschluß. Das Giebeldreieck schmückt eine Gruppe von drei Nischen, die ein Kleeblattblendbogen einfaßt. Die Wand darunter beleben ebenfalls Dreipaßblendbögen, die langgestreckt verlaufen und einen Rundbogen mit Fenster rahmen. Der Südflanke des Chores wurde gegen Ende des 15. Jahrhunderts eine zierliche Sakristei angefügt, die mit steilem Dach über einem vieleckig gebrochenen Abschluß und dicht sich drängenden, abgetreppten Strebepfeilern spätgotische Bauweise verkörpert. Aus derselben Zeit datieren nach einem Brand die beiden oberen Stockwerke des Turmes mit stumpfspitzbogigen Schallarkaden im Glockengeschoß, das ein achteckiger Spitzhelm bekrönt.

Man betritt die Kirche an der Südseite durch ein romanisches, reich profiliertes Rundbogenportal aus Tuffstein, dessen umlaufende, verknotete Rundstäbe ein barockzeitliches, doch angepaßtes inneres Gewände in Basaltlava rahmen. Sein ausgeprägter bogenförmiger Sturz mit der Jahreszahl 1717 trägt eine Inschrift, in der das mittelalterliche »memento mori« nachklingt: »Hin geht das Leben, her kombt der Tot, o Mensch thue recht und forchte Got«. Der sich über nur zwei Joche erstreckende, intim wirkende Innenraum nimmt gefangen durch seine harmonischen Proportionen und die überaus reichen Wandmalereien ringsum. Farbige Bänder in geometrischen Mustern wie dem ausdrucksvollen Schachbrett umlaufen die Architekturelemente, betonen das klassisch romanische Wechselspiel von geschlossener körperhafter Mauer und ihren Öffnungen, wie den niedrigen Rundbogenarkaden, die auf mächtigen quadratischen Pfeilern ruhen. Die nachgezeichneten Kreuzgratgewölbe, zwei längsrechteckige im Hauptschiff und je vier in den Seitenschiffen, entsprechen im Größenverhältnis 1:2 dem sogenannten gebundenen System, das die damals modernste Form der Einwölbung darstellte. Neben der ornamentalen Ausmalung aus der Erbauungszeit bereichern 1887 wieder freigelegte Wandbilder den kleinen Kirchenraum, den der monumentale, zwölf Ellen lange Christopherus vom 13. Jahrhundert beherrscht. Ein großes Weltgericht über dem Triumphbogen,

die zwölf Apostel und ein Reiterkampfbild entstanden um 1300. Die frommen Stiftungen zeugen von Wohlstand. Von den vielen weiteren Heiligendarstellungen ist Anna Selbdritt vom Ende des 15. Jahrhunderts die jüngste und stammt von der Kölner Malerschule. Eine ausführliche Beschreibung der Kirche und ihrer Wandmalereien findet sich bereits in meinem Buch »Die alten Dorfkirchen der Eifel«.

Romantische Gotik à la Köln

Mit dem gebürtigen Kölner Vincenz Statz (1819–1898) hatte man für die neue Kirche einen Architekten gewählt, der sich als Schüler der Kölner Dombauhütte in seinem umfangreichen Lebenswerk – 136 Kirchen und Kapellen, 33 Profanbauten, 41 Wiederherstellungen – ausschließlich der Neugotik verschrieb. Zu seinen Höchstleistungen zählen der Linzer Dom (Entwurf 1859), die Aachener Marienkapelle (1858) und St. Mauritius in Köln (1855). Die Neogotik hatte sich, von England ausgehend, seit 1800 allmählich in ganz Europa ausgebreitet. Sie löste den Klassizismus ab. Die geistige Strömung, die zur Wiederaufnahme gotischer Baugestaltung geführt hatte, die Romantik, reagierte gegen den Rationalismus der Aufklärung, der mit der religiös gebundenen Einheit des mittelalterlichen Weltbildes gebrochen hatte, und löste nun Rückbesinnung, Mittelalterbegeisterung aus. Dabei beschwor die Architektur den Geist der Gotik durch ihre Formen. In Köln hatte über das Rheinland hinaus der Torso des Domes mit seinem Chor von 1248 phantasieanregend gewirkt. Die Grundsteinlegung zu seiner Vollendung 1842 und die Arbeit der dazu eingerichteten Dombauhütte, beides unter Leitung von E. F. Zwirner, prägten Generationen von Architekten und Handwerkern, wobei die Gotik des 13. Jahrhunderts Vorbild wurde.

Statz war 1845 zweiter Dombaumeister geworden. Als späterer Sachverständiger beim Kölner Generalvikariat und Diözesanbaumeister überwachte er streng die Kirchenbaupläne, die nur im gotischen Stil genehmigt werden durften. Der Absolutheitsanspruch dieser neugotischen Doktrin, die noch bis in das 20. Jahrhundert hinein parallel zur Moderne wirkte, verbreitete schließlich Unbehagen und Mißfallen. Heute läßt man die Vorwürfe, nur Nachahmungen zu präsentieren, nicht mehr gelten, sondern hat erkannt, daß die bedeutenden Architekten der Neogotik individuelle Baukörper entwarfen. Sie beherrschten das gotische Formenarsenal und variierten es zu phantasiereichen Erfindungen.

Die neue Kirche

Der Neubau von 1857 in Niedermendig war nicht die erste ländliche Pfarrkirche von Statz, doch die erste in der Diözese Trier. Trotz einengender Vorgaben, einem extrem kleinen Platz neben der alten Kirche auf dem Bergsporn, hinter dem das Gelände steil abfällt, gelang dem Architekten eine Anlage von geschlossener, nobler Erscheinung. Er fügte den von ihm bevorzugten Typ einer neugotischen Basilika als hohen, langgestreckten Baukörper der alten Kirche im Norden an. Sein Querhaus, zu dem das vierte Joch erweitert ist, konnte im Norden nicht vorspringen und mußte im Süden ganz wegfallen. Dennoch zeigt der Neubau imposante Ausmaße. Er steht mit seinem steilen Satteldach, das auf gleichbleibender Höhe auch den Chor überzieht, als horizontale Silhouette hinter der alten Basilika. Deren kubisch gestaffelte, parallel liegende Schiffe bilden mit dem Turm die Schauseite des Ensembles, wobei sich die weißverputzte romanische Kirche markant von der neuen abhebt, die mit hellverfugten, handbehauenen Werksteinen aus Basaltlava errichtet ist. Der dunkle feinporöse heimische Stein beansprucht schlichte Gestaltung und eher Armut an Verzierung. Allerdings hatte Statz die mit einem Joch vorspringende Westfront, Höhepunkt der Außengestaltung in der klassischen Gotik, aufwendiger geplant. Sechsbahnig sollte das Fenster sein, der Giebel mit einem Maßwerkfries verziert und von je zwei Türmchen flankiert werden. Ausgehendes

Südliches Seitenschiff der neuen Cyriakus-Kirche

Geld zwang zur weit sparsameren, aber immer noch repräsentativen Version. Das Innere blieb von Abstrichen glücklicherweise unberührt.

Schmal und hoch aufragend mündet die Westfront in einen steilen, von Stufen gesäumten Giebel, den ein kräftiges Basaltlava-Kreuz bekrönt. Im Giebel kehrt unter einer Vierpaßöffnung mit dem Christusmonogramm IHS das Motiv der drei gestuften Fenster des alten Chores wieder, nun langgestreckt und spitzbogig. Die Fassade darunter beherrscht ein vierbahniges Maßwerkfenster, in dessen Fluchtlinien die spitzbogige Doppelarkade des Haupteinganges liegt. Rechts und links rahmen schlanke, dreimal abgetreppte Strebepfeiler das Fenster und geben der Fassade Gewichtigkeit und Halt. In Größe und Gestaltung identisch, kehrt die Westfront als Abschluß des Querhauses im Norden noch einmal wieder.

Den gesamten Baukörper umläuft außen ein breites, abgeschrägtes Gesims, das die Sockelzone deutlich absetzt. Algen färben es gelblich grün. Die vergleichsweise niedrigen

Seitenschiffe der Basilika sind von zweimal abgetreppten Strebepfeilern mit Giebeln und Kreuzblumen umstellt. Von ihnen wölben sich Strebebögen hinauf zum höheren Mittelschiff. Diese äußeren Stützformen sind in Anlehnung an die Kölner Minoritenkirche entstanden. Aus Rücksicht auf den Altbau ist das südliche Seitenschiff nur in zwei Jochen sichtbar. An das dritte heftet sich der alte und einzige Turm der Zweiergruppe. Das nördliche Seitenschiff wird von einer quaderförmigen modernen Sakristei teilweise verdeckt. Es geht über in die Querhausfront und endet schließlich in einem vieleckig gebrochenen Seitenchor. Dieser bildet mit dem Hauptchor einen spitzen Winkel, in dem ein kleiner sechseckiger Chorturm Platz fand. Mächtige Strebepfeiler des Hauptchores, die bis unter das Dach reichen, stellen ebenso wie die sehr hohen zweibahnigen Maßwerkfenster die Bedeutung des Kultzentrums monumental heraus.

Westliches Langhaus mit Orgelempore

Das Innere: mathematische Präzision

Man betritt die Kirche durch das Westportal und gelangt über die Vorhalle unter der Orgelempore in das Hauptschiff, einen hellen Raum von klarer strenger Erhabenheit. Die gestalteten Formen fügen sich zu einer vollkommenen Einheit zusammen. Licht flutet aus dem vierbahnigen Fenster der Westfront und den Obergaden auf die weißen Wände. Hart kontrastierend, in Grauschwarz mit roten Fugen bemalt, zeichnen sich die Gliederungselemente ab. Kräftige Rundpfeiler auf Sockeln tragen halbhohe spitzbogige Arkaden. Sie nehmen schlanke Runddienste auf, aus deren geschwungenen, farbig gefaßten Kelchkapitellen die Rippen und Gurte entspringen, die in steilen Bögen aufsteigen und querrechteckige Kreuzgewölbe umspannen. So erscheint der Raum von hohen Spitzbögen überfangen, die über die vier Joche, in mathematischer Präzision sich wiederholend, auf den gleichhohen Chor zulaufen, sein Joch passieren und in seinem Fünf-Achtel-Abschluß die Form einer ausstrahlenden Krone erreichen. In den Seitenschiffen wiederholt sich das Linienspiel der Gewölbestruktur in kleinerem Maßstab. Am Boden durchziehen, mit breitem Mittelgang, Bankreihen aus hellem Holz alle drei Schiffe, rücken vor noch in das vierte erweiterte Joch. Diesen Raum zwischen Langhaus und Chor stellen elegant gestreckte Pfeiler, als Säulenbündel ausgebildet, mit hochsitzenden Kelchkapitellen heraus. Die östlichen öffnen wirkungsvoll den Chor. Während im Norden das Querhaus mit einem sehr großen Maßwerkfenster und der anschließende Nordchor folgen, endet im Süden – Tribut an den Altbau – das vierte Joch unmittelbar in einer Wand, durchbrochen von einer Fensterrosette und Arkaden. Sie bilden den Durchgang zur alten Kirche.

Leider ist die originale neugotische, auf die Räume abgestimmte Ausstattung in unseren sechziger Jahren verschwunden. 1969 wurden die Kirchenfenster erneuert. Der 1904 in Trier gebürtige Reinhard Heß setzte Farben in kräftigem Rot-Blau-Lila-Akkord ein, im Westen klingen die Komplementärfarben,

Rot und Grün, harmonisch zusammen. Die abstrakten, seriell angelegten Muster kombinieren organische runde mit geometrischen eckigen Formen, lassen Symbole wie Alpha und Omega einfließen. Die Rosette durchleuchtet ein großes gleichschenkliges rotes Kreuz. Als Figuren erscheinen der Patron der Kirche, der hl. Cyriakus und die hl. Barbara, Schutzherrin der Steinhauer, in einem Fenster zwischen Hauptschiff und alter Kirche. Unter den barocken Heiligenfiguren ragen eine Gottesmutter auf der Mondsichel und der Erzengel Michael heraus. Der um 1700 in Koblenz gearbeitete Engel steht mit ausgespannten Flügeln auf einem Drachentier und holt mit schwungvoller Bewegung zum tödlichen Schwerthieb aus.

Der Flügelaltar von 1490

Mit der Einweihung der neuen Kirche kam der wertvolle spätgotische Flügelaltar aus der alten Anlage von nebenan in den Hauptchor. Nach Paul Clemen stammt er von einem niederrheinischen Meister aus der Zeit um 1490. Im Zentrum des Triptychons in dunklen Farben ist die Beweinung Christi dargestellt, ein Passionsmotiv, das erst seit dem 14. Jahrhundert nördlich der Alpen zur Andacht gestaltet wird. Vor dem Hintergrund des beherrschenden Kreuzes, dessen Querbalken das Bild horizontal abschließt, gruppieren sich, hervorgehoben durch goldene große Heiligenscheine, sechs Trauernde in symmetrischer Anordnung rechts und links über dem Leichnam Christi. Er liegt ausgestreckt vor ihnen auf einem großen Leinentuch, sein Gesicht und Körper sind von Blutstriemen überzogen. Haupt und Schulter ruhen auf dem Schoß der betenden Mutter Maria. Ihr gegenüber sitzt zu Füßen des Toten Maria Magdalena mit offenen langen Haaren und hält ein Gefäß zur Salbung bereit. Vorsichtig berührt sie mit der anderen Hand die Fingerspitzen des starren ausgestreckten linken Armes Christi. Von den drei Frauen, die Christus in Galiläa gefolgt waren, sind außer Maria Magdalena auch die beiden anderen Marien anwesend. Die eine steht in der Bild-

Der Flügelaltar von 1490

mitte, als wolle sie beim Salben helfen, die andere, am rechten oberen Bildrand, streckt die Hände im Gebet. Ihr entspricht in der Bildkomposition am linken oberen Rand Johannes, der hinter der Gottesmutter verharrt und ihren Kopf behutsam berührt. Schließlich ist als kleinste und einzige Figur ohne Heiligenschein Nikodemus vor dem Kreuz in Klagegebärde dargestellt. Die Trauer der anderen drückt sich in leicht geneigten Köpfen und ernsten Gesichtern eher leise aus. Im Stil der Zeit werfen die weiten, langen Gewänder fließende Falten. Am Horizont ist eine bergige Landschaft mit blauem Himmel und den Häusern Jerusalems erkennbar.

Der linke Seitenflügel zeigt Christus, das Kreuz tragend, umgeben von Kriegsknechten und den drei Marien. Vor ihm kniet Veronika, die das Schweißtuch mit seinem deutlichen Antlitz erhält. Als Vorbild für diese Szene benutzte der Meister einen Kupferstich von Martin Schongauer. Thema des rechten Innenflügels ist die Auferstehung. Die große, aufgerichtete Gestalt Christi entsteigt dem Sarkophag, weckt die schlafenden Wächter und blickt segnend, mit offenen Augen den Betrachter an. Die drei Marien sind in seiner Nähe. Im Hintergrund, in den entfernten Bergen und kleinfigurig, ist, zeitlich vorweggenommen, die Erscheinung Christi vor Petrus gemalt. Die Rückseiten der Altarflügel präsentieren auf Schachbrettfliesen vor einem Brokatvorhang die Heiligen Cyriakus und Maria und Sebastian (Patron der Steinmetze und Helfer gegen Pest) und Genovefa von Paris (Pest, Krieg). Maria trägt das nackte Jesuskind auf dem einen Arm, in dem anderen hält sie einen Zweig der Stechpalme, Ilex, die Christus und seine Passion symbolisiert.

Die Predella (Unterbau) des Flügelaltares bringt vier kleine Bilder aus dem Leben Jesu: Verkündigung, Geburt, Anbetung der Hl. Drei Könige und Darbringung im Tempel. Sie sind mit Erzählerfreude, in vielen Einzelheiten dem Leben abgeguckt, gemalt. Das theologische Programm erscheint nun in wirklichkeitsnahen Bildergeschichten. Romanische Arkadenfenster charakterisieren die Architektur der intimen Szenen. Bei der Verkündigung erhält man Einsicht in ein elegantes Interieur mit Fenstern und offener Tür. Die Taube des Hl. Geistes und der nackte Jesusknabe mit dem Kreuz schweben auf Maria im Vordergrund zu. Sie blickt erschrocken und mit hochgehobenen Händen auf die große Lichtgestalt des Engels neben ihr, dessen Flügel wie bunte Hahnenfedern schillern. Freude über die Geburt Jesu, der als Säugling zwischen den Eltern zu Füßen von Maria liegt, demonstrieren fliegende Engel. Passion und Tod künden Distelfink und Rabe auf Dach und Fenster an. Joseph hält schützend eine Kerze, Symbol für Christus, das Licht der Welt. Der neue Geist in der Malerei kommt besonders in der Anbetungsszene zum Ausdruck. Mit sichtbarem Behagen, wie jedes Baby, dem man etwas hinhält, greift das Christusknäblein auf dem Schoß der Mutter in die vielen Goldstücke, die ihm der kniende König in einem Prunkgefäß darbringt. Das Gold versinnbildlicht sein Königtum, Weihrauch die Göttlichkeit, Myrrhe Tod, Auferstehung und Erlösung. Etwas abseits, in grün und weiß gestreiftem Seidenmantel, wartet der Mohrenkönig mit seiner Gabe. Bei der Darbringung im Tempel hält sich der Jesusknabe zwar an seiner Mutter fest, dreht aber neugierig den Kopf zu den unter einem Tuch verborgenen Händen des Simeon, der ihn auf den Arm nehmen will. Auf diesem Bild steht rechts am Rand ein Mönch mit Tonsur, vermutlich der Stifter des Altares. In Mendig glaubte man zu wissen, der legendäre Mühlsteinhändler Bernhard Keib sei der Auftraggeber gewesen. Doch als der fromme Mann 1629 sein Testament niederschrieb und der Kirche reiche Güter hinterließ, wird der Altar von 1490 längst zur Ausstattung gehört haben.

Mendiger Märtyrer

Das Südschiff dient auch als Gedenkstätte für die Opfer der beiden Weltkriege. Über einer großen Steintafel steht die Konsolfigur des Erzengels Michael, des Patrons der Toten. Die letzte Zeile unter den vielen Namen lautet: »Im Konzentrationslager Dachau starben die Bekennerpriester Pastor Josef Bechtel und sein Kaplan Peter Schlicker«. Sie waren am 9. Januar 1941 von der Gestapo in Niedermendig verhaftet worden. Einer ihrer Nachfolger, Pastor Michael Hoellen, hat ihre Lebensgeschichte 1985 in dem Buch »Mendiger Märtyrer« nachgezeichnet. Die Stadt gab einer Schule und einer Straße ihre Namen.

Industrie und Borstenvieh

Polch, Stadt seit 1987
Gesamtstadt: 6300 Einwohner
Kirche: St. Stephan und Georg

Polch erlebt zum zweiten Mal eine Gründerzeit. Gegen Ende des 20. Jahrhunderts schwingt sich das uralte, von Landwirtschaft geprägte, stattliche Dorf auf, mit Industrieansiedlungen und neuen Wohngebieten das Format einer vitalen Kleinstadt anzunehmen. Zwei mit Rosen bepflanzte Verteilerkreisel dirigieren neuerdings den Verkehr im Norden von der Autobahn, dem Lebensnerv, von dem Gedeih und Verderben abhängen, direkt zu den Gewerbeanlagen und zum Ortszentrum. Rings um den alten Kern, mit Schwergewicht im Süden, gruppieren sich meist Einfamilienhäuser zu Neubauvierteln, die Straßennamen jeweils nach Vögeln, Blumen oder Musikern ausweisen.

Polch liegt mitten im Maifeld, dem welligen Hochland, das wegen seiner fetten Löß- und Lehmböden auch »die kleine Kornkammer« genannt wird, und es hat als Hinterland zur Rheinschiene mit Koblenz und Andernach seit jeher gute Absatzmöglichkeiten gehabt. Die Ernennung zur Stadt 1987 mit damals 4000 Einwohnern – die seit Jahrhunderten dazugehörenden Dörfer Kaan und Ruitsch mitgezählt – brachte zusätzlich Schubkraft. Auf der Landkarte steht Polch nun fettgedruckt, ist leichter zu finden. »Das kommt der Wirtschaftsentwicklung zugute«, sagt Bürgermeister Anton Reiter 1999, die Einwohnerzahl wuchs inzwischen auf 6 300.

Reiter wünscht sich mindestens 7500, um Gründungen von Geschäften lohnend zu machen. Bisher fließt die Kaufkraft mangels Angebot noch nach Mayen und Koblenz ab. Die Pläne zu einer Realschule, einem Altenheim und einem Bürgerhaus sind bereits verwirklicht.

Die erstaunliche, im Landkreis gerühmte Entwicklung von Polch begann Ende der sechziger Jahre als Reaktion auf den markanten Rückgang der Landwirtschaft, die Lebensgrundlage des Dorfes. 1913 gab es in Polch noch 600 Betriebe, 1949 hatte sich ihre Zahl auf 214 verringert, 1979 waren es 91, und 1996 existierten nur noch 30 autonome landwirtschaftliche Betriebe. 30 weitere werden nebenberuflich geführt. Bei diesem Wandel blieb die gesamte Nutzfläche des Ackerlandes erhalten, denn die weiter bestehenden Höfe kauften oder pachteten das frei werdende Land hinzu, um im Wettbewerb zu überleben. Landentzug durch Industrie- und Wohngebiete glichen sie durch weitere Zupachtungen in umliegenden Gemarkungen aus. Gleichzeitig änderte sich die Bewirtschaftung. Der Getreideanbau wurde verdoppelt zu Lasten von Kartoffeln und Futterrüben, und in der Tierhaltung ging man, bis auf vier Höfe, von Kühen zu Ferkelzucht und Mast von Schweinen über. Denn Kühe, die in Polch das ganze Jahr im Stall und nicht auf der Weide stehen, zweimal gefüttert und gemolken werden müssen, machen viel mehr Arbeit. Beschäftigte kann man sich nicht mehr leisten, die Höfe sind reine Familienbetriebe geworden. Häufig übernehmen die Frauen der Landwirte, wie Ilma Adams, die Vermarktung der Produkte, verkaufen Obst

St. Stephan und Georg in Polch, 1852 geweiht, Südansicht

und Kartoffeln an Kunden, die aus weitem Umkreis kommen. Die Molkerei wurde geschlossen, der Verladebahnhof von 1904 stillgelegt (die Trasse dient als Radwanderweg), und auch das die Landwirtschaft begleitende Handwerk kam zum Erliegen. Viele Polcher begannen auszupendeln.

Aufschwung mit Gebäck

Seit dem Zweiten Weltkrieg waren Polcher Landwirte erst mit Beginn ihrer Krisenzeit bereit, der Gemeinde Land zu verkaufen, die es im Norden sogleich als Gewerbegebiet erschließen ließ (Wasser, Kanal, Strom, Gas, Straßen) und auf Firmen nicht lange warten mußte. Zu den Pionieren gehörte 1969 die Gebäckfirma Griesson, die damals 80 und 1996 schon 650 Beschäftigte hatte. Der Gemeinde flossen nun Gewerbesteuereinnahmen in Millionenhöhe zu, die sie unverzüglich vor allem in Landerwerb zu weiterer Industrie-Erschließung im Norden des Ortes anlegte. Wenn ein Unternehmen sich zu einer Niederlassung entschlossen hat, möchte es möglichst sofort starten und nicht die Erschließung des Geländes abwarten. Auf dieser Erfahrung basiert Polchs erfolgreiche Strategie. Nachdem Griesson nach der Wiedervereinigung in Thüringen Zweitwerke eröffnet hatte, gelang es, auf Unabhängigkeit setzend, weitere Firmen anzulocken, die aus dem Kreisgebiet und Koblenz kommen. Da neben Gebäckherstellung Chemiewerke ausscheiden, bevorzugte man weiter Lebensmittel oder Baustoffe, Wohnmobile. Inzwischen halten sich Ein-und Auspendler die Waage. Den parallel betriebenen privaten und sozialen Wohnungsbau nutzen Polcher Familien, die das gartenlose Zentrum bereits zu fliehen begonnen hatten, sowie hinzugezogene Aussiedler, aber vor allem Angestellte aus dem 20 Autominuten entfernten Koblenz. Grundstückspreise und Bauen sind für sie hier erschwinglich.

Der Ernennung zur Stadt folgte unverzüglich die Aufnahme in das Städteförderungsprogramm, dessen Kosten sich Bund, Land und Gemeinde teilen. Seit 1988 wird Polchs

Landwirtin Ilma Adams vermarktet Produkte ihres Hofes, 1999

Stadtkern saniert. In seiner Mitte, wie auf einer Insel von Verkehr umflossen, demonstriert St. Stephan, eine »Dorfkathedrale« von 1852 mit 2500 Sitzplätzen, daß die Polcher schon früher hoch hinaus wollten und konnten. Ihre beiden Türme sind noch von Münstermaifeld aus nicht zu übersehen, doch die Stiftskirche dort ist die allergrößte im Umland geblieben. In den Autolärm von Lastern und PKWs rings um die Kirche mischt sich das Tuckern der Trecker, in besonders hektischem Takt zur Erntezeit. Der Umbruch des Ortes ist hörbar. »Wir sind kein Dorf mehr und noch keine Stadt«, klagt eine Landwirtin, und die Anstrengungen zu einem gepflegten Stadtbild, wie die geschwungene, in Naturstein gestreifte Haltestelle auf dem Marktplatz, Pflastermosaik in den schmalen Dorfstraßen oder Metallkonstruktionen, die fränkische Toreinfahrten ersetzen, sind ihr zu fein und auch zu teuer.

Das Dorf, die Höfe, ein Prunkstück

Dem strengen, geschlossenen Charakter des alten Dorfes können solche Neuerungen kaum etwas anhaben. Großzügige Hofanlagen aus den letzten 300 Jahren, Nachfolger des fränkischen Typs, der das zweigeschossige Wohnhaus mit dem Giebel zur Straße weisen läßt und Stall und Scheune rechtwinklig dazu anordnet (Dreiseithof), geben den baumlosen Straßen ihren ruhigen, dichten Rhythmus. Oft umschließt den Hof eine Mauer mit überdachtem Tor. Schieferbruchstein oder Basaltlava sind das Baumaterial, seltener Fachwerk. Dachflächen aus Schiefer fügen sich in die Harmonie der kubischen Formen. Da Polch nach Süden leichtes Gefälle zeigt und das Grundwasser ansteigt, liegen die Keller im Südteil hoch, und eine zweiläufige Treppe führt ins Haus. Die unvermeidliche Pfütze im »Pützkeller« nutzte man früher als Wasserquelle. Die Kellerfenster sind noch heute fest zugestopft gegen »Handlanger« von Kartoffeln.

Der älteste erhaltene Hof stammt von 1463, er steht in der Vormaystraße. Im heutigen Straßenbild überwiegt das 19. Jahrhundert, zu erkennen an der dekorativen Putzgliederung, die den Stein nicht ganz verdeckt. Die Fassaden erscheinen dann wie getüpfelt, gesprenkelt oder gestrichelt. Um die Jahrhundertwende gab man sich mit Klinker- und Backsteinschauseiten und neobarocken Giebeln schon städtisch. Das Prunkstück von Hof ist der von der Trierer Abtei St. Matthias hinter der Kirche, den Abt Anselm Mannheim 1748 errichten ließ. Polchs Grundbesitz hatten sich seit dem Mittelalter weltliche und geistliche Herren geteilt, wobei der Landesherr, Erzbischof und Kurfüst von Trier, an der Spitze stand. Schon 1059 erhielt die Abtei einen 1052 von Eberhard von Trier erworbenen Polcher Hof zum Geschenk und dehnte ihren Besitz weit aus. Ein großer Teil davon gehörte dann zum »Mattheiser Hof«, einer weiträumigen Barockanlage. Wie gerahmt von verzierten Basaltlavpfeilern des Eingangs liegt das repräsentative Hauptgebäude, das Wohnhaus, im Hintergrund, zweigeschossig, mit hohem Mansarddach.

Die Viedelstraße

Ehemaliger Hof der Trierer Abtei St. Matthias von 1748

Die Fassade bezieht ihre Schönheit durch streng symmetrische Gliederung, die den Mittelteil mit einem Dreieckgiebel für das Wappen und einer Treppe mit geschwungenem Balustergeländer herausstellt. Der hl. Matthias steht als Steinfigur in langem Faltengewand in einer Muschelnische über der Tür. Die Flügelgebäude sind Stallungen und Scheunen, die Sauen, Ferkel und Kühe beherbergen. Der Hof gehört heute dem Landwirt Peter Gilles, dessen Vorfahre Jakob Gilles ihn 1804 nach Auflösung und Versteigerung der Abtei gekauft hatte, als er schon Sitz der französischen Gendarmerie war. Diese wurde umquartiert in einen von Michael Alken (Mayen) entworfenen Neubau vor dem Scheunenflügel, der von 1826 bis 1889 als Gefängnis diente und heute beginnt zu verfallen. Die Restaurierung dieses historischen Gebäudes wäre für die Gesamtanlage und das Stadtzentrum ein Gewinn.

Von der Hausherrin des Hofes

Peter Gilles ist begeisterter Landwirt, und seine Frau Regine, Jahrgang 1960, wird im Ort bewundert wegen ihrer ungewöhnlichen Tatkraft. Sie hat drei Kinder, geht vor dem Frühstück und abends zum Füttern der Tiere in den Stall, hilft bei der Ernte, kocht, backt, hält das Haus mit vierzehn Zimmern sauber, wäscht, geht in den Garten jäten, fährt einkaufen, trinkt um fünf Uhr mit der Familie Kaffee und nimmt sich alle vierzehn Tage oder drei Wochen auch einmal einen freien Tag, radelt dann mit den Kindern oder bummelt durch Koblenz und geht im Winter turnen. Ferien gibt es nicht, der Schwiegervater, der 79 Jahre alt ist (1999) und immer noch mitarbeitet, teilt wie selbstverständlich ihr Leben. Die wenigsten jungen Frauen, die die Landwirtschaft kennen, haben noch Neigung, sich in der harten Arbeit für Hof und Vieh zu verwirklichen und ziehen eine Anstellung im Büro oder auch ein Studium vor. Sie möchten auch keinen bis in den Abend hinein arbeitenden, müden Mann. Regine Gilles ist eine bewundernswerte Ausnahme geworden.

Die Amtsstadt wird saniert

Da Polch im Zweiten Weltkrieg so gut wie keine Zerstörung davontrug, beschränkt sich die Stadtsanierung auf das Schließen von Lücken aufgegebener, verfallener oder abgebrannter Höfe im Stadtkern, dessen mittelalterliche Struktur mit Wallgraben, Burg und vier Toren noch an Straßennamen ablesbar ist. Die nordwestlich gelegene eigene Siedlung Viedel wuchs im vorigen Jahrhundert mit Polch zusammen. Die Stadt hat Vorkaufrecht. Parkplätze und Grünanlagen ersetzen schon viele leere Grundstücke, bei den Neubauten wird auf Anpassung in Material und Stil an die Altbauten geachtet. Bausünden, wie der flache Anbau an das alte Rathaus, sollen gemildert, in diesem Fall mit schrägem Dach versehen werden. Die Ausgestaltung des Marktplatzes zu einer belebten Mitte ist ein Hauptanliegen. So hat ein Ladenzentrum mit Café die Stelle eines abgerissenen Hofes eingenommen. Schräg gegenüber repräsentiert ein Bauernhaus noch

Das Rathaus des Architekten Hermann Nebel von 1859

47

Bahnhofsgebäude von 1904/05, heute ein Restaurant

die Würde traditionsreicher Wohnkultur. Die Platanenallee von 1887, bis auf ein herrliches Exemplar geschrumpft, wächst neugepflanzt nach. Sie läuft auf das Rathaus aus Basaltlava-Bruchstein zu, das 1859 nach den Plänen Hermann Nebels, des Architekten der Kirche vis-à-vis, gebaut wurde. Mit Stufengiebeln, einer Freitreppe und von Zinnen bekrönten Rundpfeilern gibt es dem Platz sein selbstverständliches Gewicht.

Die Tradition von Polch als Amtsstadt geht zurück in die französische Besatzungszeit seit 1794. Unter preußischer Verwaltung wurden die Mairien dann von Bürgermeistereien abgelöst, wobei Mertloch 1815 zu Polch gehörte. In unserer Zeit stieg das Dorf Polch mit der rheinland-pfälzischen Gebietsreform 1970 als größter Ort ringsum zum Sitz der Verbandsgemeinde Maifeld auf, die 18 Gemeinden, darunter Münstermaifeld, mit insgesamt knapp 20 000 Einwohnern, vereint.

Am angestammten Platz: Nebels Kirche

Bauplatz und Architekt der neuen Kirche waren lange umstritten. Hermann Nebel (1816–1892), Stadtbaurat von Koblenz und Sohn des namhaften Ferdinand Jakob Nebel, der mit seinem Erzfeind, dem berühmten Johann Claudius von Lassaulx um den Auftrag rivalisiert hatte – Lassaulx starb 1848 über dem Bauauftrag –, wurde schließlich von der Gemeinde zum Architekten der neuen Kirche bestimmt. Sie entstand in der Zeit von 1849–52 auf dem Platz einer romanischen Basilika, die zu klein geworden war und abgerissen wurde. Diese alte Kirche soll der St. Georgs-Kapelle, einer dreischiffigen Flachdeckbasilika, vollkommen gleich gewesen sein, nur doppelt so groß. Die Georgskapelle liegt schon außerhalb in Richtung Osten, ist heute Friedhofskapelle und wurde Ende des 11., Anfang des 12. Jahrhunderts von einer adligen Genossenschaft gegründet, den »Märkern und Erben von Polch«. Sie saßen auf Dingtagen zu Gericht, verwalteten seit dem 16. Jahrhundert nur noch Polchs Wälder und kamen 1794 das letzte Mal zusammen. Ihre bedrohten Rechte, die 1299 König Rudolf von Habsburg durch Belehnung sichern half, hatten ihnen die Erzbischöfe von Trier dann sytematisch beschnitten. Der Polcher Adel entstammte vorrangig dem Virneburger Geschlecht. – Die Georgskapelle ist eine der ältesten und nahezu rein erhaltenen frühromanischen Kirchen der Eifel. Erst seit der Barockzeit zieren sie römische Spolien. Ihre ausführliche Beschreibung findet sich in meinem Buch »Die alten Dorfkirchen der Eifel«(1994). Der hl. Georg war als Ritter im Mittelalter Vorbild seines Standes. Er ist Mitpatron von St. Stephan.

Hermann Nebel, der in Berlin studiert hatte und als Klassizist gilt, soll die Pläne für die neue Kirche von Lassaulx gekannt haben, die sich an der alten Ramersdorfer Kapelle orientierten, einem spätromanischen, dreischiffigen kleinen Hallenbau. In Nebels Anlage, einer dreischiffigen Halle mit Querhaus, Rundchor und Doppelturmfassade im Osten, verschmelzen unterschiedliche Einflüsse zu einem harmonischen Ganzen. Klare, einfach ablesbare Formen bestimmen die äußere Gestalt. Je nach Standort und Entfernung ergeben sich nach den Gesetzen der Perspektive im Blickfeld reizvolle Verschiebungen der großen Flächen von Wand und Dach zueinander. Die Proportionen bleiben dabei ausgewogen, und die abschließende Kontur des dekorativ herausgestellten Dachgesimses zeichnet markant die Umrisse des streng geometrischen Baukörpers nach. Nebel ließ die Kirche hell verputzen und setzte Naturstein als Schmuck und Gliederungselement ein. Roten Sandstein wählte er für die Maßwerkfenster, Basaltlava und Tuff für runde Medaillons mit griechischem Kreuz, die die Apsis hoch oben umlaufen, und für die Gesimse an Türmen und Dach. Das Dachgesims kombiniert Zahnschnitt- mit Konsolbogenfries, wobei die Rundbögen eingeprägte Kreuze umspannen. Die flachen Satteldächer sind verschiefert.

Das vierjochige Langhaus unterteilen außen hohe, zweimal abgetreppte, sehr flache Strebepfeiler und rundbogige Maßwerkfenster, die erst auf knapper halber Höhe ansetzen. Ihr senkrechter Rhythmus wird aufgefangen durch das betonte horizontale Fenstergesims, das sich wie ein zweiter Sockelstreifen um den gesamten Bau legt und eine Parallele zum Dachfries bildet. Die vorspringenden Querhäuser, an die sich symmetrisch eine niedrige Sakristei und eine Marienkapelle anfügen – im Süden kam 1956 ein neuer überdachter Eingang hinzu –, schließen als stumpfe Dreieckgiebel mit Kreuzbekrönung. Ihre Fenster sind zu Dreiergruppen zusammengerückt, im Norden überfängt ein Rundbogenrelief das Portal, die Steinigung des hl. Stephanus darstellend, die Entsprechung im Süden, ein Bild des hl. Georg, wurde versetzt. Die Seitenchöre, in der Flucht der Nebenschiffe, schließen rechteckig und rahmen die sich vorwölbende Halbrundapsis. Strebepfeiler, flache Wandvorlagen und kleinere Rundbogenfenster führen die Gliederung des Langhauses fort. Seine Gewaltigkeit erhält der Bau durch die Doppelturmfassade im Osten, deren Aufbau und Gliederung, streng

symmetrisch auf die Mittelachse bezogen, von großer Klarheit geprägt sind. Den flachen Dreieckgiebel der Stirnseite der Kirche fassen schlanke Türme in der Flucht der Seitenschiffe ein. Sie steigen in vier unterteilten Geschossen von der Erde auf und enden in spitzen achtseitigen Helmen, deren Dreieckgiebel in die vier Himmelsrichtungen weisen. Ein gerade durchlaufender Gesimsfries auf der Höhe des ersten Turmgeschosses teilt die in einer Ebene liegende Front horizontal und ist Basis für drei, in der Mitte zusammenstehende Maßwerkfenster. Hoch über ihnen folgen kleine kreuzförmige Fensterschlitze und ein Rundfenster unter dem Giebel. Den unteren Teil beherrscht mit vorgelegten Stufen ein hohes Portal, das sich über die Breite des Hauptschiffes in drei rundbogigen Arkaden spannt und eine Vorhalle öffnet. Drei Holztüren mit Reliefdarstellungen in Bogenfeldern (Maria mit dem Kind, die Anbetung der Hirten und der Könige) führen dann in die Kirche.

Blick in das südliche Seitenschiff

Barocke Pfeilerfigur des hl. Franz Xaver

Das Innere:
rundbogig, von plastischer Kraft

Man betritt sie als Besucher im Süden und hat hier vom Querhaus aus den schönsten Eindruck des sowohl weiträumig wie geschlossen gestalteten Inneren, da sich das Querhaus wie eine Ausweitung der dreischiffigen Halle mit dieser zu einer Einheit verbindet. Mit plastischer Kraft und in Rot mit weißen Fugen bemalt (seit 1968), gliedern kreuzförmige Pfeiler in der Vierung und achteckige im Langhaus den hohen Raum. Von ihren Kapitellen in Würfelform mit Akantuszierat gehen in gleicher Breite und Farbe rundbogige Gurtbögen in Quer- und Längsrichtung den Hohlformen der Kreuzgratgewölbe der Halle nach und beleben die Decke wirkungsvoll. Das Hauptschiff ist etwas höher gewölbt als die Nebenschiffe. Deren Außenwandbegrenzung gliedern flache Pilaster zwischen schmaleren Scheidbögen. Das originale Eichengestühl mit hochragenden runden Wangen gibt mit warmem Braun, alle Schiffe durchziehend, dem Raum aus-

drucksvolle Bodenhaftung. Der mit vier Stufen erhabene Chor im Westen schließt nach einem Vorjoch mit halbrunder Apsis, die Wandpfeiler rahmen. Die Lichtfülle der hohen Fenster von Querhaus und Schiff schwindet, fünf kleine Apsisfenster belassen den Kultraum halbdunkel. Diese Tendenz verstärkt der Farbklang der neuen Fenster in blassem Blau, Beige, Braun. Clemens Fischer entwarf sie 1968, splitterte die Flächen in abstrakte Formen auf. Zur Neugestaltung des Altarraumes gehörte auch die Entfernung des stattlichen Hochaltares aus der Erbauungszeit, den ein neogotischer in zu kleinen Proportionen ersetzte. Hinzu kam ein Blockaltar von Elmar Hillebrand. Wie harmonisch sich Ausstattung und Innenarchitektur ergänzen können, zeigen noch die Gemälde der Vierzehn Stationen in rundbogigen Rahmen an den Seitenschiffwänden.

Im Ostabschluß des Schiffes ragt zwischen den Türmen die Orgelempore noch in das erste Joch vor. Hinter der von Vierpässen durchbrochenen Brüstung setzt die neue Orgel von Förster und Nicolaus aus Lich (1995) mit ihrer kompakten Gestalt einen starken Akzent. – 1895 stifteten die Geschwister Menn die großen Fenster der Nebenchöre und des Querhauses. In Gelb und hellem Rot lassen sie Heiligengestalten in drapierten Gewändern leuchtend erscheinen (Petrus, Augustinus, Johanna, Magdalena, Anna, Elisabeth, Gertrud). Die Langhausfenster, 1920 geschenkt, haben tiefere Farbe und zeigen bei der Orgel musizierende Engel, dann Szenen mit Christus. Noch aus der alten Kirche stammen die kleinen barocken Konsolfiguren, wie die hl. Katharina, Wendelinus oder Joseph, die als Pfeilerfiguren etwas verloren wirken. Überlebensgroße bemalte Skulpturen der Heiligen Petrus und Paulus bei der Apsis aus dem vorigen Jahrhundert zeigen ein angemessenes Format.

Kapelle, Synagoge, Museum

Als einzige Kapelle steht noch in Viedel der kleine spitzgiebelige, neugotische Steinbau von 1881, dem die umlaufenden Pfeiler Gewichtigkeit geben. Denselben Typ repräsentiert auch die Synagoge in der Ostergasse, nur etwas größer und mit maurischen Stilelementen versehen, nach dem Vorbild spanischer Synagogen des Mittelalters: Hufeisenbögen der Fenster und die Fassade flankierende »Tempelsäulen«. 1867 begannen die 50 Mitglieder der Polcher jüdischen Gemeinde ihr ländliches Gotteshaus zu errichten. In dem Saalbau aus Krotzenlavamauerwerk, den Strebepfeiler umlaufen und dessen Schauseite eine romanische Fensterrosette schmückt, verbinden sich orientalische und mittelalterliche Motive des Kirchenbaus. Dieser Mischstil drückt Identitätszwiespalt aus. Mit der Emanzipation der Juden während der napoleonischen Ära und durch preußische Reformen hatte sich ein eigener Synagogenstil entwickelt (siehe Wittlich). Mitte des 19. Jahrhunderts wurde er zugunsten der Assimilation, der Anlehnung an zeitgenössische christliche Bauwerke, wieder aufgegeben.

Synagoge in der Ostergasse

Die ersten jüdischen Einwohner Polchs waren 1790 zugezogen und lebten, wie andernorts in der Eifel, vor allem von Viehhandel. Die Synagoge wurde gerettet, da das in der Reichspogromnacht 1938 gelegte Feuer noch rechtzeitig hatte gelöscht werden können. Der nahezu quadratische Innenraum mit Kreuzrippengewölbe und Fünfachtelabschluß des erhöhten Chores, dem Platz für die heilige Lade und die Schriftrollen, verfügt mit der Frauenempore über 100 Sitzplätze und hervorragende Akustik. Nach Restaurierungen finden hier seit 1984 Lesungen, Konzerte und Ausstellungen statt, die die rührige Malerin Gisela Ackermann-Minvegen organisiert. Sie richtete auch in dem kleinen Bauernhaus ihrer Vorfahren von 1860 nahe der Kapelle ein Heimatmuseum ein. Die Räume mit der Wohnküche neben dem Stall für das Pferd, den Schlafstuben neben dem Heuboden, alles unter einem Dach, bergen Einrichtung, Hausrat und Sammlungen von Puppen, Puppenhäusern, Spielzeug und Kleidung seit 1800. Die Kollektion, die das Leben auf dem Lande in Polch, wie es früher war, anschaulich macht, ist inzwischen städtischer Besitz geworden.

Kapelle in Viedel

Fränkische Hofanlage nahe der ehemaligen Stiftskirche von Münstermaifeld

Die große Silhouette

Münstermaifeld, Stadt seit 1277
1977 bestätigt
Kernstadt: 2 000 Einwohner
Gesamtstadt: 3 060 Einwohner
Kirche: St. Martin und Severus,
ehemals Stiftskirche

Erzbischof Ruotbert brachte den Stein ins Rollen. Er wählte um die Jahrtausendmitte das Martinsstift aus, um die Stellung seines Trierer Erzbistums im weiten fruchtbaren Maifeld zu festigen und auszubauen. Das Stift hatte sich aus einer Priestergemeinschaft an einer Martinskirche entwickelt, die bereits im 6. Jahrhundert ein Missionszentrum war und, bereichert durch Familiengüter von Bischof Moduald (622–649), ihr Arbeitsfeld hatte ausdehnen können. Herausgehoben auf einer Anhöhe im südlichen Teil der Hochebene nahe der Mosel, wurde die Martinskirche im Ort Ambitivum Orientierungspunkt für die umliegenden Flecken und Dörfer, die sich die Urpfarrei nach und nach einverleiben sollte.

Ruotberts erster Schritt galt der Stärkung des Martinsstiftes durch Ausbau der Großpfarrei, deren Glieder dem im Mittelpunkt liegenden Stift unterstellt waren. Von größter und nachhaltiger Wirkung war dann im Jahr 952 seine Reliquienschenkung, Haupt und rechter Arm des hl. Severus. Er hatte sie auf einem Italienfeldzug König Ottos I erworben, dessen Begleiter er als Erzkaplan war. Es dauerte nicht lange, bis die Überreste des Heiligen, der im 6. Jahrhundert Priester in Etrurien

war, Pilger aus einem immer weiteren Umkreis anzog und das Martinsstift Kultstätte einer bedeutenden Severus-Wallfahrt wurde. Nach einer Überlieferung soll der Priester Severus einen Verstorbenen zum Empfang der Sakramente noch einmal wiedererweckt haben. Wunderheilungen sprachen sich herum, und Kranke suchten hilfeflehend die Nähe seiner Gebeine. Vor allem wurde der Heilige bei Dürre angerufen.

Neben dem hl. Martin von Tours wurde der hl. Severus nun zweiter Patron des Stiftes und seiner Kirche. Der Ort änderte seinen Namen in Monasterium in Meginovelt, Münster im Maifeld, und profitierte gleichermaßen vom Aufschwung durch die Wallfahrt. Seine Märkte blühten. Schon bald genügte die Kirche dem Ansturm der Pilger nicht mehr. Ein Neubau wurde 1103 am höchsten Punkt des Ortes geweiht, gut hundert Jahre später hatte er ausgedient. Schenkungen und Vermächtnisse hatten das Stift reich werden lassen, das Kapitel wünschte einen repräsentativen Neubau. Das vorhandene, imposante Westwerk sollte einbezogen werden. So begann man 1225 im Osten mit dem Chor, der den neuesten Formenreichtum der Spätromanik im Rheinland voll entfaltet, und baute die dreischiffige Basilika mit Querhaus auf das Westwerk zu.

Erst hundert Jahre später war der Bau vollendet, Kurfürst Balduin weihte ihn 1322. In den Jahren zwischen 1260 und 1291 ruhte die Arbeit, Burgen und Stadtmauern hatten Vorrang. Die Trierer Landesherren umwehrten ihre Stützpunkte, um die Konkurrenz, das Erzbistum Köln, nicht in Versuchung zu führen. Denn deren Sitz Andernach war zu nah.

Stadt mit Ringen

Auch die Mauern um Münster im Maifeld mit Beobachtungstürmen, die Kurfürst Arnold von Isenburg 1242–49 hatte errichten lassen, zeigten noch Lücken, reichten aber für eine von vier Bedingungen zur Stadternennung aus: Befestigung, Marktrecht, selbständige Verwaltung und eigenes Gericht. Marktrechte besaß der Ort seit 985, und mit dem Sitz eines kurtrierischen Oberamtes neben Mayen, mit einem Einzugsbereich von 42 Orten, war die Verwaltung bereits verbunden. Die fehlende Gerichtshoheit verlieh Heinrich II von Finstingen mit der Errichtung eines vierzehnköpfigen Schöffenstuhles. Damit wurde Münster im Maifeld 1277 eine freie kurfürstlich-trierische Stadt, die verfassungsmäßig Koblenz gleichgestellt war. Erzbischof Balduin schloß dann 1335 den sechs Meter hohen Mauerring um die hochgelegene Stadt, deren Verkehr von vier Toren und sieben Türmen kontrolliert wurde. Dennoch stand die Stadt mehrfach in Flam-

men. 1631 hatten die Schweden im Dreißigjährigen Krieg Feuer gelegt, und die Truppen Ludwig XIV unter Marschall de Boufleur gleich zweimal hintereinander, 1689 und 1690. Der zweite Angriff war ein Versehen. Boufleur hatte Münster im Maifeld mit Münstereifel verwechselt. Dennoch ist die Struktur der mittelalterlichen Kleinstadt noch heute erhalten, sieht man vom Schutzgürtel ab. Von ihm sind nur Mauerreste geblieben und der »Pulver- oder Eulenturm« vom 12. Jahrhundert, der noch zur Hexenverfolgung im 17. Jahrhundert als Verlies diente.

Die auf der Kuppe der Anhöhe gelegene, nahezu kreisförmige Stadt durchtrennten die Obertor- und Untertor-Straße in Nord-Süd-richtung. Der hochgelegene westliche Teil mit der Martins- und Severuskirche im Zentrum war dem Stift vorbehalten, das seinen festumschlossenen Bereich mit umliegenden Gebäuden wie Kapitelhaus mit Refektorium und Bibliothek, Propstei, Marstall, Schule, durch Tore gegen die Stadt abgrenzte. In einem weiteren Ring um diesen Bezirk gruppieren sich in lockerer Folge Häuser und Gärten der Stiftsherren. Die Stadtbevölkerung siedelte sich auf dem östlichen, abfallenden Teil an, auf dem neben eigenen auch 13 Höfe der Kurfürsten lagen. Doch schon die Obertor- und Untertorstraße gehörten den Bürgern und Handwerkern. Sie stellten hier auch, ganz nah dem Eingang zum Stift, ihr Rathaus auf (1575). Vor ihren Sitzungen versammelten sich die Ratsherren zum Gebet in der Michaelskapelle gegenüber (1770 abgebrochen). Die einzige Kapelle im Ort wurde 1850 zu Ehren der Heiligen Dreifaltigkeit errichtet.

Die Stiftsherren

Zwar werden die Martinsstiftherren in einer Urkunde des 9. Jahrhunderts als fratres, Brüder, bezeichnet und lebten in der Frühzeit noch unter einem Dach. Doch waren sie zu keiner Zeit Klosterbrüder, die sich durch Gelübde zu Armut, Keuschheit und Gehorsam verpflichten mußten. Auch der Begriff »monasterium« für Stift war hier, wie an-

Ehemalige Propstei

derswo, nur eine Übernahme aus klösterlicher Terminologie. Das aus einer Priestergemeinschaft um die Martinskirche erwachsene Stift war ein Kollegium (Kollegiatstift) von Weltgeistlichen. Ihr Gemeinschaftsleben, das im Anfang dem Vorbild der Jerusalemer Urgemeinde folgte – »ein Herz und eine Seele«- bestimmten Regeln (canones, daher abgeleitet Kanoniker), die Bischof Chrodegang von Metz 755 formuliert und die Aachener Synode 816 in einem Reichsgesetz für Stifte allgemeinverbindlich gemacht hatte. Sie entsprachen aber in keiner Weise Klosterregeln, die das Leben in allen Bereichen in feste Bahnen lenken. In erster Linie waren die Kanoniker zum täglichen Chor- und Gottesdienst an der Stiftskirche verpflichtet. Bezahlt wurden sie aus einer Pfründe (Stiftungen wie Geldvermögen, Land, laufende Einnahmen aus Abgaben). Als Priester hatten sie im Zölibat zu leben, doch durften sie über privates Geld und Besitz verfügen und jederzeit, wann sie wollten, das Stift wieder verlassen. Als Weltgeistliche blieben sie der bischöflichen Disziplinargewalt direkt unterstellt.

Innerhalb eines Stiftes bildete das Kapitel, zu dem nur Priester, keine Subdiakone oder Diakone zugelassen waren, die Körperschaft vollberechtigter Mitglieder. Das Kapitel wählte in älterer Zeit die Leitung: an erster Stelle den Propst für die Vermögensverwaltung und die Vergabe der Stipendien, dann den Dekan für die religiöse, sittliche Haltung des Stiftes, den Scholaster für die Lehrer und Schüler – die Knabenschule des Martinsstifts war berühmt-, den Kantor für den Chorgesang und einen Kustos, der für die Kirchengeräte verantwortlich war.

Schrittweise im 11. Jahrhundert beginnend, setzte sich in den Stiften der Individualismus durch, mit der Folge weiterer Auflösung des gemeinsamen Lebens. Spätestens seit dem 13. Jahrhundert schläft und ißt man nicht mehr zusammen, wohnt in eigenen Häusern mit Garten, delegiert die Zelebration von Privatmessen an gestifteten Altären häufig an Vikare, die zusätzlich bezahlt werden. Übrig geblieben waren gemeinsamer Gottesdienst, Vermögensverwaltung und Nachbarschaft.

Aus den Brüdern waren »Herren« geworden. Während der Mönch im Kloster den ganzen Tag in den Wechsel von Gebet und Arbeit eingespannt ist, hat der Stiftsherr die Stunden zwischen den Tageszeiten frei. Sein Leben passe eher für Matrosen denn für Geistliche, hatte 1059 bereits der römische Archidiakon Hildebrand kritisiert. Reformen gegen Mißstände und Ermahnungen der Bischöfe begleiten die Stifte bis zu ihrem Ende.

Es hatte sich herumgesprochen, wie lukrativ die Arbeit am Martins- und Severusstift war, und das »Hamstern« von Pfründen war üblich geworden. So kam es zu harten Kämpfen um die Propststelle. Nachdem Gerhard von Eppstein Erzbischof in Mainz geworden war, wählte das Kapitel 1289 Lothar von Eltz als seinen Nachfolger – die Pröpste waren hier stets Adlige. Doch der Domherr von Mainz spekulierte ebenfalls auf das Amt, umging den Bischof und holte sich die Bestätigung von Papst Nikolaus IV. Das Kapitel und sein gewählter Propst protestierten vergeblich. Beide Parteien erwirkten die gegenseitige Exkommunikation, eine Kirchenstrafe, um die man sich wenig scherte, von der man sich gegen Bußgeld wieder freikaufen konnte. 1292 erschien doch wieder Lothar auf seinem Posten, mußte aber vier Jahre später seinem Konkurrenten weichen. Solche Streitigkeiten wiederholten sich. 1355 setzte Papst Innocenz VI Godefridus von Sinzig dem Kapitel vor die Nase, und seit 1515 wurde kein Propst mehr gewählt, denn Papst Leo X übertrug das einträgliche Amt dem Bischof von Trier.

Mit dem Theologen und Philosophen Nikolaus von Kues, der zehn Jahre, von 1435 bis 1445, in Münster im Maifeld Propst war, hatte das Stift eine Persönlichkeit gewinnen können, die nach innen und außen Halt gab. Niemand hatte gewagt, als Gegenpropst anzutreten. Der namhafte Gelehrte nutzte, wie viele geistliche Wissenschaftler im späten Mittelalter, den durch Pfründen abgesicherten Freiraum des Stiftes auch für seine eigene Arbeit und schrieb hier den größten Teil seiner bedeutendsten Abhandlung zum Wesen Gottes, »De docta ignorantia« (Über »belehrte Unwissenheit«). Nach ihm verlor das

Stift zusehends an Bedeutung. 1802 wurde es von den französischen Revolutionstruppen aufgelöst.

Kanoniker- und Bürgerhäuser

Gleich unterhalb der Stiftskirche leitet mit hochragenden gotischen Stufengiebeln das älteste erhaltene Stiftsherrenhaus markant den Reigen der Kanonikerhäuser ein. Sein Fachwerkanbau mit zwei Erkern datiert von 1609. Wilder Wein wächst an der Fassade, Holunder steht im Blumengarten. Alte Kastanien fügen sich in den losen Takt der stattlichen, meist barocken Häuser, zwischen denen man hinunter in das weite Land schauen kann. Nach oben gewendet, haftet der Blick an den wuchtigen Gesteinsmassen des Westwerkes, das sich vor dem Himmel türmt. Wenn der Bogen der Stiftsstraße den Platz mit Kastanien bei der Kirche und das angebaute Kapitelhaus umrundend zur Herrenstraße wird, rücken die Kanonikerhäuser zusammen, und es überwiegt strenge klassizistische Bauart. Durchblicke und Durch-

Gotisches Stiftsherrenhaus mit Treppengiebel

schlüpfe schaffen Verbindung zur Kirche und ihrem weiten Münsterplatz. Vis-à-vis dem Ostchor steht das größte Stiftsherrenhaus (von 1760), heute dient es als Pfarramt. Eine breite Front nimmt das Hotel Maifelder Hof vom vorigen Jahrhundert ein, vermutlich auf den Fundamenten der Dekanei. Die Stadt suchte noch 1999 einen Betreiber für das seit Jahren geschlossene Haus. Die benachbarte ehemalige Propstei, ein langgestreckter, Ende des 18. Jahrhunderts veränderter Bau, wurde 1515, seitdem die Pröpste in Trier saßen, Sitz der kurfürstlichen Amtsverwaltung. Auch die Franzosen administrierten hier, nicht jedoch die Preußen, die der Münstermaifelder Bürgermeisterei 15 Orte seit 1817 unterstellten. Seitdem die Stadt die alte Propstei 1897 aus Privatbesitz zurückerworben hatte, diente diese bis 1970 der Verwaltung des Amtes Münstermaifeld. In der ersten Etage hat 1990 der Verein zur Förderung der »Stiftung Kulturbesitz, Gebiet Münstermaifeld« Quartier bezogen. Der rührige, aus Privatinitiative hervorgegangene Verein wirkt als Kulturträger der Stadt und ihres ländlichen Umfeldes. Er organisiert Ausstellungen, Konzerte in der Stiftskirche, setzt sich engagiert für Denkmalpflege ein, gibt »Hausbriefe« heraus, in denen die Lehrerin Gertrud Hoffmann die Geschichte von Häusern und ihren Besitzern nachzeichnet. Durch diese Aufklärung blieb manches historische Gebäude vor Abriß und Zerfall bewahrt. Einer Privatinitiative verdankt Münstermaifeld auch sein Marionettentheater im ausgebauten Stall eines alten Bauernhauses (seit 1993), das mit Schulen aus weitem Umkreis zusammenarbeitet und ein Publikumsmagnet geworden ist.

Ein Gang durch den Ort zeigt, daß das Städteförderungsprogramm noch vorankommen muß. Dicht bei dicht präsentiert die Zeile von Obertor-Untertor-Straße, die den Ort halbiert und Auftakt der Bürgersiedlung ist, Häuser aus Stein oder schmuckem Fachwerk aus dem 17., 18. und 19. Jahrhundert. Das Heilig-Geist-Hospital, 1309 erwähnt, verfällt. Seine dazugehörige Hofanlage mit fränkisch balkengedecktem Torbau wurde restauriert. In der Nachbarschaft liegt ein ansehnlicher kurfürstlicher Hof. Zum Reiz des Ortes gehört seine Hanglage. Wer wie die Severus-Pilger die schnurgerade Bornstraße hinansteigt, hat ihr Ziel, die erhabene Stiftskirche, vor Augen. Er passiert auch den Wohnturm der Kurfürsten, »die alte Burg« mit Renaissance-Erker, die Erzbischof Balduin erbaut haben soll. Dieses dreigeschossige Gebäude auf quadratischem Grundriß (10 x 10 m) hat einen tonnengewölbten Keller, spitze Giebel und ist heute das älteste Haus der Stadt. In den großen Garten setzte nach der Säkularisation ein Landwirt mehrere Scheunen. Heute lagern Kartoffeln darin.

Die Pilger, die zum hl. Severus kamen, Wasser zu erflehen, sammelten sich noch 1000 Jahre nach der Reliquienübertragung weiter unten beim Pilliger Tor am »Bur«, dem aus »siewe Ziepen«, sieben Quellen, sprießenden Severus-Brunnen, der von zusätzlichen Mauern geschützt war. Nach einer Legende begann der Brunnen während des Kirchbaues nach qualvoller Dürre dort zu sprudeln, wo zwei Ochsen siebenmal gescharrt hatten. An der Anlage aus flachen Basaltlavatrögen, 1772 erneuert, wurde auch gewaschen und gegerbt. Die Bleichwiesen verwandelte man neuerdings in einen Weiher mit Parkanlagen. Von hier führt dann die Severusstraße direkt in den Ort, vorbei an der Synagoge von 1885, deren Ruine als Mahnmal an die vernichtende Reichskristallnacht 1938 erinnern soll.

Neues Leben in Münster

Münster, wie die Einwohner ihre Stadt kurz nennen, hatte sein mittelalterliches Format auch in der Gründerzeit nur zaghaft überschritten, wie einige Wohnhäuser mit schmucker Ziegelverkleidung, der Wasserturm und das Gebäude für das neugegründete staatliche Lehrerseminar der Rheinprovinz zeigen. Heute legt der Ort deutlich zu. An seinem nordwestlichen Rand, der den Blick auf die weiten Fluren des Maifeldes freigibt, entstand 1997/98 ein Neubaugebiet mit 40 Einfamilienhäusern und einem Einkaufszentrum, das verschiedene Märkte vereint. Von weiteren 160 erschlossenen Baugrund-

Blick in die Untertorstraße

stücken waren mehr als die Hälfte sofort verkauft. Ein neues Schwimmbad ist eröffnet, eine Reitsporthalle in Betrieb und ein kleines Gewerbegebiet erstellt. Es scheint, daß Münstermaifeld zu neuem Leben erwacht und die Zeit der Stagnation überwunden hat. 200 Jahre lang war die Einwohnerzahl im Stadtkern mit etwa 1700 unverändert geblieben. Jetzt stieg sie auf knapp 2000 und betrug 1999 mit fünf eingemeindeten Dörfern insgesamt 3060.

Die Nachkriegszeit hatte westlich der Altstadt ein Wohngebiet heranwachsen lassen, in den achtziger Jahren wurde südliches Bauland genutzt, doch ein Aufschwung wollte sich nicht einstellen. Die traditionell von Handwerk, Verwaltung und Landwirtschaft geprägte kleine Stadt büßte nicht nur bei dem Strukturwandel auf dem Land in den sechziger Jahren bäuerliche und Handwerksbetriebe ein. Mit der ersten Gebietsreform 1964/65 verlor der Verwaltungsmittelpunkt die Zuständigkeit für fünf Moselorte. Die zweite Reform schnitt tief ein. Sie brachte 1970 die vollständige Auflösung des Amtes Münstermaifeld und Gründung der Verbandsgemeinde Maifeld, zu der 28 Ortschaften gehören, eine davon die Stadt mit dem Münster. Das Katasteramt und Amtsgericht zogen fort, zentraler Verwaltungssitz war Polch geworden. Die Rückstufung, mit der allerdings die Eingemeindung von fünf Dörfern kombiniert war, löste in Münster schockähnliche Erstarrung aus. Die Bestätigung der Stadtrechte 1977 zur 700-Jahrfeier bot kaum Trost. Es wurde sehr still in der Stadt nach dem Verlust der belebenden Mittelpunktsfunktion. Die Chance des Autobahnanschlusses, der Industrie- oder Gewerbeansiedlung hätte ermöglichen können, nahm man nicht wahr und blieb im Abseits. Die Bewohner pendeln zur Arbeit aus nach Mayen und Koblenz.

Mit dem jüngsten bedeutenden Bauboom kommt Münstermaifelds Qualität als ein ruhiger, kultivierter Wohnort mit ländlicher Umgebung auch für junge Familien zur Geltung. Kindergärten und alle Schultypen sind vorhanden, bis auf eine Realschule, die in Polch erreichbar liegt. Anziehungskraft übt seit 1980 das Kurfürst-Balduin-Gymnasium aus. Seine mehr als 1000 Schüler kommen aus weitem Umkreis, noch von jenseits der Mosel und Elz. Das ehemalige St. Joseph-Hospital wurde zu einem großen Altenheim umgestaltet.

Münstermaifelds Zukunftspotential liegt im Fremdenverkehr. Da es keine andere Autozufahrt zur nahen Burg Elz gibt, passieren deren 250 000 Besucher im Jahr die schmale alte Hauptstraße der Stadt. Man ist bemüht, diese potentiellen Gäste zum Verweilen zu verlocken, das Angebot an Restaurants und Cafés, Läden und Hotels zu vergrößern. Denn an überragenden Monumenten fehlt es nicht in Münstermaifeld, der vielleicht schönsten alten Stadt der Eifel.

Die ehemalige Stiftskirche

Nach Westen weist sich die ehemalige Stiftskirche auf der Bergkuppe wie eine Burg aus, zinnenbekrönt, mit wehrhaften Mauern als Dreiturmfront, respekteinflößend noch von ferne. 50 Dörfern der Umgebung bis hinein in den Hunsrück bietet sie ihre kolossale Silhouette zur Ansicht. Als mittelalterliches Baudenkmal, das ineinander übergehende Stile, Romanik, Spätromanik, Früh- und Hochgotik, harmonisch in sich vereint, hat sie überregionale Bedeutung. Die Bauherren hatten sich umgesehen. Die Gestaltung steht in Beziehung zum Aachener Münster, zu Kirchen in Köln, Magdeburg, Maastricht (Westwerk) und Bonn, Köln, Sinzig und Roermond (vielseitig gebrochene Apsis). Seit 1796, nachdem die an ihrem Fuß gebaute alte Petruskirche abgebrannt war, wurde St. Martin und St. Severin auch Pfarrkirche für Münstermaifeld und ist es mit den acht dazugehörigen Dörfern bis heute geblieben. In den Jahren zwischen 1976 und 1992 wurde sie für insgesamt 5,5 Millionen Mark renoviert.

Das Westwerk (1103) besteht aus einem breiten querrechteckigen Mittelturm, flankiert von zwei schmalen runden Treppentürmen, die leicht zurückspringen. Die 34 Meter hohe Front präsentiert geschlossene Mauern mit kleinen Luftschlitzen und gibt sich erst durch die Schallarkaden in den beiden Glockengeschossen als Kirche zu erkennen. Das oberste, vierte Geschoß, mit Zinnenkranz und Ecktürmchen wie bei einem gotischen Stadttor, hatte man im 14. Jahrhundert aufgestockt, weil das angebaute Langhaus den Glockenstuhl blockierte. Die verputzte Dreiturmfassade wird außen durch breite, vom Boden aufsteigende Lisenen (Wandvorlagen) aus Buntsandstein und horizontale Gesimse mit Rundbogenfries, die die Treppentürme einbeziehen, geometrisch klar in Felder gegliedert. Im unteren, das erste Geschoß überspringenden Teil, sind sie langgestreckt, im oberen Teil fast quadratisch. Das durch einen kräftigen Rundbogen hervorgehobene Portal in der Mitte der Fassade wurde um 1400 vermauert. Seitdem betritt man die Kirche durch eine dem Langhaus im Süden angefügte Vorhalle, das sogenante Paradies. Dieser kleine Bau auf quadratischem Grundriß, »Schlußstein der Kirche«, präsentiert mit spitzem, von Türmchen und Blendwerk verziertem Giebel und einem hohen, spitzbogigen Portal elegante, zierliche, hochgotische Formen.

Ehemalige Stiftskirche mit Südportal von Münstermaifeld

Wasserspeier, ein im Galopp sich streckendes Schwein mit gespitzten Ohren und ein lockiger Löwe mit entblößten Hauern, springen über dem Eingang aus der Mauer. In der Vorhalle fand einst der Dingtag des Propstes statt, man nahm auf den Steinbänken vor der Wand Platz. Der mit sechsteiligem Rippengewölbe und »vorgeblendeten« Maßwerkfenstern an den Wänden geschmückte Raum öffnet sich mit zweigeteiltem Portal zum Kircheninneren. An seinem Mittelpfosten steht als Konsolfigur lebensgroß Maria mit dem Kind, ihr zur Seite sind die Patrone der Kirche, die Heiligen Martin und Severus (um 1330).

Das Langhaus der dreischiffigen Basilika, bedeutend breiter als das Westwerk, und das Querhaus entstanden im zweiten Bauabschnitt, nach 1260, sie sind schon gotisch geprägt. Ihre Wände aus gelblichem Tuff umläuft eine Sockelzone aus Basaltlava, die mit dem ansteigenden Gelände höher wird. Die dreijochigen Seitenschiffe gliedern zweimal abgetreppte mächtige Pfeiler, im Süden steht

Spätromanische Apsis mit Zwerggalerie, rechts barockes Kanonikerhaus, heute Pfarramt

wegen der Vorhalle nur einer. Von ihnen gehen Strebebögen stützend zum Wandabschnitt des Mittelschiffes, dem Obergaden. Im Norden sind sie verstärkt, da sie den Kreuzgang, der 1810 niedergelegt wurde, überbrücken mußten. Entsprechend stehen die Strebepfeiler hier in Abstand zum Seitenschiff, dessen Wand noch spitzbogige Spuren zeigt. Auch sind die Fenster nur als Kreisöffnung ausgebildet. Im südlichen Seitenschiff und an den Obergaden durchbrechen zweibahnige Maßwerkfenster die dicken Mauern. – Der schlichten Formensprache des Langhauses entspricht das Querhaus. Mächtige Strebepfeiler verstärken die Ecken seiner nach Süden und Norden gerichteten Giebelfront, die vierbahnige Maßwerkfenster herausheben und eine Kreuzblume bekrönt. Die nördliche Giebelfront ist zur Hälfte von der romanischen Sakristei des Vorgängerbaues verdeckt. Den Flügeln der Querhäuser im Osten verhaftet, wölbt sich aus einem Vorjoch je eine niedrige kleine Nebenapside heraus, einfach gestaltet. Sie rahmen, wie auch zwei Treppentürmchen, das monumentale Chorhaupt.

Die Hauptapsis entspricht dem Elan, mit dem man die repräsentative Stiftskirche 1225 zu bauen begann. In kölnisch-rheinischer Spätromanik läßt sie romanischen Formenschatz in barocker Fülle noch einmal Revue passieren und liebäugelt bereits mit Neuerungen aus dem Westen (Rheinischer Übergangsstil). Die Apsis ist auf einem halben Zehneck, also fünfeckig und nicht mehr rund, über drei Geschosse so hoch gebaut, daß ihr Abschluß die Höhe des Langhauses erreicht. Im höchsten Geschoß öffnet eine Zwerggalerie die kompakte Mauer mit paarweise angeordneten Rundbogenarkaden und gibt Einblick in den Raum. Die Zwerggalerie wirkt wie die Basis einer prächtigen Krone, deren Zacken, entsprechend den fünf Seiten, fünf Spitzgiebel bilden, reich profiliert und von Dreipaßarkaden durchbrochen. Sogar das Dach nimmt ihren lebhaften Rhythmus auf und bildet tiefe Falten aus. Im Vorjoch münden sie in den steilen Sattel, der das gesamte Hauptschiff überdeckt. In den beiden unteren Geschossen tritt die Gliederung reliefartig aus der Mauer heraus. Durchlaufende pfeilerähnliche Ecklisenen fassen Spitzbogenblenden zu hohen Arkaden ein. Lange schmucklose Fenster öffnen sie in ihrem oberen Teil mit einem Bogen, der nicht mehr rund, aber auch noch nicht ausgeprägt spitzbogig ist. Diese Mauerstruktur in senkrechtem Takt wirkt den betont horizontalen Elementen – Zwerggalerie und die Geschosse trennende Gesimse – entgegen. Das untere Gesims ziert ein Bogenfries mit frühgotischen Knollenkonsölchen.

Mächtige, vom Boden aufsteigende Pfeiler, dreifach abgetreppt, trennen dann das Polygon der Apsis von ihrem Vorjoch, das in der durchziehenden Zwerggalerie, den jeweils drei aneinandergerückten schlanken Fenstern und in seinem Fries, den Spitzbogen bereits konsequent anwendet. Mitten in der Bauzeit vollzog sich ein Stilwandel. Die aus Frankreich einströmende Gotik begann Fuß zu fassen.

Das Innere: Klarheit, Harmonie

Betritt der Besucher die Kirche, lassen ihn Klarheit, Harmonie und Schönheit eines kunstvoll umschlossenen Raumes die am Äußeren sichtbaren unterschiedlichen Bauphasen vergessen. Die Proportionen der gotischen Basilika betonen die Höhe. Über die unmittelbar eindrucksvoll wirkenden mächtigen Rundpfeiler wird der Blick hoch hinauf gelenkt. Der Höhe verhaftet, gleiten die Augen in Sekundenschnelle über die Scheitel der drei Gewölbe, weiter über die breite Vierung und erreichen in der Ferne schließlich den lichtdurchfluteten prachtvollen Chor mit dem dekorativen Goldaltar. Diese Lenkung des kurzen Augenblickes auf den Chor wird durch eine bruchlos durchgezogene Decke erreicht, so daß die Raumfolgen zu einer Einheit verschmelzen. Zu ihrem Wohlklang trägt entscheidend die vornehme zurückhaltende Farbfassung der Strukturelemente der Architektur bei, ein helles Beige mit gemalten roten Fugen. Die mächtigen Rundpfeiler, die, spitzbogige weite Arkaden tragend, das Hauptschiff von den niedrigeren Nebenschiffen trennen, sind nach französischem Vorbild durch vier Rundsäulchen bereichert, die ihre Massigkeit in aufstrebende Bewegung verwandeln. Die Breite der Pfeiler heben ihre Kapitelle hervor mit naturalistisch herausgearbeitetem Laubschmuck in Braun und Grün: Efeu, Wein, Eichen und Buchen. Auch die hier ansetzenden Gewölberippen sind mit Birnstabprofil besonders kunstvoll gemeißelt. Mehrfach profiliert werden Arkaden und Gurtbögen als Abgrenzungen betont, und die Wucht der Vierungspfeiler lösen runde und eckige Vorlagen in rhythmische Umrißformen auf. Die eckigen Vorlagen gehören ebenso wie die stilisierten Knospenkapitelle noch der Frühgotik an. Die Üppigkeit der Pfeiler, die im Langhaus großflächig mit Heiligen und Szenen aus ihrem Leben bemalt sind, macht die Stiftskirche nach Paul Clemen zu einem der eindrucksvollsten mittelalterlichen Kirchenräume der Rheinprovinz. Während im dreijochigen Langhaus der Wechsel von geschlossener ruhiger Wandfläche des Obergaden und Öffnung der Arka-

Heiliger Christopherus, 8,5 Meter lang

61

Südflanke des Hauptchores

den mit Sicht auf die Nebenschiffe Spannung erzeugt, präsentiert das breite Querhaus Weiträumigkeit. Blickfang ist an seiner Nordwand die 8,5 Meter hohe, gemalte Gestalt des hl. Christophorus vom Ende des 13. Jahrhunderts (wie die Pfeilergemälde 1930–32 wiederentdeckt). Frontal dargestellt, breitbeinig, in edlem langen Kleid mit Medaillonmuster und übergeworfenem Mantel, stützt sich der Heilige mit dem rechten Arm auf einen grünenden Baum. Auf dem linken Arm, an sein Herz gedrückt, hält er als kleine Gestalt den erwachsenen, segnenden Christus, der den Betrachter mit großen Augen fixiert. Christophorus blickt aus weiten mandelförmigen Augen in unbestimmte Ferne (Unendlichkeit). Breit ist sein Gesicht, ernst und ruhig, wie seine ganze Erscheinung. Die an die Wand geschriebene lateinische Formel verkündet den mittelalterlichen Volksglauben: der tägliche Anblick des Heiligen schützt vor plötzlichem (unvorbereitetem) Tod.

Die Kolossalgestalt des Christophorus, an der sich der Abwehrglaube immer wieder stärkte, zwölf Ellen lang, dreimal so groß wie ein Mensch, geht auf eine frühe Legende zurück, die aus dem orientalischen Märtyrer, dem 452 in Kleinasien eine Kirche geweiht wurde, einen menschenfressenden, dann bekehrten Riesen machte. Christophorus, wie er seit dem 12. Jahrhundert erstmals im südlichen Alpengebiet an die Wand einer Kirche gemalt wurde, ist wie hier in Münstermaifeld, Niedermendig oder Bonn die bildliche Umsetzung seines griechischen Namens: Christusträger, Christus in sich tragen. Christophorus war ein Ehrentitel für Märtyrer und Heilige im christlichen Altertum. Seine monumentalen Darstellungen drücken das Schaubedürfnis der Gläubigen aus. Später verstand man die Wortillustration nicht mehr und fragte sich, warum der Heilige so groß und Christus so klein dargestellt sei. Dann entstand die Legende vom Fährmann, der das Christuskind über den Fluß trägt.

Gerahmt von den Nebenapsiden, die bereits in Säulchen und Rundbögen der ausdrucksvolle schwarze Schiefermarmor schmückt, wie auch stilisierte Phantasieblätter an den Kapitellen, erreicht die Innenarchitektur mit der spätromanischen Hauptapsis ihren Höhepunkt an differenzierter Gestaltung. Charakteristisch ist der betonte Geschoßaufbau. Ein kräftiges Gesims mit Bogenfries, hinter dem sich ein Laufgang verbirgt, teilt den fünfeckigen Raum in ein Erdgeschoß, das breite rundbogige Blendarkaden umschließen, und in ein überhöhtes Fenstergeschoß. Den Abschluß darüber bildet ein muschelartiges Fünfkappengewölbe. Das ausgefeilte Gliederungssystem gibt in seinem Wechsel von horizontaler und vertikaler Bewegung der Senkrechten das Übergewicht. Dadurch harmoniert die Apsis mit dem anschließenden gotischen Kirchenraum. Gebündelte schlanke Rundsäulchen in schwarzem Schiefermarmor steigen zwischen den hohen Fenstern auf und dienen den Gewölberippen als Ansatz für ihren Lauf in die Höhe. Doch der Weg in die Höhe wird durch Schaftringe und Kapitelle unterbrochen. Das Vorjoch übernimmt die Aufteilung der Apsis, die Arkaden sind bereits spitzbogig. Die Schmuckformen an allen Architekturgliedern von Apsis und

Vorjoch sind üppig und abwechslungsreich. Keine Wiederholung kommt bei den Blattphantasien an den Arkadenbögen vor, Erfindungsreichtum brilliert.

Wendet man sich hier um, zum anderen Ende der Kirche, ergibt sich die Ansicht auf die prunkvolle Barockorgel von J. M. Stumm (1723) auf der Empore. Das Gehäuse stammt von Matthias Gärtner, ebenso die Uhr darüber, sie schlägt immer noch hell und klar jede Viertelstunde. Unter der Empore öffnet sich in weitem Rundbogen und nach Süden aus der Achse verschoben die Turmhalle, heute Taufkapelle. Der Aufgang zur Turmkapelle im ersten Stock ist verschlossen. Dort befinden sich die gotischen Holzskulpturen der Patrone der Kirche, die 1983 gestohlen worden waren. Zwölf Jahre später lagen sie in einer Mülltüte am Friedhofseingang in Hilders an der Rhön. Dort fand sie die Pfarrgehilfin. Man sprach im Ort über den Fund, und unter Beschwörung seiner Schweigepflicht gelang es einem Pfarrer, die Herausgabe eines zweiten Müllsackes zu bewirken: Anna Selbdritt vom 15. Jahrhundert war wieder da! Dank der Sonderkommission des bayrischen Kriminalamtes für Kunstdiebstahl konnte schließlich der rechtmäßige Besitzer in Münstermaifeld wieder aufgespürt werden.

Auf Pfeiler gemalte Gobelins

Die heutige Ausstattung der Kirche gibt noch einen Abglanz früheren Reichtums wieder. Verschwunden sind längst die Altäre, an denen Vikare für die Stiftsherren Privatmessen feierten. Sie standen in den spitzbogigen Nischen der Nebenschiffwände (drei im Süden, zwei im Norden) mit zugehörigen Ausgußbecken und Wandschränkchen. Überlebensgroße Heiligenfiguren (Severus, Johannes der Täufer) von einem Barockaltar nehmen heute ihren Platz im südlichen Seitenschiff ein. Im nördlichen steht als monumentale figurenreiche Gruppenplastik aus Stein ein »Heiliges Grab« vom Anfang des 16. Jahrhunderts. Lebensgroß und naturnah gestaltet, mit bärtigen Gesichtern, langen Mänteln und dicken Stiefeln, legen Joseph von Arimathäa und Nikodemus mit verdeckten Händen den schlanken Leichnam Christi auf einen Sarkophag. Hinter ihm stehen trauernd Johannes und die drei Marien. Als Mitleidende sollten sie dem Andächtigen Vorbild sein, um Leiden, Tod und Auferstehung Christi nacherfahrbar zu machen.

Der Apsidenraum birgt hinter spätromanischem Chorgestühl und gotischem Sakramentshäuschen das wertvollste Ausstattungsstück, den vergoldeten Antwerpener Flügelaltar aus Eichenholz (um 1520). In seinem geschnitzten Mittelteil mit 92 Figuren und den bemalten Flügeln wird Szene für Szene, von der Verkündigung bis zur Himmelfahrt, das Leben Jesu wiedergegeben, im bekrönenden Mittelteil die Kreuzigung. Die im Verhältnis zu große Figur des heiligen Eremiten Antonius im Zentrum darunter wurde 1760 hinzugefügt. Das Bildprogramm der Flügelrückseiten ist der Eucharistie gewidmet und zeigt die Gregormesse. Zu den Höhepunkten der Einrichtung zählen auch ein Alabasteraltar im Renaissancestil von 1597 (nördliches Querschiff) und die lebensgroße lächelnde »schöne Madonna« mit Blumenstrauß und dem Jesusknaben auf dem Arm (Tuff, um 1370, nördlicher Vierungspfeiler), sowie die Epitaphe von Kanonikern an den Langhauspfeilern. Solche Gedächtnismäler für Verstorbene an Kirchenwänden oder Pfeilern kamen um die Mitte des 14. Jahrhunderts auf. Die hiesigen stammen aus dem 15. Jahrhundert. Sie sind Heiligen gewidmet, die zum Teil lebensgroß unter gemalten Baldachinen stehen, während die Kanoniker in mittelalterlicher Rangordnung zu ihren Füßen am unteren Bildrand als winzige Stifterfiguren knien. Der hl. Augustinus, die Patrone der Kirche, St. Martin auf dem Pferd und Severus mit Kelch und Hostie, die Heimsuchung (Maria und Elisabeth), sind wie Gobelins in Rostrot, Blau und Grün an die Pfeiler gemalt. Mit den Heiligen und ihrer Kirche verbunden, wollten die Kanoniker ihr Ansehen im Diesseits und Jenseits fördern, über den Tod hinaus. Seitdem sind mehr als fünfhundert Jahre vergangen.

Dynamik in der Hocheifel

Adenau, Stadt seit 1816
1952 bestätigt
Gesamtstadt: 3133 Einwohner
Kirche: St. Johannes der Täufer

Adenau, die lebendige Kleinstadt der Hocheifel, folgt sanften Windungen des Adenauer Baches in einem engen tiefen Tal. Über eine Strecke von zwei Kilometern zeichnet die Hauptstraße mit dem inzwischen eingemeindeten Breidscheid den Lauf des Flüßchens nach, das aufgrund des verheerenden Hochwassers 1910 und wegen Verunreinigungen durch den Viehmarkt verrohrt und damit unsichtbar wurde. Am Ein- und Ausgang des Ortes fließt es in alter Frische neben modernen Gewerbe- und Industrieanlagen. Der Adenauer Bach gab 1992 Anlaß zur Jubiläumsfeier »1000 Jahre Adenau«, denn 992

Sommerfest auf Adenaus Marktplatz (1997); prachtvolles Fachwerkhaus von 1630

wurde der »Adenoua fluvius« von König Otto III in einer Urkunde erwähnt. Wie bei allen großen Volksfesten sperrte die Stadt die Hauptstraße, die vielbefahrene B 257, und leitete den Autostrom mühsam um. Adenau, das alte Straßendorf, dient seit der Römerzeit dem Durchgangsverkehr nach Trier, Köln oder Koblenz. Und wenn die großen Rennen am Nürburgring stattfinden, dessen Nordschleife die Stadt überfängt, stehen die Adenauer entlang ihrer Hauptstraße und schauen, wer woher in welchem Wagen angefahren kommt.

Der schlanke Ort mit kurzen, an den Talwänden endenden Gassen, wuchs aus Siedlungskernen um eine Mühle, um die Kirche, die Johanniterkommende und schließlich im Südosten um den Buttermarkt, auch das »Dorf Adenau« genannt, zusammen. Erst in unserem Jahrhundert steigt die Bebauung allmählich die Hänge hinauf, mit Schubkraft wird dann in den siebziger Jahren der Südhang bevorzugt und in den späten Neunzigern die Westseite erschlossen. Doch weisen die natürlichen Grenzen dem Ort auch hier unabänderliche Schranken. Adenau hat mit Breidscheid zusammen nicht mehr als 3133 Einwohner (1999). Vom Südhang aus präsentieren sich Bergzüge, Täler und Kuppen der Hocheifel gestaffelt bis zum Horizont. Die Hohe Acht, höchste Erhebung der Eifel, setzt mit ihrem Kegel (747 m) fünf Kilometer entfernt einen markanten Akzent, während die gleichfalls benachbarte Nürburg, die ihren Namen dem zweithöchsten Berg leiht (678 m), von vis-à-vis beeindruckt. Hier oben spürt man die »rauhe Eifelluft«, ziehen sich im Herbst rasch Wolken zusammen, tropfen herab, begleitet vom weiten, das Tal überspannenden Regenbogen, der nach kurzem Leuchten wieder blauem Himmel weicht. Seit die Preußen voriges Jahrhundert mit der ungeliebten Fichte die abgewirtschafteten kahlen Berge aufgeforstet hatten, deckt Nadelwald, durchsetzt von der traditionellen Rotbuche, von Lärche, Wildkirsche, Esche und Bergahorn, die Höhen um Adenau. Für seine 20 000 ha große Fläche sind zwei Forstämter mit 100 Bediensteten zuständig.

Musikvereinigung »Hohe Acht« während des Sommerfestes 1997

»Hallo Auto«

Holzverarbeitung ist neben der Metallbranche ein Industriezweig geblieben, und selbstverständlich bildet die ausgedehnte grüne Natur mit 900 Kilometern Wanderweg die Grundlage zum Erwerbzweig Fremdenverkehr. Ein kräftigeres Standbein stellt der Nürburgring, Deutschlands bedeutendste Automobil- und Motorradrennstrecke, bestehend aus der Nordschleife und der kürzeren Südschleife. Mit 15 Großveranstaltungen und 50 kleineren zieht er im Jahr 1,5 Millionen Besucher an und versorgt jeweils die Hotels und Pensionen bis zum letzten Fremdenzimmer im weitesten Umfeld mit Gästen. Adenau verfügt über 240 Betten, 18 Gastwirtschaften und vier Cafés (1999). Vom »Ring« leben 2000 Anwohner seines Umkreises. Attraktiv wirken außer den Rennen Konzerte wie »Rock am Ring«, Europas größtes Open-Air-Festival, Lehrgänge auch für Schüler (»Hallo Auto«), das Fahrsicherheitszentrum und ein Museum. Den Bau der »Gebirgs- und Prüfungsstraße« um die Nür-

Marienkapelle von 1895 nach Plänen von C. C. Pickel

burg (1925–27) hatte der Adenauer Landrat, Dr. Otto Creutz, als »Notstandsmaßnahme einer produktiven Erwerbslosenfürsorge« in Berlin erwirken können. Die Idee war Nürburgern auf dem ADAC-Rennen »Rund um Nideggen« 1924 angesichts gewaltiger Schlaglöcher und Bauernfuhrwerke auf der Fahrbahn gekommen. 50 Jahre später zeigte der Nürburgring Altersschwäche. Boykotte der Formel-1-Fahrer führten schließlich zur Eröffnung einer neuen Grand Prix-Strecke 1984.

Der relative Wohlstand der Adenauer gründet seit Jahrhunderten auf Handel, Handwerk und der Funktion des Ortes als einem Verwaltungsmittelpunkt. Erst 1970 wurde bei der Gebietsreform in Rheinland-Pfalz die zentrale Rolle neu bestätigt und Adenau Sitz einer 36 Orte vereinigenden Verbandsgemeinde im Landkreis Ahrweiler. Im weiteren Einzugsbereich leben etwa 20 000 Menschen. Zu Geschäftszeiten ist die junge Stadt so belebt, daß Fremde ihre Einwohnerzahl mindestens doppelt so hoch schätzen. Dabei nimmt Adenaus Anziehungskraft in dem

Maß noch weiter zu, wie Supermärkte und Gastwirtschaften in langsam verödenden Dörfern der Umgebung schließen. Es pendeln mehr Arbeitnehmer ein als aus. Die ausstrahlende städtische Struktur ist voll ausgebildet. Das Handels- und Geschäftszentrum ergänzen Handwerksniederlassungen, es gibt alle Schulformen, ein 1994 erweitertes Krankenhaus in Nachfolge der Gründung von Franziskanerinnen (1866), ein Altenheim, Hotellerie, Gastronomie und einen Verwaltungsapparat mit Behörden und Ämtern, wobei Amtsgericht, Kultur- und Arbeitsamt Nebenstellen der Kreisstadt Bad Neuenahr-Ahrweiler sind. Diese Leistung Adenaus, das im Zweiten Weltkrieg zu mehr als 40 Prozent, mit Schwerpunkt um den Bahnhof herum, zerstört worden war und 1952 die nachgesuchten Stadtrechte wieder erwarb, basiert auf Initiativkraft und Tradition.

1816, nachdem die Eifel preußisch geworden war, bekam Adenau zum ersten Mal Stadtrechte, avancierte zur Kreisstadt, nahm alle Verwaltungsaufgaben bis zur Kreisauflösung 1932 wahr. Allerdings hatte es selbstbewußt und auf das Geld schauend, um Steuern zu sparen, schon 1833 seinen Stadtstatus wieder abgegeben. Auch zur Zeit der französischen Besetzung der Rheinlande genoß Adenau seit 1802 als Kantonshauptsitz mit 64 zugehörigen Orten eine Mittelpunktstellung. Die entscheidende Entwicklung hatte jedoch mit Zubilligung der Marktrechte 1601 begonnen, und nachdem der Territorialherr, seit dem Aussterben des Grafengeschlechts von Are-Nürburg 1290, der Erzbischof von Köln, das kurkölnische Amt 1690 von der Nürburg nach Adenau verlegt hatte. Denn die Burg war von den Franzosen zerstört worden.

Aus Adenauer Tuch: ein Anzug fürs Leben

Dem aufblühenden Ort gaben Gründungen von Zünften weiteren Auftrieb: 1647 schlossen sich die Gerber zusammen, 1700 die Wollweber, 1746 die Hammerer. Alle drei existieren bis heute, und die Zunftmeister gehen nach alter Sitte, wenn ein Mitglied gestorben ist, mit Federhut, Schärpe und Fahne des Patrons, die sie aus dem Heimat- und Zunftmuseum holen, mit zur Totenmesse. Bedeutung erlangte das Handwerk der Wollweber. Ihr Produkt, das feste, unverwüstliche Adenauer Tuch, aus dem auch Uniformen geschneidert wurden, fand Absatz auf den Leipziger und Frankfurter Messen. Ihren blauen Sonntagsanzug trugen die Adenauer ein Leben lang. Mit Färbern, Tuchscherern, Walkern und Spinnern beschäftigte die Branche im 18. Jahrhundert 1000 Personen. Stattliche Fachwerkhäuser am Markt belegen eine florierende Wirtschaft. Die zum »Eifeler Bauernmuseum« umgewandelte kleine alte Tuchweberei in der Säujass macht auch die umgebenden Lebensverhältnisse anschaulich. Der Wiederbelebungsversuch nach dem Zweiten Weltkrieg mit einem Wollwerk scheiterte. Alteingesessene Tuchhändler, wie zum Beispiel die Firma Friedrich, verlegten sich auf das Mode- und Textilgeschäft. Geblieben ist die Feier mit Messe am Festtag des Zunftpatrons, des hl. Severus, der nach der Legende Weber war und auf der Zunftfahne das Weberschiffchen in der Hand hält. Zwar belieferten Adenaus Handwerker die Herren von Virneburg und Aremberg direkt auf ihren Burgen, aber das Hauptgeschäft brachten die Märkte, die sich von vier Tagen, über das Jahr verteilt, im Lauf der Zeit auf zwei pro Monat heute vervielfachten. Leder, Sättel, Tuche, Leinen, Hüte, Mützen, Schuhe, Nägel, Haushaltwaren, Kämme, Körbe, Kessel, Töpfe, Branntwein und Tabak gab es zu kaufen. Wer, wie bis heute, von auswärts kam, einen Stand zu errichten, hatte Gebühren zu zahlen. Zum Gedränge am Marktplatz mit den aufgestellten Kram-Artikeln kam der Auftrieb der Ziegen, Schafe, Schweine, Pferde, Rinder und Kälber, so daß zum mehrfachen Entsetzen der Bezirksregierung in Koblenz »wegen des zusammengepreßten Viehs« ein Durchkommen in Adenau nicht mehr möglich war und den Tieren 1836 Gassen zugewiesen wurden. Die Schweine trieb man durch die enge Säujass hoch, bis zur Sammelstelle, heute Dr. Creutz-Platz. Der letzte Viehmarkt fand in den siebziger Jahren statt.

Die Johanniterkommende: frühe »Freiheit«

Bei der Marktrechtverleihung 1601 hatte der Erzbischof von Köln Adenau in »Flecken« und »Freiheit« unterteilt. Mit Flecken war die Siedlung gemeint, die bis dahin im Schatten der »Freiheit«, der Johanniterkommende, existiert hatte. Sie war 1162 gegründet worden und die drittälteste deutsche Niederlassung des »Ritterordens des hl. Johannes vom Spital zu Jerusalem«. Aus einer Hospitalbruderschaft hervorgegangen, hatte sich dieser erste geistliche Orden am Ende des ersten Kreuzzuges 1099 in Jerusalem zusammengeschlossen mit der Verpflichtung, Kranke zu pflegen und Pilger zu versorgen. Erst um die Mitte des 12. Jahrhunderts wurden die Johanniter, nach dem Vorbild des Templerordens (1118), ein Ritterorden, der im Kampf gegen die »Ungläubigen«, die Moslems, im Heiligen Land Krieg führte, und die karitativen Aufgaben traten zurück. Auch nach dem Ende der Kreuzzüge 1291 blieb die Verteidigung des Christentums gegen den Islam das

Die Johanniterkommende von 1743

Das Heimat- und Zunftmuseum in der alten Nagelschmiede

erklärte Ziel, wobei die Abwehr der Türkenangriffe eine strategisch wichtige Rolle spielte.

Mitglieder waren Ritter, Priester und dienende Brüder, an der Spitze stand ein Großmeister. Er residierte nach der Einnahme Jerusalems durch Sultan Saladin (1187) in Akka, dann auf Zypern und seit 1310 bis zur Vertreibung durch die Türken 1523 auf Rhodos. Anschließend überließ König Karl V dem Orden Malta als Stammsitz. Nach der Auflösung 1798 gründeten sich später Nachfolgeorganisationen mit ausschließlich karitativen Aufgaben, 1852 die protestantischen Johanniter, heute Johanniter-Unfall-Hilfe, 1859 folgten die katholischen Malteser, heute Malteser Hilfsdienst.

Schenkungen und großzügige Privilegien von weltlichen und geistlichen Machthabern hatten den Ritterorden im Anfang reich und zum Staat im Staate gemacht. Zudem entsprach er dem Ideal des Ritterstandes und führte zu Niederlassungen in ganz Europa, die als Wirtschaftsbetriebe der Zentrale zuarbeiteten. Nach Aufhebung des Templerordens 1312 wegen Häresie und »Unzucht« fiel dessen Besitz den Johannitern und dem 1198 gegründeten Deutschritterorden zu.

Auch die Kommende in Adenau lieferte über Jahrhunderte den Gewinn ihres Landwirtschaftsunternehmens an den Stammsitz ab. Im Anfang war sie Pilgerherberge, unterhielt für Kranke ein Hospital und sorgte für Arme. Die Komture waren Priester, Ritter gewannen erst nach 1500 Einfluß. Die Gründung geht auf Ulrich von Are, einen treuen Gefolgsmann Kaiser Friedrich Barbarossas, zurück. Er schenkte dem Orden 1162 seinen Herrenhof in Adenau neben der Kirche und zog auf die eben vollendete Nürburg. Das erhaltene imposante, breite barocke Ordenshaus mit hohem Mansarddach von 1743, die Kommende, birgt noch mittelalterliches Mauerwerk. Die gesamte Anlage umfaßte drei große Gebäude, Hof, Scheune, Stallungen und war von einer Mauer umgeben. Mit zehn Mitgliedern hatte die Priesterkommende Ende des 13. Jahrhunderts ihren größten Umfang und dank der Grafen von Are-Nürburg Besitzstand und Privilegien ausgedehnt. Schenkungen und Vorrechte, die auch noch im 14. Jahrhundert und dann spärlicher kamen, machten das Ordenshaus autonom, frei von Pflichten gegenüber dem Territorialherrn und dem Bischof, sie war dem Papst unterstellt. Der Adenauer Kommende gehörten Ländereien und Weinberge an Ahr und Mosel. Sie durfte unbegrenzt Tiere halten, zeitweilig fütterte sie 300 Schweine. Sie hatte Jagd- und Fischrecht im Erzstift, durfte Holz schlagen, Bier und Wein frei ausschenken, ihre Bediensteten zahlten weder Steuern, noch leisteten sie Frondienste. Ein eigener Schultheiß sprach Recht, und jedem Verfolgten wurde für sechs Wochen und drei Tage Asyl gewährt. Danach mußte der Schutzsuchende die Mauern verlassen. Gelang es ihm, nach drei Schritten nicht gefaßt zu werden, durfte er noch einmal solange bei den Ordensbrüdern verweilen.

Für die Bewohner des Fleckens Adenau bedeutete die »Freiheit« ein Miteinander im Gottesdienst. Die Pfarrkirche vom 10. Jahrhundert, die Eigenkirche derer von Are-Nürburg war, wurde 1224 von Graf Gerhard den

Johannitern geschenkt und damit gleichfalls Ordenskirche. Patronatsherren waren nun die Komture, die als Priester mit den Ordensbrüdern die Seelsorge übernahmen. Zu ihrem Gebiet gehörten anfangs fünf weitere Gemeinden, darunter Dümpelfeld, Alendorf und Kronenburg, später vervielfachte sich die Zuständigkeit. Das Johanniter- oder Malteserkreuz in den Kirchen zeigt es an. Erst nachdem wegen starken Mitgliederschwunds die Adenauer Kommende 1518 mit der Trierer zusammengelegt worden war – 1650 folgte Niederbreisig mit Hönningen –, lockerte sich das enge Verhältnis. Die Priester waren seitdem Weltgeistliche des Bistums, und der Komtur residierte in Trier. 1794 erfolgte die Auflösung durch die Franzosen, aller Besitz wurde verkauft. In das Ordenshaus zogen eine Gendarmeriebrigade, dann der Förster und der Pfarrer. Heute ist »die gute Stube« Adenaus, so Bürgermeister Bernd Schiffahrt, ein Kulturzentrum. Schiffahrt pflegt als Präsident der Deutsch-Maltesischen Gesellschaft und Begründer einer Maltesischen Städtegemeinschaft bewußt die Adenauer Ordenstradition. Ihre Bedeutung für den Ort würdigt das Heimat- und Zunftmuseum, das die benachbarte alte Nagelschmiede beherbergt, in einem angrenzenden Fachwerkbau.

Häuser und Plätze

Die Kommende liegt dicht an die Kirche gerückt, im Zentrum der Stadt, doch in der zweiten Reihe, hinter dem Markt mit Geschäft an Geschäft und tosendem Durchgangsverkehr. Hier ist eine Zone der Ruhe um die Kirche herum, mit eingestreuten alten Kastanien und jungen Bäumen. Hell verputzt und breitgelagert steht der monumentale Erweiterungsbau von 1909 vor den Restmauern der mittelalterlichen Basilika, die eine Bombe im Januar 1945 traf. Verschont blieb der achteckige romanische Turm, Dominante des Ortes. Die stehengebliebenen alten Seitenschiffwände verband man 1969 mit einer neuen Westfront zu einem offenen Atrium. Jugendliche treffen sich hier nach der Schule. Früher lag um die Johanneskirche der Friedhof, 1828 wurde er auf das Gelände des abgerissenen Franziskanerklosters (gegründet 1642) am Ölberg verlegt. Alte Grabkreuze setzte man auch in die Kirchenaußenmauern, das alte große Friedhofskreuz steht an der Westfront des Atriums. Kleinteilig gegliederte Fachwerkarchitektur, die Rückseite des Marktes, darunter das Museum von 1667, bildet die südliche Häuserzeile um die Kirche. Im Norden schließen dagegen große

Der Buttermarkt mit Adenaus ältestem Haus links, der »Burg«

Gebäude in lockerer Folge an. Das moderne Rathaus und ein hohes altes Gerberhaus rahmen den mächtigen Komplex des Amtsgerichtes von 1930. Es ist der barocken Kommende von gegenüber äußerlich angeglichen, während das pompöse Pfarrhaus von 1902 als roter Backsteinbau mit gotischen Stufengiebeln solche Harmonie mißachtet. Hier im Osten an der Öffnung zum Dr. Creutz-Platz, der ein Geschäftszentrum aufnehmen soll, steht mit Dachreiter noch der ehemalige Betsaal (1860) der evangelischen Gemeinde, die dann 1914, gleich nebenan, ihre Kirche einweihen konnte. Der noble Bau des Berliner Geheimrats Franz von Schwechten, dem Architekten der Berliner Kaiser-Wilhelm-Gedächtniskirche, hat mit ruhigen Formen dem Historismus bereits Adieu gesagt. Wie am Portal zu lesen steht, wurde die Kirche »Gestiftet von ihrer Majestät der Kaiserin und Königin« (Auguste Victoria von Preußen).

Das alte geschäftliche Adenau verdichtet sich am Marktplatz zu einer repräsentativen Häuserzeile des 17. Jahrhunderts mit dem breiten hohen Fachwerkbau von 1630 in der Mitte. Seine drei vorkragenden Geschosse bekrönt ein geschweifter Giebel mit Haube. Erker über zwei Stockwerke waren Mode, wie die »blaue Ecke«, ein urprünglich farbloser Fachwerkbau von 1682, demonstriert. Vis-à-vis verfehlen moderne Giebelhäuser den Einklang mit alter Bausubstanz. Als 1974 das »Gästehaus zum Halben Mond« zugunsten des Durchgangsverkehrs abgerissen wurde, verlor der Markt seine historische Geschlossenheit. Seitdem ist das Bewußtsein der Stadt für Denkmalschutz geweckt. Immer mehr verputzte Fachwerkhäuser des 16., 17. und 18. Jahrhunderts entlang der Hauptstraße werden restauriert und freigelegt, und der Buttermarkt, das Dorf Adenau, bildet ein schmuckes Fachwerkensemble um das älteste Haus des Ortes, die »Burg« der Herren von Adenau (14./15. Jahrhundert). Die dazugehörige Michaelkapelle stammt von 1800.

Am anderen Ende, dem Ortseingang, gibt sich Adenau mit Mietshäusern und aufwendigen Villen aus der Zeit um die Jahrhundert-

wende als preußischer Kreissitz zu erkennen, wenn auch der Krieg Lücken gerissen hat. Entsprechend standesgemäß und am Hang der Hauptstraße hervorgehoben, fiel die Marienkapelle (1895) des bedeutenden Kirchenarchitekten des Rheinlandes, Caspar Clemens Pickel, Düsseldorf, aus. Der kunstvolle neogotische Zentralbau aus fein geschnittenem Tuffstein hat drei Türme und ist auf einem Sechseck errichtet. Romantische Volksfrömmigkeit und Spenden von Geschäftsleuten führten 1862 zur Anlage eines Kreuzweges in neogotischem Stil auf dem Kirchberg gegenüber. Den von Basaltsäulen und Lavasteinen gesäumten Weg der Vierzehn Stationen bereichern zwei Grotten mit lebensgroßen Figuren: Christus am Ölberg und die Grablegung.

St. Johannes der Täufer von 1909

Neogotische Formen (s. Niedermendig) zeigt auch noch die Johanneskirche, die der in Berlin ausgebildete Architekt Leopold Schweitzer aus Koblenz als Erweiterungsbau angelegt hatte (1908/09). Sein modernerer, neobarocker Entwurf war abgelehnt worden. Doch kommen in seinem Bau, der drei Schiffe über nur zwei Joche ziehen läßt und daher breiter als lang ist, dennoch barocke Tendenzen zum Ausdruck, vor allem bei den Dachkonstruktionen. Entsprechend betonen die Proportionen nicht mehr so extrem die Höhe. Ein Foto der mittelalterlichen Kirche von 1900, an die Schweitzer im Osten nach Niederlegung des romanischen Chores anzubauen hatte, macht Vorgaben und Anpassung deutlich. Die dreischiffige Basilika, die im 12. Jahrhundert durch angebaute Seitenschiffe an eine Saalkirche entstanden war, besaß einen Querbau aus drei Quadraten mit Mittelturm. Sie erhielt im 13. Jahrhundert einen langen rechteckigen Chor und wurde im 15. Jahrhundert eingewölbt und zur Stufenhalle (überhöhtes Dach ohne Fenster). Sie deckt auf dem Foto ein großes, gebrochenes Langhausdach mit Krüppelwalmen am Giebel der Westfront, am Ostjoch und Querarm, dem »Katharinenchörchen«. Diese

St. Johannes der Täufer in Adenau

Blick in den nördlichen Nebenchor

barocken Dachformen, 1723 aufgesetzt, greift Schweitzer auf. Er stellt die beiden Joche seines Langhauses durch Giebel mit Krüppelwalmen unter Querdächern heraus. Geringe Schrägführung bestimmt auch die Schieferflächen über dem dreifach gebrochenen Chor. Die flankierenden kleinen Nebenchöre tragen, wie auch der Treppenturm im Süden, einen gebrochenen spitzen Helm, die Sakristei hat ein Zeltdach. Das Auf und Ab und Hin und Her der Dächer gibt dem Bau, besonders von Osten betrachtet, große Lebendigkeit. Dabei wahrt der breite Helm des romanischen Turmes neben dem barockisierenden Dachreiter seine herausragende würdige Position.

Der Turm war ursprünglich ein Ostchorturm, das heißt, die Turmhalle war Altarraum, dessen erhaltene Querarme bezeichnete man als »Chörchen«. Im Obergeschoß nimmt der Turm die besondere Gestalt eines Achtecks mit schmaleren Schrägseiten an. Die Schallöffnungen in alle vier Himmelsrichtungen sind dreifach gekuppelt unter runden Blendbögen, die Säulchen der Klangarkaden deuten zum Teil jonische Kapitelle an.

Der hell verputzte Erweiterungsbau, seit 1945 die reduzierte Pfarrkirche, geht über die Breite der mittelalterlichen Querarme hinaus. Dennoch wirkt er kompakt. Er erhält einen senkrechten Rhythmus durch große, dreibahnige Maßwerkfenster im Langhaus, die zweimal abgetreppte Strebepfeiler begleiten. Dekorativ gesteigert wird die aufstrebende Tendenz durch Quaderung mit Tuffstein an Gewänden und Kanten. Die Wände, die ohne Sockelzone zu den Giebeln aufsteigen, bewahren dabei große ruhige Flächen. Am Chor verdichten sich an den schmaleren gebrochenen Abschlußseiten die vertikalen Formen: Strebepfeiler und zweibahnige Maßwerkfenster betonen die Höhe.

Das Innere: breiter als lang

Man gelangt in die Kirche über das Atrium, hat hier freie Sicht auf den alten Turm mit einem Fenster in seinem spitzbogigen Triumphbogen und betritt die Kirche durch ein Süd- oder Nordportal in den romanischen Querarmen. Sie dienen als Vorhallen. In der südlichen mit feinem Netzgewölbe, dem »Katharinenchörchen«, ist die hl. Katharina neben dem hl. Bernhard auf die Wand gemalt (1891). Dekorative, historisierende Schablonenmalerei, jüngst wieder freigelegt, gliedert die Architektur, faßt auch die in der Mitte der Querarme liegende, spitzbogig geöffnete Turmhalle ein. Das auf ihr Tonnengewölbe gemalte Lamm Gottes verweist darauf, daß früher an dieser Stelle der Altar stand. Von hier öffnet sich das dreischiffige Langhaus, breiter als lang, zu einem weiten, harmonischen Raum, durchwirkt von kraftvoller Struktur. Die einheitlich hohe Decke umgreifen Kreuzrippengewölbe, systematisch Quadrat auf Quadrat. Ihre Bahnen folgen eher dem Halbkreis einer Kuppel. Die Höhe wird zwar betont, aber nicht suggestiv, wie in der Gotik. Entsprechend mittelhoch sind die tragenden, die Schiffe trennenden Rundsäulen. Gegen ihren Schaft aus poliertem dunklen Stein sind Sockel, Kapitell und profilierte Deckplatte in hellem Sandstein schmückend abgesetzt. Die Farbfassung der gesamten

Decke in zartem Grün-Türkis gibt dem Raum Geschlossenheit und Wärme. Die kunstvoll gemeißelten Gewölberippen sind wie die Gurt- und Scheidbögen in Grau-Beige mit weißen Fugen bemalt. Gold setzt hier Akzente, Blumen- und Blättermalereien in den Zwickeln fügen sich mit Braun und Grün in den feinen Farbkanon.

Im gleichhohen Chor ruhen die Gewölberippen auf Dreiviertelsäulen mit Kelchkapitellen und wirken im Dreisechstelabschluß steiler. Blickfang ist hier der spätgotische Flügelaltar aus Flandern vom 16. Jahrhundert. Der nördliche Nebenchor ist Taufkapelle. 1969 wurde die Orgelempore erneuert und auf die Seitenschiffe ausgedehnt.

Vom Reichtum der einstigen Ordens- und Pfarrkirche mit sechs Altären ist wenig geblieben. Ältestes Ausstattungsstück ist der sechseckige, pokalförmige Taufstein aus Basalt vom frühen 13. Jahrhundert, der auf sechs polierten schwarzen Schiefersäulen ruht. Am spätgotischen, in Flandern geschnitzten Hochaltar änderte man mehrfach die Einfassung und Rahmung, zuletzt wurde er in den zwanziger Jahren in den neuen Chor eingepaßt. Der neugotisch gerahmte Passionsaltar zeigt auf den Flügeln Leidensstationen Christi (Gebet am Ölberg, Fall unter dem Kreuz, Kreuzabnahme, Grablegung) und im Zentrum die Kreuzigung. Vollplastisch sind die Zeugen und betenden Trauernden, die drei Marien und Johannes am Fuß des Kreuzes dargestellt, während einer der Kriegsknechte an hoher Stange noch den Essigschwamm hält und ein Soldat vom aufgebäumten Pferd aus Jesus die Lanze in seine Seite sticht. In der Predella stehen die zwölf Apostel in Zweiergruppen aufgereiht. Die großen, farbig gefaßten Konsolfiguren im Chor, die Heiligen Johannes der Täufer und der Evangelist, gehörten ursprünglich zum Altaraufbau. Vom Anfang des 16. Jahrhunderts soll auch die vielfach übermalte Pietà im Südchor stammen. Mit dem alten Turm blieben die Glocken von 1481, 1523 und 1624 vor Kriegsschäden bewahrt. Als sie angeschafft wurden, war St. Johannes noch Pfarr- und Ordenskirche. Die Glocke von 1523 ist dem Patron der Kirche geweiht:

»JOHANNES BABTISTA HEISCHEN ICH, DIE LEVENDIGE ROIFFEN ICH, DEI DODEN BEKLAGEN ICH, JAN VAN TRIER GOOS MICH. ANNO DNI MVXXIII.«

Konsolfigur im Chor: hl. Johannes d. Evangelist

73

Wasser und Wein

Bad Neuenahr-Ahrweiler,
Stadt seit 1951/1248
Zusammenlegung: 1969
Kernstadt: 18 999 Einwohner
Gesamtstadt: 27 666 Einwohner
Kirchen: St. Laurentius und Rosenkranzkirche

Als Romantiker aus Köln, Bonn und Düsseldorf ihre Wanderungen durch das Ahrtal in

Bild und Wort schilderten, fasziniert von der Erhabenheit, Ursprünglichkeit und Schönheit der Natur, von mittelalterlichen Burgen und dem Leben auf dem Lande, begann der Bann um die verkannte, vergessene, »arme« Eifel zu brechen. Die Vorstellung von diesem Gebirgsland als dem »rheinischen Sibirien«, dessen Namensnennung schon ein gewisses Frösteln auszulösen vermochte und dessen Bewohner daher ihre Herkunft lieber verleugneten, wurde brüchig, verblaßte. Maler der Düsseldorfer Schule wie Johann Wilhelm

»Der Durchbruch bei Altenahr«, Stich von C. Schlickum um 1850 (Habicht Verlag Bonn)

Schirmer, Eduard von Bendemann oder Carl Friedrich Lessing und die Schriftsteller Ernst Weyden, Ernst Moritz Arndt, Karl Simrock und Gottfried Kinkel hatten mit ihrer Naturschwärmerei in der ersten Hälfte des 19. Jahrhunderts Gegendarstellungen gezeichnet, die Gültigkeit behalten sollten. Ihre »Entdeckung« der heimischen Welt, von Land und Leuten, geschah im Gefolge der voraufgegangenen, für die Künste sehr ertragreichen Rheinromantik. Man ging nun auch den Seitentälern des großen Stromes nach, verfolgte die Ahr von ihrer Mündung in den Rhein flußaufwärts bis hin zu ihrem 83 Kilometer entfernten Quellgebiet in Blankenheim, tief drinnen im Gebirgsland Eifel. Die Wirkung der literarischen und malerischen Erkundungen des Ahrtales wurde getragen von einer allgemein anhebenden Wander- und Reiselust während der Romantik, in der J. J. Rousseaus Aussage, alles Gute komme von der Natur, alles Übel von der Zivilisation, den Lebensstil mitprägte. Wander- und Reiseführer wurden herausgegeben, illustrierte Ahrtalkarten erschienen (J. N. Ponsart, 1838/39). Hand in Hand mit dieser Entwicklung verlief der Ausbau von Straßen, als Sensation wurde dann 1864 der Felsdurchbruch bei Altenahr gefeiert. Der 70 Meter lange Tunnel ermöglichte schließlich das Aufblühen des Ahrtourismus, die Reise mit der Postkutsche vom Rhein aus durch das Ahrtal, das mit seinen verschiedenen Etappen, entlang wildromantischen Schluchten, immer tiefer und weiter hinein in die Eifel lockte. Seit 1880 brachte die Bahn mit der Strecke Remagen – Ahrweiler die Naturfreunde dann noch schneller ans Ziel.

Arwilere von 1248

Wer heute in Ahrweiler am alten, mit Sinnsprüchen verzierten Stationsgebäude aussteigt (»Erst besinns, dann beginns!«), kann immer noch die Weintrauben mit Händen greifen. Bei der Altstadt war Maßarbeit nötig, die Gleise noch zwischen Rebhänge und Stadtmauer einzupassen. Ahrweiler, das 1248 als erster Eifelort die Stadtrechte er-

hielt, besitzt immer noch seine mittelalterliche Stadtbefestigung, eine der am besten erhaltenen des Rheinlandes. Das Bauern- und Winzerdorf Arwilere, das 893 zum erstenmal im Güterverzeichnis der Abtei Prüm genannt wird, gehörte bis zum Jahr 1100 zum Ahrgau, dann bis 1246 zur Grafschaft Are und seitdem, bis 1794 die Franzosen kamen, zum Erzstift Köln. Denn der Erbe der Grafschaft, Friedrich Graf von Are-Hochstaden, übergab sie, laut Urkunde vom 16. April 1246, »zu seinem eigenen Seelenheil«, als gutes Werk in Vorsorge für das Jenseits, »dem Erzstift Köln zu Händen des Erzbischofs«. Der war sein Bruder, Konrad von Are-Hochstaden. Konrad nahm die Schenkung an, wurde nun als Landesherr auch Stadtherr und machte Ahrweiler 1248 zu einer der vier Hauptstädte Kurkölns neben Bonn, Neuss und Andernach. Nachdem im Streit zwischen den Staufern und Welfen das welfenfreundliche Ahrweiler 1242 von den Rittern der nahen Staufenburg Landskrone verbrannt worden war, konnte Konrad die Stadt nun planmäßig anlegen und mit Mauern und breitem Wallgraben sichern lassen. Sie entstand auf nahezu ovalem Grundriß, mit Markt, Kirche (Baubeginn 1269) und Rathaus in der Mitte. Die von hier wie Achsen auf vier einander gegenüberliegenden Stadttore (vollendet im 14. Jahrhundert) zustrebenden Straßen verlaufen nicht immer geradlinig. Es galt, Adels- und Klosterhöfe zu berücksichtigen, deren Zahl bald auf jeweils zwölf anstieg. Die Bebauung war mit etwa 300 Häusern so locker, daß innerhalb der Mauern Hosterte (Hausgärten), Bungerte (Baumgärten) und Wingerte (Weingärten) wachsen konnten. Aus mittelalterlicher Zeit stehen nur noch einzelne Gebäude, nachdem Ahrweiler im Dreißigjährigen Krieg dreimal in Brand gesteckt und beim Dritten Raubzug Ludwigs XIV, im Mai 1689, bis auf zehn Häuser zerstört worden war. Der unmittelbare Wiederaufbau prägt das Bild. Schließlich schlugen amerikanische Bomber in der letzten Phase des Zweiten Weltkrieges den Süden der Altstadt vollständig kaputt. Seine Wiedererrichtung erfolgte in historischem Stil, war jedoch keine originale Rekonstruktion.

Im weiten Tal des Weins

Verläßt man die Stadt im Norden durch das Adenbachtor und geht über die Bahnbrücke direkt den Weinberg hinauf bis zum Rotweinwanderweg, dann breitet sich das weite untere Ahrtal wie eine reliefierte Landkarte aus. Im ferneren Südwesten hebt sich die Silhouette eines Klosters mit Kirche ab, das Franziskaner 1630 gründeten und das seit 1838 bis heute die Ursulinen von Calvarienberg unterhalten. Der an Golgatha gemahnende Name geht auf einen Jerusalempilger zurück, der um 1440 den Hügel mit Galgen zu einer Wallfahrtsstätte mit Kreuz hatte umwandeln lassen. Zu Füßen des Betrachters wird die acht Meter hohe Ringmauer aus dem goldbraunen Bruchstein mit ihren verschieden ausgebauten, bis zu fünf Stockwerke hohen Tortürmen und drei hohlen Wehrtürmen überschaubar. Dominant ist im Stadtbild die gotische, kunsthistorisch bedeutende Hallenkirche, deren hellverputzten Baukörper ein gewichtiger achteckiger Turm überragt. Er setzt den Hauptakzent hier im Westen des Tales und hat, was den Romantikern noch vorenthalten war, im Osten seit 1907 eine monumentale Entsprechung in Gestalt der Rosenkranzkirche, mitten in Bad Neuenahr. Die »liebliche Talebene« hat sich in ein einziges Häusermeer verwandelt, immer noch umschlossen von Weinbergen, die seit 1000 Jahren Reben tragen. Die steilen Hänge im Norden fangen die Sonne in Terrassen am intensivsten auf, ihre schon zu kalten Kuppen bekrönt Wald. Schräg gegenüber, aus den Talwänden mit noch vielen günstigen Sonnenlagen, hebt der Neuenahrer Berg seinen bewaldeten Vulkankegel wie einen Charakterkopf hervor. Bis zur Zerstörung der Burg 1372 residierte hier oben das Grafengeschlecht Nouwinare, eine Nebenlinie der von Are. Die Grafen gaben ihren Namen der Burg, dem Berg und 1875 auch dem aufstrebenden Kurort Neuenahr, der die Dörfer Beul, Wadenheim und Hemmessen vereinte. 1927 erwarb er den Titel Bad. Die Gründung des Heilbades 1858 hatte die Entdeckung des Apollinarisbrunnens unweit der Landskrone ausgelöst, der

Bergkuppe im Nordosten des Tales. 1951 wurde das Bad Stadt.

Zwangsehe zweier Städte

Überblickt man das gesamte Tal, das im Osten die Ahrtalbrücke der lebensnotwendigen Autobahn A 61 hoch überspannt, präsentieren sich insgesamt dreizehn Orte, die 1969 mit der Gebietsreform von Rheinland-Pfalz zu der einen Stadt, Bad Neuenahr-Ahrweiler, zusammengelegt wurden. Die uralten Winzerdörfer Bachem, Walporzheim mit dem ältesten Weinhaus an der Ahr von 1246, und ein Teil von Marienthal gehörten bereits seit 1248 zur Stadt Ahrweiler. Während die übrigen kleineren Orte, die auch bereits zwischen dem 10. und 12. Jahrhundert vom Weinbau unter klösterlicher Regie lebten, den verordneten Anschluß eher begrüßten, reagierten die beiden Städte heftig. Zu ungleich war ihr Charakter, Ahrweiler von reichlich 700 Jahren Stadtgeschichte, Tradition und Intimität geprägt, Bad Neuenahr dagegen blutjung, vergleichsweise mondän, mit Kurbetrieb und Spielbank von Fremden bestimmt. In nutzlosen Protesten machte man sich Luft. Es gab Streit um den neuen Namen, fünf Schulen hatten im Wettbewerb Vorschäge erarbeitet: Neuenahrweiler, B. Neuenahrweiler, Bad N. -Ahrweiler, Bad Ahr, Bad Ahrtal, B. N. -Ahrweiler, N. E. -Ahrweiler. Doch der Stadtrat entschied sich für einen Bindestrich zwischen den angestammten Namen und gab Bad Neuenahr den Vortritt, was ihm bis heute ältere Bewohner von Ahrweiler nicht verziehen haben. Auch das neue Stadtwappen brachte Differenzen, und als ein Textilhändler aus Ahrweiler 1985 die alte Fahne Ahrweilers neu auflegte und der Bürgermeister ihm den Verkauf untersagen wollte, entbrannte ein langer Fahnenstreit, in dem das Stadtoberhaupt unterlag.

Nach der Bevölkerungsgröße liegt Bad Neuenahr mit 11 444 Einwohnern vor Ahrweiler mit 7 555 (1999). Insgesamt, mit den restlichen elf Ortschaften, zählt Bad Neuenahr-Ahrweiler 27 666 Einwohner. Die Kreisstadt des Landkreises Ahrweiler verfügt über

Verwaltungen, alle Schultypen, Altenheime, Krankenhäuser, ist ein autonomes vitales Gebilde, das außerdem als Versorgungszentrum für ein Einzugsgebiet mit 100 000 Menschen dient. 900 000 Übernachtungen werden pro Jahr registriert. Die meisten davon entfallen auf den Stadtteil Bad Neuenahr, der mit mehr als zehn Kliniken und ausgeprägter Hotellerie vom Kurbetrieb und Fremdenverkehr lebt. Auch Einrichtungen der Bundeswehr geben Arbeitsplätze; einen starken Wirtschaftsfaktor stellt die 1948 eröffnete Spielbank dar. Um Schwankungen im Kurbetrieb aufzufangen, profiliert sich Bad Neuenahr verstärkt als Kongreßzentrum, lockt vermehrt »freie« Touristen an und eröffnet weitere Gewerbemärkte. Industrieanlagen mit hohen Schloten kann sich ein Bad nicht leisten.

Rotwein und Gastlichkeit

In Ahrweiler hält sich der Tagesgast auf, für den ungezählte Gaststätten den Tisch decken, den berühmten blauen Spätburgunder bereitstellen. Fremdenverkehr, seit dem beginnenden Ahrtourismus ein Erwerbszweig neben dem Hauptgeschäft mit Wein, hat nach dem Kriegsende sehr zugenommen. Heute steht er im Wirtschaftsgefüge an erster Stelle, vor dem Wein. Zum Einzugsgebiet gehören die Beneluxländer. Seit den großen Frostschäden 1956 betreiben die meisten Winzer ihren Beruf neben einer anderen Arbeit. 15 hauptberufliche Winzer sind heute übriggeblieben. Dennoch ist Ahrweiler mit 200 Hektar Weinbaufläche Hauptanbauort und Haupthandelsplatz des namhaften Ahrrotweins in Deutschlands größtem geschlossenen Rotweingebiet geblieben. Nahezu verschwunden ist die herkömmliche Landwirtschaft, die einst sechs Getreidemühlen innerhalb der Mauern in Schwung hielt, mit Hilfe des Mühlenteiches, einem von der Ahr abgezweigten Bach. Die brausende Ahr, die zweimal im Jahr Hochwasser führt und sich der Stadt im Süden nähert, blieb außen vor.
Handel und Gewerbe haben sich wie überall gewandelt. Seit 1548 die Hammerzunft

Niederhutstraße mit Niedertor

Schmiede- und Zimmerleute, Maurer, Kannengießer, Armbrust- und Harnischmacher sowie Brunnenleger zusammenschloß, blühte das Geschäft der Handwerker, die meist gleichzeitig Kaufleute waren. 1650 folgte die Zunftgründung der Schneider, Pelzer, Hutmacher, Schuster und Weber. Ihre Produkte boten sie auf drei Märkten im Jahr an. Heute ist Ahrweiler Einkaufsort für die Tagestouristen und das untere Ahrtal, das heißt für die inzwischen zur Stadt gehörenden Dörfer. Für größere Einkäufe fährt man jedoch ins Kaufhaus und die Läden von Bad Neuenahr oder gleich nach Bonn, Köln, Koblenz oder Düsseldorf. Diese Städte am Rhein sind mit der Autobahn Anfang der achtziger Jahre nahe herangerückt, auch als Arbeitsplatz. Das zeigen die Zahlen der auspendelnden Arbeitnehmer, die inzwischen die Einpendler aus dem Kreisgebiet übertroffen haben. Bonn ist so bedeutend für die Region, daß sie in die Strukturförderung infolge des Umzugs der Bundesregierung und des Bundestages nach Berlin aufgenommen wurde.

Bauboom nach dem großen Brand

Ahrweiler wuchs mit den umliegenden Dörfern vor allem seit den sechziger Jahren zusammen, sein mittelalterliches Format hat es erst nach 1850 verlassen, mit imposanten Villen aus der Gründerzeit und von der Jahrhundertwende, jenseits des Niedertors, an der Wilhelmstraße. Vor allem die Besitzer der Weingüter, die »Weinfürsten«, bauten hier. Den letzten Freiraum im Stadtinneren, die Bögen im ovalen Bering, hatten zu Anfang des 19. Jahrhunderts kleine Häuser besetzt. Die Hauptstraßen der Altstadt repräsentieren mit stattlichen, breiten und vielgeschossigen Gebäuden in Fachwerk oder verputzt und mit aufwendigen Giebeln, Wohlstand durch Handel und den Rang eines kurkölnischen Hauptsitzes, der während der französischen Besatzung Kantonsstadt und unter den Preußen 1816 Kreisstadt wurde. Das Städteförderungsprogramm, das die Autos aussperrte, und Privatinitiative bewirken ein gepflegtes Erscheinungsbild.

Kunterbunt, wie das quirlige Leben in den schmalen Geschäftsstraßen, stehen die Häuser aus verschiedenen Jahrhunderten und Stilen zusammen, vom Barock bis zur Art Deco. Der Bauboom gleich nach 1689 gibt noch den Ton an mit klar durch Fenster gegliederten, verputzten Fassaden unter Mansarddächern mit Stuckfriesen, oder auch noch in Fachwerk. Zu den wenigen Häusern, die der große Brand verschonte, gehört das 1621 von dem Ratsherrn Hartmann und seiner Frau Wolffes in der Niederhutstraße errichtete spätere Gerichtsgebäude. Dieser zweigeschossige Fachwerkbau fällt durch einen achteckigen Erker auf, den groteske Figurenstützen tragen und dem eine Barockhaube schwungvoll aufsitzt. Erhalten blieb auch der nüchterne fünfachsige Steinkomplex, der Blankartshof von 1680 in der Arhutstraße, einer der vielen Adelshöfe. Am Markt, gleich hinter der Kirche, dient die ehemalige Stadtwache von 1780 im verspielten Stil des Rokoko, einst als Rathaus genutzt, jetzt dem Verkehrsverein.

Der »weiße Turm«, 13. Jahrhundert, seit 1906 Stadtmuseum

Historische Gebäude mit eingestreuten Neubauten, Hotel und Bank, die flache Zehntscheuer der Abtei Prüm von 1742 und dahinter das prachtvolle Pfarrhaus von 1773 umrunden in respektvollem Abstand die gewaltige gotische Kirche, das in leuchtendes Gelb gefaßte Zentrum der Stadt. Vis-à-vis ihrer Westfassade liegt als ansehnlicher Barockbau die ehemalige Kellnerei (Gutsverwaltung) der Abtei Prüm, die in Ahrweiler von Anbeginn die meisten Güter besaß, auch das Kirchengelände. Nachdem die Abtei die prachtvolle Kirche hatte errichten lassen, überließ ihr der Erzbischof von Köln 1298 die Patronatsrechte, so daß bis zur Säkularisation 1803 Benediktinermönche aus Prüm die Priester von St. Laurentius waren. Doch nicht der Abt, sondern der Kölner Erzbischof besaß die kirchliche Oberhoheit. Nach 1803 gehörte Ahrweiler zum Bistum Aachen, seit 1824 zum Bistum Trier.

Hinter der Prümer Kellnerei steht auf freiem Platz Ahrweilers ältestes Gebäude, ein mittelalterliches Hochhaus: der dreigeschossige Wohnturm aus der zweiten Hälfte des 13. Jahrhunderts war Absteigequartier der Grafen. Seinen einfachen kubischen weißverputzten Körper gliedern Fenster mit schmückenden weiß-roten Schlagläden. Eine barocke Turmhaube gibt ihm abschließenden Schwung. Ahrweilers »weißer Turm« ist seit 1906 Stadtmuseum. Kunst- und Kulturschaffen des Ahrtales, vom Mittelalter bis heute, wird hier gesammelt, gepflegt und mit viel Engagement der Leiterin Heike Wernz-Kaiser ausgestellt. Ahrweilers römische Vergangenheit wird am westlichen Ortsrand in der Römervilla vom 3. Jahrhundert anschaulich, die 1980 beim Ausbau der B 267 entdeckt und 1993 als Museum eingerichtet wurde. Schräg gegenüber dem »weißen Turm« erinnert die Synagoge von 1894, heute ein Kulturzentrum, an Ahrweilers jüdische Vergangenheit, die bis ins Mittelalter reicht. Den kleinen Saalbau aus Sandstein weisen die Gesetzestafeln über dem Giebelfirst und hufeisenbogige Fenster und Türen als jüdischen Sakralbau aus. Diese neo-orientalische Bauweise löste den Kirchenstil der Synagogen ab und sollte

Alte Zehntscheune und Pfarrhaus von 1773

auf die Herkunft der Juden aus dem Orient verweisen.

Das Leben in Huten

Wie ein aufgeschlagenes Bilderbuch zeigt sich die Aussicht vom »weißen Turm«, mit dem Blick auf die Kirche, auf Häuserdächer, Mauern, Tore in unmittelbarer Nähe zur Natur, zu den Weinbergen, die im Hintergrund überall dazugehören. Die Einheimischen, heißt es, lieben ihre Stadt und pflegen einen besonderen Umgangston, der Tradition hat. Jeder kennt jeden, man duzt sich, verbringt Sommerabende mit Nachbarn vor der Tür, hilft sich gegenseitig, feiert Feste gemeinsam. Das geschieht oft in den alten kleinen Backhäusern, die den Bewohnern in allen vier Huten offenstehen. Die Huten bezeichnen Bezirke, die die Stadt seit dem Ende des 14. Jahrhunderts, entsprechend den vier Toren und den achsialen Straßen, vierfach unterteilen in Oberhut, Niederhut, Adenbachhut und Arhut. Die Bewohner einer Hut hatten einen Hutenmeister und Stellvertreter zu wählen, die im Stadtrat saßen und Verantwortung trugen für Wachdienste, Pulverausgabe, Wege- und Brückenbau, für Wasserver-

Die St. Laurenskirche in Ahrweiler

sorgung, Reinhaltung der Brunnen sowie für die Backhäuser. Auch Wald und Flur oblagen ihrer »Hut«. Jede Hut hat eine Schutzpatronin (die Heiligen Ursula, Katharina, Barbara, Maria), deren Festtage mit Prozessionen begangen wurden. Eine Hutengemeinschaft gibt es bis heute in Ahrweiler, als freiwilligen Zusammenschluß mit ehrenamtlichen Hutenmeistern. Ihr soziales Engagement gilt den Senioren. Immer noch werden die Festtage der Hutenheiligen mit Gottesdienst und Totengedenken gefeiert. Auch volkstümliche Bräuche wie das Maibaumerrichten sind Hutenangelegenheit. Zu St. Martin finden vier Fackelzüge zu vier Feuerstellen in den Weinbergen statt, der schönste wird preisgekrönt. Zu den Huten gehören inzwischen auch die Häuser außerhalb der Stadtmauer. Zu Ahrweilers Schutz trugen in den letzten Jahrhunderten drei Schützengesellschaften bei. Sie existieren bis heute. Ihren Silberschatz stellt das Museum aus.

Sankt Laurentius

Ahrweilers Kirche St. Laurentius führt in linksrheinischem Gebiet die gotische Bauform der Halle ein. Das macht ihre Bedeutung in der Geschichte des rheinischen Sakralbaues aus. Paul Clemen vermutet, daß diese in Hessen und Westfalen entwickelte Raumgliederung über das Essener Münster nach Ahrweiler vermittelt wurde (Baubeginn 1269). Von hier übernahm St. Clemens in Mayen 1326 diese Konzeption, die dann weiter, im Moselgebiet, Fuß faßte. Im Gegensatz zur Basilika mit hohem Mittelschiff und niedrigeren Seitenschiffen faßt die gotische Hallenkirche gleichhohe Schiffe unter einem Dach zu einer Raumeinheit zusammen. Dabei grenzen Pfeiler, die die Decke tragen, das Mittelschiff von den Seitenschiffen ab. Dieser offene Hallencharakter ist in St. Laurentius allerdings bewußt zurückgenommen durch den Einbau von Emporen, die über drei der insgesamt vier Joche in den Seitenschiffen eingezogen sind, um den Eindruck einer Emporenbasilika anklingen zu lassen. Denn diese spätromanische Modeerscheinung war

im Umland, wie in Sinzig, noch sehr en vogue. Die Kirche von Ahrweiler verbindet neueste Bauweise mit der herkömmlichen.

Die dreischiffige gotische Hallenkirche mit schräggestellten polygonalen Nebenchören, längerem Hauptchor und eingebautem achteckigen Westturm hat mit 44 Meter Länge und 20 Meter Breite kolossale Ausmaße. Der langgestreckte Block gewinnt Leichtigkeit durch den crèmefarbenen, fast weißen Putz in Kombination mit leuchtendem Gelb, das die Gliederungselemente in aufgemalten Quadern mit hellen Fugen klar hervortreten läßt. In gleichmäßigem Abstand umlaufen zweimal abgetreppte Strebepfeiler den Baukörper. Ihre Giebelbekrönungen zeichnen spitze Akzente über der ringsum gerade durchgezogenen Dachkante. Über ihr, in dunklem Schiefer ausdrucksvoll kontrastierend, setzen flache Querwalme über jedem Seitenschiffjoch den Rhythmus fort. Sie stoßen, wie auch die Zeltdächer der Nebenchöre, an den steilen Sattel des Hauptschiffes, der den Hauptchor einbezieht. Die Höhe dieses Faltengebirges nach Maß beherrschend, trumpft im Westen der achteckige, dreigeschossige Turm auf, dessen Spitzhelm (1903 erneuert) 59 Meter erreicht. Eingeschlossen in den Bau, bildet er mit der Westwand eine Einheit, steigt aus ihr empor. Sein zweites Geschoß ist mit weiten Spitzbogenblenden und schmalen oder kreisrunden Fenstern gegliedert. Das Glockengeschoß zeigt Schallöffnungen mit einer Mittelsäule. Die abschließenden Dreieckgiebel mit gestaffelten Spitzbögen betonen noch einmal das Achteck, ehe es sich in der Turmspitze verjüngt.

Die Westfassade ist in ihrem Mittelteil unter dem Turm eine glatte ruhige Wandfläche, die von einem Gesims unterteilt wird. In ihrem oberen Abschnitt sitzt allein ein kleines Kreisfenster, den unteren durchbricht ein spitzbogiges Portal. Rechts und links davon, in einer Front, nur durch Strebepfeiler getrennt, enden die Seitenschiffe, hervorgehoben durch zweibahnige Maßwerkfenster und neue Seitentüren.

Den gesamten Kirchenbau umläuft eine niedrige Sockelzone. Ihre horizontale Linie

Hauptportal der St. Laurenskirche, Südseite

Lebensgroße barocke vergoldete Pfeilerfigur des hl. Severus

wiederholt sich auf halber Höhe an den nördlichen und südlichen Umfassungsmauern in Gestalt eines Gesimses, von dem dreibahnige Maßwerkfenster aufsteigen. Unter ihnen öffnen jeweils Kreisfenster die Wände. Das Hauptportal liegt im Süden, bei dem dritten, leicht vorspringenden Joch. Es wird von einer weiten hohen Spitzbogenblende eingefaßt, deren Kehle Weinranken schmücken. Über dem Türsturz sind erneuerte Konsolfiguren angebracht, die den Patron der Kirche, den hl. Laurentius, darstellen. Kniende Engel erinnern mit Rost und Märtyrerkrone an sein für den Glauben geopfertes Leben.

Die schräggestellten Nebenchöre brechen aus der Flucht der Wände leicht aus. Ihre Gestalt basiert auf fünf Seiten eines Achtecks und konzentriert auf engem Raum, in dichter Folge, senkrechte Bauelemente: tief unten ansetzende schmale Maßwerkfenster, die im Dreipaß enden, und hohe Strebepfeiler. Der nach Osten herausragende Hauptchor wiederholt ihren vertikalen Takt in erweiterter Form. Seine Fenster sind breiter, dreibahnig und münden in einem Vierpaß. Zwischen ihm und dem südlichen Nebenchor liegt die Marienkapelle, die ehemalige Sakristei. Eine neue baute man in den Nordwinkel. Früher schmückten die Kirche ringsum Wasserspeier, springende Löwen oder Schweine. Sie sind vereinzelt als Repliken bewahrt.

Das prachtvolle Innere

Betritt man die Kirche im Westen, ist die helle, von Klarheit geprägte äußere Gestalt vergessen. Von den Emporen gedämpftes Licht läßt in schummrigem Dunkel einen überaus prachtvoll ausgestalteten Raum erkennen. Ahrweilers Reichtum durch alle Jahrhunderte, vom 14. bis zum 20., hat hier lebhaften Ausdruck gefunden. Wände und Decken sind dicht besetzt von gemalten Blumen, Ranken, Figuren und großen Szenen, die buntfarbig oder golden die Zeiten wie ein tönendes Quodlibet vorüberziehen lassen. Der vorgetäuschte Eindruck einer Basilika durch die spitzbogigen Arkaden der Emporen über den Seitenschiffen schwindet, wenn sich die Halle im vierten Joch auftut und mit den drei Chören zu einer weiten offenen Einheit verbindet. Jetzt entfaltet die Höhe Wirkung. Kräftige Rundsäulen, grau, mit weißen Fugen bemalt, geben dem Kircheninneren Halt und Gewicht. Von ihren Kapitellen, die mit locker verteilten Wein-, Eichen-, Linden- und Phantasieblättern goldgefaßt verziert sind, steigen feingemeißelte, grau mit weißen Fugen bemalte Birnstabrippen zum Scheitel der Kreuzgewölbe. Profilierte Gurtbögen fassen die Joche ein. Kleinere und flachere Kreuzgewölbe umfassen die Seitenschiffdecken unter den Emporen. Die Turmhalle ist als Orgelempore zum Langhaus geöffnet. Im Hauptchor, der durch zwei querrechteckige Joche Tiefe gewinnt, und in den Nebenchören bilden die feinen Gewölberippen entsprechend den vieleckig gebrochenen Wänden Strahlenkronen. Sie münden in schlanke Dienste, die die hohen Bahnen der großflächigen Fenster trennen. Sie sind bis auf Ausnahmen neu, da die alten im Bombenangriff 1945 zerbrachen. Die im Hauptchor wurden 1953 eingesetzt und zeigen neben der Kreuzigung eine Vision des Propheten Jesaja: Christus als Keltertreter, umgeben von Winzern bei der Arbeit.

An die Wand gemalte Bilder

Die reichste erhaltene Ausstattung stellen die Wandmalereien dar, sieht man von dem 400 Jahre alten, von sechs Säulen getragenen Taufbecken ab und den lebensgroßen vergoldeten Pfeilerfiguren, die von einem Barockaltar stammen und die Heiligen Laurentius und Severin darstellen. Die Konservierung und Restaurierung der Wandbilder gehört zu einem jahrelangen Renovierungsprogramm der Kirche. Schon 1903, als die meisten Malereien wieder freigelegt wurden, fand man als ursprüngliche Dekoration der Wände die einfache Quaderung. Zu den frühesten Gemälden, die alle vermutlich Stiftungen waren, gehört die Darstellung der Dreifaltigkeit aus dem 14. Jahrhundert (Nordwand, erstes Seitenschiffjoch). Die frontale Gestalt Gottvaters hält in ausgebreiteten Armen den

kleinen gekreuzigten Christus. Sieben Tauben symbolisieren den Heiligen Geist. Sie umfliegen das Haupt Gottvaters und halten mit den Schnäbeln seinen Heiligenschein. Weiter östlich ist die hl. Apollonia hundert Jahre später an die Wand gemalt worden, wie sie ruhig ihr Martyrium erleidet: mit Hammer und langem Meißel schlägt ihr ein Henker Zähne aus. Unbekannt ist heute die Identität des überlebensgroßen Bischofs, der seit dem 15. Jahrhundert den nordwestlichen Pfeiler beherrscht. Nahe bei ihm an der nördlichen Emporenwand ist die hl. Luzia an ihrem Marterwerkzeug, dem Messer am Hals, zu erkennen. Ebenfalls aus dem 15. Jahrhundert datiert das große Weltgericht, das die Emporenwand dominiert. Christus sitzt auf dem Regenbogen in rotem Herrschergewand, das eine goldene Spange zusammenhält. Segnend und verurteilend breitet er die Arme weit aus, die Seitenwunde ist sichtbar (Fünfwundengestus). Posaune blasende Engel, die Gestalten der fürbittenden Maria und des Johannes nahe bei ihm sind deutlich größer dargestellt als die gerichteten nackten Menschen. Sie drängen sich auf der einen Seite in des Teufels Hölle, auf der anderen warten sie darauf, von Petrus durch die enge Paradiespforte eingelassen zu werden. Heimatliche Motive sind in das Wandbild von 1600, die »Taufe Christi«, eingegangen (Südwand, zweites Joch). Die Landskrone mit Burg, Ahrweilers Obertor, die Kirche und die Kapelle auf dem Kalvarienberg rahmen die Szene. Johannes reckt seinen Arm weit hoch, um das Haupt des im Wasser stehenden Christus zu benetzen. Sein abgelegtes langes Gewand hält ein Engel. Zwei kleinere Engel spannen einen Vorhang als Hintergrund. Über dem Heiligenschein Christi schwebt die weiße Taube des Heiligen Geistes, und hoch über allem breitet Gottvater als Halbfigur die Arme aus.
Die Darstellung der vielen Heiligen, deren Schutz, Vorbild und Hilfe die Gläubigen in der Kirche suchten, führten ländliche Meister aus. Jeder Wandfleck wurde genutzt. Mit der Zeit verblaßte Bilder wurden im Stil der herrschenden Mode ausgebessert oder übertüncht und wieder bemalt. Die jüngsten

Bad Neuenahr: das Kurhaus von 1905 nach dem Vorbild Monte Carlos

Wandgemälde stammen von 1918, ein groß-flächiges im Hauptchor verewigt in Porträts die damaligen Honoratioren Ahrweilers. Sie knien oder stehen vor einem Stationsaltar der Fronleichnamsprozession an der Stadtmauer, begleitet von den Schützen. Genauso findet Fronleichnam noch heute hier statt.

Vom Berg, der keine Reben trug

Die Ähnlichkeiten der Stadtteile Bad Neuenahr und Ahrweiler beschränken sich vermutlich auf ihre Bahnhofsgebäude, die beide 1880 nach Plänen des Kölner Architekten Joseph Séché aus Bruchstein in einer Art Rundbogenstil entworfen wurden. »Immer heiter, Gott hilft weiter«. Der in Stein gemeißelte Spruch an der Front der Schalterhalle von Bad Neuenahr hätte Georg Kreuzberg sicher gefallen. Der Kaufmann aus Ahrweiler, Nachfahre der reichsten jüdischen Familie Seligmann dort, die sich 1763 hatte taufen lassen und den Namen Kreuzberg annahm, ersteigerte 1852 in Heppingen, nahe der Landskrone, für 15 Taler einen Berg, auf dem Reben nicht gediehen. Darum ließ er die Hänge besonders tief umgraben. Als die Arbeiter ihm von belästigenden, in der Nase prickelnden Ausdünstungen berichteten, die Wachstum verhinderten, ahnte er die Ursache und ließ einen Geologen der Universität Bonn die Mineralquelle freilegen. Er nannte sie Apollinarisbrunnen nach einem dem hl. Apollinaris geweihten Heiligenhäuschen an der Fundstelle. Bereits 1853 wurden die ersten Tonkrüge gefüllt und verkauft. Nun war Kreuzbergs Unternehmergeist geweckt. Er verfolgte das Ziel, ein Heilbad zu gründen, ließ weiter bohren, fand warme Quellen, die sich als heilend und ergiebig genug erwiesen. 1858 war es soweit. Mit der feierlichen Weihe der Quellen durch Prinzessin Augusta am 31. Mai wurde Neuenahr Kurbad, gebildet aus einer privaten Aktiengesellschaft, die das Kapital beibringen sollte und unter Kreuzbergs Leitung stand. 1862 entdeckte Kreuzberg im Ortsteil Beul den »großen Sprudel«, einen Geysir von 40 Grad Celsius, der bis heute, zusammen mit dem 1906 zu Tage ge-

kommenen Willibrordussprudel, Hauptversorger des Bades ist. Er befand sich nahe dem Mariensprudel, den ein konkurrierender Arzt für Kuren nutzte und der nun schwächer aufstieg. Darauf hatte die Aktiengesellschaft gehofft. 1866 kaufte sie das Gegenunternehmen.

Sprudelndes Leben

Die erste Kursaison war 1859 eröffnet worden, Gäste tranken Sprudel und badeten in ihm wannenweise. Zum Essen wurde Apollinarisbrunnen serviert, den die Brunnenmädchen abfüllten, ehe es zur Mechanisierung kam. Als »Queen of table waters« fand er rasch weltweite Verbreitung. 1873 wurden annähernd zwei Millionen Füllungen verkauft, 1881 erstmalig zehn und 1993, reichlich hundert Jahre später, sind es 600 Millionen. Das Tafel- und das Heilwasser behinderten einander nicht im Absatz, darauf hatte Kreuzberg geachtet. Er leitete auch den Ausbau des Kurortes, der mit Trinkhalle, Badehaus und einem Hotel im Anfang nur mit Hilfe von Privatbetten seiner Dörfer und dem nahen Ahrweiler auskam und im übrigen eine riesige Baustelle war. Daher kutschierte man die Gäste in die reizvolle Umgebung des Ahrtales, das durch den Ahrtourismus beliebt geworden war. Wer zur Kur anreiste – Kaufleute, Unternehmer –, brachte die ganze Familie mit, um in ihrer Geborgenheit, seelenruhig, die Kur mit Erholungsferien für alle zu verbinden. Adlige kamen seltener, Neuenahr ist seit Beginn ein bürgerliches Heilbad. Es gehört zu den jüngsten und erfolgreichsten Bädergründungen des Rheinlandes mit Heilwirkung bei Diabetes, bei Erkrankungen von Magen, Darm, Leber, Galle und Störungen von Herz- und Kreislauffunktionen. Der Begründer Kreuzberg starb 1873. Im Testament verpflichtete er seine Kinder, »ein Pflege- und Krankenhaus zum Wohle der Armen und Kranken zu errichten. « Diese Stiftung besteht bis heute als Krankenhaus »Maria Hilf«.

Die Baugeschichte des Bades zog sich bis nach 1900 hin. Dann standen die Kurhäuser,

Badeanlagen und Hotels in wilhelminischem Prunk Parade entlang der Ahr mit Parkanlagen von Peter Joseph Lenné, und das Kurgeschäft blühte. 15000 Gäste kamen im Jahr. Die Einheitlichkeit des imposanten Ortes ist nicht in, sondern nach dem Zweiten Weltkrieg verloren gegangen, vor allem, seit sich in den sechziger Jahren das ehemals ambulante Heilverfahren in Kliniken verlagerte. Kurgäste nutzten immer seltener vom Hotel aus die Kureinrichtungen, sondern suchten neue Fachkliniken auf, die nun alle Anwendungen unter einem Dach boten. Leerstehende, das Stadtbild prägende Hotelpaläste wurden abgerissen, alte Anlagen, Sanatorien, erweiterte man modern. Denkmalpflege war noch unbekannt, historische, gegliederte Bausubstanz wich in der Hauptstraße Banken, Geschäften und einem Kaufhaus in ungefüger Gestalt. Verschandelt nennen nun die Neuenahrer selbst das durcheinander geratene Stadtbild.

Im Kurviertel an der Ahr hat sich alter Glanz am stärksten erhalten, zum Beispiel mit dem neobarocken, mondänen Kurhaus von 1905, dessen Vorbild in Monte Carlo steht. Der 170 Meter lange Flachbau präsentiert in seiner Mitte ein Theater, dem zwei reichverzierte Pavillontürme und eine Prunktreppe im Vestibül Festlichkeit verleihen. Im großen Saal fanden die ersten Bundespressebälle der Nachkriegszeit statt. Der Ostflügel des Kurhauses beherbergt die Spielbank. Am gewaltigen Kurhotel vis-à-vis kann man Bauperioden vom vergangenen Jahrhundert bis in unsere sechziger Jahre ablesen. Klassizistische Tradition vertritt noch das Thermalbadehaus von 1899, mit einem von vier Säulen getragenen Portikus in schönen Proportionen. Es ist neuerdings mit der Kurverwaltung kombiniert, denn die exklusive Ahr-Therme in Gestalt eines geschwungenen Zeltes ist nun das neue Herzstück der Kurstadt geworden. Zu Leben und Reiz des Ortes gehören

Das alte Neuenahrer Thermalbad von 1899, heute auch Kurverwaltung

mit der brausenden Ahr, die hohes Gefälle hat, gußeiserne und steinerne Brücken in dichter Folge. Ihre Straßen enden an den nahen Talwänden mit Wald und Wein und den Quellen, die Bad Neuenahr hervorbrachten.

Die Rosenkranzkirche

Das Stadtbild mit ihrem Turm beherrschend, demonstriert die 1907 vollendete Rosenkranzkirche in gewaltiger Monumentalität zugleich ihre Vorrangstellung, ihren Wohlstand und den Status des schnell emporgewachsenen Heilbades. Die dreischiffige Basilika mit breitgelagertem Querhaus bildet um ihren vieleckig gebrochenen Chor einen Kranz von fünf Kapellen aus. Sie sollten den Priestern unter den Kurgästen zur Zelebration der täglichen privaten Pflichtmesse dienen. Der Architekt August Menken (1858–1903) war gebürtiger Kölner, hatte seine Ausbildung mit Glanz in Berlin absolviert und als dort geprüfter Baumeister die Zulassung zum Bauen öffentlicher Gebäude in Preußen erworben. Seine Pfarrkirchen stehen zum Beispiel in Essen, Frankfurt/Main, Dortmund. Die Garnisonkirche in Berlin-Kreuzberg ist direkter Vorläufer des Neuenahrer Sakralbaues. Er reflektiert spätromanische Formen des rheinischen Übergangsstiles (1225–1275), ist also noch – ausdrücklich im Inneren – dem Historismus des 19. Jahrhunderts verhaftet, der schließlich mit dem Ersten Weltkrieg überwunden werden sollte. Doch die Gliederung der Steinmassen aus feinen hellgrauen Tuffsteinquadern bestimmen nicht Vielgestaltigkeit und Üppigkeit. Menken zielte in seinem Spätwerk auf Monumentalität durch Einfachheit am äußeren Baukörper. Er setzte auf die Wirkung glatter Flächen, ausgeprägt an den Stirnseiten der Querhäuser, aber auch an kubischen Formen wie den Strebepfeilern. Jeder zweite der den Baukörper jochweise umlaufenden trägt Strebebögen und ist so kräftig ausgebildet, daß er wie eine Mauer aus der Wand ragt. Je nach Standpunkt des Betrachters ordnen sich die Strebepfeiler optisch zu einem einheitlichen Block. Die geometrischen kubischen Formen um den vieleckig gebrochenen Chor im Westen bilden einen kompakten Körper. Er baut sich auf aus glatten niedrigen Zylindern, den Kapellen mit Zeltdächern, den zwischen ihnen aufsteigenden Strebepfeilern und dem höheren Chor mit zwei hochragenden runden Begleittürmen. Monumentalität durch Einfachheit, die nach Hans-Berthold Busse das zur Moderne überleitende Element in Menkens Architektur darstellt, heißt Sparsamkeit an Schmuckformen. Sie beschränken sich im Großen und Ganzen auf Rundbogenfriese entlang den Dachkanten. Auch die aus dem Mauerwerk herausgeschnittenen, eher kleinen Fenster betonen die auf Massigkeit angelegte Wirkung der Gestaltung.

Allein der mächtige quadratische Ostturm von der Breite des Langhauses, und 60 Meter hoch, durchbricht am Äußeren dieses Prinzip. Menken mobilisierte spätromanisches Formenarsenal wie Blendarkaden, Laufgänge, hohe Fenster, Giebel und Türmchen, um ihn in vier Abschnitte zu gliedern. Das sich verjüngende hohe Glockengeschoß basiert auf einem gedrungenen Stockwerk, dem vier runde Ecktürme das Aussehen einer Festung geben. Ein reichgeschmücktes Portal im Sockelgeschoß ist der Haupteingang zur Kirche, die sich dann über die Turmhalle öffnet.

Im Inneren der weiträumigen Basilika, deren Schiffe über fünf Joche von abwechselnd runden und eckigen Pfeilern unterteilt werden (Stützenwechsel), ist die überaus reiche originale Ausgestaltung im historisierenden rheinischen Übergangsstil vollständig erhalten. Vergoldeter Kapitellschmuck, die farbig bemalte, buntgemusterte Einfassung der Arkaden und großflächige Wandbilder geben den eher dunklen Räumen Wärme und Lebendigkeit. Ein sechsstrahliges Rippengewölbe überspannt die glatten Wände des Mittelschiffes, Sterngewölbe überhöht die Vierung. Im Chor, dem innenarchitektonischen Höhepunkt, bilden die Rippen eine achtstrahlige Bekrönung über der aus fünf Seiten eines Zwölfecks gebrochenen Abschlußwand. Sie ist kunstvoll dreifach gegliedert im Wechsel von durchbrochener und geschlossener

Nördliches Seitenschiff der Rosenkranzkirche von 1907

Wand. Den unteren Abschnitt formen rundbogige Arkaden, die auf hohen schwarzpo-
lierten Säulen ruhen und den Chorraum zum
Umgang mit den Kapellen öffnen. Fünf
schmale Fenster, deren Einfassung den
Rundbogen der Arkaden wiederholen, gliedern den oberen Abschnitt. Die Hochwände
im Mittelteil stellen den Hauptblickpunkt
dar. Sie zeigen die fünf von dem Münchner
Carl Kögl gemalten »Geheimnisse des freu-
denreichen Rosenkranzes«, Szenen aus dem
Leben der Gottesmutter Maria, die als »Königin des Rosenkranzes« Patronin der Kirche
ist. Die Zahlen fünf und zehn im Rhythmus
des Rosenkranzgebetes (fünf mal zehn Ave
Maria) kehren symbolisch in der Architektur
wieder, und Maria sind vorrangig die Motive
der monumentalen Wandbilder der Kirche
gewidmet. Alle Schmuckformen im Bereich
von Chor und Kapellen, besonders die Säu-
lenkapitelle, sind so meisterlich wie reich
und prachtvoll gestaltet. Der Hochaltar mit
Tabernakel setzt sich mit kaltem Weiß aus
Marmor ab. Auf Säulchen und einem großen
Löwen ruht die Kanzel aus hellem Sandstein.
Ihre Brüstung zeigt Christusdarstellungen in
Relief, Engel, Rosenblüten und verstreute
Rosenblätter.

Als August Menken 1903 starb, fehlte der
Neuenahrer Kirche zu ihrer Vollendung noch
die Bekrönung des gewaltigen Turmes. Kurz
vor seinem Tod hatte der Architekt für eine
mittelalterliche Kreuzigungsgruppe aus dem
Ortsteil Wadenheim die neogotische Kapelle
in der Hauptstraße, unweit der Rosenkranzkirche, entworfen. Ihre feinen Proportionen,
die kunstvoll mit Maßwerk verzierten Spitzbögen, die dieses Heiligenhäuschen öffnen,
zeigen Menkens souveränen Umgang mit
Formen aus dem mittelalterlichen Fundus
auch in kleinem Zuschnitt. Sein Bau der
Synagoge von 1899 für die zugezogenen jüdischen Ärzte und Hoteliers ging 1938 in
Flammen auf.

Für die evangelischen Kurgäste war 1872 die
Martin-Luther-Kirche an der Kurgarten-
brücke eingeweiht worden. Die sehr kleine
Gemeinde hat sich erst nach dem Zweiten
Weltkrieg wesentlich vergrößert, so daß die
alte Kirche 1958 umgebaut wurde.

Blick in das nördliche Seitenschiff

Neugotische Kapelle an der Hauptstraße

Ehemalige Stiftskirche in Bad Münstereifel

Stadt der Klöster und Schulen

Bad Münstereifel, Stadt seit 1298
Kernstadt: 4 080 Einwohner
Gesamtstadt: 18 803 Einwohner
Kirche: Sankt Chrysanthus und Daria

»Aber, meine Herren, es ist ein Irrtum, wenn Sie glauben, daß Münstereifel schon mit zur Eifel gehöre; es liegt nur an den Grenzen der Eifel, denn es heißt ausdrücklich Monasterium ad Eifliam, nicht Monasterium in Eiflia.« So zitiert Ernst Moritz Arndt in seinen »Wanderungen rund um Bonn ins rheinische Land« (1844) einen Gastwirt in Münstereifel, mit dem er und sein Freund eines Abends über die Eifel, über ihre Wölfe, Eber und Schöpse ins Gespräch gekommen waren. Doch die Urkunden, die erste von 1086, nennen das »monasterium in Eiflia«, woraus dann Munstre in Eiflen, Munsteren-eyflen, 1542 dann Muinstereifel und schließlich Münstereifel wird. »Jeder schiebt die Eifel gern so weit als möglich von sich, als wenn von einer ungesegneten oder gar von einer versegneten Wüste die Rede sei,« kommentiert der Dichter mit Verwunderung des Wirtes Mogelei. Arndt trug mit seinen enthusiastischen Schilderungen von Land und Leuten dazu bei, Vorurteile gegen das verkannte, von ihm geliebte Gebirgsland zu entkräften. »Die Eifel begann früher immer erst im Nachbarort. Aber eifeliger geht es nicht mehr, wenn man die Eifel im Namen hat,« sagt Bad Münstereifels Bürgermeister Hans-Joachim Bädorf, und: »Heute sind wir gerne Eifeler« (1999).

Seine Stadt zählt zu den ältesten, schönsten und bedeutendsten Ortschaften in der Eifel. An ihrem Nordrand gelegen, hat sie als Wallfahrtsstätte, Handels- und Gewerbezentrum, dann mit zeitweilig sechs Klöstern und angeschlossenen Schulen bis in das 19. Jahrhundert hinein weit über ihre Mauern hinaus geistig, wirtschaftlich und erzieherisch Einfluß ausgeübt. Schließlich gelang es Münstereifel doch noch, den tief sitzenden und lähmenden Schock zu überwinden, den Auflösung der Klöster und Verlust zentraler Verwaltung infolge der Besetzung des Gebietes durch die Franzosen 1794 ausgelöst hatte. Die Bürger setzten auf ihr unverlorenes Kapital, die umgebende Natur und die Altstadt, die heute unter Denkmalschutz steht. Sie bauten Fremdenverkehr auf, machten Münstereifel 1927 zum Kneippkurort, der 1967 den Titel Bad erhielt und ganz neue Attraktivität gewann. Heute, am Ende des 20. Jahrhunderts, muß die Stadt erneut Wege aus einer Krise finden. Sie umfaßt seit der kommunalen Neugliederung 1969 mit 52 Ortsteilen ein Gebiet so groß wie Wuppertal, aber mit nur 18 803 Einwohnern (1999). In ihrem Kern, der Altstadt, leben 4 080 von ihnen.

Vermittler auf hohem Niveau

Wer die im Westen begehbare Stadtmauer erklimmt und auf die Dächer von Münstereifel blickt, umrahmt von Bergsilhouetten, kann die Absicht der mittelalterlichen Stadtplaner noch durchschauen. Der Ort liegt wie ein Sperriegel am Ende des oberen Erfttales, eingepaßt zwischen die nah zusammengerückten bewaldeten Hänge des Flusses, den Radberg im Osten und das Hähnchen im Westen. Sie steigen 400 bis 500 Meter an. Die Stadtbefestigung ist vollständig erhalten, eine Rarität in Nordrhein-Westfalen. Mit vier großen einander gegenüberliegenden Toren und 17 Türmen verläuft sie als langgestrecktes Fünfeck hoch über die Bergwände. Jeder, der von Süden, aus der Richtung von Blankenheim, das Erfttal entlang kam und weiter nach Norden, durch die sich unmittelbar öffnende Flußebene gen Euskirchen, Rheinbach oder zum Rhein gelangen wollte, mußte Münstereifels Mauern passieren, koste es, was es wolle. Dasselbe galt für den umgekehrten Weg, so daß dem Ort mit seiner Randlage an der Nordeifel eine Vermittlerrolle zwischen dem beginnenden Gebirge und dem offenen, zum Rhein ausgerichteten Land zukam, was den Handel außerordentlich belebte.

Die Strategen, die das monasterium in Eiflia so methodisch hatten umfrieden lassen, waren die Herzöge von Jülich. Ihnen war Münstereifel erst 1265 nach längerem Erbstreit zugesprochen worden. Sie rivalisierten mit dem Erzbischof von Köln, Konrad von Are-Hochstaden, dessen Familie seit Jahrhunderten die Lehnsrechte der hiesigen Grundherrschaft, der Abtei Prüm, besaß. Konrads Bruder Friedrich, letzter Graf seines Geschlechtes, hatte 1246 Bewegung in die alten Besitzverhältnisse gebracht, indem er sein gesamtes Erbe, seine Grafschaft dem Kölner Erzbischof schenkte (s. auch Bad Neuenahr-Ahrweiler) und ihm dazu seine Lehnsrechte zu Münstereifel verpfändete. Damit war Walram I von Bergheim, aus einer Nebenlinie des Jülicher Grafenhauses, nicht einverstanden, hatte sich auf seine Frau, eine Nichte der letzten beiden Herren von Are-Hochstaden, berufen und Münstereifel als Teil des Erbes beansprucht. Prüm trat von seinen gesamten Rechten zugunsten des Kölner Erzbischofs zurück.

Jülichs Stadt

Gleich nach dem Schiedsspruch für Jülich begann Walram I den Ort demonstrativ zu be-

festigen und eine Burg zu errichten. Versuche des Kölner Erzbischofs 1299 zur Rückgewinnung schlugen fehl. Um zukünftige Übergriffe des konkurrierenden mächtigen Nachbarn abzuwehren, verstärkte man Ringmauern und Türme, die um 1350 komplett standen. Bereits 1298 war Münstereifel als oppidum, befestigter Ort, Stadt, bezeichnet worden, zu dem noch fünf Dörfer außerhalb der Mauern gehörten. Seit 1346 nahm ein zentrales Amt zur Landesverwaltung seine Arbeit auf, und 1469 avancierte Münstereifel zu einer der vier Hauptstädte des Fürstentums Jülich, nach Jülich und Düren, aber vor Euskirchen.

Nach dem Tod des Grafen Walram III von Bergheim 1312 hatte sein Vetter, Graf Gerhard IV von Jülich, die Herrschaft Münstereifel seinem Sohn Gottfried von Bergheim-Jülich übertragen, nach dessen Tod 1335 die Stadt 500 Jahre lang bei den Grafen der Jülichschen Hauptlinie bleiben sollte. Gottfrieds Hochgrab steht in der Stiftskirche. Kirchenrechtlich gehörte die Stadt zum Erzbistum Köln.

Das erste Kloster, Tochter von Prüm

Münstereifel war lange vor der Existenz als oppidum kirchlicher, kultureller und wirtschaftlicher Mittelpunkt der Nordeifel. Seine Entstehungsgeschichte ist eng mit der mächtigen Benediktinerabtei von Prüm verbunden, die, 721 gegründet, unter Karl dem Großen Hauskloster der Karolinger und seit Anbeginn von den Potentaten mit reichen Schenkungen, auch Fernbesitz ausgestattet wurde. So hatte Pippin der Jüngere, Vater Karls des Großen, der Abtei 762 das obere Erftgebiet und die Gegend um Rheinbach überlassen. Nach der Überlieferung gründete der Prümer Abt Markward dann im Jahr 830 inmitten dieses Besitzes ein Tochterkloster, das novum monasterium. Um ihm besondere Würde und Anziehungskraft zu verleihen, reiste der Abt 844 nach Rom mit dem Ziel, Märtyrergebeine zu erbitten. Denn in der Kölner Diözese besaß nur das Kloster von Kornelimünster römische Reliquien.

1100-Jahrfeier 1932: Übertragung der Reliquien des hl. Ehepaares durch Prümer Benediktiner

Da die Franken bei den Römern als reliquiensüchtig galten und daher die Übergabe von Fälschungen zu befürchten war, zumal Reliquien nach bereits 200 Jahren Translationspraxis in Rom rar zu werden begannen, bewaffnete sich Markward mit einem Empfehlungsschreiben Kaiser Lothars an Papst Gregor IV. Er ließ es, wie Wolfgang Löhr 1969 ausführt, noch einmal an Papst Sergius umformulieren, da Gregor inzwischen verstorben war. Sergius übergab ihm die Gebeine der Heiligen Chrysanthus und Daria – eines Ehepaares – und noch dazu Reliquien von 46 weiteren Märtyrern, die nach der Überführung mit Stationen in St. Goar und Prüm schließlich am 25. Oktober in Münstereifels Klosterkirche beigesetzt wurden.

Lebendig begrabenes Paar

Nach der Legende stammte Chrysanthus aus Alexandrien, studierte in Rom und nahm dort den christlichen Glauben an. Darauf versuchte sein Vater, ihn mit Hilfe der schönen Vestalin Daria dem Heidentum zurückzugewinnen. Doch Chrysanthus überzeugte die junge Frau in einem Disput, sie wurde Christin und beide heirateten unter Keuschheitsgelübde. Zur Regierungszeit des Diokletian soll das Ehepaar Ende des 3. Jahrhunderts sein Martyrium erlitten haben und bei lebendigem Leib in Rom begraben worden sein. Als sich am Jahrestag danach eine Gemeinde von 46 Anhängern zu seinem Gedächtnis und zur Eucharistiefeier am unterirdischen Grab in der Via Salaria traf, stürzte die Decke ein und verschüttete alle 46.

Die Verehrung der Märtyrer Chrysanthus und Daria läßt sich in Rom in das 7. Jahrhundert zurückverfolgen. Zu ihren Kultstätten zählen auch Salzburg, Wien und Neapel, Reggio Emilia und Oria, die gleichfalls Anspruch auf ihre Überreste geltend machen. Reliquien gewannen Bedeutung durch den Glauben, daß in ihnen der Heilige gegenwärtig sei. Ihm galt die Verehrung, seiner Person, die in himmlischer Lebensgemeinschaft mit Christus als Fürsprecher und Beschützer Hilfe zu gewähren vermochte, die man sich am wirkungsvollsten am Grab erhoffte. Der Heilige tat sich dem Gläubigen kund in Wunderheilungen, Visionen, Träumen oder Ereignissen, die sich herumsprachen und als Mirakel beschrieben wurden. So zog auch Münstereifel Pilgerscharen von nah und fern an, und das Kloster machte sich, wie vielerorts, einen Namen in zweifacher Hinsicht, als Wallfahrtsstätte und Handelsplatz. Denn die Pilger nutzten die Gunst der Stunde.

Handel, Wandel, »Knönche« und ihr Stift

Da die Abtei Prüm viele Ländereien in der Gegend besaß, deren Erträge die von ihr abhängigen Bauern direkt am Ort verkauften oder nach Prüm schafften, entwickelte sich der Umschlagsplatz so gut, daß der Lothringische König Zwentibold dem Kloster an der Erft 898 das Markt-, Münz- und Zollrecht verlieh, was in der Kölner Diözese damals einmalig war. Ein Drittel des Zolls auf alle Waren ging an Zwentibold, zwei Drittel flossen dem Kloster zu, dem sieben benachbarte Kirchen unterstanden und dem die zentrale Verwaltung der 50 Pfarreien im Eifeldekanat oblag. Des Klosters Wohlstand gedieh.

Vor dem Hintergrund eines zunehmenden Individualismus, der die Auflösung des Gemeinschaftslebens zur Folge hatte, wandelte sich das Kloster, vermutlich zu Anfang des 12. Jahrhunderts, in ein Stift. Als sein Statussymbol wird die 1048 begonnene, stattliche Basilika mit repräsentativem Westwerk angesehen. Aus den Mönchen wurden »Knönche«, wie es auf Münstereifeler Platt heißt, Kanoniker, die zwar nach gewissen Regeln, canones, lebten (s. Münstermaifeld), zu täglichem Chor- und Gottesdienst an der Stiftskirche verpflichtet waren, doch als Weltgeistliche Geld und Besitz, wie eigene Häuser und Gärten haben durften. Diese gruppierten sich in Münstereifel um den Klosterplatz, den früheren Klostergarten, der den Stifts-

herren Pacht einbrachte. Das Stift umfaßte 30 Stellen für Priester und Diakone, 20 Kanonikate waren meist besetzt. Heute parken Autos dort. Eine barock verkleidete Häuserzeile ist erhalten und aus der Frühzeit des Stiftes sogar das zweigeschossige, weiträumige Romanische Haus mit großem Kamin und Doppelarkaden-Fenstern. Hier wohnte vermutlich der Propst. Das Haus ist eines der ältesten im Rheinland und heute ein lebendiges Stadtmuseum, das auch Schulkindern Geschichte und Kultur anschaulich vermittelt. Es liegt an der nördlichen Grenze des Stiftsbereiches, der mit Mauern und vier Toren gegen die umliegende Siedlung abgeschirmt war. Dieser Bereich wird auch Immunität genannt, da das Kloster, später Stift, durch Privilegien von der Grafengewalt befreit war, das heißt, eigene volle Gerichtsbarkeit besaß und keine Abgaben leisten mußte. Nördlich der zentral gelegenen Kirche standen Kapitelsaal, Stiftsschule und Kreuzgang, die 1769 niedergelegt wurden. Vor der Kirche befand sich der sogenannte Freihof der Immunität, in dem Verfolgte Asyl finden konnten. Zeitweilig wurde dieser Distrikt dem angrenzenden, immer größer werdenden Markt gegen Gebühren vermietet. Um Kühe und Ziegen dann vom Grasen auf dem Friedhof südlich der Kirche abzuhalten, installierte man als Sperre gegen sie ein Rost. Zum Stiftsbezirk gehörten drei – inzwischen verschwundene – Kapellen. Die dem hl. Michael geweihte lag auf der langgestreckten Vorhalle der Kirche, dem »Pörzelling«, Portikus, den Pflastersteine am Boden noch nachzeichnen.

Märkte, Messen, Tuche wie in Köln

Münstereifels Kaufleute, die an erster Stelle das Geschäft der Stadt in Schwung hielten und daher zu Ratsherren aufstiegen, agierten auf den vier großen Jahrmärkten im Ort, zu denen 1469 Wochenmärkte kamen, und auch auf Messen in Köln, Frankfurt/Main und Flandern. Sie vertrieben Agrarerzeugnisse, Bier, Wein, Blei, Lederwaren und Tuche, die Münstereifel einen Namen machten. Die Jülicher Herzöge erkannten ihren Exportwert und förderten die bereits in einer Zunft organisierten Wollweber, die nun ihre Ware zeichnen durften und dieselben Rechte wie die Weber in Köln erhielten. Die Tuchweber profitierten vom kalkfreien Wasser der die Stadt durchfließenden Erft ebenso wie die Färber und Gerber. Schneider, Tuchscherer und Schuhmacher bildeten 1411 Zünfte. Von auswärts anreisende Händler mußten für ihre Waren der Stadt eine Akzise entrichten, die außerdem Stapelrecht für Blei, Eisen, Ahr- und Moselwein und für Meersalz aus Flandern besaß. Münstereifel war die führende Wirtschaftskraft der Nordeifel. Den Wohlstand aus Handel und Gewerbe belegen stattliche Fachwerkhäuser und das von Stufengiebeln bekrönte Rathaus von 1476 am Markt. Es war gleichzeitig Gewandhaus, in dem die Tuche gelagert und verhandelt wurden. 1550 war es Zeit für einen repräsentativen Anbau, der den Sitzungssaal auf Spitzbogenarkaden hob. Gegen Ende des Jahrhunderts, nur 50 Jahre später, war der Höhepunkt überschritten, Niedergang setzte ein.

Die Erft vor dem Marktplatz

Neue Bestimmungen und Kriege schnitten die Kaufleute vom Fernhandel ab; Spanier besetzten im Freiheitskampf der Niederlande das Gebiet, die Bevölkerung nahm ab, und die Steuerlast an den Landesherrn wuchs für die Verbliebenen. 1609 starb der letzte Herzog von Jülich, und es begann der Jülich-Klevische Erbfolgekrieg. Erst 1614 fielen die Herzogtümer Jülich und Berg an das Haus Pfalz-Neuerburg (Kleve, Mark und Ravensberg an Brandenburg). Der Dreißigjährige Krieg (1618–48) brachte Plündrungen, Brandschatzungen, Zerstörung wie auch die folgenden Raubzüge Ludwig XIV (1673–97). 1689 wurde die Burg ruiniert.

Umbruch: Klöster sollen kommen

Inmitten des einschneidenden Umbruchs kam der Magistrat auf die rettende Idee, Münstereifel zu einer Stadt der Klöster und Schulen zu machen und Jesuiten aus Köln zu einer Niederlassung zu bewegen. Bereits 1618 hatte der neue Landesherr, Pfalzgraf Wolfgang Wilhelm, eine Klostergründung

Das Werther Tor

des Kapuzinerordens aus Flandern veranlaßt, um Festigung und Belebung des Glaubens der katholischen Bevölkerung nach den Wirren der Reformation zu bewirken. Denn nach Schleiden war Luthers Lehre in der Eifel auch noch in Jülich-Berg, das Religionsfreiheit gewährte, auf fruchtbaren Boden gefallen, zumal Wolfgang Wilhelm selbst den Evangelischen angehört hatte. Doch 1613 schwenkte er um, wurde Katholik und betrieb nun eifrig die Restauration. Er sah sich sogar gezwungen, als katholische Schutzmacht die Spanier aus den Niederlanden zu holen. So verlor sich schließlich auch die Spur der evangelischen Gemeinde in Münstereifel, die unter Teilnahme der umliegenden Dörfer entstanden war. Sie und ihr Pfarrer Eller waren während einer Predigt auf dem Marktplatz 1611 von Bewohnern gestoßen und geschlagen worden, auch hatte man ihnen die Beerdigung eines Kindes auf dem Friedhof verweigert.

Die Arbeit der Kapuziner beschränkte sich auf Seelsorge, regelmäßige religiöse Übungen (Volksmission) und Christenlehre, den Religionsunterricht für die schulentlassene Jugend an jedem Sonntag in den umliegenden Dörfern. Angeregt durch die Münstereifeler Tradition, errichteten sie außer dem Kloster mit Kirche eine Tuchmanufaktur, die ihre gesamte rheinische Ordensprovinz mit Stoffen versah. Doch ein Gymnasium, das der Stadt aus weitem Umkreis Schüler zuführen könnte, begründeten erst die Jesuiten.

Opposition gegen die Jesuiten

Die ersten Patres kamen 1625, und da weitere Ordensniederlassungen folgten, zeigte Münstereifel im Laufe des 17. Jahrhunderts bald ein völlig neues, von sechs monumentalen Klostergebäuden und Kirchen besetztes Stadtbild. Ganze Straßenzüge wurden beansprucht und deren Häuser abgerissen. Viele standen leer, da die Bevölkerung durch Kriege und Seuchen abgenommen hatte, aber um intakte Gebäude gab es Kampf und Intrigen. Da Klöster von Steuern befreit waren, fürchteten Bürger höhere Belastungen und betrieben immer wieder Opposition. Gegen die Jesuiten regte sich noch weiterer Widerstand. Die Kapuziner sahen in ihnen Konkurrenten. Zwar gab der Stiftsdechant seine Zustimmung, doch etliche Stiftsherren bangten um das Monopol ihrer Lateinschule und witterten Ärger wegen Pflichtvergessenheit. Dem Magistrat gelang es schließlich, sowohl seine Stadt als auch die mit Rückzug reagierende Ordensleitung in Köln zu beschwichtigen. Die Zentrale in Rom gab dann die Genehmigung für ein Kolleg, eine Niederlassung mit Gymnasium. Begünstigend war, daß das dichte Netz der Jesuitensitze in den Diözesen Köln und Trier die Eifel bislang ausgespart hatte.

In Münstereifel gingen die Jesuiten ohne Umschweife ans Werk. 1627 existierten bereits drei Grammatikklassen des Gymnasiums. Der Unterricht fand im Rathaus und in Bürgerhäusern statt, denn der Neubau von Kloster, Kirche und Schulgebäude, für die 30 Häuser angekauft und niedergelegt werden mußten, brauchte Zeit. Nach der Grundsteinlegung in Etappen, 1652 und 1659, war die um zwei quadratische Höfe gruppierte dreistöckige imposante Anlage im Stadtzentrum entlang der Erft schließlich 1727 vollständig.

Böllerschüsse für Donatus

Die Kirche wurde bereits 1670 dem hl. Donatus geweiht, dessen Kopfreliquie in silbernem Büstenreliquiar der Jesuitengeneral in Rom dem jungen Kolleg geschenkt hatte. Donatus wurde in der ländlichen Eifel und von hier ausgehend auch in Luxemburg, Süddeutschland und Österreich ein beliebter Wetterheiliger, der bei Blitz, Donner und Feuer um Hilfe angerufen wurde. Nach der Legende schickte er dem römischen Heer von Mark Aurel bei großer Hitze ein befreiendes Gewitter. Auch sein Name, in dem der Donner anklingt, trug im Volksglauben zu seinem Patronat bei. Als Heiliger aus den erst 1578 entdeckten Katakomben in Rom gehört seine Überführung zum nun noch einmal neu auflebenden Reliquienkult mit barocker

Theatralik. So wurde seinem Haupt in Münstereifel ein fürstlicher Empfang mit Böllerschüssen und Trompetenklang bereitet, die Prozession unter Aufbietung der ganzen Stadt festlich inszeniert. Annette Schommers weiß zu berichten, daß sogar die Gebeine der Heiligen Chrysanthus und Daria aus der Stiftskirche vor das Werther Tor getragen wurden, um den Neuankömmling zu begrüßen und bei seinem Einzug in die Stadt zu begleiten.

Einst einziges Eifel-Gymnasium

Münstereifels Gymnasium blieb bis zum Ende des 19. Jahrhunderts das einzige im Eifelraum zwischen Köln und Trier. 1651 hatte es bereits 200 Schüler, seine Höchstzahl, erreicht, das Kollegium bestand aus 20 Personen. Für die größtenteils auswärtigen Schüler, die auch aus Köln kamen, wurde 1850 ein Konvikt eingerichtet.

Portal der ehemaligen Jesuiten-Klosterkirche

Schüler des Michael-Gymnasiums der Klasse 7c, Februar 1999

Neben der Schule und Gottesdiensten auch in den Frauenklöstern betrieben die Jesuiten ihre »fliegende Seelsorge« in entlegenen Dörfern, gaben Katechismusunterricht und unterwiesen in der Christenlehre. 1632 wurde ihnen als Wirkungsstätte die zehn Kilometer entfernte Michaelskapelle auf dem hohen Michelsberg geschenkt. Die mittelalterliche Kapelle steht genau auf der Bergkuppe mit einer Aussicht weit über Höhen und Wälder der Eifel. Seit Pestzeiten kommen Pilger hier hoch hinauf, heute noch aus 18 Ortschaften.

Nach knapp 150 Jahren Arbeit in Münstereifel kam die Aufhebung des Ordens 1773. Doch dank des Jülichschen Landesherrn konnten die namhafte Schule und das Kolleg noch weiterbestehen. Er unterstellte sie dem Erzbistum Köln, und der Unterricht ging wie gewohnt weiter. Aber die 1794 einrückenden Franzosen schlossen die Schule und richteten eine Sekundarstufe ein, was die Preußen 1814 wieder rückgängig machten. Das St. Michael-Gymnasium, so 1825 benannt, blieb in seinen alten Mauern ein Bildungszentrum bis heute, seit 1974 von der Stadt getragen. Bewahrt blieb auch die exquisite Jesuitenbibliothek mit kostbaren Handschriften und Raritäten wie der Schedelschen Weltchronik von 1493 oder Hermann Löhrs Anklageschrift gegen die falschen Hexenrichter von 1676, die es nur noch in Amsterdam gibt. Dieser Fundus kommt den Schülern zugute. Sie sind 764 an der Zahl (1998), seit 1969 Jungen und auch Mädchen, und vor allem Fahrschüler; das Konvikt existiert nicht mehr.

Mädchenschulen seit 1594

Auch die junge Konkurrenz am Ort, das etwas größere private erzbischöfliche St. Angela-Gymnasium, hat sein Internat aufgegeben. Diese neusprachliche Schule für Jungen und Mädchen, die 1957 gegründet wurde, ist nach 17 Jahren Unterbrechung die Fortführung des ersten Lyzeums der Stadt, das 1925 Ursulinen eröffnet hatten. Die Tradition von Bildung und Erziehung für Mädchen

reicht bis zum Jahr 1594 zurück, als Margarethe Linnery in ihrer Geburtsstadt eine Mädchenschule und 1622 das Kloster der Schwestern St. Salvator stiftete. Auch der Kanoniker C. W. Schmitz hatte ein »Institut für Mädchenerziehung zum süßen Namen Jesu« als einer Schwesterngemeinschaft gegründet. 1828 wurden diese beiden Schulen zusammengelegt und bezogen dann das stattliche Kloster der Karmelitessen am Markt. Diese asketische Frauengemeinschaft stand unter dem Einfluß der Bettelorden, widmete sich den Armen und Kranken und war vom Pfalzgrafen 1657 aus Düsseldorf geholt und mit einem Gebäude direkt neben dem Rathaus beschenkt worden. Mit dieser Niederlassung hatte die Stadt ihre Kapazitätsgrenze erreicht, weitere Orden wies man ab, es gab keinen Platz mehr.

Hart getroffen

Die Besetzung der Rheinlande durch die Franzosen 1794 hat dann Münstereifel so hart getroffen, wie es härter kaum hätte sein können. Die Stadt verlor den Status als Verwaltungsmittelpunkt und Gerichtsort, Kreisstadt wurde Rheinbach, und 1803 wurden das Stift und sämtliche Klöster aufgelöst. Die Preußen übernahmen 1815 diese Neuorganisation, die Stadt unterhielt nur noch eine Bürgermeisterei. Hinzu kam, daß Handel und Gewerbe, die berühmte Tuchweberei, an den alten Strukturen und überholten Hilfsmitteln, wie Wassermühlen statt der Dampfmaschine, festhielten und neue Entwicklungen, die Industrialisierung, verpaßten. Die Chance des Bahnanschlusses an die Linie Köln–Trier schlug man 1864 aus, der Nebenanschluß 1890 half dann nicht mehr viel. Armut machte sich breit, Bürger emigrierten, viele suchten sich Arbeit in umliegenden aufstrebenden Industriegebieten wie Mechernich oder Euskirchen. Diese Stadt im Norden, einst das Schlußlicht der vier Jülichschen Hauptstädte, hatte die Zeichen der Zeit verstanden, lag an der Hauptstrecke der Bahn, übernahm Münstereifels Tuchindustrie, baute Unternehmen auf und wuchs nun in raschem Tempo über Münstereifel hinaus, dessen Herrlichkeit vergangen war.

Die Preußen hatten vorgeschlagen, aus Münstereifel eine Garnisonstadt zu machen. Man lehnte ab. Bis auf das Jesuitenkolleg und das Haus der Karmelitessen, die Schulen beherbergten, wurden sämtliche Klostergebäude im vorigen Jahrhundert niedergelegt, sonst rührte man nichts an. Die Bewohner waren wie erstarrt, alles blieb beim Alten und auf diese Weise die Altstadt erhalten. Eine Wiederbelebung gelang dem 1881 gegründeten Verschönerungsverein, einer von England ausgehenden Initiative zur Verschönerung der Landschaft, die vielerorts in Bayern und Preußen Anhänger fand. Der Verein baute in Münstereifel systematisch Fremdenverkehr auf und führte die Kurmethoden, das Wasserheilverfahren des Pfarrers Sebastian Kneipp (1821–1897) ein. Dazu kam ein Bademeister aus Wörishofen, dem »Urkneippbad«, in die Stadt an der Erft. Ihr Wallgraben wurde nun Kurpromenade.

Mehr als eine Million Gäste

Heute hat sich der Kurbetrieb, die tragende Wirtschaftssäule, etwas abgeschwächt. Münstereifel gehört zu den ärmsten Kommunen von Nordrhein-Westfalen. Bürgermeister Bädorf setzt auf Verfeinerungen des Kurangebots und Erweiterung kultureller Einrichtungen: ein Apothekenmuseum ist 1997 in der seit 1806 betriebenen Niederlassung eingeweiht worden. Der Fremdenverkehr wächst immer noch, mehr als eine Million Tagesgäste besuchen Bad Münstereifel im Jahr. In jüngster Zeit wurden Dienstleistungszentren/Märkte im Bereich der nördlichen und südlichen Vorstadt eröffnet, deren Angebot das der Geschäfte in der Altstadt ergänzt. Das Gewerbe vor den Mauern ist vertreten von Autozulieferern, einer Seifen- und einer Tonfabrik. Den Ausbau von Industriegewerbe schränken Natur-, Wasser- und Landschaftsschutz ein. Daher pendeln mehr Arbeitnehmer aus als ein. Die Ziele sind Köln, Bonn, Düsseldorf und das Ruhrgebiet. Aus diesen Rheinstädten kommen auch die etwa

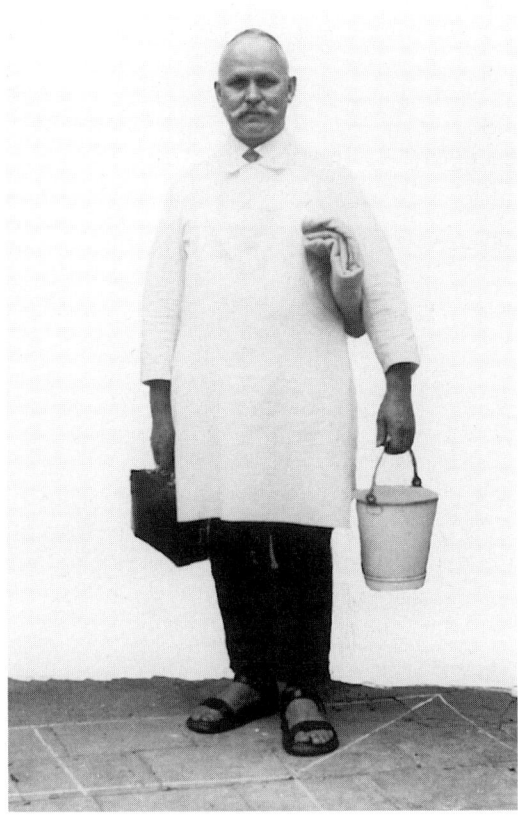

Bademeister F. Bayerl aus Wörishofen: der Spezialist für Kneipp-Anwendungen in Münstereifel

1000 Besitzer von Zweitwohnungen. Immer mehr Auswärtige lassen sich nieder, genießen Natur und Altstadt, in der Denkmalschutz seit dem Verschönerungsverein vorbildlich gepflegt wird. In den sechziger Jahren kam die Umgehungsstraße über den Radberg, die B 51.

Gang zum Rathaus

Wer von Norden durch das Werther Tor in die Stadt kommt, den begleitet die Erft in gemauertem Flußbett zum Markt, keinem Platz, sondern einer Straßenerweiterung. Den Beginn markiert ein Fachwerkeckhaus des 16. Jahrhunderts. Linker Hand imponiert das langgestreckte ehemalige Jesuitenkolleg mit der Donatus-Kirche, einem spitzgiebeligen, weißverputzten schlichten Saalbau.

99

Rathausfassade von 1476, Ausschnitt

Seinen weiträumigen, klar gegliederten Innenraum charakterisieren gotisierende Netzgewölbe, die schmückend die Decke überspannen. Der Biegung der Marktstraße folgend, hebt sich das Rathausgebäude durch seinen ochsenblutfarbenen Anstrich mit Fassadenschmuck ab. Als Reliefs treten geharnischte Landsknechte mit Zepter, Schwert und Standarte vor und demonstrieren städtische Macht und Gerichtsbarkeit. Über ihnen bäumen sich zwei Löwen stellvertretend für die Herzogtümer Jülich und Berg auf. Das Rathaus wie auch das Karmelitessenkloster nebenan und die Jesuitenkirche waren im Zweiten Weltkrieg von Einschlägen getroffen und später wiederhergestellt worden. Die Neubauten der Karmelitessen von 1770, Klosterblock und Kirche, die profaniert wurde, dienen heute einer Grundschule und der Rathausverwaltung.

Arzt russischer Strafgefangener

Einem namhaften, 1780 geborenen Münstereifeler Apothekerssohn, Friedrich Joseph Haass, ist hier eine Dauergedächtnisausstellung gewidmet. Der seit 1802 in Moskau praktizierende Arzt wurde vom russischen Volk wie ein Heiliger verehrt wegen seines aufopfernden Einsatzes für Leibeigene und Strafgefangene. Als Chefarzt der Gefängniskrankenhäuser gelang es ihm, Bedingungen für Verurteilte zu verbessern. Dazu gehört die Abschaffung des Prut, einer Eisenstange, mit der die Gefangenen an eine Kette geschmiedet waren. Die schweren eisernen Fußfesseln, die sie auf ihrem weiten Marsch zum Verbannungsort tragen mußten, ließ Haass durch leichtere mit Lederfutter ersetzen und ermöglichte es damit vielen Menschen zu überleben. Für Gefangene, Bettler und Obdachlose gründete er ein eigenes Krankenhaus. 1853 wurde er auf dem Deutschen Friedhof in Moskau in Anwesenheit von 20000 Menschen begraben. Russische Dichter wie Gorki, Gogol, Turgeniew, Solschenizyn und Kopelew haben über den heiligen Doktor geschrieben.

Erst vom Karmelitessenkloster aus sieht man die sonst hinter Häusern am Markt verborgene Stiftskirche. Majestätisch beherrscht sie ihre Umgebung, die einstige Immunität. Dieser Distrikt kam nur über den vor ihr gelegenen Freihof und nur, wenn Markt war, mit dem Stadtleben in Berührung.

Die Hauptgeschäftsader

Die Hauptgeschäftsader war seit alters her die Orchheimer Straße, gleich hinter dem Tor Richtung Süden. Ihre Häuser stehen eng aneinander und repräsentieren in Fachwerk mit vorkragenden Geschossen oder verputzt, meist drei Stockwerke hoch und von aufwendigen Giebeln bekrönt, gewachsenen Wohlstand aus dem 16., 17. und 18. Jahrhundert. Hier lebten und arbeiteten die Tuchweber. Über der hohen Halle mit den Webstühlen wohnten sie, dann kamen die Zimmer für die Bediensteten, und unter dem Dach wurde die Ware gelagert. Das durch seine farbig gefaßten reichen Holzschnitzereien auffallende Fachwerkhaus Nummer 23 hatte sich ein zugezogener Moselaner um 1650 bauen lassen.

Er war in das einträgliche Tuchgeschäft einge-
stiegen. Alte Häuser mit Stufengiebeln, streng
barock gegliederte Fassaden und vor allem
Fachwerkbauten bestimmen das Stadtbild.
Neubauten, auch die des Kurwesens, versuchte man außerhalb der Mauern zu halten.

Gemeinde aus der Fremde

Es war daher ein Entgegenkommen der
Stadt, daß sie der evangelischen, zu Flamersheim gehörenden Gemeinde unweit vom
Romanischen Haus in der Langenhecke ein
Grundstück an der Stadtmauer für einen
Kirchenneubau überließ. 1956 folgte die Einweihung. Das auf dem Grundriß einer Parabel von dem Münstereifeler Fritz Steinmann
entworfene Haus steht als beispielhafte Architektur der fünfziger Jahre inzwischen unter Denkmalschutz. Seit der Fernhaltepolitik
der Stadt zu Anfang des 17. Jahrhunderts
kamen Protestanten erst wieder als Touristen
und Kneippkurgäste in den Ort. Von 1926 an
wurde für sie regelmäßig Gottesdienst im
Rathaus und in Wohnungen vom Pfarrer aus
Euskirchen gehalten. Eine eigene Gemeinde
wuchs erst nach dem Zweiten Weltkrieg
durch Zuzug von Flüchtlingen und Vertriebe-
nen vor allem aus Ostpreußen heran. Mit
dem Kirchenneubau wurde sie Filiale von
Flamersheim und 1977 schließlich selbstän-
dig. Heute zählt die Diasporagemeinde 2700
Mitglieder und vergrößert sich durch Ansiedlung von Pendlern aus entfernteren Ballungsgebieten.

Auf 770 Betonpfeilern:
die ehemalige Stiftskirche

Als die Stiftskirche 1048 gebaut wurde, gab
es noch keine Glaubensspaltung. St.
Chrysanthus und Daria war auch Pfarrkirche
und damit für alle Bewohner Münstereifels
zuständig. Die selbstbewußte Bürgerschaft
ließ für sich jedoch später eine eigene Pfarrkirche, St. Johannes, errichten, wohl schon
im 13. Jahrhundert. Ein Stiftsherr, der
Pleban, war der »Leutepfarrer«. Nach dem
Abriß 1808 wurde wieder die Stiftskirche zu-

Der quadratische Turm des Westwerks von Süden

ständig. Der Sonntagsgottesdienst findet
heute in der ehemaligen Jesuitenkirche statt.
Die Stiftskirche dient den Samstagsmessen,
Andachten und den Festgottesdiensten ihrer
Patrone im Oktober.
Seinerzeit war das mächtige Westwerk der
Stiftskirche Ausdruck neuer monumentaler
Gesinnung. Seine Gestalt lieh es – in kleine-
ren Proportionen – von der herrschaftlichen
Benediktiner-Abteikirche St. Pantaleon in
Köln, die um das Jahr 1000 vollendet stand.
Doch die Anfänge der Benediktiner in Mün-
stereifel waren weit bescheidener. Ihre erste
Klosterkirche aus der Zeit von 830 bis 836
war ein geräumiger Saal, errichtet auf einem
nur 16 Quadratmeter messenden Vorgängerbau von 750, der bereits eine Holzkapelle auf
einem Pfahlrost, um 700, ersetzte. Nach
Überführung der Reliquien 844 wurde die
Saalkirche für die Pilger erweitert, damit sie
das Heiligengrab (Confessio) umschreiten
konnten. Mit der Umwandlung des Klosters
zum Stift – die Mönche hatten ihre Kutte abgelegt – kam der frühromanische Neubau mit
dem mächtigen, drei Türme umfassenden

101

Westwerk als Demonstration des neuen Selbstbewußtseins und Reichtums. Nach einem Brand um 1100 entstand das Langhaus als dreischiffige Flachdeckbasilika neu, und gleichzeitig errichtete man eine Krypta. Für ein Querschiff der Oberkirche blieb kein Platz. Um mit der Mode mitzuhalten, ließ das Stift dann fünfzig Jahre später Langhaus und Chor noch mit Kreuzgraten, aber ohne die haltgebenden Gurte einwölben. Diese bautechnisch schwierige Arbeit blieb instabil. Da zudem die Fundamente des Gebäudes auf Erftschotter stehen, unter dem sich »Schluff«, eine schlüpfrige lehmige Masse befindet, stürzten nicht nur die beiden Flankentürme des Westwerkes nacheinander, 1584 und 1872, ein. Immer wieder zeigten die Gewölbe Risse, so daß bei Renovierungsarbeiten Ende vorigen Jahrhunderts die alten Widerlager der Gewölbe außen an den Seitenschiffwänden durch massive Strebepfeiler ersetzt wurden. Auch hob man zur Trockenlegung der Kirche ringsum einen Graben aus. Ein Erdbeben brachte 1951 sogar Einsturzgefahr. Die ist jetzt gebannt. Nach modernster japanischer Technik hat man in den achtziger Jahren den Schluff mit Wasserdruck ausgeschwemmt und die Fundamente auf 770 Betonpfeiler von einem Meter Durchmesser gestellt, die bis zum Felsgrund, zum Teil elf Meter hinabreichen. Die Kosten zur Rettung der Stiftskirche, mit neuem Fußboden zehn Millionen Mark, übernahm bis auf einen Rest das Erzbistum Köln.

Trotz aller Stützmaßnahmen bewahrt die mittelgroße Stiftskirche, ungeschmälert im Inneren, den Charakter einer urtümlichen Anlage. Im Mittelalter war sie verputzt, mit Farbfassungen gegliedert. Seit der Romantik liegen ihre Bruchsteinmauern nackt und schmucklos zu Tage. Das frühromanische Westwerk beherrscht den Bau. Es bildet eine Gruppe aus einem quadratischen, mächtigen und hohen Mittelturm, um den sich nach Westen, Süden und Norden zweistöckige, übergiebelte Anbauten wie Kreuzflügel legen. In ihren vorderen Winkeln erheben sich zwei runde, ins Achteck überführte Flankentürme von schlanker Gestalt. Rund und mit einem Kegeldach endend überragen sie den Mittel-

turm. Sein Glockengeschoß durchbrechen rundbogige Doppelarkaden. Die Stirnseiten der Kreuzflügel gliedern ein Gesims und Fenster aus dem vorigen Jahrhundert. Die Portalseite im Westen öffnet sich mit weitem Rundbogen zu einer tonnengewölbten Vorhalle, zu der fünf Stufen hinabführen.

Das kompakte, aus kubischen klaren Formen komponierte hohe Westwerk findet seinen horizontalen Widerpart in der langgestreckten Basilika. Ihre Ausdehnung nach Osten über drei Joche verlängert sich um einen Langchor für die Stiftsherren. Außen begleiten ihn je ein Chornebenraum (Sakristeien). Sie liegen in der Flucht und unter den Dächern der Seitenschiffe, so daß das Langhaus, dessen Mittelschiff die Breite des Turmes übernimmt, blockhafte Gestalt gewinnt. Seinen Abschluß bildet die niedrige, im Halbkreis vortretende Apsis, überragt vom Giebel des Mittelschiffes mit Arkadenfenster. Die massigen kurzen Strebepfeiler vom vorigen Jahrhundert an den Seitenschiffen tragen schwerfällig zur Gliederung der schmucklosen Mauern bei. Kleine Rundbogenfenster, zum Teil erneuert, zeigen die Joche und, paarweise, den Langchor an. Kreisfenster unmittelbar über dem Boden lassen die Ausmaße der Krypta erkennen. Im Süden des Langhauses befindet sich eine spätgotische Vorhalle mit Spitzbogenportal, im Norden kann man noch zwei kleine vermauerte Türen wahrnehmen, die die Kirche mit dem Kreuzgang verbanden.

Das Innere der Basilika

Der Haupteingang durch die niedrige Vorhalle im Westen öffnet sich als Rundbogenportal, eingefaßt von Ecksäulen mit Würfelkapitellen. Die Patrone der Kirche, St. Chrysanthus und Daria, sind als Reliefs des vorigen Jahrhunderts an der Wand präsent. Betritt man die Kirche und hat die Augen an die Dunkelheit gewöhnt, nimmt zunächst der Sarkophag mit der lebensgroßen liegenden Gestalt Gottfried von Bergheims die Aufmerksamkeit gefangen. In seinen gefalteten Händen hält er einen Rosenkranz, trauernde Figuren umgeben den Unterbau des Steinsarges. Das hohe weißgetünchte Mittelschiff präsentiert sich als Schwergewicht und Zentrum der Basilika. Es besticht durch seine klare harmonische Gliederung. Glatte weiße Wandflächen der Obergaden, Öffnungen wie Fenster, Arkaden und die an ihnen körperhaft erscheinende Mauer schaffen ein differenziertes und ausgewogenes Raumvolumen. Kräftige Vierkantpfeiler aus rotem Sandstein tragen die fünf hohen Rundbögen, die die Seitenschiffe öffnen. Deren Gewölbe – das südliche mit nachträglich eingezogenen Gurten – sind halb so groß wie die im Hauptschiff, also im Maßstab 2:1 gearbeitet. Zu diesem »gebundenen System« gehören auch die Zweiergruppierung der Arkaden und zwei Fenster im Obergaden darüber, die Pfeilervorlagen jochweise vorgeben.

Der Beginn des gleich hohen Chores, der mit seiner Länge über zwei Joche der Basilika einen besonderen Akzent verleiht, wird von einem weiten Triumphbogen und hochführenden Treppen markiert. Sie rahmen ein Podest, das aus der Krypta aufragt und Sicht in den Grabraum und auf den Reliquienschrein der Märtyrer erlaubt. Die Pfeiler zeigen hier, am Aufgang zum Chor, auf ihren Deckplatten vermauerte Doppelnischen, die früher sämtliche Stützen dekorierten. Die Apsis überwölbt eine flache Kuppel, ihre halbkreisförmige niedrige Wand gliedern fünfteilige Blendbögen mit den drei Fenstern in ihrer Mitte. Als Material für die tragenden Säulen mit Würfelkapitellen verwendete man Kalksinter aus der römischen Wasserleitung, die von der Erft nach Köln führte.

Wendet man sich von hier noch einmal dem Eingang zu, den in das Kirchenschiff integrierten Innenräumen des Westwerks, ist man für ihr höheres Alter sensibilisiert. Die Turmhalle und ihre seitlichen Kreuzflügel tragen Emporen und haben stärkere Mauern, was an den Fenstern im Erdgeschoß eindrucksvoll zu sehen ist. Auch die Pfeiler am Übergang von der Turmhalle zur Basilika sind deutlich massiver ausgefallen. Die Kreuzflügel wurden erst im Barockzeitalter zu den Seitenschiffen geöffnet. An ihren Ostenden liegen die Türen, die zur Krypta hinabführen.

Krypta der ehemaligen Stiftskirche

Ihre Ausmaße decken sich mit dem Ostabschluß der Oberkirche und umfassen drei tonnengewölbte Schiffe, die gegen 1108 durch kreuzgratige Seitenanbauten zu einer fünfschiffigen Anlage erweitert wurden. Auf kurzen Pfeilern ruhende Rundbögen stellen die Verbindung zwischen den parallel liegenden Raumteilen dar. Klar, streng ist ihr schwingender Rhythmus und betont durch die farbige Einfassung in hellem Beige mit weißen Fugen. Wirkung und Reiz dieser offenen Hallenarchitektur machen unzählige Durchblicke und Perspektivverschiebungen aus. Die große Apsis wird von zwei kleineren flankiert. Durch die Aufstellung von Altären wurde die Krypta auch zur Unterkirche. Heute finden hier die Taufen statt und Trauungen nach Wunsch. Das Märtyrergrab steht am Westende der Krypta in einem eisernen Schutzschrein von 1505. Er birgt nicht mehr den originalen vergoldeten Reliquienschrein, der zur Begleichung von Kriegslasten 1543 eingeschmolzen wurde, sondern einen barocken vom Ende des 17. Jahrhunderts. Dieser wird einmal im Jahr, am 25. Oktober, für

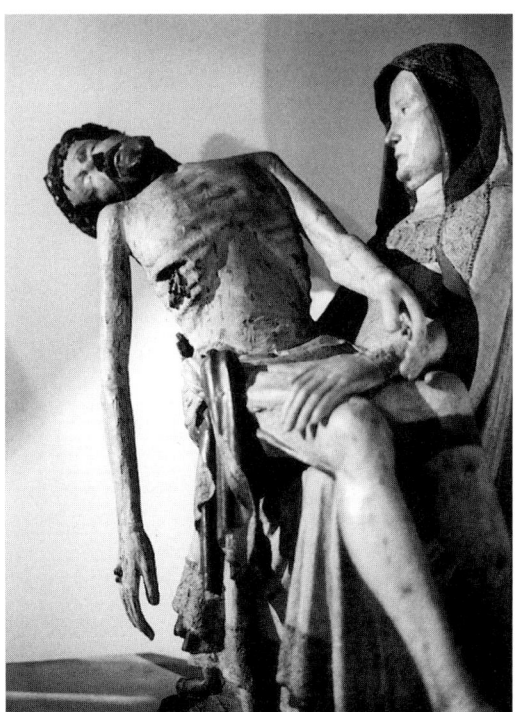

Pietá in der Krypta, um 1350

eine Woche zur Verehrung vor der Grabkammer in der Oberkirche ausgestellt.

Grazile Maria

Zur Ausstattung der Kirche gehörten zyklische Wandmalereien in der Apsis, deren Reste 1963–69 freigelegt wurden, zum Beispiel die vier nebeneinander stehenden Kirchenväter Gregor der Große, Hieronymus, Ambrosius und Augustinus. Gemalte Pfeilerfiguren, wie der Erzengel Michael als Drachentöter, sind in ihrem unteren Teil ergänzt worden. Viele Einrichtungsgegenstände sind Gaben von Stiftsherren, so auch das Sakramentshäuschen im Chor mit der feinen filigranen Turmbekrönung von 1480. Vom Chorgestühl ist ein Dreisitz aus dem 14. Jahrhundert mit reichen Schnitzereien, Drolerien, bewahrt. Diese drolligen, grotesken Figuren, ein aufrecht sitzender schlafender Hund, ein gähnender Affe, eine Nixe und Eichhörnchen, trugen zur Unterhaltung der Stiftsherren bei, die hier Platz nahmen. Über dem Sitz ist ein Reliquienkasten von 1505 angebracht.

Bis 1760 stand im Chor ein spätgotischer vielteiliger Flügelaltar, den das Stift in der damals barock veränderten Kirche nicht mehr haben wollte und an seine Filiale in Kirchsahr abgab, was es später sehr bereuen sollte. Denn dieser Passionsaltar gilt als eines der berühmtesten Beispiele der Kölner Malerschule vom frühen 15. Jahrhundert. Das heilige Ehepaar steht sich als barocke Konsolfiguren an den Chorpfeilern gegenüber. Meisterlich um 1600 gearbeitete Epitaphien aus Marmor erinnern an den Langhauswänden an die Brüder Gertzen, Verwalter des Amtes Münstereifel, und an die Brüder von Metternich, die Stiftsherren waren. In der Krypta befinden sich die wertvollsten Skulpturen. Als Gnadenbild wird eine stehende, anmutige Mariengestalt auf dem Hauptaltar verehrt, eine 69 Zentimeter hohe Holzskulptur von 1320-30. Sie trägt den Christusknaben auf dem linken Arm und hält in der rechten Hand einen Apfel. Er symbolisiert die Erlösung von Sünde durch ihren Sohn, den neuen Adam. Das Lächeln der Maria, die Grazie ihrer Haltung und Feinheit des Faltenwurfs ihres offenen Mantels weisen einen noblen Künstler vom Mittelrhein aus, der sich nach Dehio von französischer Hofkunst inspirieren ließ. Starrheit als Ausdruck von Schmerz und Tod bestimmen dagegen die farbig gefaßte Holzskulptur der um 1350 entstandenen Pietà.

Die Fenster der Stiftskirche sind 1969 von dem Kölner Glasmaler Franz Pauli (1927-1970) entworfen worden. Bis auf die dunkleren im Eingangsbereich, gab Pauli den kleinen Wandöffnungen im Langhaus und in der Krypta helles, oft farbloses Glas. Dabei entfaltet er eine ganz eigene, aus dem Experiment gewonnene Arbeitsweise. Er bezieht Strukturen und Formen verschiedenster Teilchen von Stoffen, Pflanzen, Tieren, Steinen, Metallen ein, die unter dem Mikroskop sichtbar werden und die er dann vielfach vergrößerte. So verfremdet, erscheinen sie wie abstrakt. Zarte Bandmuster, Gewebe aus feinen Linien überziehen das Glas, Akzente setzen einzelne Farbflecken oder medaillonartige Einsprengsel. Ihr Bezug zum Kosmos wirkt wie ein Geheimnis.

Fledermäuse Op Spandau

Mechernich, Stadt seit 1975
Kernstadt: 5 605 Einwohner
Gesamtstadt: 26 242 Einwohner
Kirche: St. Johannes

Mechernich hatte Glück. Mit der Ernennung zur Stadt 1975 fiel dem Ort im Leytal am Bleiberg der üppige Kranz von mehr als zehn Burgen und Schlössern in nächster Umgebung zu. Die Dichte der einstigen Sitze von Grafen, Herzögen und Rittern entspricht den vielen Territorien, in die das Gebiet einst zersplittert war. Häufig wechselten die hart umkämpften Grenzen. Ihrer Sicherung dienten respekteinflößende Machtzentren mit Türmen und Zinnen. Um Satzfey, die imposante Wasserburg in nördlicher Richtung, stritten die Herrschaften von Jülich und Kurköln seit 1250 über fünfhundert Jahre. Selbst Mechernich – der Name geht auf die keltoromanische Siedlung Macriniacum zurück, woraus um 1200 Megternich und um 1405 Mechernich wurde –, selbst das kleine Dorf im Norden der Eifel war zwischen die Mühlsteine der besitzheischenden Dynasten geraten und im 12. Jahrhundert halbiert worden. Den einen Teil des reichsfreien Ortes besaßen die Grafen von Manderscheid-Blankenheim, die dann erst 1674 von den von Nesselrode abgelöst wurden. Der zweite Teil gehörte zum Land Monschau, später den Grafen von Jülich, seit 1435 Nyt von Birgel und kurz darauf durch Heirat den Rittern von Rode, solange, bis sich 1771 die Grafen von Arenberg eingekauft hatten. Ihre Burg ist im letzten

Jahrhundert untergegangen. Die bewahrten Herrschaftssitze um Mechernich herum liegen heute wie Schmuckstücke im sanft gewellten grünen Bergland mit Feldern und Wäldern. Hohe Gipfel hält die hier beginnende Eifel noch zurück.

Das Gebiet der sehr jungen Stadt Mechernich greift weit über die Burgen und Schlösser hinaus und umfaßt 44 Ortschaften mit 26 242 Einwohnern (1999), von denen 5 605 im Stadtteil Mechernich leben. Die Zusammenlegung zu einem Ganzen wird von manchem Bürger noch als ungewohnt empfunden. Zu lange hatte man mit Teilungen und Grenzen gelebt. Animositäten und Konkurrenzen zwischen dem Zentralort Mechernich und dem Hauptort Kommern wirken noch nach. Erst 1969 und 1972 waren in zwei Schritten die Großgemeinden Mechernich und Kommern, die bislang verschiedenen Kreisen und Regierungsbezirken angehört hatten, zur Gemeinde Mechernich im nun erweiterten Kreis Euskirchen vereint und dem einen Regierungspräsidenten in Köln unterstellt worden. Die zentrale Position Mechernichs und die vorhandenen städtischen Strukturen und Einrichtungen, die der Versorgung eines weiten Umlandes dienen, führten dann 1975 zur Stadternennung.

Geblieben ist die Zweiteilung in die Bistümer Aachen und Köln und durch die Bahn, die 1865 kam. Dieser von allen respektierte, schnurgerade Lebensnerv durchtrennt den Zentralort in westöstlicher Richtung. Mechernich liegt an der Hauptstrecke Köln–Trier. Ungezählte Male am Tag halten Schranken den Verkehr an, für die Mechernicher eine Lebensgewohnheit.

Alte Häuser in Mechernich »Auf der Ley«

Die Schatten des langen Emil

Mechernich befindet sich im Umbruch. Immer noch wirkt der Maßstab, den eine große Vergangenheit seit Mitte vorigen Jahrhunderts setzte. Mechernich liegt in einem Tal am Nordrand einer der größten Bleierz-Lagerstätten Europas, dem Mechernicher Bleiberg. Er reicht auf einer Breite von 1,2 Kilometern nach Kommern und erstreckt sich über eine Länge von zehn Kilometern bis nach Kall. Hinzuzurechnen sind kleinere versprengte Erzvorkommen. Den von Tälern und Schluchten zergliederten Bleiberg, der bis zu einer Höhe von 461 Metern ansteigt, umfließen im Nordwesten der Bleibach, im Südwesten der Veybach. Das Blei findet sich in »Erzknotten«, Kügelchen von 1–6 mm Durchmesser, unregelmäßig verstreut in hellen, mürben Sandsteinschichten und in Konglomeratbänken aus groben Geröllen, die das Blei zusammenbinden. Nach umfangreichem Abbau bereits durch die Römer setzte sich erst im späteren Mittelalter, seit 1395 die Tätigkeit am Bleiberg fort, dann aber kontinuierlich, wenngleich unkoordiniert und unsystematisch. Über Jahrhunderte herrschte Bergfreiheit nach der vom Fürsten von Arenberg 1563 ausgegebenen Devise, daß auf dem Bleiberg »jeder ohne Unterschied des Glaubens, des Vaterlandes und der Geburt zu bergen befugt sei. « Allerdings war der zehnte Teil des Ertrages an den Landesherrn abzuführen. Mitte vorigen Jahrhunderts änderten sich die Verhältnisse am Bleiberg grundlegend.

Das 650 Einwohner zählende Dorf Mechernich wurde Sitz eines Bleierz-Bergwerkes, das mit mehr als 4000 Beschäftigten und modernster Technik das reinste Blei in Deutschland produzierte. Symbol dieses europäischen Großunternehmens und des rasanten Aufstiegs zum Industrieort war »der lange Emil«, ein 134,6 Meter hoher Kamin von 1885, damals der höchste auf dem Kontinent. Die Belegschaft hatte ihm den Vorna-

Die Bergstraße, Arbeitersiedlung, Ende 19. Jahrhundert

men ihres Generaldirektors Kreuser gegeben. Bergrat Emil Kreuser war Sohn eines der vier Gebrüder Kreuser aus dem Nachbardorf Glehn, die 1853 für nur 600 000 Mark die größte Konzession am Bleiberg erworben und mit einem Startkapital von 3,2 Millionen Mark den Mechernicher Bergwerksaktienverein gegründet hatten. Mechernich wurde ein Bergarbeiterdorf, und die weite Umgebung fand Beschäftigung »auf Spandau«, wie das Bergwerk bis heute heißt. Fragte man ein Kind: »Wo is de Pap?«, kam die garantierte Antwort: »Op Spandau.« Spandau, der Bezirk in Berlin, hatte schon damals eine große Justizvollzugsanstalt, das Zentralfestungsgefängnis. Nach mündlicher Überlieferung kam 1854 eine preußische Kommission aus Berlin angereist, um das Mechernicher Bergwerk zu besichtigen. Im Tagebau wurde damals noch von hunderten von Bergleuten das Haufwerk, der Bleisand, in primitiver Handarbeit »von Strosse zu Strosse«, von Stufe zu Stufe mit Schaufeln hochbefördert, was im Fachjargon tempeln heißt. Die Menschenketten auf den Treppen arbeiteten im Takt, den ein Anschläger durch Klopfen vorgab: »Einstechen und hochwerfen!« Beim Anblick dieser Förderpraxis soll einer der Berliner Beamten spontan geäußert haben: »Das ist ja wie in Spandau!« Kein schmeichelhafter Vergleich, der sich im Sprachgebrauch einbürgerte.

Nach Spandaus Ende

Spandaus Entwicklung ging nach der Hochblüte 1882 mit 4400 Beschäftigten im 20. Jahrhundert auf und ab. 1910 wurde das Unternehmen in die Gewerkschaft Mechernicher Werke umgewandelt, die 1937, noch infolge der Weltwirtschaftskrise von der staatlichen Preussag übernommen wurde. Der Bleiberg überstand zwei Weltkriege, aber gut hundert Jahre nach dem großen Start, 1957, wurde dort die Produktion eingestellt. Die Bleipreise am Weltmarkt waren so stark gesunken, daß sich hier der naturbedingt aufwendige Abbau nicht mehr rentierte. Das war ein Schicksalsschlag für den Ort

und die gesamte Region. 1250 Beschäftigte waren direkt betroffen. Die meisten von ihnen begannen nach auswärts zu pendeln, nach Aachen in den Kohlebau, nach Wesseling in die Kunststoffindustrie, viele zogen ins Saarland oder gingen zur Bahn. 550 Ehemalige fanden als Zivilbeschäftigte bei der Bundeswehr Arbeit. Um dem Ort aufzuhelfen, war das Luftwaffenversorgungsregiment 8 in Mechernich stationiert worden. Es nistete sich mit 1100 Soldaten am Bleiberg ein, baute neue ober- und unterirdische Anlagen, Kasernen entstanden. 1961 wurde »der lange Emil« niedergelegt, eine neue Epoche begann. Bis heute pendeln doppelt soviele Arbeitnehmer aus wie ein.

Mit der Schließung des Bergwerkes war eine Wirtschaftsmonostruktur zu Ende gegangen. Die Gemeinde sah nun die Chance gekommen, breiter gefächerte Industrie- und Gewerbebetriebe anzusiedeln. Mit ansehnlichem Erfolg, weil direkt an einer Autobahnauffahrt zur A 1 gelegen, wurde ein Industriegebiet bei Obergartzem erschlossen. Mechernich steht vor allem für Maschinen-, Transformatoren-, Blechwaren- und Kunststoffabrikation. Weitere Gewerbeansiedlungen sollen folgen. Die Stadt muß Einbußen von Gewerbesteuereinnahmen mehrerer Millionen auffangen, seitdem die Gewinne des größten Unternehmens dort mit den Verlusten eines anderen an der ehemaligen Zonengrenze verrechnet werden. Beide Betriebe gehören dem Rheinisch-Westfälischen Elektrizitätswerk, das nach Wegfall der Zonenrandförderung nach der Wiedervereinigung diesen Ausgleich entschied, der Mechernich in hohe Schulden stürzte. Doch die junge Stadt verfügt über ansehnliches Entwicklungspotential auf dem Gebiet des Fremdenverkehrs, zu dem auch die Burgen und Schlösser gehören. Die Dörfer im Umkreis, deren Einwohner sämtlich früher neben der Landwirtschaft am Bleiberg arbeiteten, sollen Geschmack an Gästen finden und sich ihnen mit Restaurants, Hotels und Fremdenzimmern öffnen. Für zuziehende Familien aus Köln, Bonn und Düsseldorf, die Naturnähe und billiger Grund und Boden anlocken, werden ständig neue Baugebiete ausgewiesen. Die Bevölkerung wächst hier. Wie zielstrebiges Engagement für kulturelle und touristische Attraktionen zu großem Erfolg führen kann, dafür ist Kommern Vorbild.

Kommerns glückliche Hand

Neben dem von Bergarbeitersiedlungen geprägten Mittelpunktsort Mechernich, der das Einkaufszentrum der weiten Stadtlandschaft darstellt, liegt der Hauptort Kommern, ein uraltes Straßendorf mit Fachwerkhäusern aus dem 17. und 18. Jahrhundert, dicht bei dicht und wie aus dem Ei gepellt. Nach dem Zweiten Weltkrieg wurden hier systematisch Bausubstanz und Tradition gepflegt und Tourismus aufgebaut. 1958 gelang Kommern der Glückstreffer, vom Landschaftsverband Rheinland als Sitz des Rheinischen Freilichtmuseums ausgewählt zu werden. Der Konkurrent Krefeld war unterlegen.

1961 wurde auf dem Kahlenbusch bereits ein Teilgebiet eröffnet, seit 1969 ist diese bedeutende Einrichtung zugleich Landesmuseum für Volkskunde. In waldiger Landschaft, auf einem 75 Hektar großen Gelände, vereint das Freilichtmuseum entsprechend den vier Regionen des Rheinlandes – Eifel, Westerwald, Niederrhein, Bergisches Land – charakteristische Beispiele bäuerlicher Bau- und Wohnkultur der letzten Jahrhunderte, in die 80 originale Gebäude, meist in Fachwerk, Häuser, Scheunen, Mühlen und Ställe Einblick geben. Die grandiose Anlage, ein Publikumsmagnet sondergleichen, wird flankiert vom 1967 in Kommern-Süd eingeweihten Hochwildschutzpark Rheinland und dem 1972 zur Landesgartenschau eröffneten Erholungspark Mühlenthal. Das Parkgelände im Bleibachtal am Bleibach stellt eine sanierte Bleischlackenlandschaft dar. Nahezu zwanzig Jahre hat die zielstrebige Gemeinde Kommern die hier lagernden Schlacken der Bleierz-Aufbereitung abgetragen. Zur Entlastung des Baches wurde der Mühlenteich angelegt. Das Beispiel zeigt, wie eine Erblast gewinnbringend getilgt werden kann. 15 km lange Wanderwege sind als botanische und geologische Lehrpfade angelegt.

Fledermäuse in Bleibergstollen

Heute ist die Gefährdung durch die bleibelastete Zone, die der Bleiberg mit seinem Erz und Relikten von 2000 Jahren Bleiabbau darstellt, gebannt, beziehungsweise unter Kontrolle. Die größten Schäden verursachten die vielen bleihaltigen Sandhalden, aus denen Wanderdünen entstanden und die bei Westwind solche Sandstürme über Mechernich auslösten, daß Fenster und Türen geschlossen bleiben mußten und der Verkehr behindert war. Diese Halden sind sämtlich mit Steinen abgedeckt und begrünt worden. Der große Tagebau Virginia wurde Kreismülldeponie, das Bett des Bleibaches befestigte man. Für bestimmte Gebiete auf dem Land gilt immer noch die Empfehlung, kein Gemüse anzubauen oder neue Erde aufzuschütten. Kaum jemand hält sich daran. »Wir haben hier keine Probleme damit«, ist die landläufige Meinung. Das vorliegende Blei ist schwer wasserlöslich. Unzählige, Tausende kleiner Tagebaulöcher und Halden, die den zehn Kilometer langen Bleiberg zerklüfteten, ließ man bei der Sanierung unberührt, da kein unmittelbarer Schaden von ihnen ausging. Sie sind inzwischen spontan von Pflanzen zugewachsen, die besonders gut auf Schwermetallböden gedeihen: Heiden, Magerrasen, besondere Blumen wie das Gemeine Kreuzblümchen und verschiedene Flechten. Angesiedelt haben sich in dem zerwühlten, ruhenden Gelände auch besondere Schmetterlinge und Heuschreckenarten, Kröten, Frösche, Schlangen, Eidechsen, Uhus, Ziegenmelker, Heidelerchen, Schwarzkehlchen, Raubwürger und die unter Artenschutz stehenden Fledermäuse. Sie kommen hier in zehn verschiedenen Spezies, wie Bartfledermaus oder Großes Langohr, und zu mehr als jeweils hundert Exemplaren vor und bewohnen die unterirdischen Stollengänge das ganze Jahr über. Zum Überwintern finden sich außerdem Fledermäuse aus Entfernungen bis zu 300 Kilometern ein. Man hat in Mechernich den neuen lebendigen Reichtum erkannt und die Gebiete »zu Naturschutzzwecken einstweilig sichergestellt«. Außerdem ist das Gelände geologisch aufschlußreich und als Bodendenkmalfläche ausgewiesen. Erlebnislehrpfade sollen angelegt werden. Nimmt man die Entwicklung der jahrhundertealten Abbaugeschichte hinzu, die offen und unterirdisch demonstriert werden kann, dann hat man die drei Säulen, die das in Planung befindliche Zentrum »Mensch-Natur-Industrie« tragen sollen. Es ist als Ergänzung des Freilichtmuseums von Kommern gedacht. Zwei Einrichtungen dieses großen Projektes existieren bereits seit 1995 und sind ein Publikumserfolg: das mit Zuschüssen von 1,4 Millionen Mark von der EU geförderte Bergbaumuseum und das Besucherbergwerk in der Grube Günnersdorf, das vor allem dem freiwilligen Einsatz der

Figur der hl. Barbara: vor ihr wurde das tägliche Schichtgebet gesprochen; Bergbaumuseum Mechernich

Vereinigung der Berg-und Hüttenleute zu danken ist. Ihre Mitglieder haben die verschlammten Gänge und Stollen wieder freigelegt. Die Älteren unter ihnen wissen bei ihren Führungen auch noch vom Krieg zu erzählen, als das Bergwerk 5000 Menschen Luftschutz gab, eine Sparkasse, Verwaltungsstelle und sogar ein Krankenhaus mit einem winzigen Operationssaal untertage eingerichtet waren.

Der Mittenzug, die Möt mit Korn

Die Schausammlung des Museums, zu der eine Kollektion von Mineralien gehört, gibt Einblick in den Alltag der Bergleute. Die wertvolle Sammlung alter Fotografien ergänzen Leihgaben wie die Holzfigur der hl. Barbara vom Virginia-Schacht. Als Schutzpatronin der Bergleute galt ihr das Schichtgebet, um ihren Beistand baten die Arbeiter, vom Berglehrling bis zum Steiger, ehe sie sich in die tägliche Gefahr begaben: … »sowohl im Leben als im Tod. Ach steh uns bei in letzter Not«… Die vielen Todesfälle untertage wurden nicht von schlagenden Wettern verursacht – man konnte mit Karbidlampen arbeiten – sondern von Verschüttungen. Erst kürzlich noch errichtete man zum Gedächtnis der Toten vom Bleiberg eine Barbara-Kapelle im Wald am Schimmelsberg.
Das Werk verfügte über eine eigene Bahn mit fünf Dampflokomotiven. Als kleines Modell präsentiert das Museum den »Mittenzug«. Er hielt jeden Tag gegen zwölf Uhr am Bahnhof, damit die Frauen oder Kinder für ihre Angehörigen warmes Essen in Henkelmännern, den Mitten, an die Heizschleife eines bestimmten Waggons hängen konnten. Der Zug fuhr dann direkt zu den Arbeitern im Tagebau. Malzkaffee nahmen sich die Bergleute von zu Hause in der »Möt«, der Blechflasche, mit. Wenn der Durst morgens »auf ne Schobbe« größer war, wurde der Kaffee verschüttet und in einer der vielen Gaststuben auf dem Weg durch Korn ersetzt, der oft noch vor dem Einstieg ins Bergwerk ausgetrunken war. »Aber nicht täglich, das konnte sich niemand leisten«, so ein Ehemaliger. Auch die

soziologischen Studien von Dr. Fanny Imle, die 1909 in Jena erschienen, stellt das Museum zur Schau. Die Autorin stützte sich auf Interviews, da die Kreusers ihr den Zutritt auf das Werksgelände verweigerten.

Der Virginia-Raub

1996 wurde Vergangenheit mit Schlagzeilen im »Kölner Stadt-Anzeiger« aktuell. Eine nach Australien ausgewanderte Frau aus Mechernich hatte in einem Brief und auch per Telefon gegenüber der Zeitung behauptet, ihr Vater sei einer der Raubmörder des unaufgeklärten Virginia-Überfalls gewesen. Am 16. August 1929 war der Prokurist des Bergwerkes mit den Lohntüten in Begleitung eines Sicherheitsbeamten des Werkes und des gleichfalls bewaffneten Försters auf dem Weg zur Virginia-Grube von mehreren Räubern überfallen worden. Dabei wurde der Förster erschossen, und der fliehende Beamte stürzte sich zu Tode. Die Täter entkamen auf Fahrrädern mit der Beute. Zu dem alten Rätsel ist aus Australien ein neues hinzugekommen.

Vom Beutelkorb zur Dampfkraft

Der Mechernicher Erzbergbau entwickelte sich mit fortschreitenden Techniken. Früheste Abbauspuren der Kelten und Römer, von denen man einen Bleibarren mit dem Stempel der XVI Legion aus dem 1. Jahrhundert vor Chr. bei Mechernich fand (Ursula Fiedler 1977), liegen am Tanzberg bei Keldenich, dem Südzipfel des Bleiberges. Damals wurde das Blei nur aus den Konglomeraten gewonnen, durch Zerschlagen und Rösten. Einen Meilenstein in der Abbaugeschichte bedeutete die Erfindung des sogenannten Beutelkorbes im 15. Jahrhundert, der erstmals die Gewinnung des Knottenerzes möglich machte. Der Korb, ein großes Sieb aus dünnen Weidenruten oder feinem Messingdraht, war so dicht geflochten, daß nur Sandkörner beim Durchschütteln in Wasserbottichen herausfallen konnten, während die Erzknotten, die Kügelchen, liegenblieben. Ihr Bleigehalt beträgt nur 20 Prozent. Berücksichtigt man die Streuung im Sandstein, so ergibt sich eine Bleikonzentration der Sandsteinbänke von nur 1 bis 2 Prozent. Daher bezeichnet man die Mechernicher Vorkommen als Armerzlager-

Frau Theis in der Bergstraße am Waschtrog, dreißiger Jahre

stätte. Doch wegen seiner hohen natürlichen Reinheit lohnte sich der Abbau zu allen Zeiten. Hauptsächlich war das Blei seit Beginn für Glasuren begehrt und hieß Töpfererz. Handel und Export liefen meist über Köln. Erst in der zweiten Hälfte des vorigen Jahrhunderts sank die Produktion von Glasurerz, dessen schädliche Wirkung in Berührung mit Lebensmitteln durch Gesetze eingedämmt wurde. Die Gewinnung konzentrierte sich fortan auf Werkblei, vor allem auf das Mechernicher Feinblei, das mit 99,995 Prozent Pb (Pb = Plumbum = Blei) reinste deutsche Bleimarke war und daher weiterging an Akkumulatorenfabriken, an den chemischen Apparatebau, die Kabelindustrie und Bleifarbenerzeugung. Europäische Länder, Amerika und China waren Handelspartner und vor allem das Inland. Geringe Silber- und Goldanteile des Roherzes wurden zur Zeit moderner Großbetriebe gewinnbringend.

Mit der Erfindung des Beutelkorbes, der bis 1861 eingesetzt wurde, kamen die vielen kleinen Eigenlöhnerbetriebe auf. Die Bergfreiheit erlaubte jedem, seinen Schacht oder sein »Schächtchen« zu graben und mit Schlägel und Eisen Knottensandstein abzuschlagen, wenn er dem Landesherrn den zehnten Teil abtrat. Fünf verschiedene Dynasten hatten Besitz am Bleiberg, beteiligten sich aber nicht am Abbau. 1578 kamen erste Verordnungen heraus, Sicherheitsbestimmungen und Registrierpflicht. 1629 hatten sich drei Großkaufleute aus Köln und Aachen, darunter Johann Meinertzhagen, zu einer Gesellschaft zusammengeschlossen, nachdem ihnen der Fürst von Arenberg die Berechtigung zum Stollenbau auf seinem Gebiet gegeben hatte. Die Eigenlöhnerbetriebe waren inzwischen auf Grundwasser gestoßen und kamen nicht mehr voran. Die Unternehmer legten jetzt einen Wasserlösungsstollen, der weitere lohnende Abbaufelder gezielt erreichte und Etagenbau ermöglichte. Doch die Eigenlöhner mußten das Feld räumen, es gab böses Blut und immerwährenden Streit. Im Kurkölner und Jülichschen Gebiet galt währenddessen noch die Bergfreiheit.

1720 wurde die Familie Meinertzhagen Alleinbesitzer der 1629 gegründeten Gesellschaft. Zwei weitere Stollen hatten den Abbau vergrößert. Kleinbetriebe wurden aufgekauft, fremde Bergleute angestellt. Mit der Besetzung der Rheinlande durch die Franzosen folgte am Bleiberg eine Neuordnung. Die Konzession zum Abbau wurde Pflicht, sowie auch staatliche Aufsicht und Steuerzahlung. Kinder unter zehn Jahren hatten Arbeitverbot (Claudia Neuburg 1995). Das neue Bergrecht bewirkte, daß viele Kleinbetriebe aufgaben und eine Konzentration der Arbeitsplätze stattfand. Die Bleigewinnung nahm Aufschwung, zumal die Franzosen mit der Kontinentalsperre gegen England Konkurrenz abgewürgt hatten. Nachfrage und Bleipreise stiegen und damit auch Gewinne und Verdienste. 1812 arbeiteten 2000 Bergleute am Bleiberg. 1849 waren es nur noch 139. Unter preußischer Herrschaft fielen zwar die Binnenzölle weg, doch niedrige Einfuhrzölle begünstigten billiges ausländisches Blei, vor allem aus Spanien und Amerika. Rückständige Technik und Transportwege trugen zum Einbruch bei. 1850 wurden die Gebrüder Kreuser Teilhaber des Meinertzhagenschen Besitzes, den sie 1852, geschickt wie sie waren, vom damaligen Eigentümer Graf zur Lippe ganz übernehmen konnten. Von drei weiteren Konkurrenzunternehmen kauften sie später zwei, so daß sie das bei weitem größte Nutzungsrecht am Bleiberg besaßen. In kürzester Zeit wurden durch Modernisierung, Rationalisierung und neue Technik die Gewinnungs-, Aufbereitungs- und Verhüttungsmethoden verbessert. 1852 war der erste Tagebau angelegt, 1853 die erste Dampffördermaschine in Betrieb, 1862 lösten dampfgetriebene Pochwerke die kleinen primitiven am Bleibach ab. 1874 setzte man das damals größte Pochwerk der Welt ein. Pfeilerrückbau brachte die Gewinnung untertage voran. 1875 wurde der letzte große Wasserlösungsstollen von reichlich fünf Kilometer Länge vollendet. Weiteren Auftrieb hatte 1869 der Bau einer eigenen Bleihütte gebracht, der Transport zur Verhüttung nach Aachen fiel nun weg. Die giftigen Schwefeldämpfe zogen durch den 134,6 Meter hohen »langen Emil« ab. In neun Schachtöfen wurden in 24 Stunden 73 t Blei produziert.

Neben Dampfkraft nutzte man am Bleiberg Gasmotoren, die ein eigenes Gaswerk versorgte. Das Bergbauunternehmen gehörte zu den modernsten seiner Zeit, manche technische Erfindung wurde europaweit übernommen. 1884 betrug die Produktion 34 095 t Bleikonzentrat bei einer Belegschaft von 2935 Bergleuten.

Kostgänger und Gardinen

Ohne die Belegschaft wäre der Mechernicher Bergwerk-Aktienverein nicht zu denken. Ein großer Teil von ihr waren die Einheimischen aus Mechernich und den umliegenden Bauerndörfern. Sie betrieben alle ihre Landwirtschaft mit Hilfe der Frauen nebenberuflich weiter, was dazu beitrug, daß sich kein Industrieproletariat wie in Großstädten entwickelte. Viele Bewohner vermieteten Zimmer an Pendler, sogenannte Kostgänger. Schichtarbeiter teilten sich abwechselnd Stube und Bett. Um den großen Wohnungsbedarf der Zuziehenden zu decken, begann der Aktienverein in den siebziger Jahren Bergarbeitersiedlungen zu bauen, kleine einstöckige Häuser aus dunkelbraunen Ziegeln. Sie waren für jeweils zwei Familien und hatten einen Garten, um die Selbstversorgung zu fördern. Die Miete lag unter zehn Mark. Ein Paradebeispiel ist die Bergstraße, die auf den Rathausplatz zuläuft, den ein gleich altes, schlichtes Verwaltungsgebäude und die alte Schule rechtwinklig bilden. Früher glich ein Haus dem anderen vollkommen, heute, in Privatbesitz, gibt es durch Putz oder Verkleidungen Unterschiede. Größere zweistöckige Werkshäuser waren für Beamte in der damals neuangelegten Friedrich-Wilhelm-Straße errichtet worden. Der höhere Status zeigte sich auch an Gardinen, bei den Arbeitern hieß die Häuserzeile Gardinenstraße, und die Weierstraße war die Pappendeckelsallee. Hier hatte man für die Neubauten Dachpappe verwendet. Für die um 1914 entstandenen Doppelhäuser mit Mansarddach in der Emil-Kreuser-Straße, in der Rotbuchen und Linden abwechselten, verwendete man Kalksandsteine, die das Unternehmen selbst produzierte. 400 Arbeiter fanden in der »Me-

Erbbegräbnis der Familien Kreuser und Mollinari

nage« Unterkunft, der »Schlaf- und Speiseanstalt« des Werkes von 1882. Der riesige dunkelbraune Ziegelbaukomplex in der Friedrich-Wilhelm-Straße ist heute Kasino für Offiziere und Unteroffiziere der Bundeswehr. Alte Fotos mit dem »langen Emil« dekorieren die Flure. 1883 ließ die Werksleitung an der Bahnhofstraße ein Krankenhaus errichten. Als Altbau gehört es noch zu dem jetzigen modernen Kreiskrankenhaus. Im selben Jahr stiftete Carl Kreuser jr. ein Invaliden- und Waisenheim, das als Alten- und Kinderheim fortbesteht. Förderung von Schulen und Kirchenbau zählen ebenso wie ein werkseigener Konsum zu den Leistungen der Ära des Kreuserschen Familienbetriebes. Für die evangelischen Bergarbeiter hatte das Bleiunternehmen Oligschläger im Nachbarort Roggendorf 1869 eine Kirche errichtet.

Das Bergarbeiterdorf

Mechernich ist immer noch an seiner kleinteiligen Bebauung als das Bergarbeiterdorf auszumachen. Die alte Ladenstraße entlang der Bahn brüstet sich mit schmalen hohen Häusern im Jugendstildekor. Ein mit postmodernem Aufwand entstehendes Geschäftszentrum nahebei schafft keinen Bruch oder Gegengewicht. Herausragende Industriedenkmäler sind jedoch mit Ausnahme des achteckigen Malakowturmes auf dem Schafberg, einem Abraumschacht von 1872, allesamt niedergelegt. Mit dem »langen Emil« sank der »kurze Carl« (86 m). Sogar die imposante Kreuservilla und der benachbarte alte Turmhof, Sitz der Grafen durch Jahrhunderte, wichen im Modernisierungsfieber nach Spandaus Ende einem Omnibusbahnhof und einem Gymnasium. Mechernichs ältestes bewahrtes Haus, der Brandhof in Fachwerk von 1669, steht vis-à-vis in der Turmhofstraße.

Entlang dieser nach dem Turmhof benannten Straße, die das Leytal durchläuft von Norden nach Süden und dann »In der Hardt« heißt, hatte sich das Dorf Mechernich entwickelt, ausgehend von der alten Kirche. Sie bekrönt

Die alte Johanneskirche mit dem Turm vom 11. Jahrhundert

hoch oben auf dem Johannesberg im Norden mit ihrem schlichten, doch gewaltigen romanischen Turm eindrucksvoll die Siedlung. Nur unmittelbar unter ihr, am steilen Hang, stehen in zwei Gassen,»Auf der Ley« und »Auf der Kier« noch kleine Fachwerkhäuser vom alten Kern beisammen. Viele sind mit Asbestplatten verschalt. Ein Bauernhof mit Linden an der Straße demonstriert den ländlichen Hintergrund, der ebenfalls zu Mechernich gehört. Eine Treppe führt das letzte Stück den Berg hinauf zur Kirche. Die Straßenzufahrt säumen prachtvolle Linden. Sie enden am Eingang des großen Friedhofes, auf dem die Familie Kreuser ein stattliches Erbbegräbnis hat und auch der 1929 erschossene Förster Thelen begraben liegt.

Die alte und die neue Kirche

Hier oben auf dem Plateau des Johannesberges weht immer ein Wind. Vornean am Bergsporn, mit einer Aussicht über das Tal, den Bleiberg und hinter ihm die blauen Eifelhöhen, steht die mittelalterliche Kirche. Mauern umgeben ihr Areal. Seit dem großen neogotischen Neubau 1858 im Ort an der Turmstraße lag sie verwaist und mußte um 1900, 1929 und auch später immer wieder instandgesetzt werden. Nach dem Krieg diente sie als Notkirche, denn die neue war am 24. Februar 1945 zerbombt worden. Das eigentliche Ziel, die nahe Bahnlinie, über die Transporte zum Westwall liefen, war verfehlt worden. 1953 wurde ein Neubau an derselben Stelle eingeweiht nach dem Entwurf des 1892 in Aachen geborenen Architekten Peter Salm. Seitdem ist die alte Kirche Friedhofskapelle. Ihr weißgetünchter, weithin über das Tal sichtbare Turm gilt seit dem Fall des »langen Emils« 1961 wieder als Mechernichs Wahrzeichen. Er stammt aus der zweiten Hälfte des 11. Jahrhunderts und ragt über vier Stockwerke hoch. Seinen massigen ungegliederten Kubus charakterisieren Schallarkaden, die als Zwillingsbögen auf einer Säule paarweise nach allen Himmelsrichtungen unmittelbar unter dem einfachen Zeltdach sitzen. Peter Salm hat die Bauweise

dieses monumentalen Turmes an seinem
Neubau unterhalb der alten Kirche, im Ort,
aufgegriffen. Er stellte mit seiner, allerdings
höheren, Wiederholung und drei Rundbögen
als Schallarkaden eine beziehungsreiche
Verbindung zwischen beiden Johanneskir-
chen her. Ihre Silhouetten sind Kennzeichen
im weiten grünen Tal. An den mächtigen
hochgelegenen Westturm der alten Anlage
schließt ein kleines niedriges Langhaus an.
Es endet mit einem viereckigen Chor vom
13. Jahrhundert und umfaßt im Süden ein
schmales Nebenschiff, das 1514 die romanische Saalkirche zu einer kleinen Halle erweiterte (15 mal 9 Meter). Aus spätgotischer
Zeit stammt auch die Sakristei im Norden am
Chor, die wie dieser mit abgewalmtem Giebel schließt. Asymmetrien des Baukörpers
resultieren aus den verschiedenen Bauphasen
und geben dieser typischen Dorfkirche Charakter. Ihre Mauerkanten und kurzen Strebepfeiler schmücken außen Eckquader. Im Inneren ist die eingewölbte Turmhalle mit
ihrem Mittelpfeiler eindrucksvoll. Den offenen Kirchenraum gliedern drei Säulen in
Haupt- und Nebenschiff. Die vergleichsweise niedrigen Stern- und Kreuzgewölbe und
kleine Maßverhältnisse geben der Kirche intime anheimelnde Wirkung. Reizvoll sind die
vielfältigen Durchblicke, die eine vom Spitzbogen dominierte Architektur bietet.

Tradition in neuer Schlichtheit

Die Johanneskirche von 1953 im Ort gehört
zum Kirchenbauboom der Nachkriegszeit,
der mit seiner Vielzahl an Neubauten zwischen 1950 und 1960 alle voraufgegangenen
Epochen in Deutschland übertrifft. Etliche
tausend zerbombte Gotteshäuser mußten ersetzt werden. Allein im Bistum Aachen standen von 498 katholischen Kirchen nach 1945
nur noch 43 unbeschädigt, 142 lagen vollständig in Trümmern. Die vielen Notkirchen
boten keine Dauerlösung. Hinzu kamen ein
Nachholbedarf seit der Nazidiktatur sowie
Raumnot durch die von Osten nach Westen
gelangten Millionen Flüchtlinge und Hei-
matvertriebenen. Die Architekten hatten alle

Die neue Johanneskirche von 1953

Hände voll zu tun, alte, halbzerstörte zu rekonstruieren, zu erweitern oder Neubauten
mit modernen Konstruktionen und Materiali-
en zu entwickeln. Im Anfang orientierten sie
sich noch an Bauformen von vor 1933, die
Vorbilder wie Domenikus Böhm, Otto Bart-
ning oder Rudolf Schwarz verkörperten. Peter Salm hatte bereits 1936 das Priestersemi-
nar in Aachen entworfen. Seine Arbeit nach
dem Krieg, Wiederherstellung, Erweiterung
und Neubauten von Kirchen, Altersheimen
oder einer Volksschule konzentriert sich auf
Aachen und dessen ländlichen Raum bis hinein in die Eifel.
Salms Johanneskirche, ein weißverputzter
Stahlskelettbau, repräsentiert noch den traditionellen Typ eines Langhauses mit
monumentalem Turm, der dieser Anlage die
angestammte herausragende Stellung im Ort
sichert. Salm arbeitet mit einfachen, geometrischen Formen, bei den Fenstern bevorzugt
er einen Rundbogen. Auf dem Grundriß
eines Rechtecks errichtet er einen langgestreckten geschlossenen Baukörper, den
ein durchgehendes, einheitliches Satteldach

überzieht. Nach Süden ist es über ein schmales Nebenschiff tiefer herabgezogen. Der über fünf Geschosse hochragende Turm ist als Südwestecke in den Komplex integriert, nach Süden leicht vorspringend. Seine Geschosse über der im Parterre liegenden Sakristei bezeichnen kleine rundbogige Fenster. Das Glockengeschoß öffnen jeweils drei hohe Rundbögen. Der Turm ist aus weißverputzten Ziegeln errichtet worden, die heute leider unter der Verkleidung kleinteiliger Eternitplatten verschwinden. Bereits dreimal wurde die Kirche instandgesetzt.

Die schmale Giebelfront im Westen neben dem Turm ist als Chorschluß durch einen mächtigen Rundbogen herausgestellt. Über ihm durchbricht ein kleines, aus Fenstern geformtes griechisches Kreuz die Giebelwand. Die Südseite des rechteckigen Chores ist außen durch den Turm verdeckt. Seine Nordseite akzentuiert eine Gruppe von fünf gestaffelten, schmalen Fenstern mit den für Salm typischen herabgezogenen Sohlbänken, die die Länge betonen. Zur Dichte dieser Formen kontrastiert die sparsame Gliederung der sich in einer Flucht fortsetzenden großen Nordwand. Fünf hochsitzende Rundbogenfenster in breitem Abstand lassen unter sich eine weite weiße Fläche frei. Die niedrigere Südseite des Langhauses strukturieren sechs Fenster. Ihren ruhigeren Rhythmus unterbricht eine flache Vorhalle in kubischer Form aus feingesägten blauschwarzen Basaltlavasteinen. Am Nordostende der Kirche öffnet eine weitere Vorhalle das Haus.

Das Hauptportal liegt an der Ostfront, deren Größe der westlichen entspricht, doch tritt ihr das Nebenschiff zur Seite. Die Ostfassade zeigt die aufwendigste Gliederung am gesamten Bau. Über dem rechteckigen, leicht vorspringenden Portal aus Basaltlava kehrt das Motiv der Gruppe von fünf gestaffelten Fenstern vom Chor wieder, doch in vergrößertem Maßstab und in markanter Basaltlavarahmung. Salm arbeitet am Außenbau ohne jedes Ornament. Die Gestaltung der Mauerflächen basiert auf einfachen geometrischen Formen, deren harmonische Proportionen Ruhe oder Spannung erzeugen. Im Ostabschluß, der Schauseite der Johan-

neskirche, steigert der Architekt seine Mittel zu monumentaler Wirkung.

Das Innere: Klarheit

Betritt der Besucher die Kirche durch die Vorhalle im Nordosten, gelangt er zunächst in den Raum unter der Empore, der mit viel Licht durch die Glastür des Haupteinganges ausgeleuchtet ist. Das Langhaus erstreckt sich als weite helle Halle unter einer flachen Balkendecke nach Westen zum Chor. Die großflächige ruhige Nordwand mit ihren hochsitzenden farblosen Fenstern weckt Assoziationen an eine Basilika. Rechteckige flache Pfeilervorlagen laufen bis zur hohen Decke hinauf, stützen dort die mächtigen Querbalken ab und gliedern den Raum in fünf Abschnitte. Die Farbfassung der schlanken Pfeiler in Beige mit dunkelroten Kanten betont schmückend die senkrechten Bahnen. Nach Süden ist das Hauptschiff durch Rundbogenarkaden von einem schmalen, niedrigeren Seitenschiff getrennt. Dessen Raumfolge bestimmen quergestellte Tonnengewölbe, die, unterstützt von Pfeilern, jeweils auch wie Abgrenzungen wirken. So steht unter einem Gewölbe der Taufstein von 1514 aus der alten Kirche, von Stühlen umstellt, unter einem anderen befindet sich wie in einer Kapelle der Marienaltar mit einer lebensgroßen Madonna vom letzten Jahrhundert.

Der Chor übernimmt Breite und Höhe des Hauptschiffes und hat den Grundriß eines quergestellten großen Rechtecks. Gegenüber dem Gemeinderaum ist er erhöht. Ein hoher, vom Boden aufsteigender Rundbogen bildet den Hauptabschluß im Westen, außen korrespondiert seine Wiederholung. Ein ebenso großer Bogen füllt die Südbegrenzung. Im Norden ist der Chor durch die große Fenstergruppe geöffnet und durch Licht belebt. Im typischen Stil der fünfziger Jahre ist das Glas wie aus bunten Schnipseln zusammengesetzt. Salms großes Kirchenschiff mit 350 Sitz- und 200 Stehplätzen wirkt durch Weite und Höhe. Klare Formen, ruhige Flächen umschließen eine gewaltige Raumeinheit, die zu Konzentration und Meditation einlädt.

Südliches Hauptschiff

Kruzifixtorso, aus den Trümmern geborgen

Naturfarbene Sandsteinplatten am Boden und ein in zwei Reihen gegliedertes helles Holzgestühl fügen sich in das Konzept betonter Schlichtheit. Die 1989 hinzugekommene Orgel vertritt mit ihrer prunkvollen neobarocken Brüstung eine andere Richtung. Die Gemeinde experimentierte wiederholt mit der Anordnung der Bänke. Möglicherweise entscheidet sie sich für die Gruppierung um einen Altar an der Nordseite des

Schiffes und gibt damit die ursprüngliche Ausrichtung auf den Chor auf.

Zu den eindrucksvollsten Ausstattungsstücken der Kirche gehört der Corpus vom großen Altarkreuz des 1945 zerbombten neogotischen Vorgängerbaues. Er wurde aus den Trümmern geborgen als Torso, ohne Arme und mit nur einem Fuß. In diesem Zustand belassen, ist er an der Südwand des Nebenschiffes angebracht.

Die Teichstraße in Heimbach mit St. Clemens

Sommerzeit – Wallfahrtszeit

Heimbach, anerkannte Stadt seit 1343
1959 bestätigt
Kernstadt: 1 250 Einwohner
Gesamtstadt: 4 600 Einwohner
Kirche: St. Clemens und St. Salvator

Heimbach ist Nordrhein-Westfalens kleinste Stadt. In den Sommermonaten wächst sie über sich hinaus, wird doppelt groß. Dann ziehen Pilgergruppen in das alte Wallfahrtszentrum ein, Wassersportler aus nahen Großstädten durchkreuzen den Rursee Schwammenauel, und die knapp 2000 Camping-Dauerstellplätze auf dem Gelände alter Bauernhöfe an versteckten Biegungen der Rur sind voll besetzt. Die ungezählten Gasthäuser, Brutzelstuben und alle Hotels haben Hochsaison. Zum Eröffnungsgottesdienst der Festoktav Anfang Juli bietet das Kur-Café Cremer um halb Sechs das erste Frühstück an, mit frisch gebackenen Brötchen. Viele Pilger waren dann schon vier oder sechs Stunden zu Fuß unterwegs Gleichzeitig stehen Verkaufsbuden des traditionellen »Hauptmarktes zur Wallfahrtsoktav« an der Rurwiese zwischen zwei Brücken. Heimbach, die sehr kleine Stadt im Norden der Eifel, verbindet Pflege von Althergebrachtem mit Unternehmergeist.
Mit der Rur und dem namengebenden Heimbach, der seit 1951 den Ort unterirdisch passiert, schlängelt sich die Siedlung durch das tiefeingeschnittene Flußtal, eng umgrenzt von bewaldeten Steilwänden des Meuchelberges, des Kermeters, der Luna und des Ei-chelberges. Die gewaltigen, von Buchen und Eichen bewachsenen Hänge lassen die Häuser wie geduckt und winzig erscheinen. In ihrer Mitte gibt, aufgesetzt auf einen versprengten Felsgrat, die mittelalterliche Burg Hengebach Heimbach sein gewichtiges Profil. Bergfried, Palas, Tor- und Wohnbauten (12.–14. Jahrhundert) bilden eine kompakte Formation. Vis-à-vis im Norden, über den Dächern der Stadt und an den Eichelberg gelehnt, heften sich die Schiffe von St. Clemens und St. Salvator an den alten romanischen Kirchturm in ihrer Mitte.

Amtsstädtchen unterhalb der Burg

Die Herrschaften, die wie Kaiser Ludwig der Fromme im 9. Jahrhundert in dem östlich gelegenen Bauerndorf Vlatten einen Königshof auch als Ausgangspunkt für Jagden nutzten, verlegten im 10. Jahrhundert ihren Sitz aus dem offenen, flachgewellten Gelände auf den Bergsporn im engen Rurtal, um vor Überraschungsangriffen der Normannen besser geschützt zu sein. Damit war die Grundlage für die sich entwickelnde Burgtalsiedlung Heimbach geschaffen.
Die Besitzer der Burg, die 1026 als eine der ersten in der Eifel auf Urkunden erscheint, waren nach den Lütticher Grafen Richard und Gottfried seit 1085 die Edelherren von Hengebach, deren Dietrich I sich als Erzbischof von Köln (1208–1216) einen Namen machte. 1207 kam der Herrschaftssitz über Erbfolge an die Grafen von Jülich, die allerdings Mühe hatten, Lehnshoheitsansprüche des Kölner Erzbischofs von Hochstaden zurückzuwei-

Marion Müller vom Café Cremer steht in aller Herrgottsfrühe für die Pilger auf

Status einer Stadt (Befestigung, eigenes Gericht, selbständige Verwaltung). Zu allen Zeiten hatten die Jülicher Grafen ihr kleinstes Bollwerk immer wieder durch Vorrechte gefördert. Sie residierten in Nideggen und Jülich. 1614, nach dem Jülicher Erbfolgekrieg, wurden dann die von Pfalz-Neuerburg Landesherren. Mit der Fremdherrschaft der Franzosen (1794–1814) verlor Heimbach seine Stadtrechte und wurde wieder Dorf, bis 1959 die Landesregierung Nordrhein-Westfalen »in Würdigung der geschichtlichen Bedeutung und der heutigen Entwicklung die Bezeichnung Stadt« verlieh. Heimbach war Ende 1944 und Anfang 1945 durch Bomben und Granaten zu mehr als 80 Prozent zerstört worden.

Ein See für Industrie und Sport

Nicht zufällig fiel das Datum der Stadternennung, der 2. Mai 1959, mit der Einweihung der Erweiterung der Rurtalsperre Schwammenauel zusammen, die in den dreißiger Jahren als Notstandsmaßnahme gegen Arbeitslosigkeit in der Region gebaut worden war. Ihre Aufstockung um das doppelte Fassungsvermögen, auf 205 Millionen Kubikmeter, stellt den Glanzpunkt der Leistungen Heimbachs nach dem Krieg dar. Die damals größte Talsperre der Bundesrepublik konnte nun endlich den Bedarf vor allem der Papierindustrien in Düren und Jülich an Brauch- und Kühlwasser decken. Ferner wurden Hochwasserschwankungen durch viele wasserreiche Flüsse und Bäche des Gebirgslandes ausgeglichen, und der Tourismus erhielt kräftigen Auftrieb. Die weitverzweigte Seenlandschaft zwischen hohen grünen Bergen wurde bei Wassersportlern von weither ein Begriff. Man hatte auf diesem Gebiet schon Erfahrung seit dem Bau der Urfttalsperre 1905, nahe der Stadt. Das angeschlossene, seinerzeit größte Kraftwerk der Welt versorgt noch heute 7000 Haushalte mit Energie. Der Jugendstilbau, der eine bewußte Anleihe an Kirchenarchitektur demonstriert, präsentiert seine stillgelegten Turbinenhallen heute als museale Industrieausstellung.

sen. Doch 1288 gelang Walram von Jülich die Besetzung der Burg mit einem eigenen Grafen. Gleichzeitig stärkte er Heimbach, indem er es zum Sitz eines Amtes erhob, dem kleinsten von 30 Ämtern der Grafschaft Jülich. Ihm waren 16 Orte untergeordnet, und es hatte ein eigenes Gericht. Die Ansiedlung unterhalb der Burg wurde dem Bering dann mit Mauern, Türmen und Toren angeschlossen und gesichert. Nachdem Markgraf Wilhelm von Jülich dem »Tal« 1343 noch besondere Rechte gegeben hatte, wie freie Schweinezucht, Erlaß oder Ermäßigung von Steuern für Holz vom Kermeter, Fischfang in Rur und Urft, entwickelte sich Heimbach zu einem vitalen, anerkannten »Städtchen«. Der reiche Laubwaldbestand ringsum, bis heute Rotbuchen und Eichen, ermöglichte die Produktion von Holzkohle und ließ das Gewerbe der Schreiner, Lohgerber und Glasmacher blühen. Viele Wasserläufe setzten Mühlen in Schwung. Mit der Verleihung des Marktrechtes 1602 für zwei Jahrmärkte erfüllte Heimbach dann alle Bedingungen zum damaligen

Es wundert nicht, daß fünf umliegende Ortschaften 1968 und 1969 freiwillig Anschluß an die junge, aufstrebende Stadt suchten. Die im Osten gelegenen, Hergarten, Vlatten und Düttling, uralte Bauerndörfer, breiten sich mit ihren Höfen und Kühen wie im Bilderbuch in schwingender weiter Felderlandschaft aus. Gen Westen wechselt das Erscheinungsbild der Natur, mit Heimbach beginnt die zum Hohen Venn ansteigende, tief zertalte Eifelhochfläche, die die Rur durchschneidet. An ihren Ufern unweit vom Kernort liegen die Gebirgsdörfer Hausen und Blens. Das benachbarte Hasenfeld gehörte schon immer dazu. Heimbach allein zählt 1 250 Einwohner, mit den eingemeindeten Ortschaften sind es 4 600 (1999). Zur Geschichte der Stadt gehört der zeitweilige Verlust der Eigenständigkeit 1972. Durch die kommunale Neugliederung, das »Aachener Gesetz«, wurde Heimbach der Stadt Nideggen zugeordnet. Nach sieben Monaten hatte jedoch der Rat der Stadt mit seiner Klage beim Verfassungsgerichtshof Nordrhein-Westfalen Erfolg. Im August war Heimbach wieder das, was es sein wollte, eine selbständige Stadt. Nur die Kreiszugehörigkeit hatte sich von Schleiden nach Düren verlagert.

Vom Esel zur Rurtalbahn

Eine sehr kleine Stadt zu sein, hat Vorteile. »Hier ist kommunale Selbstverwaltung noch orts- und bürgernah möglich. Der Weg zum Rathaus ist kurz, die Bediensteten kennen jeden, der anklopft. Auch überwinden die Bewohner leichter die Hemmschwelle zum Bürgermeister zu gehen, den sie persönlich kennen und der sich auch um kleinere Belange kümmern kann,« sagt Bürgermeister Pütz, für den seine Gemeinde »die schönste ist, die es gibt«. Nachteilig wirken sich dagegen hohe Kosten aus, zum Beispiel für die Kanalisation in entlegenem Gelände, da die Gebühren nicht ausreichen.
Heimbach verfügt nur über eine Grundschule. Haupt- und Realschüler fahren mit der Rurtalbahn nach Nideggen, Gymnasiasten pendeln vorwiegend nach Schleiden. Umge-

Das Burgtor

kehrt kommen Jugendliche aus Nideggen und Zülpich zur Musikschule nach Heimbach. Das Fehlen eines Hospitals gleichen vier Krankenhäuser im Umkreis von 20 Kilometern Entfernung aus, aber Alten- und Seniorenheime stehen vor Ort. Amtsgericht, Arbeitsamt, Finanzamt und die Kreisverwaltung haben ihren Sitz in Düren.
Trotz des Hauptgeschäftes mit Fremdenverkehr pendeln die meisten Heimbacher zur Arbeit nach auswärts, vor allem nach Köln und Düren. Viele benutzen die schnittige weiße Rurtalbahn, die über Düren nach Jülich fährt. In den Berufsverkehr mischen sich Ausflügler. Die Bahn, die 1903 mit Dampf nach Heimbach kam, begründete damals den Tourismus, sieht man von den Pilgern ab, die die ersten Gäste waren. Die Sommerfrischler bedeuteten ein Zubrot. Die meisten Heimbacher waren Selbstversorger. Sie hatten etwas Land in einem Nebental mit drei, vier Kühen, einem Schwein und Ziegen. Der Esel bewährte sich als Transporttier. Früher waren die Hänge vom Eichelberg hinter der Kirche, oberhalb des Friedhofs, Kartoffelfelder; heu-

te sind sie mit Einfamilienhäusern bebaut. Aus der Zunft der Schreiner ging ein überregional beachtetes Produkt hervor, die »Heimbacher Stühlchen« für Kinder, aus Buchenholz vom Kermeter. Auch andere Sitzmöbel wurden gefertigt, die Tradition reicht ins 18. Jahrhundert zurück. Heute gibt es kaum noch Handwerksbetriebe. Die Forstwirtschaft unterstützt den Fremdenverkehr. Industrie ist in dem Luftkurort (seit 1974) mit weiten Naturschutzbereichen, in denen Eulen nisten, unerwünscht. Wanderwege und Lehrpfade durchziehen Täler und Höhen, die 500 Meter erreichen. Landwirtschaft, Ackerbau und Viehzucht blieben in den alten Dörfern Hergarten und Vlatten, hier mit sehr stattlichen Höfen, kontinuierlich erhalten. Zu Großbetrieben mit Rinderzucht, Ländereien und Forstwirtschaft, auch Pferden ist das Kloster Maria Wald hinzuzuzählen. Es wurde 1480 auf der Höhe des Kermeters mitten im Wald von Zisterziensern gegründet. Nach der Auflösung 1802 siedelten sich 1860 Trappistenmönche in der »Stadt auf dem Berge« an. Als Hauptprodukt verkaufen sie einen Klosterlikör.

Brand und Bomben

Heimbach weiß zu überleben. Nach Plünderungen und Zerstörungen im Dreißigjährigen Krieg und während der Raubzüge Ludwigs XIV., nach todbringenden Pestepidemien, war der Ort zweimal nahezu völlig vernichtet. 1687 gingen bei »dem großen Brand von Heimbach« 180 Häuser in Flammen auf, die Burg brannte bis auf Reste nieder, und die mittelalterliche Kirche war nicht mehr zu retten. Die kleine Stadt wurde wiederaufgebaut, die neue Kirche 1725 geweiht. St. Clemens überstand dann, reichlich 200 Jahre später, die verheerenden Angriffe im Dezember 1944 und Frühjahr 1945, und mit ihr das Gnadenbild im wertvollen Antwerpener Altar von 1520, das Ziel der Pilger. Am 8. Juli 1945 konnte der Heimbacher Pfarrer in die Gemeindechronik eintragen: »Heimsuchungsoktav... 44 Prozessionen oder Gruppen mit zusammen 5805 Pilgern waren zum Gnadenbild der Schmerzensmutter gewallt, um Trost und Kraft in schwerer Zeit sich zu holen.« Die Wallfahrer hatten durch Schutt und Trümmer im Ort gehen müssen.

Heimbach lag gegen Ende des Krieges nur wenige Kilometer von der Westfront entfernt. Sie war vom deutsch-belgischen Grenzgebiet nach Schmidt und in den Hürtgenwald vorgerückt, wo 12000 deutsche und 60000 amerikanische Soldaten bei Kämpfen ums Leben kamen. Heimbach war evakuiert, die Bewohner nach Thüringen und Niedersachsen geschickt worden. Einzelne Bewohner hielten sich zu Hause versteckt. Ein Zeitzeuge erinnert sich, daß er seine Mutter jeden Tag in den Bunker begleitete, wo sie die vier Kühe der Großmutter molk. Auch die Soldaten wollten Milch trinken. Im Visier der Amerikaner hatte die Rurtalsperre gelegen, die Treffer blieben relativ wirkungslos. Die Deutschen versuchten mit Sprengung von Verschlußschiebern der Urfttalsperre eine Flutwelle gegen die Amerikaner auszulösen, erreichten aber nur Hochwasser. Nach dem 15. Dezember 1945 standen von Heimbachs Häusern nur noch Reste, auch das Kloster Maria Wald lag zerstört. Am 2. März 1945 wurde der Ort von den Amerikanern eingenommen.

Erstaunlich altes Gepräge

Mit Hilfe der Grenzlandförderung setzte der Wiederaufbau unmittelbar ein, und man staunt darüber, daß die wenigen erhaltenen Fachwerkhäuser, das älteste von 1560 an der Hauptstraße, und einzelne Rekonstruktionen dem Ortsbild immer noch ein wenig mittelalterliches Gepräge geben können. Denkmalschutz war damals zwar keine Richtlinie. Aber man baute genauso kleinteilig wie vorher, und die Neubauten von heute zeigen mit steilen Giebeln das Bemühen, sich dem vorgegebenen Rhythmus der alten Fassaden einzupassen.

Die Hauptstraße verlief früher im Oberdorf durch die Gasse »Am Giebel« zur Burg. Erst nachdem der Heimbach verrohrt lag, verläuft der Durchgangsverkehr über die Hengebacher Straße. Heute ist die Passage »Am Giebel« eine beschauliche Anlage mit Ensembles von Fachwerkhäusern, die auch den Dorfplatz mit Linde umstehen. Mittelalterlich eng wird es auf dem Weg zur Kirche, in der Teichstraße. Hier floß vom Heimbach abgezweigtes Wasser zur Mühle an der Hauptstraße. Die Gasse zur Kirche liegt schon auf einer Terrassensprosse des Eichelberges.

Heimbach ist so schmal, daß die meisten Gärten der Bewohner ausquartiert liegen, entlang der Rur, gegenüber dem Kurpark. In der warmen Jahreszeit sind die Häuser mit üppig bepflanzten Blumenkästen geschmückt. Die Burg ist Heimbachs kraftvolle Mitte geblieben. Beim Wiederaufbau wurde sie mit etwas Beton verbrämt. Pläne für die Errichtung eines Gefallenen-Ehrenhofes durch die Nazis zerschlug der Krieg. Der weiträumige Komplex ist ein Kulturzentrum geworden, in dem zum Beispiel die Kölner Musikhochschule Sommerseminare veranstaltet. Die beiden oberen Etagen des Palas, des ehemaligen Herrschaftshauses, sind für Heimbachs Bürger reserviert, wenn sie ein Fest feiern möchten.

Heimbach und das Gnadenbild

Zwar nahmen die Franzosen beim Antritt ihrer Herrschaft am Ende des 18. Jahrhunderts durch neue Verwaltungsorganisation Heimbach den Status einer Stadt, aber ihre Säkularisationspolitik, die auch die Auflösung der Klöster durchsetzte, wirkte sich für den stillen Ort im Rurtal wie ein Segen aus. 1797 wurde Maria Walds Aufhebung beschlossen, 1802 verließen die letzten Mönche den Kermeter und 1804 wurde das Gnadenbild mit dem Antwerpener Altar von dort hinunter in Heimbachs Pfarrkirche St. Clemens übertragen. Von nun an kamen die Pilger hierher, und die Ärgernisse über zu geringe Beteiligung der Heimbacher Gemeinde an Gaben und Schenkungen der Wallfahrer hatten ein Ende. Die Einnahmen flossen ungeteilt und ohne Umweg. Zudem war die Unabhängigkeit der Pfarrei vom Kloster wiedergewonnen, das seit 1521 das Patronat besaß und die Pfarrer stellte und auch bezahlte.

Heimbachs Gemeinde hatte Ansprüche an Maria Wald vertreten, die auf die Entstehungsgeschichte der Wallfahrt zurückgehen. Nach einem überlieferten Schreiben von 1523 soll der Heimbacher Strohdecker Heinrich der Fluitter in der Zeit um 1460 in Köln für neun geliehene Mark eine Pietà erworben haben, eine 52 Zentimeter hohe, farbig gefaßte Holzskulpturengruppe, Maria mit dem toten Christus auf ihrem Schoß. Fluitter stellte das für die Zeit typische Andachtsbild mitten im Kermeter-Hochwald zur Verehrung auf und lebte bei ihm als Einsiedler. Durch Passanten wurde die Pietà zunehmend bekannt. Kranke kamen, erfuhren wundertätige Kraft, und es entwickelte sich eine volkstümliche Wallfahrt zu dem Gnadenbild. Der Heimbacher Pfarrer Duymgen bewirkte daraufhin die Errichtung der 1481 geweihten Wallfahrtskirche und die Niederlassung zweier Zisterziensermönche aus Bottenbroich. 1487 folgte die Gründung des Klosters Maria Wald, das sich verpflichtete, der Pfarrei Heimbach jährlich eine Mark Silber zu entrichten. Als der Pilgerstrom dann ständig wuchs, war man unten im Tal mit dieser Regelung nicht mehr zufrieden.

Die spätgotische Pietà

Zu Anfang des 16. Jahrhunderts erwarb das Kloster als Schrein für das Gnadenbild einen prunkvollen Schnitzaltar aus Antwerpen, dessen Mitte es einnimmt. Das Motiv des Mutterschmerzes über den toten Sohn wurde seit der Mystik vielerorts zum skulpturalen Wallfahrtsbild, dessen Anblick das Gemüt ansprach, inniges Mitgefühl und auch Trost auszulösen vermochte. Die Heimbacher Pietà ist die Arbeit eines ländlichen Meisters, der dem spätgotischen Bildtypus mit seinen vergleichsweise einfachen Mitteln intensiven Ausdruck zu geben vermochte. Maria hält in weitem, über den Kopf geschlagenem Mantel den starren, nach vorn gedrehten und horizontal gelagerten Leichnam Christi auf dem Schoß und berührt seinen rechten Arm.

Ankunft einer Pilgergruppe aus Vlatten am 5.7. 1998

Ehepaar Zart aus der Pilgergruppe von Bleibuir am 5.7.1998

Seine abgewinkelten Beine erreichen beinahe den Boden. Nur der Kopf des Toten ragt aus der Dreieckskomposition heraus. Den ruhigen Gesichtszügen des Verstorbenen entsprechen die ablesbaren Gefühle der Mutter. Ihr leicht geneigter Kopf, die hochgezogenen Brauen und die halbgeschlossenen Augen sind Zeichen der Trauer, mit der sich ein schwaches Lächeln um den Mund und die vollen Wangen verbindet. Es deutet das Bewußtsein der Vollendung des heilbringenden Leidens an, das in der betont großen, blutenden Seitenwunde Christi ganz zentral dargestellt ist.

Festlicher Einzug der Prozessionen

Seit reichlich 500 Jahren pilgern in der Zeit von April bis September Gruppen, oft Bruderschaften oder Dorfgemeinschaften, zu dieser Pietà. Die Heimbach-Wallfahrt gehört zu den größten im Rheinland. Mehr als 80 Prozessionen kommen aus der gesamten Eifel und dem weiteren Umkreis, wie Brei-

nig bei Stolberg, zu Fuß. Busse bringen Wallfahrer aus Düsseldorf, Köln, Aachen, Limburg, Montabaur, anderen Orten, und aus Belgien. Während der Festoktav nach Mariä Heimsuchung am 2. Juli ist der Zustrom mit 12–15000 Pilgern am stärksten. 1997 gingen der Kirche die Hostien aus. An den beiden ersten Tagen erreichen jeweils etwa 3000 Wallfahrer ihr Ziel. Die Teilnehmer der Prozessionen sind betend und singend durch die Nacht oder die Morgendämmerung gewandert. Sie ziehen mit Blaskapelle, Brauchtumsfahnen und Gesang in Heimbach ein: »Wunderschön prächtige, Hohe und mächtige«... Die Glocken läuten, beide Kirchen und der Vorplatz sind voller Menschen. Pilgeramt und Andachten werden abwechselnd gehalten. Nach einer Erholungspause verlassen die Gruppen aus der näheren Umgebung, Marienlieder singend, wieder den Ort. Wer fünf oder sechs Stunden Heimweg hat, übernachtet meist.
Festlich ist die Stimmung an diesen Tagen im Ort und fröhlich. »Die Motive, sich auf eine Wallfahrt zu machen, waren und sind so un-

terschiedlich wie die Menschen selbst. Bitten, Dankbarkeit, Versprechen, Gelübde, Sühne, Bußleistungen; das alles brachte und bringt den Menschen auf den Weg. Wallfahrten sind Wanderungen zu sich selbst. Sie sind mit Einfachheit und körperlicher Anstrengung verbunden«. Das schreibt Elfriede Hövel 1997 zur Heimbach-Wallfahrt in der Pfarrzeitung von Kall. Mit Unterbrechungen pilgern die Kaller seit 1924, jeweils vier Stunden, nach Heimbach. Für einen unter ihnen ist die Wallfahrt eine der wenigen Gelegenheiten, Kirche nach außen zu bekunden. Ein Bewohner aus Glehn ging am 6. Juli 1997 zum 50. Mal mit. Er sagt : »Die meisten denken sich schon etwas dabei, ob sie nun aus Tradition oder Vergnügen mitgehen. Krankheiten, Probleme sind oft der Hintergrund. Es wird auch gut gegessen und getrunken.« Wer sich in diesen Tagen im Ort umsieht, erlebt, wie Volksfrömmigkeit, Lebensfreude und Geselligkeit im sommerlichen Wallfahrtsereignis zusammenklingen.

St. Clemens und St. Salvator

St. Clemens

Seit 1981 befindet sich das Gnadenbild mit dem Antwerpener Altar in der neuerrichteten Salvatorkirche. Sie liegt im ehemaligen Friedhofsgelände neben der Clemenskirche von 1725, hinter deren Westturm und etwas nach Norden versetzt im Hang des Eichelberges. Pilger und Gemeinde haben hier mehr Raum. Die nicht klimatisierte Wallfahrtskapelle von 1956, direkt am Kirchplatz, hatte für den Erhaltungszustand des wertvollen Altares eine Gefährdung bedeutet. Die Clemenskirche dient heute der Andacht. Während der Wallfahrtszeit sind hier Hunderte von Kerzen in den Ständern angesteckt. Die alte Kirche steht auf Fundamenten eines romanischen und spätgotischen Vorgängerbaues ganz dicht am Eichelberg. Der einschiffige langgestreckte Baukörper, den ein großflächiges Dach überzieht, hebt sich mit dem viergeschossigen Turm und seinem barocken, zweifach geschweiften Helm als wirkungsvoller Blickpunkt vor dem steilen grünen Hang ab. Die fünfjochige, einfache

Saalkirche mit dreiseitig geschlossenem Chor monumentalisieren kräftige, derbe Strebepfeiler, die bis unter die Traufe reichen. Sie sind aus rotem Sandstein, darüber gleichmäßig rot mit weißen Fugen bemalt, und kontrastreich gegen den hellbeigen Putz abgesetzt. Sie geben der zum Tal gewandten Südseite mit ihrem strengen vertikalen Rhythmus eine auffallende Struktur. Große rundbogige Fenster, eingefaßt von profilierten Sandsteingesimsen, fügen sich in die regelmäßige Gliederung. Auch die kubische Gestalt des Turmes ist durch gemalte Eckquaderung betont. Über seinem zweiten Stockwerk zeigt sich ein Absatz mit Gesims. Das Erdgeschoß soll noch romanisch sein. Die Schallarkaden sind gekuppelt.
Man betritt die Kirche durch ein Portal im Süden des Schiffes neben einer barocken Kruzifixgruppe. Das Innere beeindruckt durch harmonische Geschlossenheit, klare Gliederung, Helligkeit und durch eine vornehme Farbfassung, die dem Schiff größtmögliche Weite geben. Der feine Gelbton an den Wänden und der Decke ist kombiniert

125

St. Clemens, spätbarocke Pracht

mit zartem Hellgrau an den sehr flachen Wandpfeilern und den von ihren dorischen Kapitellen ausgehenden Rippen. Man wählte keine der Bauzeit entsprechende barocke Stuckdecke, sondern an das Mittelalter erinnernde Kreuzgewölbe. Breite Gurtbögen umgreifen in weiten Halbkreisen die Höhe, Joch für Joch die Raumfolge gliedernd. Der Steinfußboden, in schwarz-grauem Schachbrettmuster, und das dunkelbraune Holzgestühl passen sich ebenso gut ein wie die dreigeteilte, auf Säulen ruhende Orgelempore mit dem zierlichen Musikinstrument. Die in den fünfziger Jahren neuverglasten, sparsam dekorierten Fenster lassen viel Licht einfallen. Rankenwerk im Rokokostil umspielt jeweils ein Medaillon in der Mitte mit Symbolen wie der Lilie für Maria. Zum Wohlklang des Raumes trägt die originale Ausstattung vom Anfang des 18. Jahrhunderts bei. Hauptaltar, Seitenaltäre und die Kanzel sind aus Holz, dunkelgrau bemalt und mit vorgelegten, in Silber gefaßten Akantusranken, Schnitzwerk und Engelfiguren reich verziert. Das Zentralbild des Hauptaltares, von Säulen gerahmt,

zeigt als Kopie die Kreuzabnahme von P. P. Rubens. Rechts und links daneben stehen in Nischen die Heiligenskulpturen der Scholastika und des Benedikt. Beichtgittertüren bilden die seitliche Begrenzung. Die Nebenaltäre dienen der Präsentation von 500 Jahre alten Reliquienbüsten der Heiligen Agnes und Thekla und des Ehepaares Chrysanthus und Daria, deren Kult in Bad Münstereifel gepflegt wird. Barockzeitlich sind die großen Konsolfiguren des Patrons der Kirche, Papst Clemens und des hl. Matthias. Vom Kloster Maria Wald stammt eine Heilig-Grab-Gruppe aus der Zeit um 1500 mit einer lebensgroßen, von Körperqual naturalistisch gezeichneten Christusgestalt. Die drei kleineren, bei ihm stehenden Marienfiguren, die Salbgefäße halten, vertreten in ihrer Steifheit eine frühere Ausdrucksweise.

Die neue Kirche

Von der Clemenskirche aus führt unter der Empore eine Tür direkt in die neue Salvatorkirche. Für ihre Entstehung und Ausgestaltung hat sich vor allem Pfarrer Joseph Olivier eingesetzt. Er kam von der Gemeinde St. Martin in Aachen und hatte dort bei Instandsetzungen der Kirche den Architekten Karl Heinz Rommé und den Glasmalermeister Hans-Bernd Gossel (Lahntal-Caldern) kennengelernt. Rommé, gebürtiger Aachener Jahrgang 1929, der Kirchen sanierte und Altenheime und Kindergärten baute, erhielt den Auftrag für Heimbach. St. Salvator blieb sein einziger Kirchenneubau. Über Gossel, den lebenslangen engsten Mitarbeiter des bedeutendsten Glasmalers der deutschen Nachkriegszeit, Georg Meistermann (1911–1990, s. Mayen), konnte dieser gleichfalls für Heimbach gewonnen werden. »Alleine hätte ich nicht gewagt, ihn anzusprechen«, sagte Pfarrer Olivier. Gossel fuhr mit ihm zur Kirche St. Clemens in Mayen und zeigte ihm die Chorfenster Meistermanns von 1973 mit der Darstellung einer nahezu abstrakten Auferstehung Christi. »Genau das« wollte der Pfarrer für Heimbach, »doch etwas gegenständlich mußte es sein. Es ist eine wunderbare Konzeption geworden. Altes und Neues versöhnen sich in der Kirche«.

Dem Architekten blieb für seinen Entwurf am Steilhang neben der Clemenskirche nur die Längsausdehnung hinter dem Turm, der seine überragende Mittelpunktstellung behauptet. Der Grundriß mißt 32,20 mal 17,20 Meter. Rommé schob den Baukörper in den Berg hinein und stützte die Nordwand gegen den Druck der Erdmassen mit nebeneinanderstehenden dicken Betonsäulen und Stahlstangen ab. Das große Satteldach wirkt wie eine ungefähr spiegelbildliche Wiederholung des Daches der alten Kirche. Es stößt im Norden an den Berg, auf dem terrassenförmig der Friedhof liegt. Neben der langen Treppe zu den Gräbern ragt die westliche Giebelwand hoch. Sie ist glatt, ihre Schrägseiten sind, ebenso wie die im Osten, von Fensterbändern durchbrochen. Da die Rückfront der Kirche in den Hang versenkt wurde, öffnete Rommé die Schauseite zum Süden als Belichtungswand. Er löste sie mit senkrechter Gliederung in parallele hohe Fensterfelder auf. Kleine, zum Hauptfirst quergestellte Giebel in Beton begrenzen sie als ausdrucksvolle, weithin sichtbare Zickzacklinie. Im Parterre setzen sich die Fenster mit vorgelagerter schmaler Überdachung und wieder giebelförmigem Abschluß fort. Sie sind wie Türen zum Kirchplatz zu öffnen, so daß die Pilger von dort aus Kontakt zum Geschehen am Altar haben können. Im Südwesten der Kirche liegt ein Nebeneingang, ein weiterer, im Osten, führt durch einen Gang entlang der Außennordwand der alten Kirche, der mit Beichtstühlen eingerichtet ist und die 14 modern gestalteten Leidensstationen Christi präsentiert. Der Haupteingang zur neuen Kirche ist das Portal der alten, so daß der Besucher erst St. Clemens passiert, ehe er durch die Verbindungstür St. Salvator betritt.

Raum der erlebbaren Mitte

Mildes Licht leuchtet einen weiten hohen Raum gleichmäßig aus. Der vergoldete Antwerpener Flügelaltar an der Nordwand und die großangelegte, zarttonige Farbkomposi-

St. Salvator, ein Raum »erlebbarer Mitte«

tion der Fenster gegenüber, mit der zentralen hellen Gestalt des auferstehenden Christus, ziehen den Besucher in ihren Bann. Der einschiffige Saal dehnt sein Volumen auf die volle Höhe des Satteldaches aus, das so seine Form innen wie außen zeigt. Es ist auf Wunsch von Georg Meistermann schwarz gemalt worden. Die gegebene Längsausrichtung des Raumes, die nach alter Tradition die gestaffelte, hierarchische Anordnung von Chor und abgesetztem Gemeinderaum hätte nahelegen können, blieb unmaßgeblich. Die Raumgliederung wird vielmehr von einem Zentrum bestimmt. Sie entspricht damit den Richtlinien der Liturgischen Erneuerung des Zweiten Vatikanischen Konzils, die »volle, bewußte und tätige Teilnahme aller Gläubigen an den liturgischen Feiern« fordern, wobei Altar, Ambo (Lesepult) und Leitungssitz die erlebbare Mitte der Gemeinde bilden sollen.

Rommés Gestaltung ist funktional und kunstreich. Die Breitseiten des langgestreckten Schiffes verkürzte er durch symmetrisch eingezogene Emporenflügel, die schwebend, auf nur einer Säule im Halbkreis vorkragen. Sie dienen als Orgelbühne und geben Pilgern viel Platz. Unter den Emporen beginnend, ordnen sich flache Bankreihen konzentrisch im Halbkreis. Sie umschließen den von der Nordwandmitte ausgehenden Altarbereich. Er ist mit zwei Stufen und beige-dunkelgrauem Schachbrettmuster im Boden vom Gemeinderaum abgehoben. Vornean steht der Zelebrationsaltar, ein steinerner hellgrauer Block mit abgerundeten Ecken und Intarsienbändern. Daneben befindet sich der Ambo als Marmorstele mit Buchskulptur. Abgrenzend überhöht den Bezirk auf hohem Steinsockel der alte prachtvolle Altar mit dem Gnadenbild in seiner Mitte. Die Nordwand, vor der er als einziger Schmuck steht, ist aus hellem Udelfanger Sandstein gemauert. Jeder handbehauene Stein unterscheidet sich in Größe, Oberfläche und Farbton von jedem anderen, so daß die gewaltige Fläche belebt wirkt. Ihrer Oberkante ist abschließend ein durchgehender Betonbalken aufgelegt. Er gibt den dahinterliegenden Säulen zusätzlich Halt gegen den Druck des Berges.   ·

Zur Ausstattung der Salvator-Kirche gehören die große Orgel von 1985 (R. von Beckerath, Hamburg), deren Gehäuse sich dem Giebeldreieck im Osten formvollendet anpaßt, und nur zwei Heiligenfiguren: eine Madonna mit Kind (um 1700) in einer Nische der westlichen Giebelwand, sowie die lebensgroße spätgotische Skulptur des Bernhard von Clairveaux am Aufgang zur Westempore. Die Höhepunkte der Einrichtung stellen die Fenster und der alte Altar dar. Die Antwerpener Arbeit aus der Zeit um 1520 ist ein Passionsaltar mit dreiteiligem Schnitzschrein, geschnitzter Predella und bemalten Flügeln. Er ist wie in Gold getaucht, von prachtvoller Wirkung. Die sieben vielfigurigen Szenen, deren Akteure auch noch im Hintergrund vollplastisch, gestikulierend und mit ausdrucksvollen Gesichtern gestaltet sind, stellen das Drama der Leidensstationen Christi nach, das in der Kreuzigung gipfelt. Vergoldete Maßwerkschnitzereien rahmen das Geschehen, in dem auch das Volk in goldene Gewänder gekleidet ist. Die bemalten Flügel sind thematisch Maria und der Kindheit Jesu

gewidmet. Unter dem im Zentrum eingesetzten Gnadenbild ist in der Predella der Tod Marias dargestellt und rechts daneben Christus, in der Hölle kämpfend. Dem »hinabgestiegen in das Reich des Todes« folgt im christlichen Glauben die Auferstehung Jesu. Sie ist in der Monumentalkomposition der Fensterwand gegenüber das Hauptmotiv.

In Glas gemalt

Der Glasmaler G. Meistermann kombiniert seine abstrakte Formensprache mit Figürlichem und Symbolen. Ohne jede Vorzeichnung entwarf er im Maßstab 1 : 1 die Fensterbilder auf weißem Karton mit Kohle und Pastellfarben. Glasmalermeister Hans-Bernd Gossel bewerkstelligte dann die Übertragung in Glas mit vielen kunstvollen Arbeitsschritten (siehe Mayen) und das Einsetzen der Fenster in der Kirche. Dabei stand er in engem Kontakt mit Meistermann, der im Eifelraum nach Wittlich (1949) und Mayen (1973) die »Auferstehung Jesu« in Heimbach 1981 zum dritten Mal in Glas malte. Seine künstlerischen Mittel – Farbe, Linie, Fläche – vereinen sich hier zu einem Bildgewebe aus opakem Glas (lichtdurchlässiges Trübglas), in dem zarte Grauwerte, von Graugrün bis Grauviolett wie bei mittelalterlicher Grisaille-Malerei (Grau in Grau) den Ton angeben. Meistermann verwendete 30 verschiedene Graumischungen.

Als Basis des überdimensionierten Bildes dienen weit ausgespannte Schwingen, die die fünf Fenster durchmessend miteinander verbinden. Ihre leicht türkis eingefärbte Fläche durchziehen Bleilinien, Strich um Strich den ausgebreiteten Flügeln nachgehend. Über ihnen stapeln sich horizontale kleine und kleinste Formen, die die Bleiruten als unregelmäßiges Gitter bilden. Das Auge bleibt ständig in Bewegung, geführt von Farbstufen und Linien. Helle, eingestreute Tropfenformen und diagonal verlaufende Strahlenbündel – nach Meistermann die Zungen des Heiligen Geistes und Gnadenströme – setzen belebende Akzente. Farben wechseln nur ihre Nuancen, verhalten ist ihr Klang. Begrenzt

oder gerahmt wird die großflächige Fensterwand von Feldern senkrechter feinster Stri-
chelung rechts oben und links unten, hervorgehoben durch Regenbogenfarben.

Die gesamte Konzeption ist auf die Mitte hin
angelegt, auf die Gestalt des Auferstehenden.
Quergelagerte dunkle olivfarbene Blöcke
(das Grab) bilden das erdenschwere Fundament, über dem, kontrastierend abgehoben in
hellstem Weiß, Christus mit ausgebreiteten
Armen schreitend dargestellt ist. Er ist wie
von gebauschten Tüchern in Licht gehüllt,
man erkennt den schlanken Korpus, den eine
feine Linie konturiert. Dunkelrot und orange
leuchten die Wunden an den Händen, den
Füßen und an der Seite. Der Kopf ist barhäuptig, das Gesicht nur von zwei Augenstri-
chen und einer Nasenlinie angedeutet. Über
ihm verdichten sich Tropfen und Formen
noch einmal in hellstem Weiß wie zu einer
Wolke. Der Himmel darüber ist abgegrenzt
mit einer durchgehenden Horizontalen aus
parallelen Streifen und irdisch bunten Farbflecken.

Die transparenten, vom Licht durchleuchte-
ten Fensterbilder waren für Meistermann
Wände ohne Körper, entstofflichte Materie,
in denen sich die immaterielle Welt offen-
bart: »Diese Farben sollen nichts anderes
sein, als Schatten der Herrlichkeit, diese Linien nichts anderes als Stufen und Straßen
unseres Geistes, als Wege in eine andere
Landschaft, in der der Friede des Heiligen
Geistes herrscht«.

Die fünf kleinen Fenster unter der großen
Südfront zeigen aneinandergereiht fünfmal
dasselbe Bild, um optisch keine Unruhe aufkommen zu lassen. Die bekrönenden Drei-
ecksgiebel sind von Dunkelblau und Orange
ganz abgedunkelt. Bauchige hellgraue Formen, große Tropfen und sieben Kerzen sind
um ein leuchtendes blaues Feld verteilt. In
das mittlere ist ein kleines Kruzifix in Blau-
Weiß eingeätzt. Die Kerzen sind Symbole
österlichen Lichtes. Die Giebelfenster im
Westen thematisieren die Eucharistie mit
dem Sinnbild eines großen grünen Weinblat-

*»Auferstehung Jesu«, Glasgemälde von Georg
Meistermann, 1981*

tes, an dessen Ranken auf der einen Seite
Weintrauben, auf der anderen Kornähren haf-
ten. Hans-Bernd Gossel erzählte, daß Meistermann das Motiv der abgeknickten reifen
Ähre, aus der ein Korn in die Erde fällt, so
daß neues Leben wachsen kann, häufig verwendet habe. Die grellgelbe Sichel ist ein
Symbol des Todes und des Gerichts. Entlang
den Fensterbändern des Nordgiebels nimmt
Meistermann in abstrakten Zeichnungen und
Symbolen Bezug auf die Seligpreisungen der
Bergpredigt. Volle, tief leuchtende Farben,
Dunkelgrün, Blau, Rosa und Orange, hat er
dem kleinen Rundbogenfenster in der Turmhalle von St. Clemens gegeben. Ein Kelch
mit Hostie, ein Kreuz und ein Anker sind in
die bunten Flächen eingemalt. Wenn Sonne
auf das Fenster fällt, funkeln diese Sinnbilder
für Glaube, Liebe und Hoffnung in schön-
stem farbigen Wohlklang.

Auf Alveradis' Erbteil

Nideggen, Stadt seit 1313
1926 bestätigt
Kernstadt: 2 841 Einwohner
Gesamtstadt: 10 301 Einwohner
Kirche: St. Johannes

Der rotfarbene dekorative Stein, aus dem die Höhenburg Nideggen und, in ihrem Schlepptau, die ummauerte Stadt errichtet sind, lag griffbereit. Weithin sichtbar ragen rötliche Felsbastionen mit Türmen und Säulen aus

der Decke bewaldeter Berge und Hänge, in die sich die Rur tief und Mäander formend einschnitt. Die Buntsandsteinbrüche des Tales lieferten über Jahrhunderte Baumaterial. Seit Kaiser Karl V im Geldrischen Erbfolgekrieg 1543 Nideggen mit Pulvergeschützen in Flammen aufgehen ließ, rissen kriegerische Brandschatzungen nicht ab. Erst die mit den Preußen 1815 beginnende Friedenszeit bot dem sich festigenden Ort Halt. Die letzten Reserven der Sandsteinbrüche verschwanden schließlich, als die Burg, die gleichalte Kirche in deren Zwingmauern und die Stadt mit ihrer Befestigung nach dem

Nideggens Marktplatz mit Blick auf das Dürener Tor

Zweiten Weltkrieg so gut wie neu aufgebaut werden mußten. Die Westfront hatte sich 1944 im angrenzenden Hürtgenwald festgesetzt (s. Heimbach). Nideggen geriet unter amerikanischen Beschuß und wurde zu fast 90 Prozent zerstört.

Jetzt holt man sich in Farbe und Härte verwandte Felsbrocken aus Koblenz und Luxemburg. Die im Nordwesten der Eifel gelegene Stadt Nideggen wurde in den illustren und verpflichtenden »Arbeitskreis historischer Ortskerne« des Landes Nordrhein-Westfalen aufgenommen und feilt an ihrer alten schönen Erscheinung hoch oben auf dem Berg der Burg. Das Paradestück, die umfangreiche Burganlage mit ihrem wieder intakten sechsgeschossigen Bergfried, dem »Jenseitsturm«, steht vornean auf dem Bergsporn. 333 Meter hebt er den Komplex über das Tal empor. Der überlegene, kontrollierende Weitblick in das Land von uneinnehmbarer Höhe aus bestimmte die Wahl des Bauplatzes. Die heute von wildwüchsigen Bäumen dicht bestandenen Steilhänge waren kahl und sollen es auch wieder werden. Denn die Wächter des Burgherren in der Waldgrafschaft mußten jeden, der sich näherte, mustern können, um rechtzeitig Vorsorge zur Abwehr zu treffen. Vor dem Krieg weideten dort noch Kühe. Auch der Jenseitsturm, der 1944 und 1945 als Artilleriebeobachtungsstand diente und heute das Burgenmuseum der Eifel beherbergt, soll seine historische, von Bäumen unverdeckte Silhouette zurückerhalten.

Das Werk des starken Helmes

Dieser Turm ist Nideggens Ursprung und das Werk des »starken Helmes«. So nennen die Bewohner den Grafen Wilhelm II von Jülich. Doch ohne seine Frau Alveradis wäre ihm die attraktive Bergkrone kaum zugefallen. Sie war die Tochter des Grafen Adalbert von Maubach-Nörvenich und erbte 1177 mit dem Tod des Vaters seine Besitzungen: die Herrschaft Nörvenich, die Grafschaft Maubach und Teile der Waldgrafschaft, das Gebiet um Nideggen. Auf diese Weise wuchsen Wilhelms II bescheidene Besitzungen auf beachtliche Größe an. Er demonstrierte den neuen Machtanspruch, vor allem gegen die angrenzende Herrschaft Monschau, mit dem Bau des gewaltigen Bergfrieds (1177–1190), der nun Residenz der Jülicher Grafen wurde. Im Erdgeschoß liegt hinter zwei Meter dicken Mauern die romanische Burgkapelle mit sehr kleinen Fenstern, einem einzigen, längsrechteckigen Kreuzgratgewölbe und einer Ostapsis. Daneben, durch eine Wandöffnung verbunden, befindet sich der gleichgroße Kerker unter einem Tonnengewölbe, mit nur einem Lichtschlitz und gesondertem Einstiegsschacht. Hier haben Würdenträger von Kirche und Adel dunkle Zeiten verbracht.

Wilhelm II pflegte allerdings gute Beziehungen zum Kölner Erzbischof Philipp von Heinsberg. Er verkaufte ihm die Burg, die er sogleich als Lehen zurückerhielt. Auch standen die beiden in der Reichspolitik, in der Frage der Königsnachfolge, auf Seiten der Welfen. Nicht weit von Wilhelms II Festung, zwei Kilometer jenseits der Rur, aber 70 Meter höher gelegen, hatte der Staufer, Kaiser Friedrich Barbarossa, bereits kurz vorher 1171 die Burg Bergstein errichten lassen. Ein offener Konflikt zwischen Barbarossa und dem Kölner Erzbischof führte schließlich zum Abriß der Reichsburg, deren Steine in Wilhelms Bergfried verbaut worden sein sollen. Es heißt, der Name Jenseitsturm beziehe sich auf die einstmals gegenüberliegende Burg.

Wilhelm II starb 1207 auf Nideggen, kinderlos und, will man Caesarius von Heisterbach glauben, in den Armen einer Geliebten. Seine Frau Alveradis soll er verstoßen haben. Nach einer Legende brach sich der starke Helmes, vom Pferd stürzend, das Genick. Er hatte, heißt es, seine nackte Frau mit Honig bestrichen, sie in einen Käfig gesperrt und den dann an die Burgmauer gehängt. In der Hoffnung, Insekten würden sie stechend töten, sei er davongeritten. Doch beherzte Frauen sollen Alveradis befreit haben. Darüber sei Wilhelm bei seiner Rückkehr so wütend geworden, daß er seinem Pferd heftigst die Sporen gab, abfiel und tot liegen blieb. –

Die verwitwete Alveradis heiratete in zweiter Ehe 1208 Otto II von Wickrath.

Erzbischöfe im Kerker

Ein Neffe Wilhelms II, der Sohn einer Schwester, wurde der Nachfolger. Er starb 1219 auf einem Kreuzzug in Ägypten. Dessen Sohn, Wilhelm IV (1219–1278), der die Jülichsche Grafschaft noch um Heimbach erweiterte, war eine gefürchtete Persönlichkeit und ging als Kerkermeister von Erzbischöfen in die Geschichte ein. Denn, im Gegensatz zu seinem Großonkel, scheute er nicht die Kollision mit dem rivalisierenden Kölner Erzbischof, dem Herrscher über ein eigenes Territorium. Die Konfrontation zwischen der Jülicher Grafschaft, dem inzwischen größten territorialen Block neben dem Kölner Kurstaat in der Erzdiözese, dominierte dann fast 100 Jahre das politische Geschehen am Niederrhein.

Der »Jenseitsturm« (1177–1190), heute Burgenmuseum

Seit dem 12. Jahrhundert waren die Bischöfe zu weltlichen Fürsten aufgestiegen. Als geistliche Amtsträger und weltliche Landesherrscher in einer Person hatten sie eine doppelte Machtstellung erworben, die sie gegenüber den Grafen heraushob. Der ausgedehnte geistliche Diözesansprengel des Kölner Erzbischofs umfaßte neben dem eigenen bedeutend kleineren weltlichen Kurstaat, dem Erzstift, noch etliche Grafschaften. Ihnen traten die Kölner Erzbischöfe als sehr eroberungsfreudige Konkurrenten gegenüber, obwohl sie gleichzeitig ihr geistlicher Amtsherr waren. Das Gewicht ihrer Doppelrolle verlagerte sich rasch vom Seelenhirten zum weltpolitischen, machtheischenden Herrscher. Ihr Ideal wäre gewesen, wenn Diözese und Kurstaat sich räumlich gedeckt hätten.

Nachdem sich Erzbischof Konrad von Hochstaden 1239 gegen den vom Papst gebannten Staufer, Kaiser Friedrich II, gestellt hatte, schloß Wilhelm IV von Jülich sich mit den Herzögen von Brabant, Limburg und Oberlothringen und mit den Grafen von Looz und Geldern gegen ihn zusammen. Staufentreue und Reichsinteresse gaben ihnen einen Vorwand, ihren argen Widersacher zu bekämpfen. Bei den Auseinandersetzungen gingen Bonn und Jülich in Flammen auf. Doch im Februar 1242 fiel Konrad von Hochstaden im Wald Bade bei Nideggen in die Hände des Jülicher Grafen, der ihn in den Kerker des Jenseitsturms sperrte. Erst nach neun Monaten, die den Tiefpunkt der Laufbahn des bedeutenden Kirchenfürsten darstellen, der als kriegerisch charakterisiert wird, aber auch den Grundstein zum Kölner Dom legte, kam Konrad für 4000 Mark und andere Bedingungen wieder frei. Die Konflikte und Kämpfe setzten sich fort. Konrads Nachfolger, Engelbert II fiel 1267 in die Jülicher Lande ein, eroberte nicht nur Sinzig, wurde aber schließlich zwischen Zülpich und Lechenich gebremst, gefangen genommen und von Wilhelm IV in den bewährten Kerker verbracht. Dort blieb dieser Erzbischof von Köln dreieinhalb Jahre, nach einer Legende in einen Käfig gesperrt und vom Burgvogt nachts gepeinigt. Starrköpfigkeit des Erzbischofs, der für seine Freiheit zu keinen Zugeständnissen bereit war, und Unfähigkeit des päpstlichen Nuntius im Verhandeln ohne Lösegeld sollen die Freilassung behindert haben. Wilhelm IV gab dem Gefangenen, seinem geistlichen Amtsherrn, nicht nach und blieb auch unbeeindruckt vom päpstlichen Bann, der ihn 1268 traf. Erst durch Vermittlung des Gelehrten Albertus Magnus, der Engelberts zu hohe politische Ansprüche korrigierte und den Bischof außerdem an seine Seelsorgepflichten erinnerte, kam es zu einer Einigung mit dem Jülicher Grafen und damit zur Entlassung des Erzbischofs.

Wilhelm IV und seine Frau Ricarda wurden in der Kirche des Burgfleckens, St. Johann, beigesetzt. Ihre lebensgroßen, schon verwitterten Liegefiguren auf dem Sandstein-Grabmal lassen den Grafen noch im Waffenrock, die Hand am Schwert, erkennen. Seine ungewöhnlich lange Regierungszeit hatte im Frühjahr 1278 ein jähes Ende genommen, nachdem er Aachen für Jülich in einem Handstreich hatte zurückerobern wollen. Das mißlang. Auf der Flucht in ein rettendes Kloster wurden Wilhelm IV und die drei ihn begleitenden Söhne von einem Grobschmied erschlagen. Beim Friedensschluß mit Aachen 1280 wurde die Domstadt noch verpflichtet, vier Altäre für die gewaltsam Verstorbenen zu errichten, zwei davon in St. Johann auf Nideggens Burgberg.

Die Stadt im Glanz

Auch Engelberts II Nachfolger, Erzbischof Siegfried von Westerburg zeigte sich kampfeslustig, um Jülicher Gebiete einzuheimsen. Ein Friedensvertrag von 1291 nach der Schlacht bei Worringen beendete schließlich die Fehden zwischen den beiden mächtigen Landesherren, zumal sein Kontrahent, Graf Walram von Jülich, eine Nichte des Erzbischofs heiratete.

Die Anlage um den Jenseitsturm auf dem Plateau des Bergsporns war inzwischen gewachsen. Der ihr wie ein Zwinger vorgelagerte Burgflecken hatte zu Anfang des 13. Jahrhunderts Mauern erhalten. Sie umschlossen die kompakte Basilika mit ihrem

Das Nyckstor, Einlaß zum Burgflecken

mächtigen Westturm, die seit 1219 vollendet dastand. Kurz vor seinem Tod in diesem Jahr hatte Wilhelm III sie dem Deutschherrenorden geschenkt, 1282 war sie dann an die Johanniter übergegangen, die neben der Kirche eine Kommende errichteten (auf dem Platz des heutigen Pfarrhauses). St. Johannes war Ordens- und Pfarrkirche. Ihre neuen Herren verschafften der Siedlung vor der Burg zwar etwas Auftrieb. Doch es bedurfte erst eines Anreizes, Menschen in die Nähe der Burg zu locken, die zwar strategisch perfekt, doch fernab großer Verkehrswege lag. Außerdem bot der steile Felssporn keine günstige Grundlage für Ackerbau oder Handel. Daher verlieh Graf Gerhard von Jülich, der um Zuwachs bemüht war, der Siedlung Nideckin 1313 das Stadtrecht, die eigene Gerichtsbarkeit und attraktive Privilegien wie Befreiung von Steuern, Akzisen und Zöllen in der gesamten Grafschaft. Die Bürger erhielten zudem Handels- und Gewerbefreiheit und das Geschenk von Land und Höfen außerhalb der Mauern. Die Stadt, die sich quergelagert vor Burg und Burgflecken auf abfallendem

Gelände in Nord-Süd-Richtung erstreckt, war um die Mitte des 14. Jahrhunderts mit vier Toren und Wachtürmen ringsum komplett befestigt. Ihre Verteidigung war Bürgerpflicht. Bei allem sich entfaltenden Leben, das sich wirtschaftlich jedoch in Grenzen hielt, blieb das Manko eines Brunnens innerhalb der Stadt. Im Burggelände holte man Wasser aus 100 Meter Tiefe. Zünfte entwickelten sich in Nideggen nicht, aber es entstand eine Sebastianus-Schützengesellschaft, die bis heute aktiv ist. Die Einwohnerzahl schwankte zwischen 400 und 500, ehe sie später, im 19. Jahrhundert, allmählich anstieg.

Unter Gerhards Sohn, Graf Wilhelm V (1328–1361) erlebte die kleine Stadt, »oppidulum«, ihre Glanzzeit. Der Graf wird vom Kaiser zum Markgrafen ernannt und dann 1356 in den Herzogstand erhoben. Die neuen Würden fordern dazu heraus, der Residenz entsprechendes Gewicht zu verleihen. Durch Einbeziehung der Herrschaft Monschau lag sie jetzt im Mittelpunkt des Jülichschen Territoriums. Wilhelm V veranlaßte die Übersiedlung des Kollegiatstiftes von Stommeln mit dem Grab der seligen Christina nach Nideggen. Da die Johanniter ihre Kirche nicht hergaben, ließ der Graf vor dem Brandenberger Tor der Stadt für zwölf Kanoniker Gebäude und eine Stiftskirche errichten, die auch gräfliche Grablege und damit Konkurrenz für St. Johannes wurde. Die rechteckige Burganlage mit großem Innenhof bereicherte der Dynast durch den Bau eines Palas, dessen Rittersaal an Größe und Pracht damals nur vom Kölner Gürzenich und dem Aachener Kaisersaal übertroffen wurde. Noch seine Ruinen mit den hohen eleganten Fenstern und dem Durchblick auf die Eifelhöhen wirken imposant.

Die verlassene Stadt

Schon bald nach Wilhelms V Tod sank die Residenzstadt zur bloßen Amtsstadt ab, und herzögliche Verwalter bezogen die luxuriösen Schloßanlagen. Durch Heirat des Sohnes ausgelöst, wurden die Herzogtümer Jülich und Geldern unter dem Enkel vereinigt und die Burg Kaster zum zentralen Regierungssitz. Das Abwandern des Hofes bedeutete für Nideggen den Verlust des Hauptlebensnervs. Nachdem 1423 das Stammhaus Jülich-Geldern ausgestorben war und die Herzöge von Berg die Erbschaft angetreten hatten, wählte Herzog Gerhard (1437–1475) dann noch einmal Nideggen als Residenz. Er verlieh ihr neue Exklusivität durch die Gründung eines Hubertus-Ritterordens, den er in der Stiftskirche ansiedelte. Mitglieder wurden neben niederrheinischem Adel Herzöge aus etlichen deutschen Landen.

Als das Herzogtum Jülich 1511 an das Haus Kleve kam, schwand Nideggens Bedeutung. Verheerend wirkte sich 1543 der Geldrische Erbfolgekrieg aus. Nach der Zerstörung der Stadt durch Kaiser Karls V Truppen wurde das Kollegiatstift in die neuerrichtete Residenz Jülich verlegt. Adlige, Beamte, Geistliche und Handwerker zogen fort. Zurück blieb eine entleerte ruinierte Stadt, die auch in den folgenden Jahrhunderten von den großen Kriegen in Mitleidenschaft gezogen wurde. Allein der Status als größte Jülichsche Amtsstadt, zuständig für 15 Ortschaften, bedeutete noch eine Sonderstellung. Diesen Restposten nahmen jedoch die Franzosen während ihrer Herrschaft über die Rheinlande (1794–1814). Die Stadtrechte bekam der Ort 1926 zurück.

Über den alten Kellergewölben

Wer heute durch eines der beiden wiederaufgebauten spitzbogigen Eingangstore nach Nideggen kommt – durch das mächtige Dürener Tor mit den beiden von Kegeldächern bekrönten Flankentürmen oder durch das schlanke hohe Zülpicher Tor –, dem präsentiert sich die Stadt mit ihren mittelalterlichen, gepflasterten Straßenzügen wie auf den alten Plänen. Kraftvoll wirken die kubischen Gebäude aus den intensiv roten Sandsteinquadern, und stattlich. Die Häuser in der Zülpicher Straße, der Geschäftsader, konnten, wie auch andere in der Stadt, nach 1945 mit Hilfe der erhaltenen

Kellergewölbe auf dem ursprünglichen Grundriß neu aufgebaut werden. Bei dem Aufriß richtete man sich nach alten Ansichten, so daß die Größeneinheiten der Gebäude und der Rhythmus ihrer Fassadengliederung durch Fenster, von Ausnahmen abgesehen, die historischen Maßstäbe wiedergeben. Die steil vom Dürener Tor ansteigende Gerhardstraße ist doppelt breit. Hier finden sich mehrere 200 Jahre alte Bauten von repräsentativem Format. Ihre Keller tragen noch die mittelalterlichen Tonnengewölbe. Manches große rundbogige Einfahrtstor zum Hof erinnert an Viehbesitz und Ackerbau. Auch breite Fachwerkhäuser, zweistöckig und mit Mansarddach, sind zwischen die Steinhäuser gemischt, sie stehen sämtlich auf steinernen Sockeln. Hier, unweit vom Markt, lebten die reichen Bewohner.

Die nahezu rechteckige Anlage der ummauerten Stadt ist klar gegliedert durch die Längsachse der Zülpicher Straße, deren Verlängerung, die Bahnhofstraße, in das nicht wieder aufgebaute Brandenberger Tor mündete. Im Zentrum der Mittellinie liegt langgestreckt der Marktplatz, auf den die Gerhardstraße als Querachse stößt. Hier steht neben einer Linde das vier Meter hohe steinerne Marktkreuz vom 15. Jahrhundert, verziert mit Kreuzblumenknäufen an seinen Balkenenden. Wilhelm V hatte Nideggen drei freie Märkte gewährt. Im 19. Jahrhundert verdoppelten sie sich. Während das Rathaus an der Ecke mit Walmdach und Dachreiter ein Neubau ist, konnte der 200 Jahre alte Ratskeller schräg gegenüber mit seinen drei Stockwerken im Rokokostil nach dem Krieg saniert werden. Erhalten blieb auch vis-à-vis das gleichalte verputzte langgestreckte Fachwerkhaus, das seine Struktur nur an der Rückfront mit Andreaskreuzen zu erkennen gibt. Das Haus des Vikars mit winzigen Fenstern zum Hof und schöner rundbogiger Einfahrt begrenzt den Markt nach Norden. Der rote Sandstein gibt der Stadt ihren harmonischen kraftvollen Grundton und Geschlossenheit. Das hohe, weiß verputzte Fachwerkhaus im Zentrum, ein altes Gasthaus für Fuhrleute, heute ein feines Hotel, fällt aus dem Rahmen. Putz sollte den teure-

Nideggens ältestes Haus, Bahnhofstraße

Als Wohnturm genutzter Rundturm der Stadtmauer, Bewershof

ren Stein vortäuschen. Das älteste Haus, stattlich und in Fachwerk, stammt aus dem späten 16. Jahrhundert und steht in der Bahnhofstraße. Der Bahnhof liegt unten im Tal, in Brück, eine halbe Stunde zu Fuß entfernt. Gleich außerhalb vom Dürener Tor, im Altwerk, wo vor allem Handwerker siedelten, lag neben den alten Fachwerkhäusern seit 1358 vornean das »Gasthaus«, ein Hospital. Seine Kapelle verschwand erst im Zweiten Weltkrieg. Zwei Gehminuten entfernt, erstreckt sich hinter der Nordostecke der Stadtmauer der bereits 1356 erwähnte Bewershof, der ein Mannlehen war. Der Besitzer war verpflichtet, die Jülicher Grafen im Krieg mit zwei Knappen und drei Pferden zu unterstützen. Zum Hof gehört der als Wohnturm ausgebaute Rundturm der Befestigung. Eine geschweifte Barockhaube mit Wetterfahne verziert ihn. Gegenüber, auf dem Gelände des Altenheims und des Klostergartens lag früher das Stift mit Kirche, deren Apsisfundamente Gras und Büsche überwuchern. Minoritenpatres hatten sich nach Verlegung des Stiftes hier angesiedelt und den Schuldienst der Stadt übernommen. Erhalten blieb vor dem Zülpicher Tor die 1818 mit barockem Giebel aufgeführte Marienkapelle.

Wen zieht es zur Neid-Burg?

In Nideggen führen alle Wege aufwärts. Vom Markt windet sich der schmale Kirchweg hinauf zu St. Johannes und weiter zur Burg. Noch vor den Bögen des halbverfallenen, von Glockenblumen bewachsenen Nycktores, dem Einlaß zum Burgflecken, liegt eine Gaststätte mit Terrasse und Ausblick über das von Bergen umsäumte Rurtal. »Hier ist es herrlich. Grün ringsum, gute Luft, kein Verkehrslärm. Nachts kann man die Fenster offen lassen«. Die Wirtin ist zufrieden, und ihre Gäste sind es auch. Weiter aufwärts, im Restaurant Burg Nideggen feiern im Jahrhundert Brautpaare von weither ihre Hochzeit. Seit Beginn des Jahrhunderts entwickelte sich in Nideggen Tourismus als Zugewinn zum Haupterwerb durch Landwirtschaft. Tagesgäste und Kurzurlauber beleben heute den

alten Ortskern, seine Restaurants und Cafés. Im Herbst, wenn die Laubfärbung der Mischwälder einsetzt, kommen Wanderer. Seit 1972 gehören acht umliegende Orte zur historischen Altstadt: Abenden, Berg-Thuir, Brück, Embken, Muldenau, Rath, Schmidt und Wollersheim. Sie liegen, entsprechend der zerklüfteten Berglandschaft um das mittlere Rurtal, hoch, wie Schmidt (440 m) oder im Tal wie Abenden. Die in der angrenzenden, flach gewellten Zülpicher Börde siedelnden Dörfer Berg-Thuir, Muldenau, Embken und Wollersheim bauen noch Braugerste an. Es gibt im gesamten Stadtgebiet mit zusammen 10 301 Einwohnern 1999 (der Ortskern mit Rath und Brück zählt 2 841) keine Industrie, doch einige Handwerksbetriebe. Der größte Arbeitgeber ist die Verwaltung mit weit weniger als 100 Stellen. So müssen die meisten Arbeitnehmer auspendeln, obwohl die Stadt auf Fremdenverkehr ausgerichtet ist, wozu die Dauer-Camping-Stellplätze im schönen Rurtal mit 2500 Besuchern gehören. Düren mit seiner bedeutenden Papierindustrie, Bergheim, Köln, Erftstadt und Aachen sind die täglichen Ziele. Inzwischen hat sich ein Pendelverkehr aus den Ballungsgebieten in umgekehrter Richtung etabliert. 931 Zweitwohnungsbesitzer, die »Heimschläfer«, kommen nach Nideggen, wo sie hohe Wohnqualität zu günstigen Bedingungen nutzen.

Sie bauen vorrangig um den Kernort herum, in den alten Dörfern bleiben Grund und Boden in der Familie. »Nideggen ist jung und modern vor den historischen Mauern«, Bürgermeister Hönscheid möchte über neue Bebauungspläne weitere junge Menschen, die sich integrieren, anziehen. Nideggen gehört zu den Gemeinden im Kreis Düren, die den stärksten Zuwachs haben, zwischen 1993 und 1998 kamen etwa 3 200 Neubürger. Grundschulen und eine Hauptschule sind vorhanden, eine Realschule hat im Verband mit Heimbach und Hürtgenwald 1998 eröffnet. Gymnasiasten müssen nach Kreuzau oder Düren fahren. Krankenhäuser liegen im Umkreis von 25 Kilometern in Düren, Simmerath und Zülpich, Altenheime gibt es jedoch vor Ort.

Der Name Nideggen soll das niedere Eck bedeuten und sich auf die vergangene Burg Kaiser Barbarossas von gegenüber beziehen, die höher war. Eine andere Interpretation sieht das althochdeutsche nid für Neid und egge für Ecke = Burg als Ursprung an: die Burg, die Neid erregt. Zu dieser Erklärung gibt es die Legende von zwei Brüdern, die gemeinsam Barbarossas Höhenburg bewohnten, sich aber nach einer Zeit entzweiten. Der eine zog fort, auf den Felssporn gegenüber, und baute sich seine eigene Burg, die so imposant wurde, daß sie den Neid des Zurückgebliebenen erregte und Nideggen genannt wurde. Seit der ersten urkundlichen Erwähnung 1190 als Nydeche hat die Burg und mit ihr dann die Stadt ihre Schreibweise vielfach verändert, da es im Mittelalter keine festgelegte Orthographie gab. Nideggen erscheint erstmalig 1283 und bürgert sich schließlich mehr und mehr im 16. Jahrhundert ein. Die Variationen über den Namen lesen sich wie ein erfindungsreiches Wortspiel: de Nidekke, Nithieck, Nideglin, Nidecke, Nidecken, Nidecge, Nidekin, Nidecgen, Nydeggen, Nydechgen, Nydeghen, Nydeck, Nydecke, Neideggen, Nideckh, Neidekhen, Nidegken, Nied Ecken, Nittegen.

Die Kirche im Burgflecken

Im ummauerten Burgflecken zwischen Festung und Stadt nimmt Nideggens Kirche St. Johannes der Täufer eine Sonderstellung ein. Der starke Helmes, Wilhelm II, leitete den Baubeginn etwa zeitgleich mit dem des Jenseitsturmes ein, dem sie wirkungsvoll vorgelagert ist. Die gute Tat Wilhelms III, die Schenkung der Kirche 1219 an den Deutschherrenorden, gab ihr Gewicht. Die Bewohner der Burgmannshäuser in dem zwingerähnlichen Bereich machten dann den Johannitern 1280 Platz, die Nideggens Seelsorger wurden und bis zur Auflösung des Ordens 1794 blieben. Das steinerne Pfarrhaus mit großem ummauerten Garten und schönem Hoftorbogen hinter dem Chor der Kirche steht anstelle der Kommende. Die ausdrucksvolle kompakte spätromanische Basilika aus rotem

Werkstein vom Rurtal hatte besonders im 17. Jahrhundert durch Blitzschlag und Kriege gelitten. 1647 stellten hessische Truppen ihre Pferde in der Kirche unter. Im 18. Jahrhundert wurde St. Johannes von Erdbeben erschüttert. 1898 war sie umfassend instandgesetzt und dabei im Mittelschiff eingewölbt worden. Beim Wiederaufbau nach dem Zweiten Weltkrieg, der 1957 abgeschlossen war, gab man der romanischen Flachdeckbasilika wieder eine Balkendecke und dem Turm ein Pyramidendach anstelle des gotischen Knickhelmes.

Die Schönheit des kompakten Baukörpers resultiert aus den harmonischen Proportionen seiner kubischen Bauformen, die die roten Mauermassen gliedern. Klar umrissen, staffeln sie sich in unterschiedlicher Größe und Höhe nebeneinander und in der Längsachse vorspringend, wie Turm, Chor und Apsiden. Ihre kraftvollen Volumen verbinden sich mit den Dächern zu einer spannungsvollen Einheit. Das Auf und Ab der Schieferflächen kombiniert geometrische Formen: den Kegel an den Apsiden, Quadrate über dem Chor, Rechtecke über den Schiffen und Dreiecke an der Turmpyramide. Am eindrucksvollsten präsentieren sich Aufbau und Geschlossenheit dieser plastischen Komposition von Südosten aus. Auch der im Westen vorgelagerte Turm fügt sich in die beherrschte ausgewogene Gliederung der Anlage. Kräftig ausgebildet, auf quadratischem Grundriß und fast so breit wie das Mittelschiff, überragt nur seine Pyramide den First des großen Satteldaches. Seine vier Geschosse sind ungegliedert, die Glockenstube durchbrechen jeweils zwei Rundbogenfenster. Im Erdgeschoß liegt im Westen ein Portal, das unterhalb seiner Bögen ein Fächerfenster schmückt. Der Turm ist, wie der gesamte Außenbau, von einem Sockel mit gestuftem Gesims umgeben.

Blickt man die Flucht des vierjochigen südlichen Seitenschiffes entlang, erkennt man die typisch spätromanischen, streng flächenhaften Gliederungselemente, die die Mauer überziehen. Durch flache Wandvorlagen, Lisenen, und den Sockel erscheint die Wand wie gerahmt. Charakteristisch für diese Stilphase sind hier auch die spitzbogige Einfas-

St. Johannes der Täufer in Nideggen

sung der Fenster und Rundstäbe an ihnen, die neben einer harten Kante die Laibung umlaufen und die Stärke der geöffneten Mauer dekorativ betonen. Die Fenster des überhöhten Mittelschiffes liegen unter einem ausgeprägten Dachgesims und zeigen einfachere Rundbogenrahmung, wie auch die des nördlichen Seitenschiffes, das daher einem früheren Bauabschnitt zugerechnet wird. Die Errichtung der Basilika soll sich über 30 Jahre hingezogen haben (P. Clemen). Das Südportal, im zweiten westlichen Joch, liegt in einer Mauervorlage und präsentiert mit seinen gestaffelten, einführenden Halbkreisbögen auf Eckpfeilern und Säulchen den Wechsel von harter Kante und Rundstab, der schließlich als schwerer Wulst die Tür umschließt. Die zierlichen dekorativen Rundsäulchen tragen Blattwerkkapitelle. Über dem Portal ist die Wand in Gestalt eines Fächerfensters durchbrochen. Die Spätromanik liebte Abweichungen vom rundbogigen Langfenster. Den sehr ähnlichen Eingang im nördlichen Seitenschiff, der innen vermauert ist, bekrönt ein Vierpaßfenster.

Der auf einem Quadrat errichtete Chor ist niedriger als das Hauptschiff, vor dessen hohem Ostgiebel er sich deutlich absetzt. Eine vergleichsweise reiche Außengliederung hebt das Kultzentrum hervor. Sie zeigt an der Süd- und Nordwand unter dem Rundstabgesims und einem Rundbogenfries mit figürlichen Konsolen Dreiteilung. Flache Wandvorlagen formen drei vom Boden aufsteigende Blendbögen. Den mittleren öffnet jeweils ein Langfenster, das Ecksäulchen und Rundstab auszeichnen. Den Ostabschluß des Chores bildet unter seinem Giebel mit weiter Spitzbogenblende eine kleine Halbkreisapsis, die zwei hohe Pfeilervorlagen flankieren. Die Apsis trägt wie das Chorhaus ein Rundbogenfries und ist gleichfalls von Wandvorlagen in drei Felder gegliedert. In jedem sitzt ein kurzes, breites Fenster, ausgestattet mit Ecksäulchen und umlaufenden Rundstäben in der tiefen Laibung. Eine Nebenapside tritt, in der Gliederung angepaßt, als flaches Segment nur vor das südliche Seitenschiff, vor dem nördlichen liegt die Sakristei, die im 15. Jahrhundert angefügt wurde.

Das Südportal

Das Innere: kraftvoll und kunstreich

Man betritt die Kirche durch das Portal im südlichen Seitenschiff, passiert das Grabmal Wilhelms IV und gelangt in das hohe Mittelschiff. Kraftvolle kunstreiche Formen bestimmen seine Gestaltung, den Wechsel von massiger Mauer und ihrer Öffnung. Als spätromanische Basilika präsentiert der vierjochige Bau Emporen über den Seitenschiffen, wodurch die hohen Hauptschiffwände dreigeschossig gegliedert sind und sich vielfältige rhythmische und formale Beziehungen zu den Arkaden und Fenstern ergeben. So wiederholen die weiten Blendbögen über den Emporen, die Drillingsbögen mit Säulchen öffnen, die Bogenstellung der Arkaden in einer Achse. Darüber, mittig angeordnet, bildet ein Obergadenfenster den Abschluß der Wand, Joch für Joch, im gleichen Takt. Als starkes horizontales Element, die Raumlänge durchmessend, trennt ein profiliertes Gesims die Arkaden von der Emporenebene. Drei mächtige Pfeilerpaare, das mittlere auf

Südliches Seitenschiff

mit den Gurtbögen der Kreuzgratgewölbe der Seitenschiffe. Einblicke in die niedrigeren Seitenschiffe zeigen reizvolle Überschneidungen der Halbkreisbögen. Die Säulchen der roten Drillingsbögen an den Emporen sind schwarz abgesetzt. Man bezeichnet die Emporen der Nideggener Kirche als unecht, da sie bloße Öffnungen zu den Dachstühlen der Seitenschiffe darstellen und kein eigenes Geschoß ausgebildet haben.

Die flache neue Balkendecke von 1957 gibt dem Kastenraum des Hauptschiffes einen klaren Abschluß. Die Farbbänder zwischen den weiß gemalten Balken variieren geometrische und schleifenartige Muster in Hellblau, Beige, Rot und Schwarz. Sie sind phantasievolle Schöpfungen der fünfziger Jahre mit Erinnerungen an das Mittelalter. Die Ostbegrenzung des Hauptschiffes, die große Wandfäche über dem Triumphbogen, wirkt, glatt und ungegliedert, wie ein Ruhepol im Raum. Hier plazierte man das Triumphkreuz mit einem lebensgroßen Gekreuzigten (um 1220). Im Mittelalter war auf diese Wand ein großes Weltgericht gemalt. Der Triumphbogen darunter öffnet den niedrigeren Chor in abgetreppten, sich staffelnden Bögen, die Dreiviertelsäulen und Eckpfeiler tragen. Das um eine Stufe erhöhte große Chorgeviert ist von Wulstrippen kreuzgewölbt, Priesternischen sind an der Nord- und Südwand ausgespart. Den zentralen Blickpunkt der Kirche bildet die abschließende halbrunde Apsis mit dem leuchtenden monumentalen Wandgemälde des thronenden Christus aus der Zeit um 1240. Die Nebenapside des Südschiffes dient einem Altar, über dem die Konsolfigur des Patrons der Kirche, des hl. Johannes mit dem Lamm Gottes, von etwa 1330 angebracht ist. Im Abschluß des Nordschiffes, einer Nische, steht das Taufbecken, aus barocker Zeit. Die beiden kreuzrippengewölbten Turmhallen öffnen sich zum Hauptschiff in weitem Bogen wie die Arkaden und Blendbögen der Emporen. Die obere ist Orgelbühne.

St. Johannes besitzt eine noch umfangreiche Ausstattung mit vor allem mittelalterlichen Heiligenskulpturen. In Nideggen erzählt man sich, sie hätten im Burgverlies die schlimmen

quadratischem Grundriß, tragen die Arkaden und die aufsteigende Wand, deren Massigkeit sie demonstrieren. Sie geben, verstärkt durch vorgelegte kräftige Runddienste der Scheidbögen und Gurte der Seitenschiffe, dem Raum sein Schwergewicht. Nur an den Mittelpfeilern ziehen mächtige Dienste auch hinauf bis zu den Emporen, als hätten sie ein Gewölbe zu tragen. Da die Basilika im gebundenen System errichtet ist (Mittelschiffjoch und Seitenschiffjoch stehen im Verhältnis 1:2), stellt sich die Frage nach Einwölbung in früherer Zeit. Vermutlich hatte man sie zeitweilig geplant, sich dann aber anders entschlossen, denn weitere Dienste zum Hauptschiff fehlen.

Eine ausdrucksvolle Farbfassung im Kanon Weiß-Rot-Schwarz hebt die Gliederungsformen hervor. Die profilierten Sockel der weißgetünchten Pfeiler sind rot bemalt, wie auch die Dienste und ihre mit Blättern, Knospen, Laubwerk und Palmetten jeweils verschieden herausgearbeiteten Kapitele. Die Scheidbögen, in Rot mit weißen Fugen, setzen einen auffallenden Akzent und korrespondieren

Zeiten überstanden. Eine Sensation stellte 1953 die Entdeckung eines Kruzifixes mit nur 3,9 Zentimeter langem Corpus aus Walroßzahn dar, der 1070 in Köln gearbeitet worden sein soll. Man fand es im Reliquiengrab des Hauptaltares zusammen mit zwei Siegeln, die eine Altarweihe um 1192 nahelegen, als der Bau noch nicht vollkommen war. Aus Köln, um 1330, stammt auch die fröhlich blickende, farbig gefaßte Figur der hl. Katharina, die ihre Marterwerkzeuge, das zerbrochene Rad und das Schwert vorzeigt. Sie stand früher in der Gasthauskapelle. Aus demselben Kölner Umkreis, der in Verbindung mit den Chorpfeilerfiguren des Kölner Doms gebracht wird, kommt die etwa gleichalte, 112 Zentimeter hohe Skulptur der lächelnden Maria mit dem Kind, das sie in graziöser Haltung und in elegant fließendem Gewand auf dem Arm trägt. Krone und Zepter weisen sie als Himmelskönigin aus. Christus hält als neuer Adam, der die Welt erlösen wird, einen Apfel in der einen Hand und in der anderen einen Vogel, Symbol seines Opfertodes. Zu den barocken Konsolfiguren zählen der hl. Paulus und eine ländliche, lebendig gestaltete Gruppe der Heiligen Familie, die den selbständigen Sprößling zwischen den umsorgenden Eltern wiedergibt (um 1700).

Die Wandmalereien in der Kalotte der Chorapsis stellen einen Höhepunkt in der Kirche dar. Sie waren 1947 abgenommen und, restauriert zur Wiedereröffnung der Kirche 1957, an ihren alten Platz geheftet worden. Das zentrale Bild zeigt den thronenden, von einer Mandorla (Lichthülle) ganz umgebenen segnenden Christus mit Kreuznimbus, den die geflügelten Evangelistensymbole begleiten (Mensch, Löwe, Stier, Adler). Dieses Motiv der Majestas Domini, des erhöhten, thronenden Herrn, wurde, wie auf vielen Apsidenbildern, kombiniert mit den fürbittenden großen Gestalten von Maria und Johannes dem Täufer. Sie gehören als Vermittler göttlicher Gnade ursprünglich zum Motiv der sogenannten Deesisgruppe (demütiges Gebet), wo sie neben Christus als Weltenrichter

Johannes d. Täufer, Konsolfigur, um 1330

fürbittend für die Menschen beten. Die Grundfarbe des Hauptbildes ist ein leuchtendes Hellblau, zu dem die verwendeten Braun- und Beigetöne harmonisch kontrasticren. Christus blickt aus großen Mandelaugen, sein Haupt- und Barthaar ist gelockt. Auch das feine Liniengewebe seiner Mantelfalten und die ausdrucksvollen Gesten der Maria künden die beginnende Gotik an. Frontalität und Starrheit der Personen sind hier bereits aufgegeben. Unter dieser geschlossenen Bildkomposition, zwischen den Fenstern, sind die lebensgroßen Bilder der Heiligen in ritterlicher Kleidung noch dem strengeren romanischen Stilwillen verhaftet.

Haus Troistorff von 1783 in Monschau; im Hintergrund: Rotes Haus und Evangelische Kirche

Bunte Westen für die Herren

Monschau, Stadt seit 1353
Kernstadt: 1 787 Einwohner
Gesamtstadt: 13 362 Einwohner
Kirchen: Aukirche und Evangelische Kirche

Als buntgemusterte Westen zur Zeit des luxusliebenden Rokoko in Mode kamen, verhalfen ungezählte Herren, die auf sich hielten, dem farbenprächtigen Monschauer Tuch an ihrer Brust zu Wirkung und Geltung. Der Wechsel im Zeitgeschmack war, wie üblich, von Frankreich ausgegangen. Die adligen Herren kleideten sich dort nun, seit etwa 1730, in steife Röcke und Hosen von verschiedenen Farben, wozu sie als besonderen Blickfang Westen aus kostbarer Seide und mit Stickereien trugen. Modebewußte Bürger eiferten den Edelmännern nach, es mußten nicht die Fäden einer Raupe sein! In Deutschland kam als erster der Monschauer Tuchmacher Johann Heinrich Scheibler (1705–1765) auf den Gedanken, die Marktlücke zu schließen und gemusterte feine Wolltuche für Westen herzustellen. Der protestantische Pfarrerssohn aus dem Bergischen Land hatte über familiäre Beziehungen unweit von Monschau, im hochgelegenen Imgenbroich, bei der Tuchfabrik Offermann seine Lehre begonnen und vier Jahre später, 1724, im Alter von 18 Jahren, auf Zuraten seines äußerst zufriedenen Lehrherren dessen verwitwete, sieben Jahre ältere Tochter geheiratet. Die Offermanns gehörten zu den alten begüterten Familien der Eifel, die Protestanten waren. Da Maria Agnes durch den Tod ihres ersten Mannes die größte Monschauer Tuchfabrik gehörte, übernahm jetzt ihr junger Mann als Besitzer die Leitung und führte die Scheiblersche Tuchfabrik in den kommenden Jahren durch Können, Unternehmergeist und kaufmännisches Geschick zu Weltruf.

Monschau war zu dieser Zeit bereits ein Tuchmacherort. Die alteingesessene Bevölkerung des Städtchens im engen Tal der Rur hatte schon immer neben Ackerbau und Viehzucht, die auf den kargen regennassen Hochflächen am Hohen Venn nicht sonderlich ertragreich waren, Schafherden unterhalten. Ihre Wolle taugte gut für grobes Tuch, das man im ländlichen Umland verkaufen konnte. Als »Grobe Gewandschaft« bildeten diese einheimischen Tuchmacher bereits Mitte des 17. Jahrhunderts eine Genossenschaft, deren Mitglieder gemeinsam eine Walkmühle am Laufenbach unterhielten (gegenüber dem Roten Haus). Die Herstellung von anspruchsvolleren Feintuchen hatte um 1600 Arnold Schmitz begründet, der feinere spanische Wolle von Händlern verarbeitete und dessen Sohn den väterlichen Betrieb ausbaute.

Monschau und die Glaubensspaltung

Schmitz war Protestant, er hatte mit seiner Familie »wegen unerträglicher Religionsverfolgung« die Heimatstadt Aachen verlassen und in Monschau Zuflucht gesucht. Die Zeit der Glaubenskämpfe nach Luthers Reformation brachte Wirren, Unruhen, Unterdrückung der neuen Lehre und Unsicherheiten für die im Glauben gespaltene Bevölkerung. Während des Freiheitskampfes der Niederlande gegen die spanische Weltherrschaft unter dem Habsburger Philipp II, dem Kaiser der Gegenreformation, waren viele Protestanten in die Reichsstadt Aachen geflohen. Gegen Ende des 16. Jahrhunderts bekannte sich die Mehrheit der Aachener und ihres Stadtrates zur Reformation. Kaiser Rudolf II reagierte 1598 mit Ächtung des Stadtrates und Rekatholisierung, die 1614 mit Hilfe spanischer Truppen schließlich gewaltsam durchgesetzt wurde. Harte Geldbußen und Vertreibung waren das Los der Protestanten. Aachen erlitt als Folge auch schwere wirtschaftliche Einbußen, denn zu den vielen Abwanderern gehörten die reichsten Kupfermeister, die sich in Stolberg und in Vichttal ansiedelten, und die bedeutendsten Tuchmacher. Auch sie zogen nicht weit weg und blieben in Burtscheid, Eupen, Vaals und Montjoie, wie Monschau damals noch hieß. Der Name wurde 1918 durch kaiserliche Verfügung eingedeutscht.

Dieses im Abseits des tiefen Rurtales liegende Städtchen gehörte seit 1435 zum Herzogtum Jülich, das reformfreundlich war und eine schwankende Religionspolitik betrieb. Seit dem Augsburger Religionsfrieden 1555 bestimmte der Landesherr die Konfession seiner Untertanen (»cuius regio eius religio«, wessen Region, dessen Religion), wem sie nicht gefiel, der konnte wegziehen. Als der letzte Herzog von Jülich 1609 kinderlos und schwachsinnig starb, erhoben zwei lutherische Fürsten Anspruch auf sein Erbe, Kurfürst Johann Sigismund von Brandenburg und Pfalzgraf Wolfgang Wilhelm von Pfalz-Neuburg. 1614 wurden im Vertrag von Xanten vorläufig Kleve, Mark und Ravensberg dem Brandenburger zugesprochen und Jülich und Berg dem Pfalz-Neuburger, was 1666 der Teilungsvertrag endgültig bestätigte.

Das Monschauer Land gehörte also zu Pfalz-Neuburg, und da Wolfgang Wilhelm 1613 zum alten Glauben übergewechselt war, galt dort offiziell wieder die katholische Konfession. Im Herrschaftsgebiet des Kurfürsten Johann Sigismund wurde dagegen der reformierte Glaube die bestimmende Religion, zu der der Kurfürst sich neuerlich bekannt hatte.

Doch respektierte man in beiden Ländern bereits seit 1610 den Anspruch der jeweils Andersgläubigen. Das Recht der öffentlichen Gottesdienstausübung unter dem Schutz des Landesherrn wurde den evangelischen Gemeinden schließlich 1672 nach Abschluß der Religionsrezesse (Vergleiche) erteilt, wenn sie nachweisen konnten, daß sie im Stichjahr 1624 bereits organisiert waren. Das Recht schloß einen Kirchenbau ein. Damit war für die Evangelischen im Monschauer Raum die Zeit der Verborgenheit in Scheunen und auf Dachböden endgültig vorbei. In der benachbarten Grafschaft Schleiden verlief die Entwicklung anders.

Die evangelischen Feintuchmacher

Die Geschichte der Monschauer Feintuchfabrikanten und derer aus dem nahen Imgenbroich ist von Anbeginn fest verwoben mit dem Protestantismus. Man hielt zusammen in der Diaspora, von Generation zu Generation, heiratete untereinander, und, wer von außen dazu kam, war selbstverständlich protestantisch und meist reichbetucht. Der Chronist Ernst Barkhausen (1925) nennt diesen festgefügten Gesellschaftskreis »eigentlich eine große Familie«, für die nur wenige Namen stehen: Schmitz, Offermann, Schlösser, Scheibler, Troistorff und Elbers. In den Augen der einheimischen katholischen Bevölkerung, deren Anteil nie unter 90 Prozent sank, blieben die Feintuchmacher beargwöhnte, protestantische Eindringlinge, die Platz verbauten und für Wohnungsnot und Steigerung der Lebensmittelpreise verantwortlich waren. Ihr Gewicht als Arbeitgeber zählte weniger. Beschwerden des rein katholischen Stadtrates an die Landesregierung in Düsseldorf wurden dort aus Wirtschaftsinteresse meist zugunsten der »Feinen Gewandschaft« entschieden, zu der sich die Unternehmer 1742 zusammengeschlossen hatten. Zur Zeit der Hochblüte beschäftigten allein J. H. Scheibler und die Firmen seiner Söhne mehr als 6000 Menschen. Die »Grobe Gewandschaft« wirkte dagegen in sehr bescheidenen Grenzen.

Den Begründer der hiesigen Feintuchmacherei, Arnold Schmitz, hatten, wie auch die ihm nachfolgenden Kollegen, neben der Duldung des protestantischen Glaubens günstige Berufsbedingungen in das entlegene Monschau gelockt. Die Rur und die in sie mündenden Bäche boten Antrieb für Walkmühlen und, was wichtiger war, durch nahezu völlige Kalkfreiheit eignete sich ihr Wasser ideal zum Waschen und Färben der Tuche, denn Kalk bleicht. Klar, rein und frisch blieben die Farben, effektvoll in den bunten Mustern, die dann als unvergleichlich galten. In den Dörfern der Umgebung fanden die Tuchfabrikanten bei den Bauernfamilien Heimarbeiter für das Spinnen und Weben in den Wintermonaten. Frauen und Kinder bildeten beim Spinnen die größte Gruppe aller Lohnnehmer. Brenntorf gab es von den Mooren des Hohen Venn, und schließlich nützte den Unternehmern in Monschau die Freiheit vom Zunftzwang.

Die Evangelische Kirche und das Rote Haus

J. H. Scheibler erreichte den Aufschwung des Tuchmacherortes zu Weltgeltung neben den marktbeherrschenden englischen und französischen Tuchen durch Verarbeitung feinster spanischer Merinowolle aus Asturien und León, die er seit 1730 über Amsterdam bezog, und durch Veredelung der Arbeitsprozesse. Er färbte nicht mehr das fertige Tuch, sondern bereits die Wolle. Wie und womit er das tat, blieb sein bestgehütetes Geheimnis. Außerdem legte er größtes Gewicht auf Verfeinerung des langwierigen Scherens, wozu er Fachleute aus Süddeutschland anwarb. Zwar verzögerte sich dadurch der Herstellungsprozeß, der vom Ankauf der Wolle bis zum Erlos für das fertige Tuch anderthalb bis zwei Jahre in Anspruch nahm, doch schon bald war Scheibler in Amsterdam kreditwürdig und beschickte, die Handelsbeschränkungen des Hausierens nur im Herzogtum Jülich überwindend, die großen Messen in Frankfurt, Braunschweig und Leipzig. Dort bot er als einziger deutscher Produzent glatte einfarbige Tuche feil. Mit dem Umschwung der Mode auf buntgemusterte Westen dehnten sich Scheiblers Produktion und Handel sprunghaft aus. Die farbenprächtigen Tuche mit von ihm selbst entworfenen Mustern, die

Die brausende Rur im Stadtzentrum

145

»Draps modelés«, wurden in Deutschland, den Niederlanden, nach Spanien, Portugal, Polen, Rußland und in den Orient verkauft. Frankfurter Bankiers finanzierten ihm die Transaktionen. Den Levantehandel bestimmten die »Draps du Serail«, leichte feine Stoffe in leuchtenden Farben für die Haremsdamen. Der Verkauf lief über Kommissionshäuser in Venedig, Genua und Neapel. Nach dem Tod J. H. Scheiblers 1765 führten Söhne die väterliche Firma und eigene neue Tuchfabriken, zum Teil auswärts, auf höchstem Standard weiter. Auch sie waren Unternehmer, die im Verlagssystem produzierten, das heißt den von ihnen beschafften Rohstoff unter Einbeziehung von Heimarbeit verarbeiten ließen, um das Produkt dann wieder selbst abzusetzen. Bernhard Georg Scheibler faßte dann 1769, erstmalig in Deutschland, in einer Manufaktur (In der Burgau, heute Parkplatz) die Arbeitsgänge des Spinnens, Webens, Färbens und Walkens unter einem Dach fabrikmäßig zusammen.

Von der Blüte der Scheiblerschen Firmen profitierten alle anderen ansässigen Tuchmacher. Begünstigend hatte die Friedensperiode in der Region gewirkt, die nach dem letzten Beschuß der Burg 1689 durch die Franzosen bis 1794 währte. Allerdings gab es mehrfach Unruhen und Tumulte unter den Lohnnehmern, oft zeitgleich mit anderen Tuchmacherstädten. 1762 forderten Scherer, deren Arbeit für die Qualität der Stoffe immens wichtig war, mehr Lohn und das Verbot, auswärtige Kollegen anzustellen. Der Schiedsspruch der kurfürstlichen Regierung aus Düsseldorf vermochte den Konflikt nicht auszuräumen. Als dann protestantische Scherer am katholischen Marienfeiertag am 8. Dezember 1763 zur Arbeit gingen, stellte sich ihnen eine aufgebrachte Menge katholischer Bewohner entgegen, und es kam zu Schlägereien. Die Düsseldorfer Regierung bestand zwar auf Lohnerhöhung für die Scherer, ließ aber die Unruhestifter bestrafen. 1769 hatten sich die Weber zusammengetan und Eingaben an den Kurfürsten gemacht, um das Spinnen und Weben außerhalb von Monschau verbieten zu lassen, da sie ohne Arbeit waren. 1774 kam es aus demselben Grund zum offenen Tumult vor Scheiblers Firmenhaus. Doch Düsseldorf stellte sich auf die Seite der Fabrikanten, die mit »Schmälerung des Commercy« gedroht hatten.

Rapider Niedergang

Den Kommerz hatten Mitte der achtziger Jahre bereits Anpassungsschwierigkeiten an den neuen Wechsel der Mode gebremst, die steifen Röcke wurden durch leichtere, faltenreiche ersetzt, man trug jetzt »Casimire«. Mit dem Jahr 1794, als die Franzosen im linksrheinischen Gebiet die Herrschaft übernahmen, begann jedoch jäh der Abstieg. Harte Kontributionen, Forderungen von Tuchlieferungen für die Armee, Beschlagnahmungen brachten schwerste Einbußen. Der Handel wurde nahezu völlig unterbunden durch Aus- und auch Einfuhrverbote von Tuchen. Dadurch gingen die wertvollen Lagerbestände im Ausland verloren. Gleichzeitig mußten die Kredite an die Banken zurückgezahlt werden. Viele Firmen gaben auf, rapide sank die Produktion, zumal Merinowolle oder Farben wie Indigo nur noch schwer zu bekommen waren. Das aufwendige Experiment, Merinoschafe am Hohen Venn zu züchten, mißlang. Auch die Kontinentalsperre und Versuche der Franzosen, die Tuchindustrie wieder zu stützen, konnten den Niedergang nicht mehr aufhalten. 1794 zählte Monschau 5000 Einwohner, 1817 waren es 3282, im Jahr 1880 nur noch 2150. Die Eingliederung in Preußen 1815 hatte durch neue Zollgrenzen keinen Umschwung bewirkt. Den Anschluß an die Entwicklung zu mechanisiertem Fabrikbetrieb verpaßte Monschau dann nicht zuletzt, weil die Bahn, die Städte wie Aachen und Verviers schon in den vierziger Jahren hatte aufblühen lassen, erst 1885 ins Rurtal fuhr. Zu den wenigen Fabriken, die sich anpaßten und das 19. Jahrhundert noch überdauerten, gehörten die der Nachkommen J. H. Scheiblers. Einer von ihnen gründete im polnischen Lodz ein bedeutendes Textilunternehmen. In Monschau verschwanden nach dem Zweiten Weltkrieg die Betriebe nach und nach.

Arbeiten und wohnen unter einem Dach

Vom Reichtum der großen Zeit der Tuchmacher, dem 18. Jahrhundert, blieben der Nachwelt die luxuriösen Wohnhäuser bewahrt. Die Lage im schmalen, 120 Meter tiefen Rurtal verschonte die Stadt vor dem Übergriff der Frontlinie im nahen Hürtgenwald, wo Kämpfe mit den Amerikanern allerschwerste Verluste brachten (Rundstedt-Offensive). Man beschoß sich gegenseitig über das Tal hinweg. In Monschau schlug eine einzige Bombe ein, die dreizehn Bewohner tötete. Mit den repräsentativen Patrizierhäusern und Fabriken bekam Monschau ein neues Zentrum, das vor dem mittelalterlichen Stadtbereich unterhalb der Burg lag und die brausenden Gewässer flankiert. Seinen Schwerpunkt bilden an der Rur, dort, wo der Laufenbach einmündet, die evangelische Kirche von 1789 und das Rote Haus. Dieses dreistöckige Doppelhaus mit acht Fensterachsen und dem noch einmal drei Stockwerke hohen Mansarddach und Giebeln nach allen Himmelsrichtungen hatte J. H. Scheibler um 1760 für 90 000 Taler errichten lassen, doch nicht bezogen. Er starb 1765. Sein Plan, unter einem Dach zu wohnen und auch zu arbeiten, kam dann den Söhnen zugute. Das Rote Haus ist auf einfachem rechteckigen Grundriß als kompakter Kubus mit flächigem Wandaufbau errichtet. Fensterreihen ringsum geben ihm wie ein Raster streng symmetrische Gliederung. Entsprechend der Doppelfunktion liegen zwei Türen in der Front, die vorgelegte Freitreppen bereichern. Die rechte führt in das Geschäftshaus »Zum Pelikan« mit Kontorräumen und dem Arbeitskeller, durch den der Laufenbach zum Waschen und Färben der Wolle geführt wurde. Woll- und Tuchlager befanden sich im Speicher unter dem hohen Dach. Durch die linke Tür betritt man das Wohnhaus »Zum goldenen Helm«, das bürgerliche Wohnkultur des eleganten späten Rokoko nach aristokratischem Vorbild bis zum Empire demonstriert. So stammt die kuriose bemalte Leinwandtapete im Herrenzimmer, die eine Gemäldegalerie mit 73 gerahmten Bildern raffiniert vortäuscht – Ko-

Eingang zum Wohntrakt des Roten Hauses

pien nach Tizian, van Goyen, Rembrandt, Ruysdael... –, aus Paris, wo sie ein polnischer Graf in Auftrag gegeben hatte, dann aber nicht bezahlen konnte. Berühmt ist das Rote Haus im Rheinland besonders für seine freischwebende, prunkvolle Eichenholztreppe, die Kaiser Wilhelm II wegen der kunstreichen Schnitzereien im Geländer gerne für ein Potsdamer Schloß erworben hätte. Von durchbrochenem Muschelwerk umrankt, illustrieren Bildkartuschen auf der einen Seite mit prallen Putten Allegorien der Jahres- und Tageszeiten und der vier Elemente. Die andere Seite des Treppengeländers gibt in derselben Relieftechnik mit 21 Szenen sämtliche Arbeitsvorgänge der Feintuchherstellung wieder, vom Weiden der Schafe bis zum Abtransport des verschnürten Stoffballens auf dem Holzkarren. Dem Zeitgeschmack entsprechend, sind die Akteure auch hier verspielte nackte Putten. Im heiter überhöhten Lebensentwurf des Rokoko fand die harte Wirklichkeit noch keinen Ausdruck. Der wohl flämische Künstler der Treppe ist heute ebenso unbekannt wie der Architekt des

»Schafe weiden«, Bildkartusche der Eichentreppe im Roten Haus

Hauses, dessen Fachwerkwände mit damals unüblichen roten Ziegeln verblendet worden waren. Obwohl sie sogleich einen pfirsichfarbenen, rosa Anstrich bekommen hatten, blieb der Name Rotes Haus. Seit 1963 ist das Denkmal der Wohnkultur und Tuchmacherindustrie des 18. Jahrhunderts die »Stiftung Scheibler-Museum Rotes Haus Monschau«. Sie wird getragen vom Landschaftsverband Rheinland und Hans Carl Scheibler aus Köln, dessen Familie in den ruhigeren Wintermonaten im musealen Stammhaus Wohnrecht hat und nutzt.

Monschaus Anfang

Monschaus Dasein begann erst mit der strategischen Burganlage hoch oben auf einem Felssporn, der die steile Talwand über der Rur durchstößt. 1198 wird »Walramus de Monte Joci« aus dem Hause Limburg als erster Burgherr genannt, der von hier aus das

Kloster Reichenstein besser schützen wollte. Römer und Franken siedelten nicht im unwegsamen, entlegenen Rurtal, sondern auf der Höhe in Konzen. Dort lag ein karolingischer Königshof und dort bildeten sich auch der kirchliche Mittelpunkt für die Monschauer Gegend und ein Verwaltungssitz. Auf dem »Berg der Freude«, so eine der vielen Namensdeutungen des Ortes seit 1198, schaffte es der Limburgische Herzogsohn Walram I, Monschau in der Zeit von 1226 bis 1266 zu einem eigenständigen Territorium zu erheben. Es kam anschließend, bis zum Jahr 1353, an die Herren von Falkenburg, unter denen sich die »Talsiedlung« unterhalb der Burg entwickelte und befestigt wurde. Eine Verleihung der Stadtrechte wurde nicht überliefert. Der Bezeichnung als »statt« 1353 folgt dann 1476 der verbriefte Status. Das war bereits unter der Herrschaft der Herzöge von Jülich, die die voraufgegangenen Dynasten von Schönau-Schöneforst 1435 abgelöst hatten und Monschau zur Amtsstadt erhoben. Durch seine Zugehörigkeit zu dem mächtigen Herzogtum wurden Burg und Stadt in die Kämpfe des Geldrischen Krieges einbezogen und 1543 von Geschützen der Truppen Kaiser Karls V schwer getroffen. Unmittelbar setzten Wiederaufbau und Erweiterung der Ortschaft ein, die dann mit Beginn der zuwandernden Tuchmacher eine neue und bleibende Gestalt erhielt.

Junges Leben und enge Grenzen

»Es ist ein Glücksfall, daß wir eine so schöne Stadt haben, in der jedes Haus, 244 an der Zahl, unter Denkmalschutz steht. Aber nur, wenn junges Leben wieder einzieht, kann die Altstadt überleben«, sagt Bürgermeister Dieter Frank 1998. Zwei Seiten einer Medaille charakterisieren heute Monschaus Situation. Bei der kommunalen Neugliederung 1972 war der kleine Kreis Monschau aufgelöst und der Status als Kreisstadt an Aachen verloren worden. Mit der Kreisverwaltung und den Ämtern verschwanden viele Arbeitsplätze und Anlässe der Bewohner des Umlandes, zu Besorgungen nach Monschau zu fahren. Geschäfte büßten Kundschaft ein und schlossen. Heute gibt es in der Altstadt nur noch ein Lebensmittelgeschäft. Gleichzeitig mit der Reform wurden Monschau die ehemals selbständigen Gemeinden Höfen, Imgenbroich, Kalterherberg, Konzen, Mützenich und Rohren einverleibt, so daß es auf insgesamt 13 361 Einwohner anwuchs, von denen 1 787 in der Altstadt leben (1999). Zum Ausgleich für den Verlust der Arbeitsplätze wurden in Imgenbroich Gewerbegebiete ausgewiesen, auf denen inzwischen 1300 Beschäfttigte Geld verdienen in Firmen, die Druckereien und Maschinenbau betreiben oder Reinigungstechnik für die Autoindustrie und Messestände produzieren. Auch Großmärkte und Handwerksbetriebe siedelte man dort an. Einen direkten Autobahnanschluß, der Vermarktung wie von selbst besorgte, gibt es nicht. Der Verkehr muß über die Bundesstraßen 399 und 258 zur Anbindung Aachen, 15 Kilometer, und weiter entfernt nach Euskirchen laufen. 42 Prozent der Bevölkerung sind Auspendler nach Stolberg, Eschweiler oder Aachen. Die Zahl der Einpendler ist vergleichsweise niedrig.

Bei Konzen wird unter Beteiligung einer benachbarten belgischen Gemeinde das Modellprojekt »Innovatives Handwerkszentrum Monschau« vom Land Nordrhein-Westfalen, dem Bund und der Europäischen Union gefördert. Es demonstriert unter Anleitung von Experten, Handwerkern, Technikern, Architekten und Wissenschaftlern alle Vorgänge beim Hausbau, auch ökologische Anlagen und alternative Energiegewinnung. Konzen hat sich neben Imgenbroich gleichfalls entwickelt, vor allem als neues Wohnbaugebiet für junge Familien. Beide Orte verzeichnen steigende Einwohnerzahlen, während die zu gehörigen alten Dörfer ihren landwirtschaftlichen Charakter behielten. Hier, wie in Höfen und Kalterherberg, findet man vor den Häusern monumentale Heckenwände aus dicht verwachsenen Rotbuchen als Schutz gegen die feuchte Westwinde vom Hohen Venn. Oft sind Fenster oder Torbögen herausgeschnitten. Monschaus Dörfer wurden preisgekrönt im Wettbewerb »Unser Dorf soll schöner werden«.

Heckenwand gegen die Westwinde vom Hohen Venn in Höfen

Nach der Industrie, die Gewerbesteuereinnahmen bringt, ist Tourismus Monschaus zweiter Wirtschaftszweig seit Kriegsende, als der heil gebliebene Ort wie ein Wunder besucht wurde. Man wünscht sich heute einen Zuwachs an Übernachtungen und längere Verweildauer, wozu die Hotellerie weiter ausgebaut werden soll. Monschaus Fremdenverkehr wird vom Tagestourismus beherrscht, an Wochenenden kommen Tausende in die Altstadt, viele aus Holland und Belgien. Zu Stoßzeiten, wenn der Weihnachtsmarkt steht und im Burghof mit Ochs, Escl und Schafen Laien aus Höfen eine »Lebende Krippe« nachstellen, sind es bis zu 30 000 am Tag. Das tut der Gastronomie gut, für die Altstadtbewohner ist dann aber die Grenze des Erträglichen überschritten. Junge Familien zogen seit den siebziger Jahren auf das umliegende Hochland, in freierem Lebensraum, in ein komfortables Haus mit Garten und dem Parkplatz vor der Tür, Annehmlichkeiten, die ihnen die Enge des Rurtals versagt. Auflagen des nötigen Denkmal-

Christo verhüllt den Haller, 1971

schutzes, der bei Restaurierungen nur ange-
stammtes Baumaterial zuläßt, verteuert zudem das Leben unten am Fluß, wie auch extrem hohe Kanalgebühren. Über das Verbot
von Parabolantennen setzt man sich diskret
hinweg. Immerhin gelang es in den letzten
Jahren durch Modernisierung von Häusern
mit Hilfe von Wohnbauförderungsprogram-
men des Landes, den Auszug junger Bewohner anzuhalten. Der Durchgangsverkehr wurde stark eingegrenzt. Aber es gibt immer
noch nicht genügend Kinder, um eine Grundschule zu eröffnen, und die Besucher des tra-
ditionsreichen Gymnasiums und der Haupt-
und Realschulen sind fast ausschließlich
Fahrschüler von den auswärtigen Dörfern.
Ein Krankenhaus liegt im nahen Simmerath,
Altenheime gibt es auch in der Altstadt.

Zwischen Burg und Haller

Monschau gehört zum Kreis der »Historischen Stadtkerne Nordrhein-Westfalens«.
Denkmalschutzbestimmungen lassen nur ein

bestimmtes Dunkelgrün und dunkles Rot an
Türen- und Fensterrahmen gelten und Hellgrau für die Holzverkleidungen gegen Wind
und Wetter. Dunkelgraues Pflaster deckt alle
Straßen und Gassen, Schiefer die Dächer.
Die imposante barocke Tuchmacherstadt
präsentiert sich zwischen den bewaldeten
grünen Steilhängen von Rur und Laufenbach
wie aus einem Guß. Über dem linken Rurufer
behaupten die Burg (seit 1929 Jugendherberge) und die kleine katholische Pfarrkirche
direkt darunter ihre überragende Stellung.
Christo, der bulgarische Verhüllungskünst-
ler, kam 1971 in die einstige Stadt der Groben und Feinen Gewandschaft und verbarg
die Burganlage und den Haller unter falten-
reichen Stoffmassen, die die Monumente
mystifizierten. Unten im Ort ließ er die Rur-
brücke nahe dem Roten Haus unter feinem
Tuch verschwinden.
Gegenüber der Burg, auf dem Rahmberg, bezeugt die Ruine des Hallers, eines Wach-
turms, mittelalterliche Schutzvorkehrung.
Das Leben breitete sich unterhalb, entlang
den kräftig rauschenden Gewässern aus. Ansehnliche bürgerliche Wohnhäuser in Fachwerk aus der Zeit nach dem Dreißigjährigen
Krieg und vom 18. Jahrhundert bilden monumentale Komplexe. Sie sind zwei, drei
Stockwerke hoch und bergen unter spitzen
hochgezogenen Giebeln die Speicheretagen,
da Kellerraum fehlt. Die Gebäude stehen auf
Schieferfelsen und einem gemauerten Sockel
aus eben diesem Material. Viele Häuser sind
vollkommen aus dem heimischen braun-
scheckigen Bruchstein gebaut und unver-
putzt. Allen Typen gemeinsam sind verzierte,
noble Holztüren. Die eingestreuten Patrizier-
häuser trumpfen größer auf. Sie sind freiste-
hend und heben sich mit hellbunten Fassaden
ab. Zartes Grün deckt das siebenachsige, verputzte Fachwerkhaus der Tuchmacher Troistorff, unweit dem Roten Haus. Der Bauherr
wollte neben Scheibler bestehen können und
führte 1783 in Monschau die erste Stilfassa-
de mit Freitreppe ein, in Louis XVI, dem dekorativen Übergangsstil des französischen
Rokoko zum Klassizismus. Die Stadt richtete in dem prachtvollen Haus, in dem die auf
Tapete gemalte Gemäldegalerie nicht fehlt,

ein Standesamt ein. Doppelhäuser, wie das stattliche ehemalige Amtshaus von 1663 am Holzmarkt, gehören ebenso zu Monschau wie kleinverschachteltes Fachwerk der Weber, schmalste Gassen und immer wieder Brücken und Treppen zwischen Häusern, bis die Hänge zu steil werden. Das Grün der Bäume hoch oben umschließt die Stadt ohne Gärten. Nur die Scheiblers pflegten eine Blumenanlage gegenüber ihrer Residenz, am anderen Ufer, unten am Rahmberg. Die Höhenlagen dieses Berges dienten mit gemauerten Terrassen der Aufstellung von Rahmen zum Trocknen der Tuche. Vom Markt aus gesehen liegt der Rahmberg als monumentaler langgestreckter Riegel über einer prachtvollen Häuserzeile, deren Fundamente die Rur umspült. Der Marktplatz entstand erst 1876 nach einem Brand, als man entschied, die Häuser dort nicht wieder aufzubauen. Deren Grundrisse zeichnet das Pflaster nach. Fachwerk umgibt die Anlage, am Fluß stehen Linden. Gewicht gibt dem Platz noch die Aukirche, die mit dem Turm und anschließendem Kloster hinter einem Gebäudekomplex zum Vorschein kommt.

Die Kirchstraße

Die Aukirche

Die Aukirche, die in der Junkerau, dem ehemaligen Besitz der Herren von Au, zwischen 1726 und 1751 als schmaler langer Bau unmittelbar über dem Rurufer errichtet wurde, gehört zum Minoritenkloster (Baubeginn 1717), dem sie nahtlos vorgesetzt ist. Im Geist des Ordens sind beide Gebäude von schlichtem Äußeren, sie bilden ein Ensemble aus einer Saalkirche und einer vierflügeligen, um einen kleinen Innenhof gruppierten Anlage aus dem heimischen, unverputzten Schieferbruchstein. Nach der Säkularisation 1802 diente das Kloster, das eine Lateinschule unterhielt, weiterhin als Bildungseinrichtung, auch als Rathaus und Heimatmuseum. Heute ist es zu Wohnungen umgebaut und wird außerdem als Versammlungsort der Gemeinde und für Ausstellungen genutzt.

Die geräumige Kirche St. Mariä Empfängnis wurde 1862 Hauptpfarrkirche, da die alte

Die Aukirche am Markt

Pfarrkirche von 1649 unter der Burg zu klein geworden war. Erst 1639 hatte Monschau die Abtrennung von der weit entfernten Mutterkirche in Konzen zur selbständigen Pfarrei erwirkt. Zwar stand den Bewohnern für die Messfeier die Schloßkapelle von 1369 zur Verfügung (heute Kommunikationszentrum eines Altenheims), doch durften dort keine Sakramente gespendet werden, so daß man für Taufen und Trauungen den langen Weg antreten mußte.

Ihre ins Stadtbild ragende Gestalt erhielt die Aukirche durch den 1924 errichteten Turm mit neobarocker Haube. Er ergänzt den Dachreiter über dem Satteldach und steht im Westen vor dem Langhaus. Dieses bildet ohne ablesbare Gestaltung des Chores einen langen Block, den sieben große Rundbogenfenster ohne schmückende Rahmung an den Längsseiten gliedern. In der südlichen Seitenwand liegen unterhalb der Fenster zwei vermauerte Torbögen und östlich von ihnen eine Tür. Der Haupteingang führt, ebenfalls im Süden, durch den dickwandigen Turm. Seine Halle öffnet sich in weitem Bogen zum

Raum »erlebbarer Mitte«, die Aukirche

Kirchenschiff, einem symmetrisch klar gegliederten, sehr hellen tiefen Raum. Die Abfolge seiner sieben Joche kennzeichnen mit einem Gesims abschließende eckige Pfeilervorlagen ohne Kapitelle, die zwischen den Fenstern hervortreten und ein querrechteckiges Kreuzgewölbe aus Holz tragen. Farbig bemalte Rippen, Gold auf Dunkelrot, begleitet von einem schmalen grünen Streifen an der Decke, zeichnen als klare Linien die Konstruktion nach, die im Wechsel von einander kreuzenden und durchlaufenden Bögen, den Gurten, dem hohen Raumschluß einen strengen Rhythmus geben. Da die Wände und die Decke in einheitliches Weiß getaucht sind, tritt die graphische strikte Gewölbestruktur beherrschend in Erscheinung. Bei der letzten Umgestaltung des Kircheninneren 1966 nach den Richtlinien der Liturgiereform des II. Vatikanischen Konzils gab man die traditionelle hierarchische Längsausrichtung des Schiffes mit dem Priester vor der Gemeinde auf. Bestimmend wurde die »communio fidelium«, die Glaubensgemeinschaft von Amtsträger und Gemeinde, die in der Anordnung von Altar, Lesepult und Priestersitz als der »erlebbaren Mitte« Ausdruck finden sollte. Die Architekten Stephan Legge und Ursula Legge-Suwelack, Bonn, plazierten den mit zwei Stufen herausgehobenen Bereich des schlichten steinernen Zelebrationsaltares mit Lesepult und Priestersitz vor die Mitte der Nordwand. Wie um einen Kern gruppieren sich für die Gemeinde zehn Bankreihen in konzentrischen Halbkreisen. Nach demselben, vorbildlichen Schema wurde die Heimbacher Salvatorkirche eingerichtet (s. Heimbach).

Der um vier Stufen vom Gemeindesaal abgesetzte alte Chor im Osten, in dem früher die 1860 verbrannte Loretokapelle stand, ist mit dem neuen, geometrisch streng gegliederten Gehäuse der Orgel ein Blickpunkt geblieben. Sein Raum, den eine Brüstung abgrenzt, ist nun der Platz für den Sängerchor. Das Kirchenschiff hat mit der Umgestaltung eine neue Harmonie gewonnen. Die weiten Bögen der Gewölberippen kehren am Boden, in die Ebene überführt, als Halbkreise der hellen flachen Bänke wieder. In zarten Farben und Strukturen, die blattähnliche Formen mit runden Einschlüssen variieren, passen sich die Fenster zurückhaltend dem asketischen Raum der einstigen Minoriten an. Apostelfiguren an den Pfeilern, vom 19. Jahrhundert, erinnern noch an eine einstmals neogotische Ausstattung. Zum Kirchenschatz gehören Goldschmiedearbeiten des 15. bis 19. Jahrhunderts, zum großen Teil aus Klöstern.

St. Mariä Geburt

Wie auf ein Podest gehoben, über eine Treppe zugänglich, liegt Monschaus alte Pfarrkirche, St. Mariä Geburt, am Ende der ansteigenden Kirchstraße im Berg unterhalb der Burg. Die Bewohner lieben sie. Trauungen und Taufen finden hier noch statt und Abendmessen. Die kleine intime Kirche ist ein einfacher, von Schieferbruchstein umbauter dreijochiger Saal. Das steile Dach ist nach Westen abgewalmt und trägt über dem First einen Dachreiter mit Spitzhelm. An der Giebelwand steht die Jahreszahl 1649. Sie bedeutete für Monschaus Katholiken die ersehnte Unabhängigkeit von Konzen. In ausgewogenen Proportionen fügt sich dem Schiff ein niedrigerer Chor an, eingezogen, mit Dreiachtelabschluß und steilen Dachformen. An seine Südseite, zum Berg, ist die Sakristei angebaut. Die Fenster von Chor und Schiff sind gleichgroß, mit Sandsteinrahmung und rundbogig ausgeführt. Das Portal im Westen ist von Blaustein eingefaßt, einem heimischen, hell schimmernden Marmor. Im Vergleich zum bescheidenen Äußeren wirkt das Innere prachtvoll durch eine üppige Ausstattung, teilweise aus Klöstern.

Den kleinen weißgetünchten Raum überspannen drei gotisierende hölzerne Kreuzgewölbe, auf Konsolen ruhend und hellgrau gefaßt. In der Tiefe des um vier Stufen erhöhten Chores steht der Hauptaltar mit goldverziertem Tabernakel, den Maria als Himmelskönigin bekrönt. Die Arbeit von 1780 kommt aus dem Kloster Reichenstein. Die Seitenaltäre an den Stirnseiten des Schiffes, aus der Erbauungszeit und mit Säulenaufbau noch dem Barock verhaftet, präsentieren

Die alte Pfarrkirche St. Mariä Geburt

als farbig gefaßte Skulpturen den hl. Matthias und die Patronin, Maria, die den Jesusknaben trägt. Die Kanzel, mit eingeschriebenem Entstehungsjahr 1780, zeigt in feinen eleganten Formen mit geschweiftem Korb, Volutenaufbau am Schalldeckel und Muschelzierat noch schwingendes Rokoko, dem auch ein sehr blasses Orange in der Bemalung entspricht. Die von zwei Stützen getragene Orgelempore besetzt ein dekoratives Instrument von 1741 aus dem Kloster Maria Wald bei Heimbach. Unter den barocken Heiligenfiguren des 18. Jahrhunderts auf Konsolen findet sich der für Monschau bedeutende hl. Nepomuk, Patron der Brücken. Monschaus Pfarrgemeinde gehörte bis 1801 zur Erzdiözese Köln, wechselte dann zum Bistum Aachen, kam wieder zu Köln und ist seit 1930 dem neugegründeten Bistum Aachen zugeordnet.

Die Evangelische Kirche

Monschaus Mitte überragt in schlichter Schönheit die evangelische Kirche an der

Portal der Evangelischen Kirche von 1789

Rur, dort, wo der Laufenbach einfließt und in Nachbarschaft zum Roten Haus rechter Hand. Dessen Bauherr, J. H. Scheibler, hatte 1751 mit seiner Spende von 400 Talern den Grundstock für die Kirche gelegt, die dann 1789 eingeweiht wurde. Das stattliche, verputzte Bürgerhaus links daneben hatte man als Pfarrhaus dazuerworben (heute Gemeindehaus). Die evangelische Gemeinde von Monschau war im 16. und 17. Jahrhundert in Privathäusern und Scheunen zusammengekommen, hatte dann nach Abschluß der Religionsrezesse 1683 in Menzerath auf der Höhe eine kleine Kirche errichten dürfen und konnte schließlich 1787 vom Kurfürsten Karl Teodor von Berg, dem Herzog von Jülich, die Genehmigung zu einer eigenen Kirche in Monschau erwirken. Zwar gehörte Jülich nicht zu den Habsburgischen Niederlanden unter Kaiser Joseph II, wie das benachbarte Schleiden, doch wirkte sein von der Aufklärung inspiriertes Toleranzedikt von 1781 atmosphärisch auf das Umfeld. Es gestattete den »nichtkatholischen Untertanen den Bau eigener Bethäuser, aber ohne Turm und

Glocken und ohne Eingang von der Straße aus. . . « In seiner Konzession, die er sich gut bezahlen ließ, ging der Herzog von Jülich sogar weiter als Joseph II. Die Monschauer Kirche durfte in zentraler Lage und mit Turm und Glocken als erkennbares Gotteshaus errichtet werden. Erst mit der Herrschaft der Franzosen und den Errungenschaften ihrer Revolution kam die grundsätzliche Gleichberechtigung der Konfessionen.

Zum Bau der Kirche waren Spenden von Tuchmachern und deren Geschäftsfreunden aus dem In- und Ausland zusammengekommen. Man beauftragte den Architekten Wilhelm Hellwig aus Mülheim am Rhein (Köln) mit dem Projekt. Er erstellte eine dreijochige Saalkirche aus Schieferbruchstein als wohlproportionierten hohen Baukörper, dessen Ecken an der Chorseite abgeschrägt sind. Ein steiles Satteldach überdeckt die Anlage. Die Längsseiten des Schiffes gliedern je drei lange Fenster, deren rundbogige Rahmung in hellem, zum Mauerwerk kontrastierendem Blaustein ein Schlußstein akzentuiert.

Seinen Reiz erhält die Anlage durch den im Westen achsial halbeingebauten hohen Turm, dessen Glockengeschoß viereckige Schalluken durchbrechen. Zur Hälfte vorspringend, bildet er mit dem Portal und flankiert von zwei langen Fenstern des Schiffes die Schauseite der Kirche und schließt wirkungsvoll mit einer aufwendigen Barockhaube. Sie gehörte zu der evangelischen Kirche in Mülheim von 1684, die 1784 vom Hochwasser zerstört worden war. In ihrem Turm hatten viele Menschen überlebt. Hellwig ließ die doppelt geschweifte, von einer Laterne durchbrochene Haube nach Monschau schaffen. Ein vergoldeter Schwan sitzt ihr als Wetterfahne auf, Sinnbild für Christus, Märtyrertum und auch für Martin Luther.

Die »Evangelische Brücke« über der Rur führt direkt zum Eingangsportal. Es ist durch Rahmung in dem kontrastierenden Blaustein mit abschließendem Segmentbogen herausgestellt und akzentuiert durch ein darüber liegendes Kreisfenster. Die Turmhalle, Vorraum der Kirche, öffnet sich in weitem kräftigen Flachbogen zum Inneren. Festlich wirkt der lichtdurchflutete, hohe Saal durch seine Verkleidung und Ausstattung im einheitlichen Louis XVI-Stil. Dieser Übergang des französischen Rokoko zum Klassizismus verbindet Leichtigkeit der Formen mit symmetrischer Strenge. Die hellen, silbergrau bemalten Wände, die ein hohes Gesims umläuft, sind zwischen den Fenstern und im Kanzelbereich in stuckverzierte Felder gegliedert, die Falten- und Blattgehänge mit Goldauflage tragen. Eine zentrale Rosette ziert die Stuckdecke. Gewicht geben dem hohen Raum die großen Fenster, deren tiefe Laibung und Bogenrahmung dekorativ hervorgehoben sind. Darunter ist die Wand ringsum holzvertäfelt in dunkelbrauner Eiche, die die Bankreihen aus demselben, nobel wirkenden Holz, einfaßt.

Da die Predigt den Mittelpunkt des evangelischen Gottesdienstes darstellt, nimmt die Kanzel hier das Zentrum des Chores ein, der um zwei Stufen erhöht ist. Die zierliche Predigtbühne aus der Erbauungszeit mit überreich dekoriertem Schalldeckel wird flankiert von zwei als stattliche Schränke verkleideten Türen für den Pfarrer und den Küster in vergangener Zeit. Weiß gefaßt und goldverziert bilden sie ein dekoratives Ensemble mit der Kanzel. Vor ihr steht der Altar, heute ein niedriger einfacher Tisch im Stil Louis XVI. Das Kruzifix und zwei Leuchter aus Eisen darauf sind ein Geschenk König Friedrich Wilhelms III von Preußen aus dem Jahr 1821. Der alte Taufstein stammt noch aus der Kirche in Menzerath.

Die Kirche hat 360 Sitzplätze, zusammen mit der ausladenden Empore, die, gestützt auf vier jonische Säulen, in zwei Stockwerken übereinander vor der Westwand in den Raum ragt. Ihre Mitte nimmt das prachtvolle alte Gehäuse mit neuem Instrument ein (Firma Wilbrand). Die Brüstungen aus Eichenholz tragen goldgefaßte Blattgehänge, das Stilprinzip des Louis XVI ist konsequent durchgehalten. Zwischen den Jahren 1978 und 1981 wurde die Kirche für 1,5 Millionen Mark renoviert. In dieser Zeit fand der Gottesdienst im »Rittersaal« einer Sparkasse und in den katholischen Kirchen statt. Das Ver-

An der Stirnwand der Kirche: Kanzel und Altar

hältnis zwischen beiden Konfessionen ist heute herzlich und offen. Ökumenische Gottesdienste finden regelmäßig statt. Sogar in der Schützengesellschaft ist man vereint. Zu Monschaus Diasporagemeinde mit einem Anteil von zehn Prozent evangelischen Christen an der Bevölkerung gehören 32 Ortschaften des weiten Umlandes. Der Schwerpunkt hat sich in den letzten Jahren nach Lammersdorf verlagert, auf das Hochland, nahe der belgischen Grenze. Dort hatte sich bereits vor dem Ersten Weltkrieg nach Ansiedlung eines großen Industriewerkes und durch viele Zöllner eine größere Gemeinde gebildet. Nach dem Zweiten Weltkrieg wuchs sie durch Vertriebene aus den deutschen Ostgebieten, und in letzter Zeit kamen junge Familien dazu. 1976 wurde in Lammersdorf ein Gemeindehaus eingeweiht, in dem regelmäßig Gottesdienst gehalten wird, wie auch immer noch in der Kirche an der Rur unter dem vergoldeten Schwan.

Die spätgotische Schloßkirche Schleidens

Der Geist des weisen Grafen

Alt-Schleiden, seit 1360 Stadt genannt
seit 1856 Stadtrechte,
Gesamtstadt: 2 348 Einwohner
Kirche: St. Philippus und Jakobus und
Evangelische Kirche

Gemünd, Stadt seit 1856
Gesamtstadt: 4 378 Einwohner
Kirche: St. Nikolaus und
Evangelische Kirche

Zusammenlegung: 1972
Gesamtstadt: 14 369 Einwohner

Straßburgs rühriger Reformator Martin Bucer schwärmte für seine Lehre vielfach aus. Noch bevor er auf Einladung des Kölner Erzbischofs Hermann von Wied im Dezember 1542 im Bonner Münster predigte, stand er am 19. Februar desselben Jahres auf der Kanzel der neuerbauten Schloßkirche Schleidens. Er kam in das offene Oleftal im Norden der Eifel auf Vermittlung von Graf Dietrich IV von Manderscheid-Schleiden und war dessen Gast auf der Burg, nur wenige Schritte den Hang höher hinauf. Das noch bis vor kurzem für die Kirche zuständige Kloster Steinfeld konnte nichts mehr dagegen unternehmen, denn der Graf hatte schon 1539 in einem Tauschvertrag das Patronatsrecht erworben. Während der Reformator das Evangelium verkündete, konnte er den Grafen auch als leuchtende Stifterfigur im prachtvollen Fenster des Nordschiffes unter der Anbetung der Heiligen Drei Könige wahrnehmen. Dietrich IV (1501–1555) hatte die Schloßkirche als kunstvolle spätgotische Halle errichten lassen und dazu ein monumentales Glasgemälde geschenkt.

Es verewigte nach mittelalterlicher Tradition das Bild des Stifters, der, seiner Frau gegenüber, in gelbem Waffenrock vor dem Salvator kniend und kleiner als die Heiligen dargestellt ist, doch im unterlegten Schriftband (nach heutiger Schreibweise) seine Machtfülle demonstrieren ließ: Dietrich Graf zu Manderscheid und zu Blankenheim, Herzog von Schleiden, zu Kronenburg und Virneburg und Margaretha von Sombreff, Frau daselbst, Anno domini 1535. Dieser Graf des weitverzweigten und wirtschaftlich mächtigen Adelsgeschlechtes der Eifel zwischen Mosel, Maas und Rhein wurde noch zu Lebzeiten »der Weise« genannt.

Humanismus in Schleiden

Vermutlich ist es auch seiner Weisheit zuzuschreiben, daß er in seinen Territorien der Lehre Luthers zwar den Boden bereitete, doch selbst nicht zum neuen Glauben überwechselte, sondern katholisch blieb. 1547 war der Reformationsversuch des Kölner Erzbischofs Hermann von Wied, zu dem er engen Kontakt hielt, gescheitert. Schleiden war zudem seit 1343 in Lehnsabhängigkeit von Luxemburg, wo Kaiser Karl V auf die strenge Befolgung der katholischen Lehre achtete. Auch sein toleranter Sohn, Dietrich V, den Martin Bucer einen herzlich getreuen Christen nannte, tat den Schritt noch nicht, sondern erst der Enkel Dietrich VI (1560–1593). Er konnte sich nun auf den Augsburger Religionsfrieden von 1555 berufen, der ihm das Recht gab, seine Konfession auch den Untertanen zur Pflicht zu machen: »cuius regio, eius religio«, wer das Land regiert, bestimmt das Bekenntnis.

Unter den Grafen von Manderscheid, die nach dem Aussterben der Edelherren von Schleiden durch Heirat 1451 die im Oleftal gelegene Herrschaft übernommen hatten, ist Dietrich der Weise eine herausragende Persönlichkeit. Er wird als weltoffen, tolerant, weitsichtig geschildert und führte seine Herrschaft Schleiden zu wirtschaftlicher Blüte. Seine Söhne ließ er zusammen mit Johannes Sturm und Johannes Philippi, genannt Sleidanus, erziehen. Sturm gründete 1538 in Straßburg ein protestantisches Gymnasium, das durch ein Erziehungsideal und eine Schulordnung im Sinne des Humanismus weiten Einfluß gewann und aus dem später Straßburgs Universität hervorging. Der Humanist Sleidanus wurde der erste Geschichtsschreiber der Reformation zur Zeit Karls V (Commentarii, 1555). Beide protestantische Gelehrte waren in Schleiden geboren.

Der Gelehrte Johannes Sturm, Stich von N. Mancher, 1570

Der Gelehrte Johannes Sleidanus, Stich des 16. Jahrhunderts

Die »statt« unter der Schleide

Der Ort hatte sich als Talsiedlung zwischen Olef und Diefenbach entwickelt, unterhalb der Burg, die – auf dem steilen Hang eines Gebirgsausläufers zwischen beiden Flüssen gelegen – namengebend wurde. Schleide bedeutet auf mittelhochdeutsch Abhang. Die erste Erwähnung des Ortes 1198 als castrum im Zusammenhang mit Waldrodungen und Abgaben an das Kloster Steinfeld nennt als Besitzer Konrad II. Er stammte aus dem Hause Blankenheim und begründete beim Bezug der vom Vater geerbten Burg die eigene Linie der Herren von Schleiden. Häuser von Burgmannen und Wirtschaftsgebäude schlossen sich am östlichen Hang als Vorburg an, die in ihre Ringmauer auch die Burgkapelle und spätere Schloßkirche einbezog. Von hier aus, mit dem Markt beginnend, wuchs die Siedlung, 1360 erstmals »statt« genannt, als schmales Rechteck talwärts. Eine Stadtrechtverleihung ist im Mittelalter nicht überliefert. Erst die Preußen vergaben 1856 den Titel. Doch die Befestigung mit Mauern, Türmen und vier Toren seit dem 15. Jahrhundert und vor allem ein lebhafter Handel, der bereits 1309 durch die Aufnahme von Juden verbürgt ist, brachten Schleiden die Geltung als Stadt. Das 1575 von Kaiser Maximilian II gewährte Marktrecht krönte das florierende Wirtschaftsleben dieses Jahrhunderts, das nicht zuletzt durch die neuen Herren auf der Burg seit 1451 Aufschwung genommen hatte. Die Burgen der weitverstreuten Territorien der Manderscheider Grafen in Gerolstein, Manderscheid, Kronenburg, Kerpen und Virneburg wurden mit Gewürzen, Tuchen, Fischen und Nägeln von Händlern aus Schleiden beliefert, die die Ware, abgesehen von den Nägeln, aus Aachen, Köln oder Venlo bezogen. Papier kaufte man über Frankfurt am Main. Immer mehr Handwerker ließen sich nieder.

Eiserne Goldgruben

Schwergewicht und überregionale Bedeutung hatte jedoch seit dem 15. Jahrhundert die Eisenindustrie im Schleidener Tal entlang der Olef, von Hellenthal bis Gemünd, deren Mittelpunkt Schleiden bildete. 1438 arbeiteten in näherer Umgebung wie Oberhausen oder Blumenthal bereits fünf Hütten und vier Hammerwerke. Die Natur bot mit Erzlagerstätten, Wäldern zur Bereitung von Holzkohle und dem Flußlauf für Wasserkraft beste Voraussetzungen zur Gewinnung von Roh- und Schmiedeeisen. Politische Entwicklungen und Umsichtigkeit der Landesherren, für die die Eisengruben zu Goldgruben wurden, förderten die Entfaltung des bedeutenden frühindustriellen Zentrums in der Nordeifel. Über die Ehe der Irmgard von Schleiden mit dem Grafen Heinrich von Nassau-Dietz-Vianden (1435–50) ergaben sich Verbindungen zu Eisenfachleuten im Montanrevier rechts des Rheines an Lahn und Sieg. Unter den nachfolgenden Manderscheidern gab es regen Austausch innerhalb ihrer Hütten im Norden und Süden der Eifel, um Eisenschmitt herum, und es wurden Spezialisten der Lütticher Eisenindustrie herangezogen. So hielt die Technik den jeweils neuesten Stand. 1569 arbeiteten 18 Erzgruben in Schleidens Einflußgebiet.

Das planmäßige Erschließen und Ausbeuten der Erzvorkommen lag im Interesse der Landesherren, die häufig selbst Anteile an den Bergwerks- und Hüttengenossenschaften besaßen, in jedem Fall aber von den Erträgen den zehnten Anteil bezogen und sich Konzessionen für Hüttenbetriebe zusätzlich bezahlen ließen. Rechnungen belegen Jahreseinnahmen von mehreren tausend Gulden, zur Hochblüte 1555/56 erreichten sie eine Höhe von 9000 Gulden. Verschwindend klein nahm sich dagegen der Zehnte der landwirtschaftlichen Erträge von den hochgelegenen Feldern in der Kasse der Herrschaft aus.

Hauptprodukt des Schleidener Tales war Stabeisen. Wagenweise wurde es über Köln, das Zentrum des Eisenhandels im Rheinland, ins Siegener Land und nach Solingen verkauft oder gelangte über Export in die Niederlande, nach Portugal und Spanien. Schleidener Handwerker lebten von der Weiterverarbeitung des Eisens zu Küchen- und Gartengeräten und vor allem zu Nägeln. Daneben gossen Spezialisten Geschütze, Kanonen, was die Landesherren ebenso schätzten wie die hohen Einnahmen. Es lag ihnen daher an einem guten Verhältnis zu den Reidemeistern (von reiten, bereiten), die das Fachwissen bündelten und finanzkräftige Mitbesitzer der Hütten waren, die sie leiteten.

Reidemeister und Erasmus

Die Reidemeister des Schleidener Tales repräsentierten eine Oberschicht. Ihre kaufmännische Weitsicht, ihr Unternehmertum und Wohlstand verbanden sich mit Bildung, Kultur und Offenheit für die Ideen des Humanismus und Reformbestrebungen der Kirche. Es heißt, daß eine Gruppe von ihnen aus den namhaften Familien Poensgen, Schoeller und Günther dem Erasmus von Rotterdam bei dessen Rheinfahrt 1518 zugejubelt habe. Das Wirken des humanistischen Landesherrn Dietrich des Weisen fand Widerhall nicht nur in Persönlichkeiten wie Sturm und Sleidanus. Vergleichsweise viele Schleidener stu-

Blick auf die winterliche »Vorburg«

dierten an der Kölner Universität, und es ist typisch für die Zeit, daß der Sohn eines Bäckers Schleidens Stadtschreiber wurde und die Schöffenchronik in lateinischen Versen verfaßte.

Als der Enkel Dietrichs des Weisen, Dietrich VI, offiziell die Reformation in der Herrschaft Schleiden und seinen anderen Territorien einführte – nach neuesten Forschungen 1561 –, gehörten zur tragenden Schicht des neuen Glaubens sehr viele Reidemeisterfamilien, die, ähnlich wie die Monschauer Tuchmacher, untereinander heirateten. Mit dem Ort Schleiden hatten sich neun Dörfer des Schleidener Tales der neuen Lehre des Grafen angeschlossen: Gangfurth, Bronsfeld, Harperscheid, Schöneseiffen, Wiesgen, Oberhausen, Blumenthal, Hellenthal und Kirschseiffen. Die Schloßkirche, in der seinerzeit Martin Bucer gepredigt hatte, wurde ihr gemeinsames Gotteshaus. Die Katholiken, nun eine Minderheit, mußten die Kirche in Olef besuchen.

Nach dem Tod der Witwe

Nach reichlich drei Jahrzehnten, mit dem Tod Dietrichs VI im Jahr 1593, endete die wohlbehütete Zeit der evangelischen Gemeinde. Der verstorbene Graf hatte keine Kinder hinterlassen, der Ehemann seiner Schwester, Graf Philipp von der Marck, verschaffte sich gewaltsam die Nachfolge. Er war katholisch, konnte aber dennoch nicht die Gegenreformation in Schleiden einleiten, da er sich schon nach wenigen Monaten zurückziehen mußte und dann in der Manderscheider Burg von Kerpen lebte. Denn die resolute protestantische Witwe Dietrichs VI, Gräfin Elisabeth von Stolberg, wollte sich von dem machthungrigen Schwager ihr Erbe nicht ohne weiteres entreißen lassen und hatte erfolgreich Hilfe beim Kaiser und der spanisch-luxemburgischen Regierung gesucht. Sie erhielt das Wittum Schleiden zurück, dessen Regentin sie bis zum Tod 1612 blieb. Ihr zweiter Mann, von Kriechingen, wurde Landesherr. Als Gegenleistung an die Helfer mußte Elisabeth die Burg und Vorburg einer spanischen Garnison überlassen, so daß die Schloßkirche der evangelischen Gemeinde verlorenging. Neues Gotteshaus wurde die Kapelle in dem Hospital, das Dietrich der Weise 1526 gestiftet hatte. Mit dem verheerenden Stadtbrand durch ein Holzkohlenlager 1603 verschwand auch dieses Haus. Der Wiederaufbau der Stadt zog sich hin, durch großzügige Spenden, zu denen eine Glocke von Straßburger Protestanten gehörte, stand die Hospitalkapelle aber bereits 1604 wieder und konnte noch bis zum Gottesdienstverbot 1619 genutzt werden. Erst 167 Jahre später, fünf Jahre nach dem Duldungserlaß Kaiser Joseph II, 1786, durften sich die Evangelischen in Schleiden wieder versammeln.

Es war Philipps Sohn, Ernst von der Marck (1613–1654), der nach Elisabeths Tod nun in Schleiden residierte und rücksichtslos die Gegenreformation betrieb, mit Folgen, die ihn bald bereuen und Rückzugsgefechte antreten ließen. Denn die meisten kapitalkräftigen Familien der Eisenindustrie waren Protestanten und wanderten aus, vor allem ins »ausländische« Gemünd, das dadurch wirtschaftlich aufblühte, während Schleiden absank »zum Erbarmen«, wie Graf Ernst feststellen mußte.

Gasse »Am Kreuzberg« in Gemünd, im Hintergrund St. Nikolaus

Einstige »Trutzburg« der Evangelischen, mit einem Torbogen von 1619

Gemünd, Zuflucht der Protestanten

Gemünd, am Nordende des Schleidener Tales gelegen, dort, wo die Olef in die Urft mündet, daher der Name, war für die Einwanderer politisch und wirtschaftlich attraktiv und nahebei. Der Ort war geteilt. Die nördliche Uferseite der Urft gehörte zum Jülicher Amt Heimbach, das Protestanten tolerierte und Gottesdienste zuließ. Die Siedlung südlich der Urft war Dreiborner Herrschaftsgebiet mit der katholischen St. Nikolaus-Kapelle im Mittelpunkt (jetzt Pfarrkirche). Auch hier ließen Schleidener Einwanderer sich nieder, aber die Bethäuser wurden nur vis-à-vis errichtet. Die territoriale Trennung der Stadt mit den vielen Brücken beendeten 1794 die Franzosen durch Aufhebung der einzelnen Herrschaften.

Der Brückenort Gemünd, durch den die Römerstraße Köln–Reims führte und der 1213 zum ersten Mal erwähnt wurde, war schon im Spätmittelalter ein Zentrum der Eisenindustrie (Mauel 1425). Wasserkraft gab es reichlich, Laubwälder auf den umgebenden weiten Talhängen brachten Holzkohle, und das Erz kam aus Keldenich und dem Schleidener Tal oder wurde im näheren Umfeld wie in Wolfgarten geschürft. Aufschwung erlebte der Ort durch Förderung des Herzogs von Jülich, Wilhelm IV. Er vergab 1486 fünf Reidemeistern die Konzession, eine Eisenhütte mitten in Gemünd, am Urftbogen, zu errichten. Rapide stieg daraufhin die Einwohnerzahl. Das Werk bestand über 400 Jahre, bis 1864. Von Anfang an waren Schleidener Reidemeister an dieser Hütte beteiligt. Die nun kamen, betraten kein unbekanntes Gelände. Die Einwandererwelle löste in Gemünd einen zweiten Wirtschaftsaufschwung aus und machte den expandierenden Ort während des 17. und 18. Jahrhunderts auch zum kirchlichen Zentrum der Protestanten des gesamten Schleidener Tales mit Ausstrahlung nach Monschau, Blankenheim und Jünkerath.

Da die evangelische Gemeinde in Lutheraner und Reformierte geteilt war – vor allem wegen unterschiedlicher Auffassungen des Abendmahles –, kam sie in verschiedenen Privatvillen von Förderern, allen voran der Reidemeister Dietrich Günther und Dietrich Schoeller, zusammen. Die Bethäuser und kleinen Kirchen lagen sich in der Alten Bahnhofstraße gegenüber, die reformierte wurde 1854 abgerissen. Die Lutheraner ersetzten 1753 ihren Bau durch einen größeren, doch fehlten ihm noch Turm und Glocken. Diese Symbole einer Kirche kamen hier wie in Schleiden und Kirschseiffen (heute Hellenthal) erst in der Preußenzeit dazu, was ihre klassizistische, an Schinkel orientierte Bauweise verrät. 1819 vereinten sich Lutheraner und Reformierte zu der sogenannten altpreußischen Union.

Das 18. Jahrhundert und die Duldung

Durch Dietrich den IV war Schleiden unter die Oberhoheit Luxemburgs gelangt, das 1715 an Habsburg kam. Daher galten in Schleiden auch die Bestimmungen Kaiser

Joseph II. Der war ein Bewunderer des aufgeklärten, toleranten Preußenkönigs Friedrichs des Großen, und er gab 1781 einen Duldungserlaß heraus, der allen »nichtkatholischen Untertanen die Errichtung eigener Bethäuser, aber ohne Turm und Glocken und ohne Eingang von der Straße aus« gestattete. Mit diesem Erlaß begann für die Protestanten eine neue Zeit, und Gemünd verlor seine Sonderrolle als protestantisches Kirchenzentrum. Die evangelische Gemeinde an der Urft schrumpfte. Schleiden weihte 1786 ein Bethaus ein, Kirschseiffen folgte ein Jahr später und war von der luxemburgischen Behörde vor die Wahl gestellt worden, als Glockenersatz zum Gottesdienst zu trommeln oder mit einer Reiterpisole in die Luft zu schießen. Die Gemeinde entschied sich für die Pistole, die der Küster 44 Jahre lang sonntags auf der Olefbrücke abdrückte, bis dann 1824 Glocken vom preußisch-klassizistischen Turm läuteten.

Wirtschaftlich hatte Gemünd im 18. Jahrhundert jedoch weiter zugelegt. Eisenverarbeitende Betriebe wurden gegründet, eine Schneidmühle (1757), ein Walz- und Schneidwerk (1763). Es folgten ein Kupferwerk und eine Messingplättmühle, 1780 kam ein Eisenhammer dazu. 1790 hatte Gemünd mit 996 Einwohnern nach Monschau die meisten der Region und damit Schleiden weit übertroffen. Die 1794 beginnende Fremdherrschaft der Franzosen brachte dann durch Ausschaltung der englischen Konkurrenz (Kontinentalsperre) und Erweiterung des Marktes auf Frankreich der Eisenindustrie sowohl in Gemünd als auch in Schleiden neuen Auftrieb. Entsprechend seiner Bedeutung wurde Gemünd von den Franzosen zum Mittelpunkt eines weiträumigen Kantons gemacht. Die Preußen übernahmen 1815 die französische Verwaltung, die Mairien wurden Bürgermeistereien, die Kantons Kreise. Als jedoch 1829 eine neue Gliederung die Kreise Gemünd und Schleiden vereinte, hatte Gemünd das Nachsehen. Schleiden wurde als räumlicher Mittelpunkt Kreissitz, der kleinste Preußens, und gab dem erweiterten Landkreis den Namen. Bis heute blieben in Gemünd jedoch die Justiz-, Forst- und

Der Brückenheilige, St. Nepomuk, im Mündungswinkel von Olef und Urft

Steuerbehörden. Bei der Zusammenlegung von Gemünd, Schleiden und den Gemeinden Dreiborn und Harperscheid zur neuen Stadt Schleiden 1972 verlor der namengebende Ort seinen Status als Kreisstadt an Euskirchen, und Gemünd, mit rund 4000 Einwohnern doppelt so groß wie Schleiden, fand sich als dessen Stadtteil wieder. Seine Proteste und sein Verweigern der Abstimmung hatten keinen Erfolg, es kam zur Zwangsvereinigung.

Gemünds industrielle Gründerjahre

Gemünd war 1856 zur Stadt erhoben worden. Die Auszeichnung war Höhepunkt der industriellen Gründerjahre, für die Unternehmer wie Rotscheidt, Schoeller und vor allem Poensgen standen. Nach anfänglicher Schwächung der Eisenindustrie im gesamten Schleidener Tal durch neue preußische Zollbestimmungen, die für Schleiden den Anfang des Niedergangs markieren, stieg Gemünd noch einmal auf. Neue Fabriken wie Walzwerke, Drahtfabriken (1837) und ein Gasröhrenwerk (1845) brachten bahnbrechende Fertigungsmethoden und blieben in Deutschland lange ohne Konkurrenz. Gußstahl, Zementstahl, Siederohre für Lokomotiven und Dampfschiffkessel wurden hier produziert, und doppelt geschweißte Manometer. Albert Poensgen gilt mit seinem Gasröhrenwerk als der Begründer der deutschen Röhrenindustrie. 1860 verlegte er jedoch dieses Werk zusammen mit anderen nach Düsseldorf, wohin 1864 weitere Fabriken folgten, auch ein Teil der Belegschaft ging mit. Die Produktionsbedingungen in Gemünd hielten mit dem in- und ausländischen Wettbewerb nicht mehr Schritt. Es mangelte an Holzkohle, die Laubwälder waren nach jahrhundertelangem Raubbau verheizt. Der Ersatz durch Steinkohle kam auf die Dauer wegen zu hoher Kosten für die umständlichen Transportwege nicht in Betracht. Nur die Bahn hätte den Niedergang aufhalten können. Sie kam 1884, als es längst zu spät war. Zwar übernahmen Holz- und Sägewerke die alten Fabrikhallen, und die Nagelproduktion hielt sich bis 1920. Aber Gemünd brauchte Jahrzehnte, sich vom Schwund der Arbeitsplätze zu erholen und erreichte erst wieder um 1900 seine frühere Einwohnerzahl: 1600. Es war nun Luftkurort geworden und begann, gefördert durch die Eröffnung der Urfttalsperre 1905, mit dem Erwerbszweig Fremdenverkehr, der bis heute und seit 1978 als Kneipp-Kurort ein Wirtschaftsfaktor geblieben ist. Die Urfttalsperre und ihr weites Umland sind allerdings seit 1946 militärisches Sperrgebiet, heute als Truppenübungsplatz der Nato und für Touristen unerreichbar geworden. In dem Gelände steht die ehemalige, 1936 eingeweihte Ordensburg Vogelsang, Schulungsstätte der Nationalsozialisten, heute eine Kaserne.

Dreigepolte Wirtschaftskraft

Gemünd, das im Zweiten Weltkrieg zu 80 Prozent zerstört wurde und 1999 rund 4378 Einwohner zählte, hat innerhalb der neuen Stadt Schleiden, deren 18 Ortschaften insgesamt 14 348 Bewohner zählen, nicht nur Gewicht durch Fremdenverkehr und seine Ämter. Vor allem ist es ein Handels- und Gewerbezentrum. Seine mittelständischen Betriebe vertreten alle Branchen und versorgen das gesamte Umland, ein Einzugsgebiet von 50–100 000 Bewohnern. Ein Schwergewicht liegt auf Fabrikation und Verarbeitung von Pappen. Alt-Schleiden, so der Sprachgebrauch seit 1972 für den alten Ort unter der Burg und der Schloßkirche, hat 2348 Einwohner (1999), ist Sitz der Stadtverwaltung in preußischen Vorgängerbauten, hat ein modernes Krankenhaus und bietet Dienstleistungsgewerbe, Banken, Anwaltspraxen. Bildung steht seit Dietrich dem Weisen hier immer noch hoch im Kurs: 2500 Schüler, viele von auswärts, verteilen sich auf zwei Gymnasien, drei Grund-, zwei Haupt-, eine Real- und eine Sonderschule. In Oberhausen, das mit Alt-Schleiden zusammengewachsen ist, liegen eine Glasfabrik und eine Fertighausfirma.

Zur Dreipoligkeit der neuen Groß-Stadt gehören neben den Talorten Gemünd und Alt-Schleiden die Höhengebiete mit dem herausragenden Dreiborn. Dieses stattliche, imposante Höhendorf war mit seiner Wasserburg, der höchstgelegenen im Rheinland, einst Sitz der gleichnamigen kleinen Herrschaft. Heute hat es durch eine Textilfabrik Bedeutung, die die meisten Frauenarbeitsplätze der Region stellt.

Nicht weit von Dreiborn, in Herhahn auf der Höhe, ist ein neues Industrie- und Gewerbegebiet ausgewiesen worden, das trotz fehlender Autobahnanbindung besonders für die benachbarten Grenzländer Belgien und Frankreich wegen günstiger Preise von Interesse sein wird. Insgesamt pendeln aus der Stadt Schleiden genauso viele Arbeitnehmer ein wie aus (Richtung Köln). Die Dörfer in den Höhenlagen leben vorwiegend noch von der Landwirtschaft. Hochplaziert, und dennoch nahe dem Zentrum gelegen, ist auch der Baugrund für neue Wohnsiedlungen, auf den Scheurener Berg für Alt-Schleiden, auf den Salzberg für Gemünd. Denn im gesamten Tal findet sich schon seit langem keine Baulücke mehr.

Auf Gemünds Straßen

Was den Stadtteil Olef, das eingemeindete Dorf zwischen Alt-Schleiden und Gemünd an der Olef, auszeichnet, nämlich ein historischer Ortskern mit Fachwerkhäusern und spätmittelalterlicher Kirche, das büßte der große nördliche Stadtteil im Krieg und durch neue Verkehrsadern ein. Dennoch bereichern Gemünds sehr belebte Straßen, in denen der Autostrom das Rauschen von Urft und Olef übertönt, einzelne alte Häuser, wie der Dreiborner Zehnthof von 1669 und Fabrikantenvillen, so daß ein Flair von Vergangenheit mitschwingt. Auch übernahm man beim Wiederaufbau meist das kleinteilige Bebauungsschema. In der Dreiborner Straße, dem Einkaufszentrum, stehen die verputzten Häuser wieder eng beieinander. Das Fachwerk war bereits beim Stadtbrand 1851 zerstört worden. Gemünds eindrucksvolles Profil bilden die Talwände von Olef und Urft, die in weiten Bögen, mit Laubbäumen bewachsen, den Ort umstehen, in dessen Mitte die beiden Flüsse leise zusammentreffen. In ihrem Mündungswinkel ist eine barocke Steinfigur des hl. Nepomuk postiert. Nicht weit entfernt von ihm, dort, wo das Schleidener Oleftal in das Urfttal tritt, setzt die monumentale katholische Kirche St. Nikolaus wirkungsvoll einen städtebaulichen Akzent. Ihre dunkelbraunen Ziegel lassen den hohen Baukörper mit dem stattlichen, reichgegliederten Turm als vornehme, zurückhaltende Silhouette vor der waldigen Bergwand erscheinen. Den Grundstein legte man 1858 neben dem alten, zu klein gewordenen Vorgängerbau, der später abgerissen wurde.

St. Nikolaus

St. Nikolaus wurde nach Plänen des Aachener Baurates Theodor August Stein als dreischiffige Hallenkirche von sechs Jochen in gotisierenden Formen errichtet. Sein erster Entwurf mit Doppelturmfassade war von der Berliner Baubehörde als zu aufwendig abgelehnt worden. Zweiteilige Maßwerkfenster mit bekrönendem Vierpaß und zweimal ab-

Der Dreiborner Zehnthof von 1669 in Gemünd

Fabrikantenvilla mit Turm, Mitte 19. Jahrhundert

165

*Hauptportal der St. Nikolauskirche im Turm
(Baubeginn: 1858)*

*Standfiguren des hl. Nikolaus, Petrus und Pauluns
vom Seitenaltar, spätes 19. Jahrhundert; heute am
rechten Chorpfeiler*

getreppte schlanke Strebepfeiler mit Ziergiebeln gliedern die Längsseiten des hohen Außenbaus, dessen Ecken Fialen, maßwerkbekrönte Türmchen, hervorheben. Das Satteldach zeigt steile Neigung. Eingezogen und deutlich niedriger gegen die Giebelwand des Hauptschiffes abgesetzt, schließt der vielseitig gebrochene Chor an, im Westen, dem Berghang zugekehrt. Seine Gestalt wird durch einen modernen Chorumgang teilweise verdeckt. Am Olefufer, der Stadt zugewandt, präsentiert der vorgelagerte viergeschossige Turm die dekorative Schauseite der Kirche. Er steigt über einem Quadrat, begleitet von Treppentürmchen und Eckpfeilern, hoch auf und wird im Glockengeschoß, sich verjüngend, achteckig. Den Übergang vermitteln Fialen. Schlanke hohe Schallöffnungen lösen die Geschosse optisch auf. Ein Kranz von acht Giebeln leitet über in den schlanken Schieferhelm. Das von Ecksäulen und Fialen flankierte Hauptportal des Turmes im Erdgeschoß ist in hellem Sandstein kontrastreich von den dunklen Mauerziegeln abgehoben. Seine gestreckte Gestalt endet in einem spitzen, mit Maßwerk verzierten Giebel. Zwei Nebeneingänge befinden sich rechts und links in den Stirnwänden der Seitenschiffe.

Im Inneren der Kirche öffnet sich eine hohe helle Halle, deren steile Kreuzgewölbe von sehr zierlichen Achteckpfeilern aus Berkumer Trachyt getragen werden. Sie markieren wie Stifte die Grenze zu den gleichhohen, aber schmaleren Seitenschiffen, die sich über hohe Spitzbögen mit dem Hauptschiff zu einer Raumeinheit verbinden. In strenger Regelmäßigkeit, Joch für Joch, gliedern die sich überkreuzenden Gewölberippen und ihr Stützapparat das Langhaus. Ihre Struktur ist in der Farbfassung mit vorherrschendem Weiß an den Wänden, kaltem Azur an den Decken und Natursteinfarbe an Pfeilern und Gewölberippen schwach akzentuiert. Ein steiler Spitzbogen öffnet den niedrigeren Chor. Die ihn durchbrechenden Spitzbogenarkaden des modernen Chorumganges haben den einstigen harmonischen Ruhepol, die Chorwand, aufgelöst. Dieser Modernisierung von 1957 waren in den sechziger Jahren weitere Eingriffe gefolgt. Die gesamte originale neugotische, auf die Architektur abgestimmte Ausstattung verschwand und die einstige, auch die Innenarchitektur hervorhebende Bemalung wurde abgewaschen und weiß übertüncht. Wer den heutigen Zustand mit dem früheren auf Fotos vergleicht, glaubt, zwei verschiedene Kirchenräume zu betrachten. Er hat auch die Erklärung für die Diskrepanz zwischen dem vergleichsweise aufwendigen Äußeren und dem Eindruck der Kühle, den ein Besuch der Halle hinterläßt.

Die Bethäuser mit Turm

St. Nikolaus steht wie auf einer Insel, vom Verkehr umspült und abgeschnitten vom Zentrum, während die Evangelische Kirche am Urtufer im belebten Fußgängerbereich liegt. Der Fabrikant Rudolf Poensgen baute 1857 seine noble spätklassizistische Villa gleich daneben (heute evangelisches Jugendheim), und Hugo Günther errichtete sich einen Wohnsitz gegenüber. Die evangelische Kirche ist ein einfacher Saalbau von vier Achsen und mit abgeschrägten Ecken am westlichen Chorschluß. Ihm wurde 1851 ein quadratischer Turm mit gebrochenem Knickhelm angebaut. Das hohe Satteldach ist über der glatten Ostgiebelwand als Krüppelwalmdach ausgebildet. Kontrastreich schmückt die Farbfassung die schlichte Kirche, sie ist weiß verputzt und die Hausteinfassungen der großen Rundbogenfenster sind sandsteinrot bemalt. Blickpunkt in der Stadt ist der rotkantige Turm mit den charakteristischen Doppelbögen der Schallarkaden. Das Sandsteinportal in der Straßenfront trägt das Baujahr 1753.
Man betritt die Kirche durch einen rundbogigen Eingang in der Westfassade des Turmes. Den lichtdurchfluteten Saal mit Eichengestühl aus der Erbauungszeit überwölbt eine flache Holztonne. Die Ostwand nimmt eine Orgelbühne mit dreiteiligem feinen Prospekt ein (1787). Zwischen den tragenden Säulen darunter steht die Kanzel und vor ihr der schlichte Altartisch. Diese Kombination von Orgel, Kanzel und Altar gilt als typisch für

Die evangelische Kirche an der Urft

Altar-Kanzel-Orgelprospekt an der Stirnwand der Evangelischen Kirche

Schleidens Evangelische Kirche

Der Kanzelaltar von 1788

evangelische Kirchen des Bergischen Landes.

Schleidens Evangelische Kirche ist ähnlich wie St. Nikolaus in Gemünd durch zwei sich kreuzende Bundesstraßen (B 258 und B 265) vom Ortskern abgesondert. Hohe Kastanienbäume und der alte Friedhof gehören zu dem umgebenden grünen Bereich des einstigen, 1788 geweihten Bethauses, dem 1837 im Westen der Turm vorgesetzt wurde. Die Kirche repräsentiert denselben schlichten Saalbautyp wie der Schwesterbau in Gemünd, nur um eine Achse kürzer und mit einer Sakristei im Osten von 1968. Das Hauptportal im Turm zitiert in seinem Bogenfeld aus dem 26. Psalm: »Herr, ich habe lieb die Stätte Deines Hauses« (Vers 8). Das Kircheninnere, ein kleiner heller Saal, überrascht durch seinen festlichen, klaren Gesamteindruck. Seit der letzten Restaurierung 1969 sind Raum und Ausstattungsstücke, die Orgelbühne von 1806, Gestühl und Kanzelaltar, beide aus der Erbauungszeit, im Farbklang Blau, Hellgrau und Gold gefaßt. Die Stilrichtung zeigt zurückhaltendes Rokokodekor. Im Chorbereich mit abgeschrägten Ecken steht als funktionaler Mittelpunkt des Raumes der Kanzelaltar für die Predigt. Er kombiniert einen kleinen Altartisch mit einem von zwei Säulen getragenen Kanzelkorb, über dem ein großer Schalldeckel schwebt.

Alt-Schleiden

Gegenüber der Kirche, Richtung Westen, beginnt der Ort. Die ihn umgebenden Talwände von Olef und Diefenbach halten Distanz. Auf dem kahlen Scheurenberg rechter Hand erkennt man erste Neubauten. Alt-Schleiden, von den Bundesstraßen in die Zange genommen, ist geschrumpft, nach Kriegen und Stadtbränden, nach Bomben 1944 und 1945, die 80 Prozent zerstörten, und nach der Stadtsanierung in den sechziger Jahren. Um der jetzt unharmonisch bebauten Straße »Am Markt« platzartigen Charakter zu geben, wurde 1963 unter anderem eine geschlossene Häuserzeile abgerissen, so daß die Stein- und die Hupperstraße verschwanden. »Heute würde man das nicht mehr tun«, sagt der stellvertretende Bürgermeister Alfred Knips. Beziehungslos und verstreut finden sich Restposten wie die ehemalige Rentei der Herzöge von Aremberg (1830) oder das stilvolle ehemalige Hospital von 1856, ein Nachfolgebau der Gründung Dietrichs IV. Am Markt Nummer 26 steht eines der beiden ältesten Fachwerkhäuser, von 1605: IST GOT FUR UNS WER MAG WITER UNS (Ist Gott für uns, wer mag wider uns sein), dieses Pauluswort ließen sich die protestantischen Besitzer in den Türsturz einschreiben. Ein dreigeschossiger Krankenhausbau an der B 265 (heute Bildungsstätte für geistig Behinderte) zitiert historische Formen – Strebepfeiler und Grundriß – der 1944 zerstörten Franziskanerkirche. Das ungewöhnliche Gebäude erinnert daran, daß Graf Ernst von der Marck 1642 zur Unterstützung der Gegenreformation hier ein Franziskanerkloster gegründet hatte.

Der Ort ohne Zusammenhalt im Tal der Olef, die feingekräuselt fließend noch dazugehört, verdichtet sich zum alten Schleiden nur noch, doch sehr eindrucksvoll, am steilen Hang der Vorburg mit der Schloßkirche und dem Schloß (Burg) als Bekrönung. Die Silhouetten der Monumente sind weithin sichtbar. Während die Kirche ihre spätmittelalterliche Gestalt bewahren konnte – die letzte umfassende Restaurierung begann 1973 –, war die Burg bereits 1689 von Truppen Ludwigs XIV größtenteils zerstört und um 1726 dann schloßartig umgebaut worden. Nach Bombenangriffen im Zweiten Weltkrieg, die den Ort nahe dem Westwall besonders hart trafen, hat man den imposanten Südflügel des Schlosses, die Hauptansicht zum Tal, wiederaufgebaut. Die glatte Fassade des langgestreckten Baues rhythmisieren Fenster in klarem Raster. Das Schloß dient heute als Seniorenresidenz. Die Straße hoch hinauf durch die Vorburg führt vorbei an alten weißverputzten Bruchsteinhäusern mit Rechteckfenstern in Sandsteinrahmung und mit zum Teil schönen Rundbogenportalen in der Hofmauer. Einige, wie die Nummer 3, heute katholisches Pfarramt, Nummer 5 und 7 waren Burgmannshäuser und stammen aus dem 17. Jahrhundert.

Burgmannenhaus unterhalb des Schleidener Schlosses am Hang der »Vorburg«

Die spätgotische Schloßkirche

Die ehemalige Schloßkirche, die Pfarrkirche, St. Philippus und Jakobus, hatte Dietrich der Weise 1516–1525 anstelle einer Burgkapelle vom 13. Jahrhundert errichten lassen. Sie liegt rechts im Hang, die umgebende Steinmauer schließt das einstige Friedhofsareal mit Rasen und Ahornbäumen ein. Vom Schloß ist das Gelände durch einen Platz mit sehr alten Kastanien getrennt. Der kompakte hohe Baukörper, ockergelb verputzt, ist eine dreischiffige Hallenkirche von vier Jochen mit eingebautem Turm im Südwesten. Sie wirkt nobel und ausdrucksvoll zugleich durch kunstvoll gestaltete sehr große Maßwerkfenster und dekorativ gezahnte Hausteingliederung, die zweifarbig, in gelbem und rotem Sandstein die Gebäudekanten, Strebepfeiler und Fensterrahmungen betont. Der Baumeister, dessen Signatur 1954 auf einer Steinplatte über dem vermauerten Westfenster entdeckt wurde, Johan Vianden

169

aus Kyllburg, soll auch eine Steinmetzwerkstatt in seinem Heimatort geleitet haben. Daher sind die in der Gotik hervortretenden Gliederungselemente, wie Gewölberippen und das Maßwerk der Fenster, unter seiner Regie meisterlich gearbeitet. Mit der unregelmäßigen, nicht winkelrechten Quaderung der Gebäudekanten gab er der Schleidener Kirche einen neumodischen Akzent.

Das im Grundriß nahezu quadratische Gebäude deckt ein geknicktes steiles Satteldach, das dem zum Tal ausgerichteten Ostgiebel seine charakteristische Spitze gibt. Knapp, da nur noch dreigeschossig, überragt der Turm mit geknicktem Pyramidenhelm den Komplex. Ein vieleckig gebrochenes Treppentürmchen bereichert ihn, aus der Südfront, der Schauseite der Kirche vorspringend. Einmal abgetreppte und bis unter die Traufe hochgeführte Strebepfeiler gliedern die Längsfassaden der Anlage. Diesen senkrechten Takt verstärken dreiteilige

Südliches Seitenschiff mit neogotischem Altar unter dem prachtvollen Fenster

Maßwerkfenster, die die Mauern großflächig durchsichtig machen. Ihre Stege und unterschiedlich gestalteten Fischblasenbekrönungen zeigen sehr feine Formen wie auch Maßwerkbrücken, die die Fensterflächen halbieren. Betont wird diese horizontale Achse am Baukörper auch durch ein Traufgesims, am auffälligsten aber durch ein Kaffgesims. Diese kräftige Wandvorlage läuft unter den Fenstern entlang und um das gesamte Langhaus, die Pfeiler einbeziehend (verkröpfend). Man vermutet, daß der Baumeister dieses horizontale Gliederungselement, das im Inneren der Halle wiederkehrt, von der Kyllburger Stiftskirche übernommen hat.

In der Südfront liegt unter dem Westfenster das kleine, bei der Renovierung 1896/97 vermauerte Hauptportal. Auch die Pforten im Nordschiff, Verbindungen zum alten Friedhof, sind von Steinen ausgefüllt. 1838 brach man den heutigen Eingang in die dem Berg zugewandte Westwand. Sie bildet mit dem Turm eine Flucht. Ihr einziger Schmuck war ein vierteiliges Maßwerkfenster. Mit Rücksicht auf die Orgel dahinter wurde es 1954 vermauert und durch ein Kreisfenster ersetzt. Das Kaffgesims und ein höheres gliedern die glatte Westfront, die im Norden spitzgiebelig abschließt. Im Süden ragt sie als Glockengeschoß des Turmes mit spitzbogigen Schallfenstern hoch. In der entgegengesetzten Himmelsrichtung, zum offenen Tal hin, fügt sich der großen Ostgiebelwand ein proportional zu kleiner, niedrigerer Chor an. Er stammt noch von der Mitte des 15. Jahrhunderts, als der romanische Vorgängerbau modernisiert wurde. Man paßte ihn der spätgotischen Hallenkirche durch zweiteilige Maßwerkfenster an. Vieleckig gebrochen und mit steilem abgewalmten Dach tritt das zierliche Altarhaus genau vor das Mittelschiff. Es wird überragt von dessen Giebel mit Kreuzblume und flankiert von je einem vierteiligen Maßwerkfenster in den Stirnwänden der Seitenschiffe. Eckpfeiler mit aufsitzenden Fialen und Figuren bilden den hochragenden Rahmen. Am Nordschiff schließt die modern erweiterte Sakristei an.

Das Innere: schwingende Formen

Man betritt die Kirche durch das schlichte Steinportal im Westen, gelangt unter die Orgelempore und blickt in eine gleichmäßig durchleuchtete Halle von schwingenden Formen, voller reicher, üppiger Bemalung und Ausstattung, mit warmer Atmosphäre. »Stimmungsvoll« ist ein wiederkehrendes Prädikat. Die Schloßkirche ist das prachtvollste Gotteshaus, das von einem Manderscheider errichtet worden ist (Kerpen, Kronenburg, Neuerburg, Gondelsheim). Vor allem nehmen die leuchtenden Farben in den Glasgemälden der vierteiligen zweistöckigen Maßwerkfenster an den Stirnwänden der Seitenschiffe gefangen: Hellblau, Goldgelb, Hellgrün, Rot und Violett. Das nördliche mit der Anbetung der Heiligen Drei Könige stiftete Dietrich der Weise vor 1533, das südliche schenkte 1535 sein Vetter Wilhelm, Abt zu Stablo-Malmedy und Prüm. Daher ließ er sich unter der großen Grablegungsszene auch zusammen mit dem Gründer des Klosters Stablo, dem hl. Remaclus verewigen.

Schlanke Achteckpfeiler stecken in der nicht vollkommen symmetrisch gebauten, nahezu quadratischen Halle (18,80 mal 24,10 Meter) das Hauptschiff von Seitenschiffen ab. Die drei Raumteile sind gleich hoch und fast gleich breit, so daß der Eindruck einer weiten hohen Einheit entsteht. Doppelt gekehlt steigen fein herausgearbeitete Rippen von den Pfeilern in elegantem Bogenschwung zur Decke auf, formen im Mittelschiff ein regelmäßiges Netzgewölbe und in den Seitenschiffen Sterngewölbe. An den Außenmauern des Langhauses münden ihre Rippen kelchähnlich gebündelt in schildtragenden Engelbüsten. Wie außen umläuft auch innen die Wände das ausgeprägte Kaffgesims, Basis der hochansetzenden Fenster und der Wandvorlagen mit den Engelkonsolen. Das Gesims setzt das untere Drittel der Wände als glatte ruhige Fläche ab.

Die Bemalung im Farbklang Rostrot, Hellgrau, Weiß verdeutlicht und schmückt die Konstruktion des Hallenraumes. Die Pfeiler in Rostrot geben den Grundton an. Ihre feingestreiften Fugen, weiß-schwarz-weiß, führen wie Sprossen den Blick in die Höhe. Die Gewölberippen sind hellgrau gefaßt und mit Fugen weiß-rot-weiß rhythmisiert. In den Seitenschiffen übernehmen sie zum Teil die Pfeilerfarbe und tragen Schlußsteine mit Wappen. Im Mittelschiff besetzen in Relief gestaltete Schlußsteine wie das Lamm Gottes oder das Haupt des Johannes das Gewölbe. Gemalte Ranken der Distel, Blätter, Blüten und Knospen von Pflanzen schmücken, größtenteils neu ergänzt, wie zarte Gespinste die Gewölbezwickel der Seitenschiffe, während die großen Fenster, auch die mit farblosem Glas der Längsseiten, durch rostrote oder hellgraue Hausteinrahmung monumentalisiert werden.

Den Chor, von deutlich kleinerem Maßstab als das Langhaus, überwölbt ein feingliedriges fünfteiliges Kappengewölbe, das auf Rundsäulen des 15. Jahrhunderts ruht. Die spitzbogigen Fenster hat Wilhelm Buschulte aus Unna 1989 in hellgrauen Farbtönen, Eisblumen gleich, neu gestaltet. Im Zentrum der Bildflächen mit eingestreuten Symbolen steht die Passion. Buschultes Grisaille-Glasmalerei läßt blendendes kaltes Licht einfallen, das wie ein Fremdkörper auf die sanfte Helligkeit im Schiff trifft. Schutzverglasung soll den Effekt mildern.

Die Prunkstücke der Ausstattung, die beiden großen Glasgemälde, sind nach Vorbildern im Kölner Dom entstanden und wie aufgeklappte Flügelaltäre angelegt. Den kostbaren Gewändern der Figuren, der Heiligen und Stifter, entspricht eine prächtige Architekturrahmung im Renaissancestil, wie sie auch in den Fenstern des Kreuzganges im Kloster Steinfeld zu finden ist. Die vielfach ausgebesserten Gläser sind zum Teil nur noch zu funfzig Prozent original. Zur bedeutenden Einrichtung der Kirche gehört die zweitürmige Orgel mit aufwendigem Rokokogehäuse, die zwischen 1750 und 1770 von Balthasar oder Christian Ludwig König erbaut worden sein soll. Sie steht auf einer von vier Holzsäulen getragenen Empore im Westjoch des Hauptschiffes, dem sie wirkungsvoll Festlichkeit verleiht. Von dem alten Brüsseler Hochaltar aus der Zeit um 1500 sind zwei Flügel erhalten, eine Ecce-Homo-Darstel-

Maria auf der Mondsichel, Holzskulptur des 16. Jahrhunderts

lung und eine Abendmahlsszene in hochgestaffeltem Figurenaufbau. Die Gemälde werden Colijn de Coter zugeschrieben. Heute steht ein einfacher Blockaltar von 1619 im Chor. Aus der Erbauungszeit stammt eine farbig gefaßte Holzskulptur der Gottesmutter auf der Mondsichel, eine Kölner Arbeit. Der berühmte mittelalterliche Viermarschallaltar wurde 1988 gestohlen und durch eine Kopie nach Fotografien ersetzt. Gestühl, Kanzel und ein Seitenaltar aus Eichenholz sind neugotisch.

Vor dem Chor liegt im Boden die verschlossene Grablege der Familie der Manderscheider Grafen. 1998, bei der 800-Jahrfeier der Ersterwähnung Schleidens als Castrum, wurde die Gruft zur Ansicht der nackten Gebeine geöffnet. Wie Graf Dietrich IV von Manderscheid-Schleiden in Prunkrüstung und mit Vollbart ausgesehen haben mag, dazu gibt das lebensgroße Portrait von ihm als Hochrelief in Blaustein im hinteren nördlichen Seitenschiff einen Anhalt. Sein Enkel, Dietrich VI, der in Schleiden die Reformation einführte und die Schloßkirche zur evangelischen Hauptkirche machte, ließ seinem Großvater »als späte Ehrung« in der Kirche 1590 ein Epitaph errichten. Breitbeinig steht er da, mit angewinkelten Armen auf den Hüften. Barhäuptig – der Helm ist abgelegt – blickt »der Weise« ruhig vor sich hin. Er hatte hier seinerzeit Martin Bucer aus Straßburg predigen lassen, für den Enkel ein starker Eindruck von nachhaltiger Wirkung. Graf Ernst von der Marck, der die Rekatholisierung vornahm und in der Schloßkirche vier Altäre wiedererrichten ließ, ist indirekt anwesend. Er ließ seiner Frau, Sibylle von Hohenzollern, einen kostbaren Sarkophag aus belgischem Marmor aufstellen.

Erhalten hat sich im offenen Tal an der Olef die tolerante Gesinnung des weisen Grafen. Das Verhältnis zwischen den Konfessionen ist von gegenseitiger Achtung, auch Freundschaft getragen. Geblieben ist auch ein relativ hoher Anteil von Protestanten in der Region, der mit 18 Prozent fast doppelt so hoch wie in der übrigen Eifel liegt. An die vergangene Tradition anknüpfend, hat der katholische Pfarrer Philipp Cuck eine neue begründet. Seit 1990 steigt am Kirmessonntag im September der evangelische Pfarrer, Wolfhart Hundhausen, zur Predigt auf die Kanzel der Schloßkirche, und am Buß- und Bettag übernimmt der katholische Geistliche in der evangelischen Kirche die Auslegung der Bibel, die dort im Zentrum des Gottesdienstes steht.

Ausfahrt zwischen Trier und Koblenz

Wittlich, Stadt seit 1291
Kernstadt: 11 781 Einwohner
Gesamtstadt: 18 335 Einwohner
Kirche: St. Markus

Die breite Front des Portnersberges ist uraltes Wittlicher Gelände. Der Südhang des auslaufenden Eifelgebirges steht voller Reihen mit Rieslingreben. Weinanbau verknüpft sich bereits mit der ersten Namensnennung 1065 der »marca Villicensi super fluvium Lesuaram«, der Gemarkung Wittlich über dem Fluß der Lieser. Natürlich vermutet man als erste Winzer hier Römer, die in dem ländlichen Gebiet unweit ihrer Provinzhauptstadt Trier, der Augusta Treverorum, Gutshöfe oder Villen errichteten. Ein schloßähnliches Anwesen aus dem späten zweiten Jahrhundert, im Süden des Ortes an der Lieser gelegen, fiel 1972 größtenteils dem Autobahnbau zum Opfer. Mit Sicherheit förderte die römische Hinterlassenschaft von Verkehrswegen Wittlichs Aufstieg im Mittelalter. Die Siedlung hatte sich um ein 1140 erwähntes Hofgut des Trierer Erzbischofs entwickelt und lag an einer Nebenstraße der Verbindung Trier–Andernach. Sie war außerdem der römischen Hauptstrecke Trier-Köln angeschlossen und seit dem 12. Jahrhundert noch der Verkehrsachse Trier-Koblenz, so daß der Fernhandel florierte und Wittlich Marktort wurde. Etliche Klöster, wie Himmerod oder Springiersbach, profitierten gleichfalls von der bequemen Erreichbarkeit. Sie hatten es dem Trierer Erzbischof und dem Domkapitel

gleichgetan und Weingüter auf den wärmespeichernden Schieferböden an Südhängen der Eifelberge erworben. Ihre Gutshöfe waren ansehnliche Wirtschaftsbetriebe.
1291 wurden Wittlich von König Rudolf von Habsburg die Stadtrechte verliehen, gleichzeitig mit den fünf weiteren kurtrierischen Orten Mayen, Bernkastel, Welschbillig, Saarburg und Montabaur. Dieser Akt zur Festigung des Kurstaates war die Danksagung des todkranken Königs an Erzbischof Boemund, der auf dem Frankfurter Reichstag seine Stimme für Rudolfs Sohn, Albrecht von Österreich, als Thronerben gegeben hatte. 1317 stand Wittlichs Befestigung mit Mauern und drei Toren vollendet. Das südlich gelegene Nachbardorf Altrich, das im 10. Jahrhundert, weit vor Wittlich, ausgedehnte bischöfliche Besitzungen aufwies und bis in das 12. Jahrhundert hinein Verwaltungsmittelpunkt und Pfarrort der Region war, wurde von der jungen prosperierenden Stadt überflügelt. In Wittlich ist erstmals 1157 ein Pfarrer genannt, 1220 ein Kirchenbau. Altrich blieb bis ins 15. Jahrhundert nur der Hochgerichtsplatz erhalten. Wittlich stieg auf, wurde im 14. Jahrhundert zu einem kurtrierischen Amtssitz erhoben und eine Lieblingsresidenz der Erzbischöfe. Als Landesherren stärkten sie die Wirtschaft des Ortes, der gleichwohl von ihnen politisch und rechtlich abhängig war. Ihre respekteinflößende Burg auf dem hochliegenden Ostrand der Stadt brannte 1647 in einem Großfeuer nieder, das der explodierende Pulverturm ausgelöst hatte. Über den Kellergewölben ließ Kurfüst Johann Philip von Waldersdorf (1756–88) dann ein Jagdschloß

Wittlichs »Schloßberg«, im Hintergrund der Turm von St. Markus

mit Tiergarten errichten, das französische Revolutionstruppen 1794 derart demolierten, daß es 1804 auf Abbruch versteigert wurde. Die zugehörige Rentnerei, Kellnerei und der Marstall wichen 1955 einer Sparkasse. Die französische Fremdherrschaft brachte die Auflösung der Territorialstaaten und damit das Ende des weltlichen Machtanspruchs der Erzbischöfe. Wittlich wurde Sitz einer Mairie. Mit der 1815 beginnenden Preußenzeit rückte der Ort zur Kreisstadt auf und war seitdem wieder Verwaltungsmittelpunkt. Damals hatte die Stadt 2000 Einwohner.

Zweifach gute Lage

Wittlichs Lage ist zweifach günstig. Zur Anbindung an Fernstraßen – heute Autobahnen, die die Entwicklung der Stadt zwischen Trier und Koblenz zu einem Industrieort begründeten – kommt ein naturbedingter Vorteil. Wittlich liegt am Nordrand der nach ihm benannten Senke, einer weiten, 35 Kilometer langgestreckten Ebene zwischen dem Südrand der Eifel und den Moselbergen. Von der Höhe des Portnersberges aus, westlich vom Ort, kann man den vor 250 Millionen Jahren abgesunkenen Landschaftsstrich mit dem eingebetteten Wittlich weithin überblicken. Noch jenseits der schwingenden Kette der Moselberge, der östlichen Begrenzung, staffeln sich die Gipfel des Hunsrücks am Horizont. Die Lieser fließt an der Altstadt mit der bestimmenden St. Markus-Kirche südlich vorbei, ihr Ziel ist die Mosel. Fruchtbare Ackerböden, Grünflächen und ein sehr mildes Klima mit einer Durchschnittstemperatur von 8,2 Grad zeichnen die Wittlicher Senke aus, so daß der Wein, Erdbeeren, Spargel und sogar Tabak gedeihen können. Von der herkömmlichen, einst vorherrschenden Landwirtschaft, die Handel und Handwerk förderte, lebten 1998 im Wittlicher Stadtgebiet nicht mehr als eine Hand voll Großbetriebe, die sich auf Milchkühe und, wie das ehemalige Himmeroder Klostergut Fails, auf Rindfleischproduktion spezialisiert haben. Fünf hauptberufliche Winzer und einige im Nebenerwerb bewirtschaften die verblie-

nen 42 ha Rebfläche der Lagen: Wittlicher Klosterberg, Portnersberg, Felsentreppchen, Bottchen und Lay. Die Flächen der Tabak- und Obstbauern liegen östlich von Wittlich vor den Moselbergen, etwa dort, wo sich der kugelrunde Neuerburger Kopf, ein Vulkankegel, aus der Senke hebt. Ihre eingestreuten Dörfer, Lüxem, Bombogen, Dorf, Neuerburg und Wengerohr, wurden mit der Gebietsreform 1969 der Stadt Wittlich einverleibt. Die landwirtschaftliche Prägung hat seitdem abgenommen, die Bauern verkauften Nutzflächen als begehrtes Bauland. Um die alten Orte, allen voran um Lüxem, gruppieren sich zunehmend moderne Wohnviertel. Denn Wittlich wurde dank der Autobahn A 1/48 seit den siebziger Jahren ein Industriezentrum, das 1999 mit den eingemeindeten, ehemals selbständigen Gemeinden 18 335 Einwohner (Kernort: 11 781) und 14 000 Arbeitsplätze aufweisen konnte, Zahlen, die die Bürger mit Stolz erfüllen. 1950 hatte die Stadt 11 456 Einwohner und 4 131 Arbeitsplätze; nach der Erweiterung 1969 zählte sie 14 215 Einwohner und 8 230 Arbeitsplätze,

Das »Türmchen« von 1317

175

die Weichenstellung zur Industrie war in vollem Gang. Immer noch ist die Wachstumstendenz steigend, und sie wird zunehmen, sobald die im Bau befindliche A 60, von Belgien kommend, auf die A 1/48 trifft. Denn dann liegt Wittlich an der großräumigen Achse, die von den belgischen Seehäfen über Lüttich und die Eifel bis in das Rhein-Main-Gebiet führt.

Auch Pizza für Europa

Wittlich ist dabei, die drei stadtnahen östlichen Industriegebiete um ein südliches bei Wengerohr zu erweitern. Da zum 1. Juni 1999 die französische Armee die Garnisonstadt (seit 1938) verließ, gibt es Überlegungen, das Kasernengelände teilweise gewerblich zu nutzen. Um den Wirtschaftsstandort zu festigen, möchte man den ansässigen Betrieben Expansion ermöglichen, aber auch weitere Unternehmer anlocken. Zum Bestand zählten 1999 drei große Industriefirmen (Dunlop, Ideal Standard, Dr. Oetker), die ihre Produkte weltweit absetzen. Sämtliche tiefgefrorenen Pizzen von Dr. Oetker werden in Wittlich gebacken. Ein Schwergewicht stellen außerdem mittelständische Betriebe mit 20 bis 120 Arbeitnehmern dar, die mit einer breiten Produktpalette den Export bedienen, zum Beispiel mit Asphaltaufbereitungsanlagen, Tauchpumpen, Landwirtschaftsmaschinen, speziellen Geräten für Kellertechnik im Weinbau, Messeaufbauten oder Aufsätzen für LKWs. Zu dem verarbeitenden Gewerbe kommen die starken Bereiche von Dienstleistung, Handel und Verkehr. Als Sitz der Verwaltung des Kreises Bernkastel-Wittlich mit einer Vielzahl von Ämtern bietet die Stadt zusätzlich Arbeitsplätze, so daß insgesamt 8000 Bewohner aus einem Umkreis von 30 Kilometern täglich nach Wittlich zur Arbeit fahren. Tourismus wird gepflegt, soll aber, nicht zuletzt mit Rücksicht auf Bernkastel-Kues, sekundär bleiben. Doch zur Säubrenner-Kirmes am dritten Augustwochenende ist die Stadt proppevoll. Die Region verlangt nach dem berühmten Schweinebraten am Spieß und Volksfesttrubel.

Im heutigen Sprachgebrauch ist Wittlich »ein mit allen Funktionen ausgestattetes Mittelzentrum für einen Einzugsbereich von 60 000 Einwohnern«. Dabei stellt das nahe Trier keine Konkurrenz dar, die Reviere haben sich nie gestört. Wittlich ist die alte Marktstadt, traditionelles Einkaufszentrum für Mosel-, Eifel- und Hunsrückorte und hat mit der Entwicklung Schritt gehalten. Der Einzelhandel blüht und bietet alles, vom Joghurt, über das modische Kostüm bis zum Wohnzimmer. Die Stadt spendierte 1 300 gebührenfreie Parkplätze. Alle Schultypen, Sozialeinrichtungen und ein modernes Kreiskrankenhaus sind vorhanden. Besonders stolz ist Bürgermeister Helmut Hagedorn auf die 1994 neu eröffnete Stadtbücherei, die mit 750 Besuchern täglich und mehr als 220 000 Entleihungen pro Jahr von 35 000 Titeln die bestgenutzte von Rheinland-Pfalz ist. Hagedorn hebt auch die Bedeutung der Einrichtung eines Lehrstuhles für Mittelstandsökonomie an der Universität Trier für seine Stadt hervor. Die »Stiftung Stadt Wittlich« ist an der Finanzierung beteiligt, sie arbeitet mit Kapital aus dem Verkauf der Stadtwerke an die RWE. Ansässige Mittelständler profitieren von dem neuen Institut, besonders, wenn es alle zwei Jahre in Wittlich Experten von Wissenschaft und Praxis aus der gesamten Republik zu einem Unternehmerforum vereint.

Im ständigen Abwägungsprozeß zwischen ökonomischer Weiterentwicklung und Wahrung von Wohnraum und Landschaft ist Wittlich bemüht, behutsam vorzugehen. Auch für die zuziehenden Unternehmer und ihre Belegschaft zählt schließlich das Umfeld. Lebensqualität in Wittlich bedeutet nicht zuletzt die Lage in einzigartiger Natur.

Tabakanbau für Roth-Händle

Die Tabakfelder der zu Wittlich gekommenen Dörfer Bombogen, Neuerburg, Dorf – Lüxem pflanzt nicht mehr an, Wengerohr dient der Industrie – decken jetzt noch 60 ha, etwa die Hälfte der Anbaufläche aus der Blütezeit gegen Ende des vorigen Jahrhunderts, als noch jede Familie mit ein paar Hektar oder weniger beteiligt war. Heute teilen sich die Bewirtschaftung nur sieben Tabakpflanzer, für drei von ihnen ist es der Hauptberuf, Günter Thetard in Dorf besitzt mit 24 ha den Löwenanteil. Die mit früher verglichen viel umfangreicheren Flächen werden durch teilweisen Einsatz von Maschinen bewältigt. Die Zäsur zur Modernisierung kam 1968, nachdem die Blauschimmelkrankheit seit 1961 die Tabakkulturen nahezu vernichtet und damit die Identität der Dörfer bedroht hatte.

Tabakanbau war mit der beginnenden Preußenzeit, nach 1815, relativ spät in die Wittlicher Senke gekommen, gelangte dann aber an die Spitze der rheinischen Landkreise, trotz Rauchverbots auf offener Straße wegen Brandgefahr. Aus Baden, einem der deutschen Pioniergebiete im 17. Jahrhundert noch vor der Verbreitung der Pflanze im Dreißigjährigen Krieg, übernahm man die würzige dunkle Sorte, den Badischen Geudertheimer. Die Ernten des übermannshohen, lilafarben blühenden Nachtschattengewächses gingen vor allem an Trierer Tabakfabriken, ehe sich gegen Ende des vorigen Jahrhunderts auch in Wittlich tabakverarbeitende Betriebe installierten. Sie produzierten Zigarren und »Wittlicher Strang« zum Kauen oder Pfeiferauchen, die letzten gaben 1960 auf. Der heutige Geudertheimer geht in Ballen von 12 und 20 Kilogramm über die Erzeugergemeinschaft Rheinland-Pfalz zum Ursprung, nach Baden, zurück, wo er in Lahr bei der Firma Roth-Händle als Beimischung Zigarretten füllt. Der Verkauf der Ballen erfolgt im Februar. Fast ein ganzes Jahr braucht der Tabakpflanzer für ihre Herstellung, denn im März beginnt die Aussaat in Folienschuppen. Nach den Eisheiligen im Mai werden die empfindlichen Sprößlinge ausgepflanzt, dann regelmäßig gehackt und ab Mitte Juli bis in den September hinein in vier Schritten, von unten, mit drei Blättern, dem Grumpen, beginnend, nach oben geerntet. Die höchsten Blätter, das Obergut, gelten als die wertvollsten, sie enthalten das meiste Nikotin. Früher lag die mühsame Ernte des klebrigen Rohstoffes in den Händen von Pflückerinnen, Frauen aus dem Dorf, die wie eine Kolonne

Tabaksschuppen in Lüxem

die Felder durchzogen. Heute treten größtenteils polnische Gelegenheitsarbeiter an. Die mit Hilfe von Maschinen aufgereihten Blätter werden zum Trocknen in gut belüfteten Schuppen aufgehängt, im Winter sortiert, verballt und schließlich verkauft. Die alten Tabakschuppen aus Holzlatten, dreigeschossig und spitzgiebelig, werden neben modernen niedrigen Folienschuppen heute noch benutzt. Sie geben der Gegend Charakter. Außer der Ursorte wird seit 1985 in der Wittlicher Senke auch Virgin-Tabak angepflanzt, der in Öfen mit Heißluft trocknet. Alle drei Jahre braucht der Boden Fruchtwechsel, dann verdrängen Raps, Weizen, Roggen oder Gerste die Nicotiana.

Jüdisches Leben am Markt

Wittlichs Profil als Industrieort nahm um die Jahrhundertwende erste Züge an, als sich Unternehmer niederließen, die Ton- und Dampfziegelei zu produzieren begann, Betriebe für Sperrholz und Schuhcreme eröffneten. Den Anfang hatte 1875 der Jude Samuel Heß mit einer Zigarrenfabrik gemacht. Aus einer jüdischen Lebensmittelgroßhandlung war die »Chemische Fabrik Wittlich« in der Kalkturmstraße hervorgegangen, deren Schuhcreme, Putzmittel und Bohnerwachs der Marke Ermin und Erbol in ganz Europa vertrieben wurden. In den zwanziger Jahren gehörten der Zigarrenfabrikant Fritz Heß, der Kaufmann Salomon Ermann-Bach und der Handelsmann Moritz Dublon dem Stadtrat an. Die Läden und Textilkaufhäuser am historischen Marktplatz führten Wittlichs jüdische Einwohner. Doch ihre Domäne war der Viehmarkt. Seit 1804 fand er auf dem weiten Terrain des abgerissenen Jagdschlosses zweimal im Monat statt und war für die Bauern des Umlandes von größter Bedeutung, sogar noch für deren Kollegen jenseits vom Hunsrück, an der Saar und in Elsaß-Lothringen. Fielen Markttage auf einen jüdischen Feiertag, wurden sie ver-

legt. Die Handelssprache war Jiddisch. So unersetzlich war die von Generation zu Generation übertragene, auf Vertrauen gründende Arbeit, vor allem auch im Stallhandel auf den Höfen der Dörfer, daß die Nationalsozialisten aus Rücksicht auf die Wirtschaft der Region das endgültige Berufsverbot für diese Juden bis 1938 hinauszögerten.

Im Stil der Zeit: die Synagoge

Ein deutliches Erstarken der Wittlicher jüdischen Gemeinde, deren erste Mitglieder im 17. Jahrhundert aus Böhmen gekommen waren und nahe dem Markt in der kleinen Böhm-Straße wohnten, hatte sich während des vorigen Jahrhunderts vollzogen und erreichte um 1900 mit 225 Einwohnern einen Höhepunkt. Zeugnis ihres Selbstbewußtseins und Wohlstandes war die Einweihung der Synagoge an der Himmeroder Straße 1910. Das repräsentative Gebäude nach dem Entwurf des Kreisbaumeisters Johannes Vienken spiegelt in seinem neobarocken Westwerk in Bruchstein und Putz und in der Jugendstilausmalung des tonnengewölbten Inneren den Stilpluralismus christlicher Sakralbauten der Zeit. Diese bewußte formale Anlehnung hatte um die Mitte des 19. Jahrhunderts mit einer Neoromanik begonnen, nachdem jüdische Architekten unter Berufung auf Deutschlands älteste Synagoge in Worms von 1175 gefordert hatten, daß die jüdischen Gotteshäuser monumentale und nationale Bauwerke sein sollten. Denn Gleichstellung mit den christlichen Brüdern und nicht Isolierung wolle man zum Ausdruck bringen (Edwin Oppler). Der mit der Emanzipation zu Anfang des 19. Jahrhunderts vorherrschende Maurische Stil nach dem Vorbild spanischer Synagogen des 13. und 14. Jahrhunderts in Cordoba, Segovia und Toledo galt nun als überwunden. Das Verbot eigener Bautätigkeit durch Ausschluß aus den Zünften hatte bewirkt, daß die Juden ihre Kultbauten von christlichen Handwerkern errichten ließen und vom Mittelalter an, bis zur Emanzipation, den jeweils herrschenden Baustil übernahmen.

Die Synagoge von 1910, heute Kultur- und Tagungsstätte

In den zwanziger und dreißiger Jahren unseres Jahrhunderts zählte Wittlichs jüdische Gemeinde 300 Mitglieder und stellte mit 4,4 Prozent einen vergleichsweise hohen Anteil an der Gesamtbevölkerung von 6500 Einwohnern dar. In Mayen blühte eine gleichgroße Gemeinde und mit ihr der Viehmarkt (1905: 328 Mitglieder, Gesamtbevölkerung: 13 435). Doch prozentual gemessen war Wittlich überlegen und hatte vor Mayen und auch Münstermaifeld die stärkste jüdische Gemeinde des gesamten Eifelraumes, in dem ungezählte kleine Gruppen von Landjuden lebten.

Der Abgrund und ein Brief danach

Nach der Wahl Hitlers zum Reichskanzler 1933 folgten in Wittlich Boykottaufrufe gegen jüdische Geschäfte, Enteignungen jüdischen Eigentums, auch der Fabriken, die grobe Verwüstung der Synagoge in der Reichskristallnacht 1938 und Deportationen. Jeder dritte Wittlicher Jude starb in einem Konzentrationslager, den anderen gelang es, zu emigrieren. Als die Stadt 1991 das 700. Jubiläum der Gründung feierte, lud sie jüdische Exilanten, ihre früheren Einwohner, ein, und es kam zu bewegenden Begegnungen. Der hochbetagte, 1907 in Wittlich geborene Arthur Feiner, der sich die Reise aus Denver in den USA nicht mehr zutraute, schrieb der Stadt einen Brief: ... »Über meinen Weg von Deutschland über Shanghai nach Amerika kann ich nur Stichworte wiedergeben. Für eine chronologische Niederlegung der Geschehnisse und eine tiefere Beschreibung der Verhältnisse in Shanghai habe ich weder die Kraft noch das Können. Außerdem will ich nicht die Bitterkeit dieser Jahre kosten und die Kinder mit der Schuld der Väter belasten. ... Aber vielleicht, wenn Sie gleich von der Synagoge zum Marktplatz gehen, ahnen Sie, wie ich im Geiste mit Ihnen dort stehe und die alten Namen auf den Geschäften sehe: Schuhhaus Wolff, Schiffmann, Ermann-Bach, Bender, Frank und Sänger. So war es gewesen. Aber ich will den schrecklichen Abgrund, der zwischen ge-

stern und heute liegt, überspringen, und ich reiche der jungen Generation meine Hände in Freundschaft. Herzlichst – Ihr Arthur Feiner.«

Die im Rohbau bewahrte, doch verfallende Synagoge kaufte die Stadt Wittlich 1975 von der jüdischen Kultusgemeinde Trier, um sie nach umfassender Restaurierung als Kultur- und Tagungsstätte zu nutzen. 1993 eröffnete der Vorsitzende des Zentralrates der Juden, Ignaz Bubis, die Dauerausstellung »Jüdisches Leben in Wittlich« in einem modernen Anbau. Kleinere Projekte waren 1985 zum 100. Einweihungstag der Synagoge vorausgegangen, wobei der »Arbeitskreis Jüdische Gemeinde Wittlich« sich als treibende Kraft zur Erforschung des Schicksals der einstigen Bewohner engagierte. Ende 1997 wurde das nach dem letzten Vorsteher der jüdischen Gemeinde benannte Emil-Frank-Institut an der Universität Trier und an der Theologischen Fakultät Trier mit Sitz in Wittlich gegründet. Es wird unterstützt von der »Stiftung Stadt Wittlich« und zählt zu seinen Aufgaben die Lehre der jüdischen Religion, Geschichte und Kultur, Dokumentation der Entwicklung der jüdischen Gemeinden im Mosel-Eifel-Raum und Vermittlung von Begegnungen zwischen Juden und Nichtjuden im In- und Ausland. Israels Botschafter Avi Primor hielt im Institut im Juni 1998 eine Vorlesung zur Geschichte der deutsch-israelischen Beziehungen, die auch Thema seines Buches »Mit Ausnahme Deutschlands« sind.

Kurfürsten und Juden

Die ersten Juden waren mit den Römern als freie Bürger in das Rheinland gekommen. In Trier fand man eine Öllampe aus dem 4. Jahrhundert mit der Darstellung des siebenarmigen Leuchters, eine jüdische Gemeinde zur Zeit Kaiser Konstantins ist in Köln beurkundet. In Aachen waren Juden bereits unter den Karolingern ansässig. Karl der Große hatte im Jahr 797 den jüdischen Gesandten Isaak als Begleiter einer Abordnung mit nach Bagdad geschickt, wo Handelskontakte am Hof des Kalifen Harun-al-Raschid vertieft werden sollten. Nur Isaak überlebte die Anstrengungen der Reise, und seine Rückkehr 802 erregte großes Aufsehen, denn er brachte als Geschenk des Kalifen für den Kaiser Abdul Abas mit, einen weißen Elefanten. Köln, Mainz, Speyer, Trier und Worms waren im frühen Mittelalter blühende jüdische Gemeinden.

In Wittlich ist als erster Jude Moses 1309 in einer Urkunde erwähnt. Zu dieser Zeit gruppierte sich in der jungen Stadt erstmals eine jüdische Gemeinde, nachdem, wie viele Territorialherren, auch der Trierer Kurfürst Balduin von Luxemburg (1307–1354), zur Aufbesserung der Finanzkraft und Geschäftsverbindungen seines Landes Juden an seinem Amtssitz angesiedelt hatte. Da unter Berufung auf das Alte Testament nach kanonischem Kirchenrecht Christen Geldverleih gegen Zins untersagt war und Juden von den Zünften ausgeschlossen wurden, hatte man sie im 12. Jahrhundert in das Geldgewerbe abgedrängt. Als Finanzexperten mit weitverzweigten Handelsbeziehungen wurden sie gefragte Leute, die ihre Aufenthaltsgenehmigung mit hohen Steuern zu bezahlen hatten. Zusätzlich erhoben die Landesherren ein vertraglich verbrieftes Schutzgeld. Das ursprünglich nur von Königen und Kaisern gewährte Judenschutzrecht (Judenregal), das zu Zahlungen an die Goldkammer verpflichtete (»Kammerjuden«), war inzwischen an die Territorialherren übergegangen. Doch sobald die Stimmung gegen die Juden umschlug, blieb ihnen Protektion versagt. Seit den ersten Kreuzzügen für den Tod Christi verantwortlich gemacht und verfolgt, wegen hoher Zinslasten als Wucherer verschrien, gab man ihnen als angebliche Brunnenvergiftern 1349 die Schuld an der verheerenden Pestepidemie, die das Rheinland durchzog. In Wittlich fiel die gesamte jüdische Gemeinde den Pogromen zum Opfer, für Überlebende anderer Städte folgte die systematische Vertreibung und Verbannung. Viele flohen nach Polen, einige siedelten sich in Dörfern an und begründeten dort das Landjudentum.

Der weite Weg zur Gleichstellung

Mehr als 300 Jahre vergingen seit der Vernichtung 1349, bis sich, zum zweiten Mal, Juden wieder in Wittlich ansiedelten. Denn nach dem Dreißigjährigen Krieg entsannen sich die Landesherren angesichts leerer Kassen wieder der Finanzexperten. Die Zuzugsgenehmigung war nur vermögenden Juden gestattet und mit einem »Geleitbrief« teuer zu erkaufen. Strenge kurtrierische Judenordnungen reglementierten, wie, wo und wovon die jüdischen Familien zu leben hatten. 14 Juden waren 1663 in Wittlich registriert, bei einer Gesamteinwohnerzahl von 184 Personen. Landerwerb war ihnen versagt wie auch die Einrichtung von Krämerläden. Sie existierten von Hausierhandel, der sich damals beschränkte auf Geld, Pferde, Silbergeschirr, Kleinodien, die bei ihnen verpfändeten Güter, Wein und Nahrungsmittel. Der festgesetzte, besteuerte Zinsfuß im Geldverleih verringerte sich zwischen 1618 und 1719 von zwölf auf fünf Prozent im Jahr. 1723 duldete Franz Ludwig nur 165 jüdische Familien in seinem gesamten Trierer Kurfürstentum.

Der jüdische Friedhof »Im Judenbüsch«

Um die Einhaltung der jüdischen Speisegesetze zu garantieren, die nur Fleisch gestatten, das koscher, rein ist, gab es zu jeder Zeit in Wittlich auch jüdische Metzger und, damit verbunden, jüdische Viehhändler. Diese Berufszweige wuchsen überproportional mit dem Erstarken der Gemeinde seit der beginnenden politischen und rechtlichen Gleichstellung der Juden.

Die Emanzipation setzte im Rheinland mit der französischen Fremdherrschaft seit 1794 ein und bedeutete für die Juden unter anderem Aufhebung des Leibzolles und des Ausschlusses von Berufsgruppen, auch Erleichterung bei Haus- und Grunderwerb. 1808 gebot ein napoleonisches Dekret den Juden, Familiennamen anzunehmen. Derselbe Erlaß schränkte jedoch das Handelsgeschäft wieder ein, indem es von der Bescheinigung eines Schöffenrates über Unbescholtenheit und Gewinnahme ohne Wucher abhängig gemacht wurde. Mit der Zugehörigkeit zu Preußen seit 1815 waren die Juden in der Rheinprovinz zwar anerkannt als gleichberechtigte Staatsbürger (Toleranzedikt von 1812), doch noch von öffentlichen Ämtern ausgeschlossen. Erst 1869 erfolgte die uneingeschränkte Gleichstellung in Preußen, die 1871 Reichsgesetz wurde. 1860 war in Wittlich die erste jüdische Elementarschule mit 26 Schülern eröffnet worden.

Im Judenbüsch

In der Rheinprovinz lebten, abgesehen von der Reichshauptstadt Berlin, die meisten Juden in Deutschland, und zwar zu Beginn des 19. Jahrhunderts auf dem Lande. Im Zuge der Emanzipation verließen dann viele ihr dörfliches Exil und zogen wieder in die Städte. In Köln stieg die Zahl jüdischer Bewohner von 150 im Jahr 1815 auf 4523 im Jahr 1880. Diese Entwicklung hatte auch die Industrialisierung begünstigt. Die gesamte jüdische Bevölkerung der Rheinprovinz hatte sich seit 1817 bis 1910 auf ungefähr 58 000 Personen verdreifacht. Parallel zum Zuzug in Städte fand in ganz Deutschland seit Mitte des vorigen Jahrhunderts mit zunehmender Frei-

zügigkeit eine Neubesiedlung auf dem Lande statt, so auch im Eifelraum. Die vielen jüdischen Gemeinden in den Kleinstädten und Dörfern der Eifel hatten durchschnittlich etwa 50 Mitglieder, lebten an erster Stelle vom Handel und besaßen spätestens in den achtziger Jahren ländliche Synagogen. Einzelne, wie die in Ahrweiler, Polch oder Saffig, entgingen der Zerstörung. Überdauert haben ungezählte jüdische Friedhöfe, wie der von Niedermendig oder dem Nachbardorf Thür, mitten in fruchtbarer Landschaft. Die Wittlicher Juden beerdigten ihre Toten »Im Judenbüsch«, weit außerhalb des Ortes, ausgegrenzt, auf dem grünen freien Hochland bei den Weinbergen. Bäume durchsetzen die dicht aufgereihten Grabsteine, die ältesten datieren von 1671 und 1672. Zur hebräischen Beschriftung tritt seit der Mitte des vorigen Jahrhunderts die Übersetzung ins Deutsche. Die letzte Beisetzung fand 1941 statt.

Die Stadt und ihr barocker Kern

Wittlichs Altstadt kann mit Häusern aus dem 17., 18. und 19. Jahrhundert brillieren, die der ausgedehnten Anlage auf nahezu quadratischem Grundriß mit vielen einander kreuzenden Straßen kleinstädtische Würde und Geschlossenheit geben. 20 Prozent Bausubstanz zerstörte der Zweite Weltkrieg. Wer von der Autobahn aus südöstlicher Richtung kommt, passiert meist flache Industrieanlagen und dann das Kreishaus von 1912, das P. Schultze-Naumburg mit zwei Flügeln als Reminiszenz an das feudale Jagdschloß entwarf. Vom Schloßplatz aus – einst kurfürstliche Residenz, dann Viehmarkt, heute Parkplatz – überblickt man die abgesenkte Altstadt, deren Mitte monumental die Kirche St. Markus dominiert. Ihre barocke Turmhaube überragt noch die hohe Horizontlinie, die die Eifelberge mit Wein und Wald im Hintergrund ziehen.

Um den Altstadtkern weist Wittlich im Osten und Südwesten mit repräsentativen Villen aus der Zeit der Jahrhundertwende seinen Status als Amtsratssitz aus. Die preußische Kreisstadt machte sich auch

Das Alte Rathaus von 1652, heute Georg-Meister-mann-Museum

einen Namen mit dem 1902 eröffneten großen Strafgefängnis für den gesamten Regierungsbezirk Trier, dessen »Weibergefängnis« 1912 in die erste Jugendvollzugsanstalt Preußens und Deutschlands umgewandelt wurde. Die riesige Anlage im Stil des Historismus mit Kirche und Wohnhäusern für die Bediensteten, vom Direktor bis zu den Aufsehern, steht unter Denkmalschutz. Sie bildet heute mit dem alten Krankenhaus und dem St. Wendelin-Hospital (1868) eine Einheit und nimmt mehr als 500 Straftäter aus den Landgerichtsbezirken Trier, Koblenz und Bad Kreuznach auf. Gegenüber liegt die evangelische Kirche von 1858 mit modernem Turm.

Am hochgelegenen nordöstlichen Stadtrand steht als Relikt von Stadtmauer und Burgtor nur noch das »Türmchen« von 1317, in dem der Wächter wohnte. Im 17. Jahrhundert nahm er Fremde durch das Maul eines Löwen, einen Spion, aufs Korn. Die abwärts

führenden Ladenstraßen verengen sich zum Teil zu Gassen, bilden kleine Plätze, wo sie zusammentreffen. Drei- und viergeschossig, hellverputzt und vielfach mit sandsteinroten, oft kunstvollen Fenstergewänden gegliedert, verschmelzen die Häuserfassaden zu lückenlosen Zeilen. Moderne Einsprengsel durchbrechen barocke oder klassizistische Strenge. Fachwerkhäuser wurden im vorigen Jahrhundert abgebrochen. Hofeinfahrten mit Bögen aus Sandsteinquadern durchsetzen die Reihen der Wohnhäuser, die auch fünf oder sieben Achsen breit sein können. Vergleichsweise prachtvoll hebt sich der Marktplatz ab, dessen Reigen recht auftrumpfender barocker Bürgerhäuser das feingliedrige Rathaus von 1652 anführt. Seine Schauseite in Schmuckformen der deutschen Spätrenaissance, mit Dreiviertelsäulen gegliedert, wird bekrönt von einem geschwungenen Barockgiebel mit der Nischenfigur des Pestheiligen St. Rochus (1707). Kreisbaumeister Vienken verlängerte 1924 das zweigeschossige Gebäude rückwärtig in die Neustraße hinein. Vis-à-vis dem Rathaus und mit deutlicher Verwandtschaft errichtete der Baumeister und Steinmetz Conrad Wolff gegen Ende des 17. Jahrhunderts sein eigenes Wohnhaus, wobei er mit Fruchtgehänge und Engelköpfchen um die Erker herum nicht sparte. Siebenachsig, dreigeschossig und mit Freitreppe vor dem Portal verkörpert die ehemalige Posthalterei von Thurn und Taxis vom Anfang des 18. Jahrhunderts barocke Strenge und Repräsentation am Markt der Kleinstadt. Nicht immer verbergen die historischen Fassaden, was sie vorgeben, häufig sind die Gebäude entkernt, modernisiert und neubestimmt.

Apokalyptische Reiter im Rathaus

Das alte Rathaus wurde 1994 als »Georg Meistermann – Museum« neu eröffnet, nachdem dieser Künstler, einer der großen Gestalter der deutschen Nachkriegskunst, kurz vor seinem Tod 1990 die Stadt Wittlich als Ort für seinen Nachlaß auserkoren hatte. Seine Frau E. Meistermann-Seeger führte das

Vermächtnis dann aus. Meistermann, Jahrgang 1911 (Biographie s. Mayen), war Maler und Grafiker und der bedeutendste deutsche Glasmaler der zweiten Hälfte des 20. Jahrhunderts. Aufträge kamen nach Kriegszerstörungen im Wiederaufbau und Neubau. In hunderten Fenstern von Kirchen, Kapellen und Domen der alten Bundesländer und in ungezählten öffentlichen Institutionen übte Meistermann seine Kunst, »in Glas zu malen« und gab dieser Gattung den Schub der Erneuerung.

Ein Zufall hatte den Künstler 1949 in Bonn mit Wittlichs Bürgermeister Mehs zusammengeführt, der ihm den Auftrag für die im Krieg zersprungenen Chorfenster der St. Markus-Kirche vermittelte, denen 1954 Fenster im Treppenhaus des alten Rathauses folgten. Für Meistermann wurden sie »die inhaltreichsten Arbeiten nach dem Krieg«: »Der Sieger«, »Der Krieg«, »Der Hunger«, »Der Tod«. Die realistisch dargestellten Figuren von Reiter und Pferd zerlegte er in kontrastreiche, schwarzkonturierte Farbflächen, die das Licht zum Leuchten bringt, Grellrot, Weiß und Schwarz bei dem Krieger. Der Sieger, auf den der Besucher am Ende der Treppe zugeht, erscheint wie eine Lichtgestalt in hellen Grau- und Beigetönen, aufrecht sitzend, mit erhobenem, bekränzten Haupt und ausgebreiteten Armen.

Die Beziehung zu Wittlich blieb über Meistermanns Atelier im nahen Schüller bei Jünkerath und mit Fensteraufträgen für die Friedhofskapelle und das St. Wendelin-Hospital bis zum Tod bestehen. Bei der Wahl für den Ort des Nachlasses gab der Künstler Wittlich vor Köln mit seinen vielen Museen den Vorzug. Er wollte die ungeteilte Aufmerksamkeit des Publikums. Neben der ständigen Meistermann-Schausammlung zeigt das Museum anspruchsvolle Wechselausstellungen. Der Nachlaß umfaßt Gemälde, Grafiken und die schätzungsweise etwa 1000 Entwürfe für die Glasfenster auf Karton im Maßstab 1:1. Seit den fünfziger Jahren nahm Glasmalermeister Hans-Bernd Gossel die einfühlsame, kunstreiche Umsetzung in Glas und schließlich die Fertigung der Fenster vor (s. Mayen).

»Erster apokalyptischer Reiter – der Sieger«, Fenster von G. Meistermann im Alten Rathaus

G. Meistermann mit Selbstporträt und H.-B. Gossel, 1981

183

St. Markus

Über dem dichten Straßennetz der Altstadt, von jedem Winkel aus sichtbar, gibt der Turm von St. Markus Orientierung. Monumental, die Wohnhäuser weit unter sich lassend, verweist er auf den höchsten Rang des Gotteshauses und seine Mittelpunktsfunktion am Ursprung des Ortes neben dem ersten Hofgut. Eng umschlossen von kleinteiliger Architektur, wirkt die repräsentative Mächtigkeit der Steinmassen gesteigert. Die katholische Pfarrkirche St. Markus wird in der Innenstadt seit 1955 von St. Bernhard unterstützt. Der Gründungsbau des Trierer Erzbischofs aus dem Mittelalter wurde mehrfach durch Brand und vollständig 1707 vernichtet, so daß Kurfürst Johann Hugo von Orsbeck seinen Hofbaumeister Philipp Honorius Ravensteyn mit einem Entwurf zum Neubau beauftragte. Die Bauleitung hatte zum Schluß Johann Georg Judas, Hofzimmerer und Hofarchitekt, der als ein Vertreter der Nachgotik auch der Abteikirche von Prüm noch mittelalterliche Akzente gab. Die Witt-

St. Markus, Südansicht

licher St. Markus-Kirche, eine dreischiffige Basilika von vier Jochen mit beherrschendem Westturm, zeigt am Baukörper einfache blockhafte Formen des frühen Barock, jedoch am Chor, auf den Fundamenten der Vorgängerkirche, einen gebrochenen Abschluß in fünf Seiten eines Achtecks und in die Höhe strebende Gestaltung. Diese Kombination von vergleichsweise statischem Barock und gotisierenden Anklängen gilt als zeittypisch für Kurtrier. Nur die geschweifte Turmhaube mit offener Laterne und der korrespondierende Dachreiter über dem Chor auf dem gleichhoch durchgezogenen Schieferdach sind in bewegtem Schwung aufgesetzt. Auch die einheitlich großen Rundbogenfenster ohne Maßwerk sind wie die Ochsenaugen, kleine Rundfenster, Barockelemente.

Die Anlage ist in Altrosa verputzt, ihre Strukturen, Kanten, Fensterrahmungen und das umlaufende hohe Sockelgesims hebt roter Wittlicher Sandstein in Quadern, Streifen und Profilen hervor. 1709 begann man als erstes den mächtigen quadratischen Turm zu bauen, wie seine Ankerzahl demonstriert. Die drei hohen, sich leicht verjüngenden Geschosse trennen schmale Gesimse. Rundbogenfenster, gedoppelt im Glockengeschoß, durchbrechen die beiden oberen Etagen. Der Haupteingang in der Westfront des Turmes ist wie die entsprechenden Portale im nördlichen und südlichen Seitenschiff gestaltet, mit hohen, bossierten Sandsteinpilastern und aufgebrochenem Giebel, der das Wappen des Kurfürsten von Orsbeck, des Erbauers, präsentiert.

Vergleichsweise niedrig setzen die vom Turm vorspringenden Seitenschiffe der Basilika an. Kompaktheit gewinnen sie durch kurze kräftige Strebepfeiler mit Sockel, die breit ausladend, Joch um Joch, den Längsseiten Gewicht geben. Aufgefangen werden diese gedrungenen Maßverhältnisse durch die langgestreckten Schieferflächen der parallel ziehenden Dächer von Haupt- und Seitenschiffen. Auch die Fensterreihe der hochragenden Mittelschiffwand betont, formal in ruhigem Takt und das Turmgeschoß einbeziehend, eine klare Längsrichtung. Zwei Sakristeien sind symmetrisch in die Flucht der Seitenschiffe im Osten eingebaut. Abgewinkelt endend, flankieren sie zugleich den aufragenden Chor, zu dessen hohem Dach ein Strebebogen Verbindung schafft. Die hohen Proportionen des Altarraumes und sein in fünf Achteln gebrochener Wandabschluß, gotische Merkmale, stellen einmal abgetreppte, bis unter das Dach reichende Strebepfeiler heraus und fünf langgezogene, allerdings rund und nicht spitzbogig endende Fenster. Beim Umgehen der Kirche ergeben sich wechselnde reizvolle Perspektiven durch Überschneidungen, wobei der zierliche Dachreiter wie ein i-Tüpfelchen die blockhaften Formen kontrastreich belebt.

Das Innere: gotisierender Barock

Man betritt die Kirche durch das Südportal im Seitenschiff, nimmt seine niedrige Decke und relative Dunkelheit wahr und empfindet dann die Höhe und Helligkeit im Hauptschiff als eindrucksvoll. Anders als am Außenbau ist im festlich wirkenden Inneren die Verquickung von barocken und gotisierenden Formen deutlich sichtbar. Das Hauptschiff gliedern drei kurze kräftige Pfeilerpaare, die über Spitzbogenarkaden die Seitenschiffe öffnen. Sämtliche Decken sind gotisierend kreuzgewölbt, ausgeführt in feinen Formen von den Wittlicher Steinmetzen Conrad und Mathias Wolff. Die Rippen ruhen jedoch, wie auch die Gurtbögen, auf breiten, sehr flachen Pilastern. Das aus den Hochschiffenstern ungebrochen einfallende Licht leuchtet die Gewölbe im Hauptschiff voll aus. Um die Helligkeit zu steigern, sind die Fensterlaibungen »blind« als Lichtfänger wie Nischen heruntergezogen und unterteilen gleichzeitig die hohe Wand. Zur Lichtführung tritt die dekorative Ausmalung im Geiste des Barock, die in Hellgrün, Beige und Gold die Gliederungselemente des weißgetünchten Raumes mit abgesetzten Feldern und Bändern hervorhebt. Während im Westen die Orgelempore vor der weiträumigen Turmhalle mit einem Instrument von 1769 barocke Pracht entfaltet, bekrönt von Posaunenengeln und der

Figur des Königs David, ist der Chor im Osten von gotischer Prägung. Der spitzbogige Triumphbogen markiert hervortretend und reich bemalt den Übergang vom gleichbreiten und hohen Mittelschiff. Der um zwei Stufen erhöhte Altarraum ist ein Joch tief. Sein Ostabschluß, in fünf Seiten des Achtecks gebrochen, zieht mit verdichteten Formen den Blick in seine Tiefe. Vom Gewölbescheitel ausstrahlend, umgreifen die Rippen spinnenartig die langen Bahnen der fünf schmalen Fenster, deren Rundbögen wie auch die Wandvorlagen zwischen ihnen dem Hauptschiff angeglichen sind. Gebremst von den dichten, gebrochenen Farben der Glasmalerei von Georg Meistermann, verliert das einfallende Licht im Chor an Durchschlagkraft. Die Fenster wirken wie eine transparente schimmernde Haut an der Grenze von Außen und Innen, so wie sie die Gotik verstand.

Zwei Jahrzehnte nach der Einweihung der Kirche 1727 war die barocke Ausstattung vollständig. Den üppig verzierten Hochaltar kaufte man der Koblenzer Dominikanerkirche ab, die beiden Nebenaltäre in den Seitenschiffen fertigte Conrad Fischer, Trierer Hofschreiner. Fast lebensgroß und in Gold und Silber gefaßt, stehen auf Konsolen über den Pfeilerkapitellen Heiligenfiguren: St. Hubertus, St. Johannes Nepomuk, St. Nikolaus. Johannes der Täufer stammt aus dem späten Mittelalter. Mit der rechten Hand weist er auf das Lamm, das er in seinem linken Arm hält. Es symbolisiert Christus, dem seine verkündenden Predigten galten.

Die Chorfenster von 1949

Bei der Einweihung der Chorfenster 1949 sagte Prälat Irsch von der Kanzel der Kirche: »Mit diesen Fenstern ist nun auch der Geist des 20. Jahrhunderts in unsere alte ehrwürdige Diözese Trier eingezogen, schade, schade.« Georg Meistermann überlieferte auch Irschs ersten Kommentar: »Das ist eine harte Nuß!« und dann: »Die Auferstehung ist nach meiner Meinung eines der großartigsten Werke nach Ravenna. Ich bin beglückt, das zu sehen. Die beiden anderen Fenster nehme

Chor mit G. Meistermanns zentralem Auferstehungsfenster, 1949

ich in Kauf. « Der Prälat hatte den Einbau der modernen Fenster, damals noch ein Wagnis, zu verantworten.

Die im Blickfeld stehenden drei Mittelfenster des Chores widmete Meistermann den Hochfesten des Kirchenjahres, die flankierenden gliederte er in Segmente mit einem wiederkehrenden Muster gleich einem sich öffnenden Kelch. Als Bekrönung und verbindendes Element springt das Muster in seiner Umkehrung, nun einem Schirm ähnlich, mit denselben Farbtönen, Violett, Braun, Rosa auf die Nachbarfenster über. Das linke thematisiert die Geburt Christi mit der Anbetung der Heiligen Drei Könige. Meistermanns figürliche, rein flächige Darstellung konzentriert sich in dem schmalen Hochformat auf sich staffelnde Köpfe. Eine zarte Umrißlinie zeichnet vereinfachend große Portraits im Profil und en face, zu unterst, über Ochs und Esel, zwei zum Christkind aufblickende Hirten. Das liegt jedoch nicht in der Krippe, Maria präsentiert es auf ihrem Schoß frontal zum Betrachter und mit dem Apfel in der Hand als

den neuen Adam, der das Böse überwindet und die Sünden tilgt. Die Gesichter der Könige bringen mit in sich gekehrtem Blick Anbetung zum Ausdruck. Über ihnen mündet der Bildaufbau dynamisch in eine aufwärtsweisende Spirale, den Stern von Bethlehem. Er findet im rechten Glasgemälde zum Thema Pfingsten in der stark abstrahierten Taube mit weiten Schwingen eine Entsprechung, doch die Bewegung im Sturzflug ist nach unten gerichtet, auf eine Vielzahl sich drängender sehr heller Köpfe, die einander zum Teil überschneiden. Goldgelbe Tropfenformen am Bildrand, ein wiederkehrendes Motiv bei Meistermann, symbolisieren »die vom Himmel fallenden Feuerzungen des Pfingstwunders«. Die Basis dieses Fensters bildet eine thronende monumentale Mariengestalt, die nach den »Feuerzungen« greift und hier die Kirche verkörpert.

Während die opaken Gläser der äußeren Chorfenster in Violett, Rosa und Braun mit farbigen Einsprengseln an aufbrechender Helligkeit sparen, ist als Höhepunkt des Bildprogramms seine Mitte, die Gestalt des auferstandenen Christus, ganz lichtdurchflutet. Ihre gewaltige Dimension wird gesteigert durch die hochgereckten Arme, die einander über dem Kopf berühren, die linke Hand weist nach oben. Meistermanns Hauptdarstellungselement ist hier die Linie, die, wie auf einer Zeichnung, über eine gleichmäßig durchleuchtete Fläche zieht, klar und vereinfachend Körperformen nachgeht, den Rippen, Beinen und den abgehobenen Füßen. Im leichten Rhythmus ausholender Linienschwünge sind die Falten des weiten bauschenden Lendentuches eingefangen, Aufwind und Schweben, die Himmelfahrt Christi suggerierend. Dessen Blick ist nach rechts gewendet. Noch über dem lichten Heiligenschein wölbt sich ein Streifen in Himmelblau. Die Übertragung der Entwürfe vom Karton in Fensterglas führte die Werkstatt Derix aus. Die Gestaltung der Fenster in den Seitenschiffen übernahmen zu Anfang der fünfziger Jahre Heinrich Dieckmann, Alois Stettner und Maurice Rocher. (Weitere Meistermann-Fenster mit dem Motiv der Auferstehung vgl. Mayen und Heimbach).

Die Stadt am Maar

Daun, Stadt seit 1337
1951 bestätigt
Kernstadt: 5000 Einwohner
Gesamtstadt: 9276 Einwohner
Kirche: St. Nikolaus

Daun nutzte die Schubkraft des Wiederaufbaus nach dem Zweiten Weltkrieg, »städtisches Gepräge« anzunehmen. Der auf dem südlichen Hochland der Eifel exponierte Ort, im Hinterland des Westwalls und der Ardennen, war 1944 und 1945 mehrfach bombardiert worden. Sein Kern mit dem steil aufragenden Burgberg konnte kaum verfehlt werden. Die Hälfte aller Häuser brannte nieder, nahezu sämtliche Amtsgebäude des Kreisverwaltungssitzes lagen verwüstet, und auch St. Nikolaus, eine der ältesten Eifelkirchen. Die Zerstörung der mächtigen dunklen Basaltlavabögen des Eisenbahnviaduktes von 1907 auf der Strecke Daun-Wittlich, einem Hauptziel der Amerikaner, mißlang jedoch. Heute haben Radfahrer das Privileg, die hochgehobene Spur über dem Liesertal zu befahren. Daun hat sich nach dem Krieg sprunghaft zu einem Fremdenverkehrszentrum und dann auch – mit dem Anschluß an die Autobahn A 1/48 Anfang der siebziger Jahre – zu einem Ort für Industrieansiedlung entwickelt. Die Einwohnerzahl im Stadtkern hat sich seit 1939 von 2 099 auf 4 982 im Jahr 1995 mehr als verdoppelt. Dazu trug die von der Stadt gewünschte Stationierung des Fernmeldestabes 94 der Bundeswehr seit 1965 bei. Viele der 1 500 Soldaten wohnen mit ihren Familien in Daun. Eine jugendliche Bevölkerung prägt das Straßenbild. Mit der Gebietsreform 1971 kamen die umliegenden Dörfer Boverath, Gemünden, Neukirchen, Pützborn, Rengen, Weiersbach, Steinborn und Waldkönigen zur Stadt Daun hinzu, die 1999 auf insgesamt 9276 Einwohner angewachsen war (Kernstadt: 5000 Einwohner). Zur Strategie des Gemeinderates, als Mineralheilbad mit Kneippkuren nach dem Krieg rasch wieder einen Namen zu bekommen, hatte ein Antrag zur Wiedererlangung der im Mittelalter vorhandenen Stadtrechte gehört. Daun war im 18. Jahrhundert zum Flecken abgesunken. 1951 gab ihm die Landesregierung von Rheinland-Pfalz den Status einer Stadt zurück. Die Sporen hatte sich der Ort verdient. Der Wiederaufbau, mit einem neuen Krankenhaus, war nahezu beendet. St. Nikolaus stand 1949, von Willy Weyres neuerrichtet als vielbeachtete Anlage, die den erhaltenen alten Turm in ein Konzept modernen Raumgefüges einbezieht. Der Kur- und Badebetrieb, Handel und Gewerbe waren angelaufen, und Ämter und Behörden wiesen den zentralen Verwaltungssitz des kleinsten aller Landkreise der ehemaligen Rheinprovinz als städtisch aus.
Um das nötige kulturelle und historische Profil mußte der Ort mit dem Namen eines der ältesten Eifelgeschlechter, der Edlen von Daun, die im frühen 10. Jahrhundert ihren Hochsitz auf dem Burgberg bezogen, wahrhaftig nicht besorgt sein. Dem »tollen Gilles«, Ritter Aegidius von Daun, fiel nun noch einmal eine tragende Rolle zu. Er hatte 1337 seine unter der Burg Daun gelegene Stadt, »oppidum«, an König Johann von Böhmen,

Das Außentor zur verschwundenen Burganlage in Daun

Graf zu Luxemburg, freiwillig übergeben, um sie 1340, Königstreue schwörend, aus dessen Händen als Lehen der Grafschaft Luxemburg zurückzuerhalten. Beide Urkunden mit der Siedlungsbezeichnung »oppidum« dienten zur Begründung der Wiedererlangung der Stadtrechte 1951.

Tollwütig bis zum Untergang

Die Edlen von Daun hatten ursprünglich auf der sogenannten Altburg bei Schalkenmehren gesessen, knapp fünf Kilometer südlich von Daun. Ihr Name ist keltischen Ursprungs, abgeleitet von Dunne, was Zaun bedeutet. Mit dem Umzug in die strategisch günstigere Höhenburg begann ihr Aufstieg. Adabero de Dune ist 1075 als erster des Adelsgeschlechtes urkundlich erfaßt. Benigna von Daun gründete 1097 das Kloster Springiersbach, ihr Sohn Richard wurde der erste Abt. Er verschaffte dem Konvent überregionale Anerkennung durch die Einführung der strengen Augustinerregel. Das Kloster lag im Kröver Reich, dessen kaiserliche Vögte die Herren von Daun waren. 1144 hatten sie die Reichsunmittelbarkeit erreicht, waren keinem Fürsten, sondern nur dem Kaiser unterstellt. Ihre Macht und Herrschaft dehnten sich aus, ritterliches Ansehen ließ sie zu Ministerialen der Trierer Erzbischöfe aufsteigen. Olris de Thone, Ulrich von Daun, beteiligte sich am Vierten Kreuzzug und machte kampfesmutig 1204 in Konstantinopel seinem Namen Ehre. Zu Anfang des 13. Jahrhunderts verzweigte sich das Adelsgeschlecht in mindestens fünf Linien: Daun, Oberstein, Densborn, Bruch und Zievel. Entsprechend weit, bis an den Rhein, reichten deren Besitzungen.

Mit Aegidius von Daun, der 1318 seine Domherrenstelle in Trier aufgab, Kunigunde von Virneburg heiratete und dann keine Fehde mehr scheute, nahte das Ende der selbständigen Herrschaft. »Das Leben dieses Herrn zu Dune ist das wechselvollste und reichhaltigste der Dynasten von der älteren Linie des Geschlechts«, schreibt der Chronist Wilhelm Hoersch 1877. Aegidius, auch der »tolle Gilles« genannt, focht gegen die Gräfin von Sponheim, um seine Rechte im Kröver Reich zu wahren. Er trat gegen die Markgrafen von Jülich, die Herren von Monschau, von Münstermaifeld und Blankenheim an, stritt für König Johann von Böhmen gegen den Kaiser und mischte sich in unzählige Ritterkämpfe ein, häufig mit Erfolg. Sein härtester Gegner wurde Erzbischof Balduin von Trier, dessen Vasall er mit der Aufgabe seines Domherrenamtes geworden war und dem er zeitweilig hilfreich zur Seite gestanden hatte. Doch schon 1329 reizte Aegidius den mächtigen Regenten, als er in den Sold der Stadt Trier trat. Balduin, eine der großen profilierten Persönlichkeiten in der Reichspolitik und zeitweilig auch Erzbischof von Mainz, verfolgte bei alledem konsequent die Erweiterung seines Trierer Kurstaates, der unter ihm seinen nahezu endgültigen Umfang erreichte. Nach der Eroberung von Hillesheim im Norden nahm sich Balduin die Arrondierung des Dauner Herrschaftsbereiches vor. Er verbündete sich ausnahmsweise mit seinem großen Konkurrenten, dem Kölner Erzbischof Wilhelm, der zwar kirchlicher Oberherr von Daun war, dem jedoch die selbständige Herrschaft Daun nahe der Südgrenze seines Territoriums gleichfalls ein Dorn im Auge war. Im Juni 1352 griffen die Erzbischöfe gemeinsam Aegidius auf der Burg an, im Juli 1353 gab Gilles sich geschlagen und starb schon bald darauf. König Johann von Böhmen hatte ihm nicht helfen können, er war 1346 in der Schlacht bei Crécy gefallen, als er auf französischer Seite gegen den Engländer Eduard III kämpfte. Die siegreichen Erzbischöfe schlossen einen Teilungsvertrag ab, bei dem der Kölner allerdings schlechter abschloß. Die umfangreichen Dauner Besitzungen fielen an Kurtrier. Die Stadt des »tollen Gilles« lag zerstört, seine Herrschaft war vergangen. Kaiser Karl IV bestätigte 1354 die neuen Landesherren, die in den folgenden Zeiten, bis 1803, als der Kurstaat von den Franzosen aufgelöst wurde, über Daun bestimmten. Bereits 1357 erhob Bischof Boemund Daun zur kurtrierischen Amtsstadt. Mit der Zuständigkeit für 59 Gemeinden kam ihr eine bedeutende Mittelpunktsfunktion zu, deren jahrhundertelange Tradition sich als Hauptkantonsort während der Franzosenzeit und als preußischer Kreissitz fortsetzte und bis heute bewahrt blieb.

Daun besiegt Friedrich den Großen

Jenseits der Grenzen des Kurstaates Trier erlangten Grafen von und zu Daun internationalen Ruhm, allen voran Wirich Philipp Lorenz und sein Sohn Leopold. Diese jüngere Linie eines Dauner Geschlechtes, das 1904 erlosch, stammte von Burgmannen ab, die bis in das 14. Jahrhundert zurückzuverfolgen sind. Im 17. Jahrhundert übersiedelten diese Herren von Daun ins habsburgische Österreich, wo Kaiser Ferdinand III sie für ihre Tüchtigkeit als Feldmarschälle und Kämmerer in den Reichsgrafenstand erhob. Der bereits in Wien geborene Wirich von und zu Daun (1669–1741) wurde habsburgischer Feldmarschalleutnant, zeichnete sich 1706 durch die Verteidigung Turins aus, schützte Pavia und Neapel, dessen Vizekönig er dann

Zehntscheune von 1740 auf dem Burgberg

wurde. Karl III schenkte ihm auch das Fürstentum Tiano. Wirich war 1719 Kommandant von Wien, dann Gouverneur der Niederlande und später von Mailand. Sein jüngster Sohn Leopold Joseph Maria (1705–1766), der schon als Knabe in dem Regiment des Vaters gedient hatte, wurde zum militärischen Gegenspieler Friedrichs des Großen und Reorganisator des österreichischen Heeres, er gründete 1751 die Wiener Militärakademie. Die Eltern hatten ihn im geistlichen Stand sehen wollen. Nach der Teilnahme am Österreichischen Erbfolgekrieg und am Zweiten Schlesischen Krieg wurde er 1754 zum Feldmarschall ernannt. Im Siebenjährigen Krieg (1756–1763) errang Graf Leopold von Daun seinen bedeutendsten Sieg gegen Friedrich den Großen in der Schlacht bei Kolin am 18. Juni 1757, der die Preußen zum Rückzug aus Böhmen zwang. Auch in der Schlacht bei Hochkirch 1758 und im Gefecht von Maxen 1759 schlug Daun den Preußenkönig, unterlag aber in Torgau 1760. Kaiserin Maria Theresia zeichnete den großen Feldherrn mit ihrem höchsten Ordenskreuz aus und versicherte ihrem »besten, wahresten guten Freund« noch Jahre später im Brief, daß, solange sie lebe, der 18. Juni »niemalen aus meinem Herzen und Gedächtniß kommen werde.« Die Stadt Daun gab ihrer Hauptstraße seinen Namen.

Das schönste Haus in der Leopoldstraße ist der ehemalige Landratssitz, den sich der preußische Offizier Avenarius 1830/31 in klassizistisch klaren Formen bauen ließ (heute Vulkanmuseum). Die Fassade des siebenachsigen Gebäudes zeigt Rechteckfenster im Obergeschoß und Rundbogenfenster mit abgetreppter Laibung im Hochparterre. Sie erhält repräsentatives Gewicht durch einen Mittelrisalit, der dreiachsig vorspringt und mit einem bekrönenden Dreieckgiebel noch die Gestalt des an den Seiten abgewalmten Daches belebt. Um die Jahrhundertwende sollen mehr als 30 Amtshäuser in Daun gestanden haben, das von Avenarius gehört zu den wenigen im Krieg verschonten. Die modernen, monumentalen Nachfolgebauten liegen im Norden, am Hang des Kreuzberges. Dort wurde auch 1970 nach den Plänen des

Trierer Architekten Peter van Stipelen die zweite katholische Kirche (Thomas Morus) errichtet, eine in klaren kubischen Formen aufgebaute und spannungsvoll rhythmisierte Anlage. Im Zentrum, zwischen dem Haus von Avenarius und dem Aufgang zum Burgberg, breitet sich auf dem einstigen alten Marktplatz das »Forum« aus, Dauns Gäste- und Veranstaltungszentrum, Baujahr 1992, dessen asymmetrische honiggelbe Holz-Glas-Konstruktionen ohne Bezug zur umgebenden Architektur stehen.

Die Schweiz am Burgberg

Steil und wie eine Spirale führt die Straße hinauf zum Burgberg ohne Burg, die, wie die meisten mittelalterlichen Höhensitze der Eifel-Dynasten 1689 von den Truppen Ludwigs XIV vollständig zerstört worden ist. Ein Relikt ist am Aufgang das fränkische Hoftor von 1502 vor dem gleich alten Burgmanns-haus der Rodemacher, auf der Innenseite zum Hof barock verkleidet. Weiter aufwärts steht das mächtige rundbogige Außentor mit verwittertem Wappen der Trierer Erzbischö-fe, niedrige alte Umfassungsmauern grenzen hoch oben bis heute das Plateau ein. Die Trierer Landesherren ließen dann 1712 auf dem höchsten Bauplatz im Ort ein neues Amtshaus errichten, nach den Plänen des Trierer Hofbaumeisters Johann Philipp Honorius Ravensteyn, der dem barocken Winkelbau eine imposante Hoffassade gab. Zu der Anlage, die im preußischen Verwaltungsapparat als Oberförsterei diente und die heute mit einem modernen Anbau ein Nobelhotel beherbergt, gehört eine hohe Scheune von 1740. Dunkel verputzt, fensterlos und mit mächtigem Walmdach gibt der Bau am südlichen Rand dem Gelände eine markante Silhouette. Den Kontrapunkt und Hauptblickfang auf dem Burgberg stellt die evangelische Kirche dar, die hier, an prominenter Stelle, als neogotische Kapelle 1867 für die preußischen Beamten errichtet worden war. Wiederaufgebaut nach einem Bombenangriff 1944, wurde sie nach dem Krieg der anwachsenden Gemeinde zu klein und 1957 zu einer Kirche erweitert.

Auch ohne Burg ist der hohe Felssporn ein Trumpf für Daun geblieben. Wie auf einem zentralen Aussichtsturm ermöglicht er einen Rundumblick auf die nahe, lückenlos umschließende Kette der vulkanischen Höhenzüge, die mit ihren Wiesen und Wäldern schon zu Anfang des Jahrhunderts zum Naturschutzgebiet erklärt wurden. Am nächsten und etwa gleichhoch ragt im Osten der Firmerich auf (489 m), ein quartärer Krater aus Tuffen und Schlacken. Sein Lavastrom ergoß sich vor etwa 600 000 Jahren und wurde seit dem vorigen Jahrhundert in Steinbrüchen erschlossen. Wie Wissenschaftler 1964 endgültig nachweisen konnten, ist der Burgberg ein abgetrennter Teil des Firmerichstromes, dessen Basaltlava in schmalen, von Klüften durchzogenen Formationen ringsum eindrucksvoll zutage tritt. Es war die nicht weit entfernt im Norden entspringende Lieser, die den Lavastrom in mehreren hunderttausend Jahren abtragend durchsägte und sich noch in die sich darunter befindenden viel älteren devonischen Schichten des Faltengebirges einschnitt. Fast hundert Meter tiefer liegt das Liesertal, zu dem die sich windenden alten Straßen des Ortes abfallen. Inzwischen hat das expandierende Daun auch Steigungen der umgebenden Hänge mit Bauten erklommen, so daß die Bewohner trainiert sind, Straßen mit starkem Gefälle zu befahren. Stadtteile liegen unter der Kuppe vom Wehrbüsch (470 m), am Rosenberg (499 m), Warth (515 m), Kreuzberg (502 m) und am Firmerich, an dessen Fuß das dekorative Bahnhofsgebäude von der Jahrhundertwende, heute Haus der Jugend, wie aus der Spielzeugkiste hingesetzt erscheint, betrachtet man es vom Burgberg aus. Sogar sein steiles, von einer uralten Ringstraße umschlossenes Gelände ist neuerdings wieder bebaut. Der östliche Abschnitt des Burgberges, wegen seines alpinen Charakters von den Daunern »Die Schweiz« genannt, ist das ehemalige Terrain der Stadt des Gilles. Aber auch die Römer hatten, wie Funde, Inschrifttafeln in Burgmauern und ein mächtiger Grabstein (heute vor dem Heimatmuseum) beweisen, hier eine ländliche Siedlung, und noch vor ihnen, in der Jungsteinzeit, nutzten Menschen die Lage des schroffen Felsabsturzes vermutlich als Schutz- und Fluchtburg. Entfernt, südlich von diesem Gebiet, wo im abfallenden Gelände ein Felssproß mit kleinem Plateau folgt, steht die St. Nikolaus-Kirche vom Ende des 11. und Anfang des 12. Jahrhunderts. Sie bewirkte die Ausdehnung des Ortes in ihre Richtung. Der Turm gibt dem Profil der Stadt noch einen mittelalterlichen Akzent, beherrschend wirkt im Panorama heute der Gebäudequader des benachbarten modernen Krankenhauses.

Die Dauner Maare im »Kosmos«

Südlich der Stadt, dem Blick vom Burgberg aus verborgen, zwischen Mühlenberg, Lützeler Kopf, Mäuseberg, liegen die vier weltberühmten Dauner Maare, Markenzeichen des Ortes: das Gemündener Maar (406 m), das Weinfelder Maar, auch Totenmaar genannt (484 m) und das Schalkenmehrener Doppelmaar (420 m), von dem das östliche vermoort ist. Zwar gehört zur Stadt Daun nur

Das Gemündener Maar

ein Drittel des kleinsten, fast kreisrunden Gemündener Maares, nämlich der Teil mit der Badeanstalt, doch spätestens seit der Naturforscher und Geograph Alexander von Humboldt in seinem Werk »Kosmos« (1845–62) die Dauner Maare der wissenschaftlich gebildeten Welt vorstellte, sind sie ein mit dem Ort verbundener feststehender Begriff. Humboldt hat sie vermutlich im August 1845 besucht, begleitet von seinem »innigen Freund« Heinrich von Dechen, dem Leiter des Oberbergamtes von Bonn, auf dessen Beobachtungen und Veröffentlichungen sich der Gelehrte stützen durfte, wie er im »Kosmos« erklärt. Auch Leopold von Buch (1774–1853), ein Begründer der Geologie, kannte die sieben wassergefüllten Eifelmaare, von denen drei die Dauner darstellen. Die Bezeichnung »Marh« für ein vulkanisches Gewässer wendete als erster der Theologe und Kosmograph Sebastian Münster 1544 in seiner »Cosmographia universalis« für den Laacher See und das Ulmener Maar an. Er erwähnte auch, daß im Ulmener Maar ein großer Fisch lebe und daß, wenn er sich zeige, einer der Grafen von Ulm stürbe. A. Bach leitete das Wort Maar in seiner »Deutschen Namenskunde« (1953) vom lateinischen mare, Meer, ab. Auch der neue Brockhaus nimmt diesen Ursprung an, der in Vulgärlatein zu mara, Maar wurde.
Den wissenschaftlichen Begriff der Maare definiert Wilhelm Meyer, Geologe an der Universität Bonn, in seinem Werk »Geologie der Eifel« (1994): »Maare sind selbständige Vulkane von trichter- bis schüsselförmiger Gestalt, eingetieft in beliebigen Untergrund. Sie sind durch Gaseruptionen vorwiegend in einem Eruptionszyklus ausgeräumt worden. Die Hohlform kann daneben auch durch das Einsinken großer Nebengesteinsschollen mitverursacht werden. Die Durchmessser der Maare liegen meist zwischen 50 und 2000 m, es sind auf der Erde auch größere Maare bekannt. Meist ist eine Decke oder ein Wall aus Tuffen vorhanden. Zentralkegel können auch auftreten, fehlen aber bei den Maaren der Eifel.« Die Wasserzufuhr der meist in Tälern liegenden Maare erfolgte durch Bäche, deren Auftreffen auf einige hundert Grad heißes

Gestein in einem Tuffschlot die Explosion auslöste.

»Die Eyffel hat ihres Gleichen in der Welt nicht, ... und ihre Kenntnis kann gar nicht umgangen werden, wenn man eine klare Ansicht der vulcanischen Erscheinungen auf Continenten erhalten will«, schrieb Leopold von Buch 1820 in einem Brief an seinen Kollegen Johann Steininger. Nicht nur Wissenschaftler sind von Vulkanen fasziniert. Um Fremdenverkehr buhlend, hätte der Landkreis Daun am liebsten seinen Namen zu »Vulkaneifelkreis« gewechselt, was der Protest aller anderen, von Vulkanismus geprägten Landkreise verhinderte. Nur touristisch vermarktet der Kreis Daun nun »seine« Vulkaneifel. Geologisch wird die vulkanische Eifel in drei Gebiete unterteilt: in die Westeifel (zwischen Bad Bertrich und Ormont) und die Osteifel (Raum um den Laacher See), die beide in der Quartärzeit seit 600 000 Jahren entstanden und als jung gelten im Vergleich zur tertiären Hocheifel mit den Erhebungen Nürburg, Hohe Acht, Hochkelberg und Aremberg, die 40 Millionen Jahre alt sind. Die jüngsten Vulkanausbrüche ereigneten sich vor etwa 10000 Jahren im Laacher See und etwas später noch im Ulmener Maar.

Das 1996 eröffnete Vulkanmuseum in Daun führt anschaulich, ästhetisch aufbereitet und mit Hilfe von interaktiven Computersimulationen und Modellen das Publikum einbeziehend, in die spannende Welt der Eifeler Vulkanlandschaften ein. Es gibt auch einen Überblick über die 400 Millionen Jahre zurückreichende Entstehungsgeschichte des Gebirges. Das vom Kreis getragene Museum ist gleichzeitig Sitz des »Geozentrum Vulkaneifel«. Hauptaufgabe dieser von einer Wirtschaftsförderungsgesellschaft finanzierten Institution ist Öffentlichkeitsarbeit, die zwei Wissenschaftler mit dem Ziel betreiben, einem breiten Publikum geologische »Aufschlußpunkte« in der Westeifel, vom Krater bis zur Quelle, in Texten und Plakaten verständlich zu machen. Die Einrichtung pflegt auch Kontakt zu Universitäten und beteiligt sich an einem Projekt zur Erforschung des Erdmantels unter der Eifel und den angrenzenden Regionen.

Sitz des Landrates von 1831, heute Vulkanmuseum

Fische in der Tiefe

Die Eigenart der Maarlandschaft steht im Mittelpunkt des Interesses für Touristen, die nach Daun kommen. Bergauf führt die Straße zu dem kleinsten, nächstgelegenen Gemündener Maar, das 39 m tief ist, einen Durchmesser von nur 325 m hat und dessen hoher Trichter ringsum mit Wald bewachsen ist. Noch höher hinauf, Richtung Osten, liegen die beiden anderen Maare in offener Landschaft und nur durch eine Straße voneinander getrennt. Ginsterheiden umgeben das Ufer des Weinfelder Maares, kein Mitbringsel eines römischen Legionärs, der, wie es erzählt wird, über die Alpen marschiert war, zum erstenmal am Ufer dieses Maares ausruhte, seine Stiefel auszog und dabei Ginstersamen aus der Toskana verstreute. Der Besenginster, das Eifelgold, ist wie alle anderen hier vorkommenden Ginstersorten in der Eifel seit den Eiszeiten beheimatet. Allerdings brachten Römer das Immergrün mit,

Die Burgfriedstraße

Die Funker Manuel Simon und Gregor Lipp vom Fernmeldeaufklärungsbatallion in Daun

die Dudepalm, Totenpalme, wie die Eifler es nennen, denn sie fanden es vor allem auf alten Grabhügeln.

»Das Wasser des Weinfelder Maares ist von einer außerordentlichen Klarheit. In der Tiefe erblickt man die nackten Grauwacken-schiefer-Felsen, um welche die Fische schwimmen, und worauf die Krebse herumkriechen. Beide führen ein sieches Leben und sind deshalb nicht gut zu genießen...« schreibt J.J. van der Wyk in seiner »Übersicht der Rheinischen und Eifeler erloschenen Vulkane« 1826. Heute beißen zwar wohlschmeckende Hechte an, doch wegen Übersäuerungsgefahr dürfen im Weinfelder Maar nicht mehr als fünzehn Angler fischen, während für die beiden anderen Maare keine Beschränkungen bestehen und Forellen, Schleie, Karpfen, Rotfedern, Rotaugen und Brassen an Land gezogen werden. Der zweite Name Totenmaar soll darauf zurückzuführen sein, daß der Ort Weinfeld im 16. Jahrhundert durch die Pest verschwand. Von Gräbern umgeben, steht nur noch die alte Kapelle auf dem Uferrand, Ziel von Pilgern, die zum Gnadenbild der Weinfelder Madonna kommen.

Wellige Felder umgeben den offenen Kessel des Schalkenmehrener Maares, des größten der drei Vulkanseen. Sein Ufer säumen Ginsterbüsche, Heide und Haselnußsträucher, die Häuser des namengebenden Ortes reichen im Süden an das Seebecken heran. Buschwerk breitet sich auf dem östlich gelegenen vermoorten Maar aus, auf dem einst Seerosen blühten, wie Samenfunde belegen. Als das jüngere Schalkenmehrener Maar vor etwa 11000 Jahren entstand, schüttete es den älteren Nachbarsee mit Tuffen zu und leitete dadurch die Vermoorung ein.

Wirtschaft heute

Tourismus und Industrie sind heute gleichstarke Wirtschaftsfaktoren der Stadt Daun, die herkömmlich von Ackerbau und Viehzucht lebte. Handel und Gewerbe wie Lohgerberei spielten in dem alten Marktort ebenso eine Rolle wie der Abbau von Basaltlava für Bord- und Pflastersteine. Daun, Mineralbad, Kneippkurort und heilklimatischer Kurort verzeichnete 1999 bei einer Kapazität von 2000 Betten 300000 Übernachtungen. Die seit 1969 mit staatlicher Hilfe angeschobenen Gewerbe- und Industrieansiedlungen (Stadtteil Rengen) schufen bis 1999 rund 1340 Arbeitsplätze. Zu den Unternehmen, zum Teil Zweigniederlassungen von Großbetrieben, gehören zum Beispiel Zulieferer für die Autobranche, ein Röhrenwerk, das für den Weltmarkt nahtlose Edelstahlröhren produziert, und ein Hersteller für Satellitenschüsseln. Die Dauner Landbrotbäckerei beschäftigte rund 180 Arbeitnehmer 1999. Vom Vulkanismus profitieren ein Kohlensäurewerk und der »Dauner Sprudel«, der seit 1900 im Süden des Ortes an den vielen Quellen sitzt und schon 1904 in Paris eine Goldmedaille errang. Täglich verlassen eine Viertelmillion Flaschen das Werk, wobei das magnesiumhaltige natürliche Mineralwasser »Dauner Quellen« und das natürliche Heilwasser »Dunaris«, ein Natrium-Magnesium-Hydrogencarbonat-Säuerling, die Spitzenreiter der wässrigen Produkte darstellen. Der Industriestandort Daun mit der Autobahnanbindung A 1/48 wird weiter ausgebaut: »Wir tun alles für die Prosperität der Stadt«, sagt Bürgermeister Heinz Mengelkoch. Als Kreisverwaltungssitz mit etlichen Behörden stellt die Stadt viele Arbeitsplätze, so daß insgesamt die einpendelnden Arbeitnehmer die Auspendler Richtung Trier und Luxemburg weit überflügeln. Der Einzelhandel profitiert seit eh und je vom Umland, das gilt auch für alle Schultypen, zu denen zwei Gymnasien gehören. Dauns Einzugsbereich wird auf 25000 Bewohner geschätzt und von Wittlich und Gerolstein begrenzt.

Bacchus reitet

Daun ist eine quicklebendige Stadt, ein Einkaufszentrum mit schmalen kurvigen Ladenzeilen in seinem bergigen Kern. Beim Wiederaufbau galten keine Denkmalbestimmungen, so mischt sich Modernes mit Restposten aus dem 18. und 19. Jahrhundert in der Alt-

Dauns Wahrzeichen: gußeiserner Bacchus auf römischem Sockel

stadt. Zurückgesetzt, am Südhang des Burgberges und früher innerhalb des Beringes, blieb ein barockes Burgmannshaus mit Freitreppe erhalten, der Waldenhof. Fränkische Bauweise mit steilem Giebel und entsprechendem Satteldach zeigt Dauns ältestes Haus in einer Biegung der Burgfriedstraße. Es gehörte zu einem Hof des 16. Jahrhunderts. Dauns Wahrzeichen, das Bacchusdenkmal, steht neben dem alten Amtsratsgebäude und ist ein Unikum. Pausbäckig wie ein Putto und einem Reiter gleich sitzt die zentnerschwere gußeiserne Gestalt des römischen Wein- und Fruchtbarkeitgottes auf einem Faß, den Becher in der rechten Hand. Heiß hätte es dem Bacchus werden sollen, denn das Kunstwerk ist ein Ofen aus der Jünkerather Eisengießerei und etwa 300 Jahre alt. Ende vorigen Jahrhunderts kam er nach Daun und auf den roten Sandsteinsockel, das Fragment eines römischen Grabsteins. In seinem Relief ist die Heimkehr dreier Männer von der Wildschweinjagd mit ihren Hunden teilweise noch zu erkennen.

St. Nikolaus von 1949, mit altem Turm

St. Nikolaus

Die katholische Pfarrkirche St. Nikolaus war
nach Ernst Wackenroder eine dreischiffige,
flachgedeckte romanische Pfeilerbasilika
vom Ende des 11. und Anfang des 12. Jahrhunderts, deren einfache schmucklose Gestalt mehrfach verändert wurde. So trat an
die Stelle der Apsis im 13. Jahrhundert ein
gotischer, vielseitig gebrochener Chor, in der
zweiten Hälfte des 15. Jahrhunderts wölbte
man das Mittelschiff ein und zog neue Seitenschiffwände vor bis zur Turmfront im
Westen. Wegen Baufälligkeit wurde 1823 der
Turm um drei Meter abgetragen und die
Schieferpyramide durch eine niedrige Haube
ersetzt. Auch die beiden Seitenschiffportale
stammen aus dem 19. Jahrhundert.
St. Nikolaus repräsentierte im Landkreis
Daun die älteste erhaltene kirchliche Gründung, bis, was der damalige Pfarrer, Dechant
Thomas mitansah, am Nachmittag des 2. Ja-
nuars 1945 eine Bombe die Kirche traf und
zerstörte. Nur die dicken Mauern des Turmes

hielten stand. Für die folgende Zeit diente ein
Raum im benachbarten Hotel Hommes den
Bewohnern als Notkirche. Mit dem Wiederaufbau beauftragte man den Kölner Dombaumeister Willy Weyres (1903–1989), der
Grundstein wurde im August 1946 gelegt,
die Einweihung der Kirche fand drei Jahre
danach, im August 1949 statt. Mit Willy
Weyres hatte man einen Architekten gewinnen können, dessen Domäne die Denkmalpflege und alte Baukunst waren, der sich aber
als freier Architekt seit 1937 (St. Michael in
Rinnen) auch dem zeitgenössischen Kirchenbau widmete. Weyres hatte in Bonn Theologie studiert, war darüber zur Kunstgeschich-
te gekommen und dann, unter dem Einfluß
seines Lehrers Paul Clemen, zum Architek-
turstudium in Aachen übergewechselt. Dort
wurde sein Interesse auch für moderne Kunst
geweckt. Im Anfang seiner Laufbahn machte
Weyres sich mit der Restaurierung des Mün-
sters auf dem Maifeld und des Limburger
Domes einen Namen. Noch während des
Krieges wurde er kommissarischer Dombau-
leiter in Köln, kurz nach dem Krieg dann
Dombaumeister mit der langjährigen Aufgabe, den von 14 Bomben schwer beschädigten
Kölner Dom wiederherzustellen. Als Diözesanbaumeister und Diözesankonservator fiel
ihm außerdem die Verantwortung für die
Wiedererrichtung von 200 zerstörten Kirchen und für Neubauten in der Erzdiözese
Köln zu. Der gefragte Architekt übernahm
auch Aufträge im Bistum Trier, wie in Daun
oder Wittlich (St. Bernhard 1955). Seit 1955
lehrte Weyres außerdem an der Technischen
Hochschule Aachen die Fächer Baugeschichte und Denkmalpflege.
Der Neubau in Daun, bei dem B. Minn assi-
stierte, verlief parallel zu Weyres' Arbeit am
Kölner Dom. Sein Leitsatz, der Schule machte, hieß: treu bewahren und künstlerisch gestalten. Bei St. Nikolaus entschied er sich
dafür, dem alten erhaltenen Turm ein neues
Langhaus anzufügen, das im Äußeren der
Wirkung einer Basilika und damit dem ursprünglichen Gebäudetyp nahekommt. Mit
der Erhöhung des Turmes um drei Meter und
einer Apsis als Ostabschluß griff Weyres auf
frühe Formen der romanischen Kirche

zurück. Die gesamte, aus verputztem Bruchstein errichtete Anlage verlängerte er um zehn auf 39 Meter bei beibehaltener Breite von 15 Metern. Durch diese Streckung wurde die Kompaktheit des schweren Turmes ausgeglichen, und die Silhouette der Kirche gewann harmonische Proportionen.

Der auf quadratischem Grundriß basierende Turm steigt ungegliedert drei Geschosse auf und wird von einem kurzen achtseitigen geschweiften Helm bekrönt. Je zwei einfache rundbogige Schallfenster durchbrechen die Glockenstube. Die Westfront des Turmes, Schauseite der Kirche, liegt mit dem Abschluß der alten Seitenschiffe in einer Flucht und bildet eine glatte Wand, die noch die für eine Basilika charakteristische Gestalt mit schrägen Flanken durch die Pultdächer zeigt. Ihren gedrungenen Maßverhältnissen entsprechen drei symmetrisch angeordnete niedrige Rundbogenportale in roter Sandsteinfassung, die einzige Zierde der Vorderseite. Das breite mittlere Portal vom 13. Jahrhundert ist mit Rundstab und Hohlkehle profiliert, durch Rundsäulchen mit frühgotischen Knospenkapitellen herausgehoben und durch ein kleines Kreisfenster mit Vierpaß über dem Bogen akzentuiert. Die beiden kleineren Portale sind schlichtere Repliken des Hauptportals.

Die gesamte Anlage bildet im Grundriß ein Rechteck, dessen südliche Längswand entsprechend den alten Fundamenten Richtung Osten leicht nach außen strebt. Das Kirchenschiff erstreckt sich über vier Joche. Sein steiles Schieferdach setzt unter den Glockenfenstern des kurzen kubischen Turmes an und zieht als monumentaler Sattel bis zum Beginn der Apsis, den ein kleiner hochragender Kegel auf dem First anzeigt. Der Baukörper ist von einem vergleichsweise lebhaften, aufgelockerten Rhythmus der Formen geprägt, die sich an eine Basilika anlehnen. Überdachte Mauervorsprünge mit einem Fenster begleiten, gleich einem sehr schmalen Seitenschiff, doch von höheren schlanken, ausgestellten Strebepfeilern Joch um Joch unterbrochen, das überragende Langhaus. Dessen zu Dreiergruppen plazierte kleine Rundbogenfenster unter dem Haupt-

dach erinnern an den Obergaden einer Basilika. Doch hier sind keine echten, durchlaufenden Seitenschiffe ausgebildet, mit gewissen basilikalen Bauelementen wird der Typ nur noch angedeutet.

Im vierten Joch folgen, aus der Flucht sehr geringfügig hervortretend, Querhäuser mit einem Dreieckgiebel. Die Front des nördlichen durchbrechen drei besonders schlanke hohe Rundbogenfenster, die, wie alle anderen Fenster, einfach in die Wand eingeschnitten sind und mit einer abgeschrägten breiteren Sohlbank aus Basaltlava die Fassade gliedernd beleben. Eine kleine Nebenapsis bereichert das nördliche Querhaus, das südliche ist zur Sakristei mit einem Versammlungsraum im Obergeschoß ausgebaut, dem ein quer vorspringendes, rund schließendes Treppenhaus dient. Rechteckfenster setzen diesen Trakt vom Kirchenraum ab.

Die gesamte Anlage umläuft ein Bruchsteinsockel mit Basaltlavagesims, der auf dem nach Osten abfallenden Gelände an Höhe zunimmt und stark ausgeprägt die halbkreisförmige Apsis mit einem Radius von sechs Metern einfaßt. Zwei gewaltige, bis unter das dreigeteilte Dach reichende, ausgestellte Strebepfeiler gliedern die große Mauerrundung in drei gleiche Abschnitte, die jeweils ein sehr schmales hohes Fenster mit tiefem Gewände durchbrechen. Kleine rundbogige Öffnungen versorgen die Krypta unter der Apsis mit Licht.

Die Parabel im Inneren

Man betritt die Kirche durch das nördliche Portal und gelangt über die kleine Vorhalle im alten Seitenschiffende in das um zwei Stufen abgesenkte Innere des Langhauses, dessen Raumkonzept, verglichen mit der äußeren Gestalt, überrascht. Die Parabel ist die hier alles beherrschende Form. Sie ist eine Errungenschaft des modernen Kirchenbaus seit den zwanziger Jahren und fand zum Beispiel durch den Protagonisten Dominikus Böhm 1930 in Köln auch im Außenbau Anwendung. Weyres gab dem weißgetünchten Kirchenschiff ein hölzernes dunkles Tonnenge-

Aschermittwoch in St. Nikolaus, 1998

wölbe, dessen Querschnitt jedoch nicht den überlieferten Halbkreis nachzeichnet, sondern die parabolische Krümmung. Vom Boden aufsteigende, kräftige weiße Wandvorlagen ziehen als Schenkel einer weiten Parabel absatzlos, in ausgeprägte Gurte übergehend, in die Höhe zum Brennpunkt, den Raum in elegantem Schwung umgreifend, Joch für Joch. Ausdrucksvoll, besonders im Kontrast zu der dunklen Holzdecke, und dynamisch ist die Wirkung dieser stark hervortretenden Gewölbestützen, die das Schiff in strenger Folge gliedern, es optisch beherrschen und ihm Geschlossenheit geben. Ihre parabolische Bahn gewinnt mit zunehmender Höhe Abstand von den senkrechten Seitenwänden. Auch deren Unterteilung folgt den Schwingungen der Parabel: im Takt der Joche öffnen Quertonnen die Wand in hoher kurviger Linie. Sie bilden tiefe Nischen aus, die in Längsrichtung durch bogenförmige Wandaussparungen passierbar sind. Über den Ausbuchtungen der Quertonnen ziehen die Seitenwände hinauf zur Decke des Tonnengewölbes. Ihre hoch sitzenden kleinen Fenster,

Dreiergruppen Joch um Joch, könnten an den Obergaden einer Basilika erinnern. Doch dem Langhaus fehlen die entscheidenden Merkmale einer Basilika, nämlich Arkaden und durchziehende Seitenschiffe.

Steilere hohe Parabeln charakterisieren die Öffnungen zu den extrem kurzen Querhäusern. Im Hauptblickpunkt des Kirchenschiffes liegt, um neun Stufen erhöht, der etwas schmalere und niedrigere Chor, den ein entsprechend breiter Triumphbogen herausstellt. Seinen parabolischen Bogen übernehmen das Chorjoch und ein vom Boden aufsteigender Wandstreifen am Übergang zum Chorhaupt, der Apsis. Vom Scheitel ihrer Rundung laufen zwei markant heraustretende Wandstreifen herab und formen den gewölbten Raum zu einer dreigeteilten Konche (Muschel). Die drei tief ansetzenden sehr schmalen Fenster durchbrechen den geschlossenen Mauermantel der Apsis wie langgezogene Schlitze. Die beiden seitlichen bleiben bei frontaler Blickrichtung unsichtbar, das mittlere setzt im ornamentfreien Ostabschluß den Hauptakzent, besonders durch das effektvoll eingeschnittene tiefe Gewände, das im Rundbogen wie ein Schutenhut ausgebildet ist. 1984 erweiterte man den Altarraum um eine in den Kirchenraum vorstoßende Plattform für den Zelebrationsaltar und das Lesepult, den Ambo.

Helligkeit, Offenheit, Klarheit und Kargheit der Formen geben dem Chor einen eher kühlen Charakter im Gegensatz zum Raum der Gemeinde mit dem mächtigen umspannenden Gewölbe aus dunkelbraunem Holz. Dem warmen Farbton der Decke entspricht die von vier Stützen getragene Orgelempore aus Eiche. Sie gibt dem Langhaus mit dem Instrument von schwingenden Formen im Westen Gestalt und Geschlossenheit. Auch die hellbraunen Bankreihen aus Eiche (324 Sitzplätze) mit kurvenförmigen Wangen fügen sich in das Raumkonzept, das als Farbe allein Holz zuläßt und in Formen der Parabel huldigt.

Unter der Orgelempore liegt zwischen dicken Mauern die breitbogig geöffnete Turmhalle mit zwei romanischen Weihwasserbecken aus Basaltlava. Aus spätromanischer Zeit blieb die Krypta unter dem ehemaligen Chor erhalten, ein sehr kleiner Raum, dessen Kreuzgratgewölbe eine niedrige Mittelsäule trägt. Weyres legte unter der neuen Apsis eine weitere Krypta an, die über das südliche Querhaus zugänglich ist.

Unter dem Schutz des Mantels

Das eindrucksvollste Ausstattungsstück von St. Nikolaus ist das aus den Trümmern geborgene fast lebensgroße Kruzifix aus Holz. Es stammt vom alten Hochaltar, den der 1711 verstorbene Erzbischof Hugo von Orsbeck gestiftet hatte. Die hagere, feinskulpturierte Gestalt des Gekreuzigten mit straff ausgespannten Armen paßte man in ein kräftiges Astkreuz ein, das eine den gesamten Raum beherrschende Wirkung entfaltet. Zu demselben alten Hochaltar gehörten auch die am Ende des Schiffes plazierten barocken, überlebensgroßen Heiligenfiguren, die in Beige mit Goldrändern gefaßt sind. Sie stellen die Patrone der Kirche dar, den hl. Nikolaus und den hl. Laurentius, der sein Marterwerkzeug, den Rost, vorzeigt. Der Altar in der Nebenapside ist der Gottesmutter gewidmet mit einer farbig bemalten Holzskulptur, einer Kopie der berühmten spätgotischen Schutzmantel-Maria aus Ravensburg von 1480, die 135 Zentimeter hoch ist. Das Original von Michel Erhart befindet sich seit 1850 in den Staatlichen Museen Berlin (Museumsinsel). Die schlanke, in ein goldenes Kleid gewandete Maria breitet, in die Ferne blickend, mit den Armen ihren blauen Mantel aus, unter dem, in sehr viel kleinerem Maßstab dargestellt, fünf betende Männer und Frauen auf jeder Seite gestaffelt stehen. Nach Peter Bloch sind es Stifterfiguren, Mitglieder einer bisher nicht identifizierten Familie. Mit der Geste des Mantelschutzes konnten im Mittelalter hochgestellte Personen, besonders Frauen, Verfolgten Schutz gewähren. In Legenden wurde dieser Schutz im 12. und 13. Jahrhundert auf Maria übertragen. Caesarius von Heisterbach berichtet von der Vision eines frommen Zisterziensers, der im Himmel keinen seiner Ordensbrüder finden konnte, bis Maria ihren Mantel öffnete, unter dem sie sich verbargen. Seit dem 14. Jahrhundert wird die Schutzmantelschaft der Maria ein Motiv auch in der bildenden Kunst.

In der Turmhalle bewahrt die Kirche einen 1685 auf Kupfer gemalten, mit plastischen Engelköpfen verzierten Totenschild, den Wilhelm Johann Anton Graf von und zu Daun seinen Eltern zum Gedächtnis im Chor hatte aufstellen lassen. Der Vater, Philipp Ernst, war Obrist beim habsburgischen Kaiser Ferdinand III und nach seinem sehr verdienstvollen Bruder Johann Jakob schließlich gleichfalls in den Reichsgrafenstand erhoben worden. Diese Dauner Herren stammen jedoch nicht, wie die Ahnentafel unter dem gemalten Doppelporträt angibt, von den alten Dauner Dynasten, den Gründern der Kirche ab, sondern von dem jüngeren Dauner Burgmannengeschlecht. Nach ihrer Übersiedlung nach Wien blieben sie, wie der Totenschild zeigt, mit ihrem fernen Stammort noch verbunden. Denn nach dem Aussterben der alten Dynasten war 1421 das Patronat den Grafen von Manderscheid zugefallen. Sie traten dann 1676 ihr Privileg, dem Trierer Bischof den Pfarrer für St. Nikolaus vorzuschlagen, an die habsburgischen von und zu Daun ab. Von diesem Recht machte Philipp Ernsts Enkel, Wirich Philipp Lorenz, als Vizekönig von Neapel ebenso Gebrauch wie sein Sohn Leopold, Maria Theresias Feldmarschall. Beide hatten Daun und seine Kirche nie besucht.

Winterliche Kyll und Erlöserkirche in Gerolstein

Wo alle Brünnlein fließen

Gerolstein, Stadt seit 1336
1953 bestätigt
Kernstadt: 5 046 Einwohner
Gesamtstadt: 7 639 Einwohner
Kirche: Erlöserkirche

Gerolstein ist im wahrsten Sinne des Wortes steinreich. Die Kleinstadt im Tal der sprudelnden Kyll hat seit dem letzten Jahrhundert Landschaftsmaler, Geologen und Paläontologen gleichermaßen in ihren Bann gezogen. Was die Künstler und Forscher reizte, kann man auf eine chemische Formel bringen: Calcium-Magnesiumkarbonat oder kürzer: Dolomit. Die damals kahlen Gruppen des Dolomitmassivs entlang dem Fluß, besonders die markante Munterley, der abgetrennte Auberg und die Hustley, boten Malern der Düsseldorfer Schule wie C. F. Lessing 1834 oder dem Engländer Edward T. Compton 1869 Motive von ersehnter Ursprünglichkeit, Gewaltigkeit und Erhabenheit der Schöpfung. Anders der eindringliche Blick der Wissenschaftler, der die Kalk- und Dolomitfelsen als Reste eines gigantischen Korallenriffs von vor 360 Millionen Jahren unter die Lupe nahm.

Denn im Altertum der Erdgeschichte, vor 400 Millionen Jahren (Unterdevon), gehörte die Eifel zu einem riesigen flachen Meeresraum, auf dessen Boden sich dann Kalkschlamm und Mergel, kalkig-toniges Sedimentgestein, ablagerten. Dazu schuf ein wüstenhaftes Klima Bedingungen wie in der heutigen Südsee zum Wachstum von riffbildenden Korallen, Hohltieren mit kalkhaltigen Skeletten wie die Sonnenkoralle oder die Pantoffelkoralle. Zu den Einzeltieren kamen die in Stöcken vergesellschafteten. In den Türmen und Klippen des Gerolsteiner Riffs lebte eine Vielzahl Organismen wie Dreilappkrebse (Trilobiten), Seelilien (Crinoiden), Armfüßler (Brachiopoden), Schnecken, Muscheln, Tintenfische. Als besonders schön gilt der schwarze Dreilappkrebs. Sein Körper, bestehend aus einem runden Kopf mit großen Facettenaugen, anschließendem, aus Ringsegmenten aufgebautem Rumpf und Schwanz, wird von zwei durchlaufenden Längsfurchen dreigeteilt. Der nur wenige Zentimeter lange Gliederfüßler verfügte über stachelige Antennen und konnte seinen Körper wie ein Igel einrollen. Als das devonische Meer abfloß, starb seine Spezies aus.

Humboldts volle Fracktaschen

Noch während das Riff von dem warmen klaren Wasser dieses Meeres bedeckt war, fand eine sogenannte Dolomitisierung statt, das heißt, der Calciumgehalt des Riffs wurde zu etwa 50 Prozent von Magnesium ersetzt: »In dem damals heißen Klima dampfte das Wasser über den aufsteigenden Riffen zum Teil ein, und die Magnesium-Lösungen konnten tief in den lockeren Riffkörper eindringen und hier Dolomitisierung in Gang setzen« (Prof. Wilhelm Meyer). Da Dolomitkristalle (Calcium-Magnesiumkarbonat) ein kleineres Volumen als die des Minerals Calcit einnehmen, erhielt das Riffgestein eine

360 Millionen Jahre alte Fossilien im Naturkundemuseum Gerolstein: bonbongroßer Dreilappkrebs; Seelilien-Wurzelgeflecht (1996 von Anneclaire Assion gefunden); Goldfuß-Korallenstock

durchlöcherte Struktur, die Verwitterung Vorschub leistet. Während die Tiergehäuse in dem Korallenriff bei der Umkristallisierung ausgelöscht wurden, blieben unzählige Generationen der einstigen Lebewesen des Meeresbodens unter einer Kalk- und Mergelschicht als Fossilien in der Gerolsteiner Kalkmulde bewahrt. Die Kalkmulde, eine von zehn zwischen Trier und Mechernich, entstand während der nachfolgenden Karbonzeit vor etwa 300 Millionen Jahren beim Zusammenschieben des horizontalen Meeresraumes zu einem gewaltigen Faltengebirge, das aber durch Erosion wieder eingeebnet wurde. Seinen Stumpf haben erst jüngste Bewegungen während des Eiszeitalters vor etwa einer Million Jahren zum Mittelgebirge angehoben. Dabei erreichten die Dolomiten, das Korallenriff, ihre jetzige Höhenlage. Als Teil der Kalkmulde, die in tief abgesenkten Mulden-Falten des wieder verschwundenen hohen Faltengebirges gesteckt hatte, waren die Dolomiten und die gleichalten, fossilientragenden Mitteldevonschichten vor Abtragung geschützt gewesen. Das bescherte Gerolstein Weltruhm. Denn kein bedeutendes geologisches Museum der Kontinente mochte auf die versteinerten Gerolsteiner Dreilappkrebse oder Armfüßler und all die anderen 360 Millionen Jahre alten fossilen Meerestiere verzichten. Das Gerolsteiner Land wurde zu einem Mekka für Geologen und Paläontologen.

Von Alexander von Humboldt wird erzählt, daß er in der Nachbarschaft von Gerolstein sammelnd über die »Geeser Trilobitenfelder« ging. Nachdem er seine Fracktaschen bereits vollgestopft hatte, der Boden aber längst nicht abgesucht war, kaufte er, findig, wie ihn das Forscherfieber gemacht hatte, Bauersfrauen auf dem Feld ihre Wollstrümpfe ab und gelangte schließlich reich beladen nach Gerolstein. Dort trafen sich die Wissenschaftler und Künstler unter dem Burgfelsen im Hotel Heck, das 1903 in seinem Haus das erste private Naturhistorische Museum des Rheinlandes eröffnete. Nach der Bombardierung des Hotels im Zweiten Weltkrieg wurde erst wieder 1987, in dem benachbarten Barockbau von 1710 mit Treppenturm, das neue Naturkundemuseum eingerichtet. Seit 1929 hatte die Anlage als Rathaus gedient und war dann 1987 durch den Umzug der Verwaltung in einen Neubau am Kurpark frei geworden. Den reichen geologischen und paläontologischen Sammlungen ist neuerdings eine dem Wald gewidmete Abteilung angegliedert. Durch Raubbau zur Gewinnung von Holzkohle, aber auch durch Mißbrauch als Schaf- und Ziegenweiden lag die einstige Waldlandschaft um 1820 fast völlig kahl, was die Maler eindrucksvoll festhielten. Man ist froh, daß die von den Preußen noch im vorigen Jahrhundert begonnene Aufforstung die Waldummantelung der Berge heute größtenteils zurückgebracht hat. Im Schutze des ungeliebten Preußenbaums, der Fichte, konnten Buchen und Eichen an den Hängen nachwachsen. Jetzt droht Gefahr durch Verbiß- und Schälschäden an den Stämmen durch zu reichen Rotwildbestand. Die einträgliche Jagdverpachtung könnte zum Bumerang werden.

Zum Mittelpunkt der Erde

Zum Reichtum der Fossilien kommt in der Gerolsteiner Region der Reichtum an Vulkanen, die zur Westeifeler Vulkankette zwischen Bad Bertrich und Ormont gehören. Sie entstanden vor etwa 600 000 Jahren, ihre Kegel und Kuppen prägen das Landschaftsbild ringsum und lockten wie die Versteinerungen seit dem vorigen Jahrhundert Wissenschaftler an. Berühmt ist die Papenkaule auf der Hochebene des Dolomitmassivs, ein 30 Meter tiefer, fast kreisrunder Kessel, dessen umlaufender niedriger Tuffwall zu der Annahme geführt hatte, es handele sich um einen Gasvulkan, also ein Maar. Heute weiß man, daß die Lava aus dem Schlot der Papenkaule unterirdisch, durch Höhlen und Klüfte in den Dolomiten floß und erst am Nordrand der Munterley, an der Hagelskaule, ins Freie austrat und sich dann, vorbei am Auberg, in das Kylltal ergoß. Sarresdorfer Lavastrom heißt der Ausfluß der Papenkaule, nach dem auf ihm errichteten Ortsteil Sarresdorf, dem ältesten Siedlungskern im heutigen Stadtgebiet. Die ersten Spuren menschlichen Lebens fand man nur wenige hundert Meter entfernt, im »Buchenloch« im Westhang der Munterley, einer von vielen verkarsteten Höhlen des Korallenriffs. Man entdeckte hier Artefakte, Steinwerkzeuge, deren Alter auf etwa 25 000 Jahre geschätzt wird. Die Höhle wurde nicht nur von Menschen aufgesucht. Knochenfunde belegen die Benutzung durch Höhlenbären, Mammut, Wollnashorn, Pferd, Ren, Eisfuchs, Auerochs, Riesenhirsch, Wolf, Schneehuhn und Schneehase. Die kleinere Magdalenenhöhle in der Südwand der Munterley, von der Stadt aus als schwarzes Loch in der Felswand zu erkennen, barg Artefakte aus Mammutbein. Auf der Dietzenley, einem Vulkan sechs Kilometer südlich der Gerolsteiner Burg, ist ein Ringwall der Kelten aus der Latène-Zeit (475–225 v. Chr.) erhalten, der über Jahrhunderte als Fliehburg genutzt wurde. Fundamente einer keltischen Kultstätte, über der die Römer der Göttin Caiva einen Tempel errichteten, liegen auf den Dolomiten über der Hustley. »Juddekirchof« lautet ihr rätselvoller Name.

Wissenschaftler, Maler, Sammler, Liebhaber oder Naturfreunde konnten seit 1871 von der Kutsche auf die Bahn Richtung Dolomiten umsteigen, Gerolstein lag nun an der Eifeler Hauptstrecke Trier-Köln, der Verbindungen nach Prüm und Mayen folgten. Dem Ort, einem Flecken von knapp 800 Einwohnern, der unter den Preußen 1856 seinen mittelalterlichen Stadtrechtsstatus eingebüßt hatte, brachte der Bahnanschluß eine sprunghafte Entwicklung und damit die Grundlage seiner heutigen Existenz mit 5 046 Einwohnern in der Kernstadt. Der Startschuß für die dominierende Mineralwasser- und Kohlensäure-Industrie war gegeben. Den Anfang machte 1876 die Firma Schloßbrunnen. 1882 wurde die Drahtwarenfabrik gegründet, 1883 der Flora-Brunnen, und 1888 begann der Gerolsteiner Sprudel seine Karriere zum heute größten Einzelmineralbrunnen Deutschlands unter dem Namen Gerolsteiner Brunnen. Die Quellen, deren aufsteigende Kohlensäure Nachwirkungen des Vulkanismus darstellen, liegen entlang der Kyll. Sogar aus dem Fluß strömt stellenweise das Gas perlend aus, Mofette genannt.

Der Besucher, der die Spur der Künstler und Forscher des vorigen Jahrhunderts aufnimmt oder der die Quellen der Quellen ergründen möchte, der hin- und hergerissen ist zwischen Landschaftserlebnis und Suche nach Mofetten, Höhlen, Kratern, römischen Anlagen, mitteldevonischen Schichten und Erklärungen aller dieser Phänomene, dieser Besucher Gerolsteins wird nicht alleine gelassen. Wissenschaftler und ein ausgebildeter Führungsstab stehen parat für Exkursionen

Reste der Burg Gerhardstein

auf vier ausgedehnten Routen durch den Gerolsteiner Geopark. Dieser Begriff meint das gesamte Land der Gerolsteiner Verbandsgemeinde, 18 000 Hektar, und wurde von der Touristik- und Wirtschaftsförderungs- GmbH geprägt, die den Naturkunde- und Geotourismus der Stadt mit Inspiration und großem Erfolg organisiert. Wanderungen das ganze Jahr über führen beispielsweise »zum Mittelpunkt der Erde«, »durch einen Vulkan« oder »ins Reich der Dunkelheit«. Auch das Forstamt bietet Führungen an. Vorbei sind jedoch die Zeiten für nach Fossilien grabende Schatzgräber. Geotop- und Naturschutz sind heute oberstes Gebot, man verweist auf Anschauungsmaterial im Naturkundemuseum unter dem Burgfelsen.

Die Burg auf dem Korallenriff

Gerolstein erstreckt sich heute zu beiden Seiten der Kyll, die in Begleitung der Eisenbahnschienen den Ort von Osten nach Westen durchfließt. Seit der Gebietsreform

1970 zählen neun umliegende Dörfer auf Hochflächen und in Tälern zum Stadtbereich mit insgesamt 7 639 Einwohnern 1999: Gees, Büscheich, Michelbach, Hinterhausen, Lissingen, Oos, Müllenborn, Roth und Bewingen. Die nördliche Talflanke der Kyll überragt mit den charakteristischen imposanten Dolomitfelsen um etwa einhundert Meter den Fluß, der sich auf einem Niveau von 360 Metern bewegt. Auch die Südflanke zeigt Korallenriffgestein. Genau gegenüber der Hustley liegen, hochgehoben auf einem steilen Dolomitmassiv, die Reste der Burg Gerhardstein, die Gerhard IV von Blankenheim um 1300 bauen ließ. Der Name Gerolstein erscheint jedoch bereits 1115 in einer Urkunde des Stiftes Münstereifel, die einen Gerhard, Herrn in Blankenheim, Schleiden, Kasselburg und Gerolstein nennt. Diesen Gerhard betrachteten die Herren von Blankenheim, die 1380 in den Grafenstand aufrückten, als Stammvater ihres Geschlechtes, das bereits 1423 ausstarb. Gerolstein ging dann an die Grafen von Loen über und kam 1469 an das mächtige Eifeler Grafengeschlecht der Manderscheider, die bis zum Ende der Territorialherrschaften 1794 die Machthaber in Gerolstein blieben.

Die Eltern Karls des Großen

Ob und was sich 1115 auf dem schroffen Burgfelsen getan hat, ist unbekannt. Als gesichert gilt, daß Gerhard IV, »Herr von Kasselburg und Gerolstein« 1291 in einem Güteraustausch mit der Abtei Prüm Grundbesitz in Sarresdorf erwarb, westlich von der Burg und auf der anderen Seite der Kyll. Dabei handelte es sich um ein ehemaliges Krongut der Eltern Karls des Großen, König Pippins des Kurzen und seiner Frau Bertrada, das sie mit weiteren umfangreichen Besitzungen 762 der Abtei Prüm übergaben. In der Schenkungsurkunde, die zum ersten Mal den Namen Eifel nennt, wird das Krongut am Kyllufer als »villam nostram in pago Efflinse qui dicitur Sarabodis villa« aufgelistet (unsere Villa/Gehöft im Eifelgau, Villa Sarabodis genannt). Die große Güterausstattung der

Abtei kam mit der gleichzeitigen Öffnung für westfränkische Mönche einer Neugründung als Königskloster gleich, das die Karolinger dann allen anderen Klöstern vorzogen. Ursprünglich war die Abtei Prüm 721 von der adligen Witwe Bertrada, der Großmutter der gleichnamigen Frau Pippins, und ihrem Sohn Charibert gestiftet worden. Um das Krongut im heutigen Sarresdorf entwickelte sich im Laufe der Jahrhunderte eine bäuerliche Siedlung, der im Jahr 1222 zehn Familien mit 170 Hektar Ackerland angehörten, so erläuterte Caesarius von Heisterbach in seiner Abschrift des Prümer Urbars. Wie Aushebungen auf dem Gelände für die Fundamente der großen Erlöserkirche 1907 zeigten, war die Villa Sarabodis am Kyllufer bereits ein Herrensitz zur Römerzeit.

1336: die Stadt lockt

Gerolsteins Entwicklung beginnt jedoch mit Gerhard IV von Blankenheim, der seinen hohen Burgensitz auf dem Dolomitfelsen ausbaute und gleichzeitig die Besiedlung unterhalb der Anlage zu einem Burgdorf förderte. Zudem brachte er mehrere Dörfer in seinen Besitz. Mit dem Güteraustausch 1291 hatte er das nahe »Saresdorpf« hinzugewonnen, dessen Bewohner bald, nach und nach, unter die Burg Gerhardstein zogen. Denn auch der Nachfolger, Gerhard V, war auf Vergrößerung seines Besitzes bedacht und erreichte für Gerolstein »durch fleißiges Bitten« und nicht zuletzt wegen seiner Verdienste um Kaiser und Reich 1336 die Verleihung der Stadtrechte durch Kaiser Ludwig den Bayern, die sogenannten Aachener Freiheiten. Zu ihnen gehörte die Erlaubnis, den Ort zu befestigen und Märkte abzuhalten. Die Stadtmauern Gerolsteins umschlossen nur 2,25 Hektar, die Distanz vom westlichen zum östlichen Tor betrug 180 Meter. Schon 1353 kam die erste harte Bewährungsprobe. Gerhard teilte die Machtbefugnisse der Blankenheimer Herrschaft mit seinem Bruder Arnold, der mit Kurfürst Balduin von Trier in Streit geraten war. Nun rüttelte dieser gefürchtete Eroberer an den Toren und belager-

Zentraler Platz mit einmündender alter Bebauung

te die Festung. Doch sie hielt stand, und Gerolsteins Unabhängigkeit war gerettet. Das trug den Blankenheimern Ruhm ein, denn der mächtige Balduin pflegte zu siegen. Etliche Dynasten hatten ihre Herrschaft an ihn verloren. Balduin, der 1354 starb, verschaffte dem kurtrierischen Territorium seine größte Ausdehnung.

Die kleine junge Stadt Gerolstein blühte auf, auch dank des Zuzuges der Sarresdorfer, die nun den Schutz der Stadtmauern und das Marktleben suchten. Ihre verlassene Siedlung am Flußufer blieb allerdings der zuständige Pfarrort, der zur Diözese Köln gehörte und von Priestern der Prümer Abtei versorgt wurde. Die Pfarrei war für acht Filialen zuständig und kam 1821 mit anderen »Töchtern« zum Bistum Trier. Der beschwerliche Fußweg im Winter hinunter zur Pfarrkirche in Sarresdorf veranlaßte zwei Brüder zu einem Vermächtnis für den Bau einer Kapelle im Burgort. Sie wurde 1487 der Dreifaltigkeit geweiht. Nach reichlich 200 Jahren relativer Ruhe ging es Gerolstein 1691 an die Substanz. Während des Pfälzischen Erbfol-

St. Annenkirche von 1813 am Hang

gekrieges wurde die Burg in Brand gesteckt, und mit ihr verschwand die kleine Stadt in den Flammen. Burg Gerhardstein, auch Löwenburg genannt, wurde wegen herabfallender Steine schließlich auf Abbruch verkauft. Aus der Frühzeit der Blankenheimer überdauerte aber die in Sichtweite gelegene Kasselburg im Nordosten über der Kyll. Sie ist eine der am besten erhaltenen Eifelburgen.

Bis 1834 hatte der Pfarrer in dem verwaisten Sarresdorf auf seinem Hof mit dem Küster ausgeharrt. Dann konnte er oben in Gerolstein in sein bezugsfertiges Haus neben der neuen, 1813 geweihten St. Annen-Kirche überwechseln. Die alte Sarresdorfer, »Unser Lieben Frauen Kirch« war baufällig und 1813 aufgegeben worden, man verkaufte sie als Steinbruch. Sie stand mitten auf dem heutigen Friedhof neben dem erhaltenen schönen Pfarrhaus von der Mitte des 16. Jahrhunderts, heute Gerolsteins ältestes Haus, das das Heimatmuseum beherbergt. 1813 war die neue Kirche auf der hochgelegenen steilen Burgstraße in Gerolstein eingeweiht worden.

Wegen des abfallenden Geländes setzte man dem schlichten vierjochigen Saalbau mit großen Rundbogenfenstern den Turm im Osten vor. 1884 folgte die Erweiterung um ein Seitenschiff mit zwei Querdächern. Gerolsteins Bevölkerung wuchs in raschem Tempo, das die Bahn vorgab. Es begann damals ein neuer Zeitabschnitt, der die alten Grenzen sprengte.

Die Wirtschaft früher

Wovon lebten die Menschen hier früher? Außerhalb der mittelalterlichen Stadt wurden zwei Mühlen betrieben. Innerhalb der Mauern gediehen Handel, Märkte, Handwerk, Wollweberei und Gerberei. Die Hauptlebensgrundlage war Landwirtschaft auf den Feldern des Hochplateaus. Wie eine schwarze Schneedecke liegen die Böden, Auswurfprodukte der Vulkane, auf dem felsigen Grund der Dolomiten. Sie bestehen aus erbsengroßen Lapilli, Steinchen, und Staub und Asche, und geben wie auch die rotgetönte Sandsteinerde keinen Weizen her.

Durch Gerolsteins Zugehörigkeit zur Herrschaft der Manderscheider Grafen seit 1469 wurde in dem heute eingemeindeten nahen Müllenborn 1567 ein Eisenhüttenwerk gegründet. Das wirtschaftlich mächtigste Adelsgeschlecht der Eifel hatte sein weitverzweigtes Territorium mit Eisenindustrie seit dem Spätmittelalter zu nie dagewesenem Wohlstand geführt. Die Blütezeit lag im 16. und 17. Jahrhundert. Zu den Schwerpunkten, im Norden das Schleidener Tal, im Süden die Gegend um Eisenschmitt, kam in der Zentraleifel Kronenburg, Jünkerath und auch Müllenborn, in dessen Umkreis sich die Erzlager befanden. Bäche lieferten die Energie, Wälder die Holzkohle. Erster Hüttenmeister war der Bürgermeister von Limburg, Ratlo, der, wegen seines calvinistischen Glaubens verfolgt, mit Gleichgesonnenen bei den toleranten Manderscheidern Zuflucht gefunden hatte. Stattliche Häuser vom Ende des 18. Jahrhunderts zeugen noch von florierender Produktion, die dann 1863 endete. Die letzte schwere Krise der Eifeler Eisenindustrie hatte auch zur Stillegung des Müllenborner Werkes geführt. Es war die Zeit der Auswandererwelle nach Amerika, die in Gerolstein erst durch den Bahnbau überwunden wurde. Er ermöglichte die Etablierung der Mineralwasser- und Kohlensäureindustrie. Zwischen 1895 und 1905 wuchs die Bevölkerung von 950 auf 1504, sie war 1939 auf 3050 Einwohner gestiegen.

Wettlauf um die Quellen

Seit die Züge fuhren, wetteiferten Unternehmer aus dem Bonner Raum und Ansässige gleichzeitig um Bohrgenehmigungen. Das Hauptinteresse kreiste anfangs um den Siddinger Drees (das keltische Wort bedeutet rieseln), eine Quelle am Kyllufer, gegenüber der Villa Sarabodis. Sie hatte bereits die Römer erfrischt, wie Münzen und Votivtafeln bezeugten, und war dann Ende des 18. Jahrhunderts von Graf Franz Georg zu Manderscheid-Blankenheim neu gefaßt, in Tonkrügen abgefüllt und über Köln bis nach Holland verkauft worden. Es heißt, der geschäftstüchtige und kinderlose Graf habe den Versandhandel wegen der Heilkraft des Mineralwassers begonnen, das gegen Gallen- und Blasenleiden und auch gegen Impotenz wirken sollte.

Einer, der aus ganz anderen Gründen hundert Jahre später ein Auge auf den Siddinger Drees geworfen hatte, dem jedoch ein Mitbewerber 1887 zuvorkam, war Wilhelm Castendyck (1824–1895), ein gelernter Bergmann, dessen bedeutendes Lebenswerk die neue Erschließung von Eisenerzvorkommen im Harzburger Raum durch Gründung der Mathildenhütte 1860 darstellte. Nachdem er seinen Direktorenposten dort 1881 freiwillig verlassen hatte, bohrte er im Harzvorland nach Kalisalzlagern und gründete dort 1883 und anschließend in Königslutter je ein Kaliwerk. Nach der ersten Schlappe in Gerolstein spürte der kenntnisreiche, zielstrebige Unternehmer mit Probebohrungen bis zu 340 Meter Tiefe weitere ergiebige Quellen an der Kyll auf und startete zum 1. 1. 1888 seine Firma »Gerolsteiner Sprudel«. Vermutlich war

Das Bahnhofsgebäude, Ende 19. Jahrhundert

er durch den Geognosten H. von Dechen, Oberberghauptmann in Bonn, in die Eifel gekommen. Bereits 1890 verkaufte Castendyck sein florierendes Unternehmen an die Familien Freiherr von Barnekow, Graf Douglas und Grumme-Douglas, die den Aufstieg des Gerolsteiner Sprudels weiter vorantrieben. So wurden zu Beginn des 20. Jahrhunderts die Tonkrüge durch Glasflaschen ersetzt und seit 1928 das Exportgeschäft mit den USA intensiviert, die heute, nach den Benelux-Ländern, die Hauptimporteure unter 25 Ländern darstellen.

Neben dem Gerolsteiner Sprudel war die 1883 von der Familie Buse gegründete Firma Flora-Brunnen ein gleichrangiger Konkurrent am Ort. 1984 wurde er als letzter aller ortsansässigen Mineralbrunnen von der an die Spitze drängenden GmbH übernommen, die sich zum hundertjährigen Bestehen in Gerolsteiner Brunnen umfirmierte. Ihre Gesellschafter sind mit 51 Prozent die Bitburger Brauerei, mit 32 Prozent die Buse-Kohlensäuregruppe und mit 17 Prozent private Besitzer. Seit dem Ende unserer achtziger

Jahre ist der Gerolsteiner Brunnen Deutschlands größter von 240 Einzelbrunnen und steht in Europa an dritter Stelle mit seinen Tochtergesellschaften in Bad Pyrmont, dem benachbarten Birresborn, Bad Doberan in Mecklenburg-Vorpommern, dem Müglitztal bei Dresden und der Neugründung von 1996 in Czenstochau in Polen. 1944 war das Werk neben dem Bahnhofsgelände im Flußtal vollkommen zerstört worden. Der wiederaufgebaute Betrieb durchzieht den Ort, nicht gerade als Zierde, parallel zu den Gleisen und der Kyll, an deren beiden Ufern die 21 genutzten Quellen liegen. Sie werden aus Tiefenschichten bis zu 180 Metern gefördert. Die Errichtung eines Zweitbetriebes 1991 im entfernteren Norden der Stadt, hochgelegen im landschaftlich reizvollen Gerolsteiner Trockenmaar, brachte der Stadt die dringend notwendige Entlastung von Lastzügen, von denen fünfzehn pro Stunde abgefertigt werden und das Zentrum passieren mußten. Das Mineralwasser wird in zwei Pipelines unterirdisch zu der neuen Anlage hochgepumpt. 1997 wurden in beiden Werken insgesamt 6,3 Millionen Hektoliter Mineralwasser und Erfrischungsgetränke in 900 Millionen Flaschen abgefüllt. Der Nettoumsatz betrug 356 Millionen Mark. Das Gerolsteiner Mineralwasser ist ein Calcium-Magnesium-Hydrogenkarbonat-Säuerling. Spitzenreiter der Wasser mit natürlicher Kohlensäure sind der Gerolsteiner Sprudel und die Gerolsteiner Stille Quelle, gefolgt vom St. Gero Heilwasser. Der Klassiker unter den wechselnden Limonaden ist das 1934 eingeführte Erfrischungsgetränk Gerri. Zum Erfolg als Marktführer Deutschlands haben neben dem Management der Firma die veränderten Trinkgewohnheiten der Verbraucher beigetragen. 1950 lag der Pro-Kopf-Verbrauch von Mineralwasser in Deutschland bei 3,5 Litern, 1980 bereits bei 39, 6 und 1988 dann bei 75 Litern. Man rechnet mit weiterer Steigerung.

Für die Stadt Gerolstein stellt der Brunnenriese mit 730 Beschäftigten den größten Arbeitgeber. Man ist bemüht, die Brunnen-Monostruktur mit vermehrter Ansiedlung mittelständischer Industrie zu durchbrechen, zu der bereits Metallbau, Kunststoffproduktion, Fabrikation von Schutzbekleidung, eine Landbäckerei und Abbau von Vulkangestein gehören. Die Autobahnen A 1 und A 60 sind über die Bundesstraße 410 in einer halben Stunde erreichbar.

Landschaft, Bänke, Luftballons

Nach der Industrie ist im Luftkurort Gerolstein Tourismus der stärkste Wirtschaftsfaktor mit etwa 150 000 Übernachtungen 1998. Hotellerie und Gastronomie sollen ausgebaut werden, um das zugkräftige Potential der Schönheit der Landschaft und ihrer exklusiven geologischen Attraktionen weiter auszuschöpfen. Bürgermeister Georg Linnerth sieht in dem hohen Wohn- und Freizeitwert seiner Stadt gute Zukunftschancen. Der Trend, mit Hilfe der neuen Technologien von zu Hause aus den Arbeitgeber in Ballungsgebieten zu bedienen, hat bereits eingesetzt. Den Bauboom an Berghängen ringsum kurbeln zur Zeit noch Frührentner aus dem Kölner Raum und Aussiedlerfamilien an. Bedeutend für Gerolstein sind ferner die Stationierung von 700 Bundeswehrsoldaten des Fernmeldebataillons 930 und auch die West-eifel-Werkstätten am hohen nördlichen Stadtrand in Nachbarschaft zum Gerolsteiner Brunnen. Diese anerkannte Werkstatt für Behinderte, 1979 auf Initiative der Lebenshilfe gegründet, ist mit 606 Beschäftigten, davon 431 überwiegend geistig Behinderten, viertgrößter Arbeitgeber der Region. Träger der gemeinnützigen Gesellschaft sind die Lebenshilfen der Landkreise Daun und Bitburg-Prüm und die beiden Landkreise. Die Produktion der Werkstatt umfaßt Park- und Landschaftsmöbel, die mit 30 verschiedenen Grundmodellen auf dem deutschen Markt eine führende Stellung behaupten. Außerdem verfügt die Einrichtung über eine Luftballondruckerei, die mit täglich 280 000 bedruckten Ballons zu den größten Produzenten der Branche in Europa zählt. Ferner werden Montagearbeiten für Firmen und Reparaturen von Paletten für den Getränkemarkt ausgeführt. Mit 650 Mark Monatslohn

und Einzahlungen in eine reguläre Renten-
kasse sind die Westeifel-Werkstätten einer
der besten Arbeitgeber für Behinderte in
Deutschland. Die Arbeitsplätze verteilen sich
auf Hermesdorf bei Bitburg, Weinsheim bei
Prüm und auf Gerolstein, wo mit der Zentral-
verwaltung und Ballondruckerei insgesamt
277 Beschäftigte arbeiten. 31 verschiedene
eigene Buslinien übernehmen den täglichen
Fahrdienst. Zur Garantie eines adäquaten
Arbeitsplatzes gehört die Persönlichkeitsför-
derung. Schwerst und mehrfachbehinderte
Mitarbeiter werden in vier Fördergruppen
individuell pädagogisch und pflegerisch
betreut und an den Sport-, Kunst-, Musik-
und Freizeitveranstaltungen beteiligt. Mit
den Nachbarländern Belgien, Luxemburg,
Frankreich und den Niederlanden hat sich
eine rege Kooperation entwickelt.

Handel, Dienstleistungen und der Einzelhandel Gerolsteins sind auf einen Einzugsbereich von etwa 30 000 Bewohnern des
Umlandes zugeschnitten. Zum örtlichen
Behördenapparat kommt der Sitz der Kreis-
handwerkerschaft und der RWE für die
Kreise Daun und Bitburg-Prüm. Der Ort verfügt über ein Krankenhaus mit ausgebauter
psychiatrischer Abteilung. Bis auf eine Realschule sind alle Schultypen vertreten. Einpendler und Auspendler halten sich etwa die
Waage. Die Entwicklung zu einer kleinen
vitalen Stadt wurde in der Nachkriegszeit angelegt, als das zu 80 Prozent zerstörte Gerolstein wiederaufgebaut wurde. Das zunehmend »städtische Gepräge« bewirkte 1953
die erneute Erklärung zur Stadt durch den
Ministerpräsidenten, ein Titel, den die
preußische Städteordnung 1856 getilgt hatte.
Im Sprachgebrauch der Bewohner hat sich
der Flecken erhalten, man geht »in den
Flecken zum Einkaufen«.

Stadtrundgang

Häuser auf steil abfallenden Kanten und
Hängen verdichten sich im alten Kern der
Stadt zu dem Straßengeflecht unterhalb des
bewaldeten Burgfelsens. Man begreift, daß
hier zu bauen schon immer aufwendig war

Das Naturkundemuseum im Barockbau von 1710

und öffentliche Fahrstühle installiert werden
sollen. Treppen verbinden Häuserzeilen,
führen hinab zur Kyll oder hinauf zur Kirche.
Gerolstein will erklommen sein, dafür ent-
lohnt die Aussicht zum Auberg, zur Munterley oder zur Hustley gegenüber. Etwas getrübt wird der Blick dabei durch große ka-
stenförmige Gebäude. Die Zeit der Romantik
ist perdu. Nach Brandkatastrophen 1691,
1708, 1784 und den Bomben 1944/45 findet
man alte Bausubstanz allenfalls im Kern
einiger Häuser. Nur am Fuß der Burg, bei
dem Museumsgebäude von 1710, im uralten
Stadtkern, stehen vereinzelt noch barockzeitliche Bauten. Gerolstein zeigt sich als eine
junge Stadt, geprägt von den fünfziger Jahren
und aktueller Architektur, eingestreut sind
Fassaden des vorigen Jahrhunderts. Gegenüber, auf der anderen Seite der Kyll, blieben
Häuser aus den Gründerzeitjahren stehen,
allen voran das Bahnhofsgebäude aus heimischem roten Sandstein mit Stufengiebeln.
Die diesseitige alte, langgestreckte Hauptstraße und ihre Verlängerung, die Bahnhofstraße, bilden die traditionelle Ladenzeile

und sind heute verkehrsfrei. Dort, wo obere und untere Marktstraße mit starkem Gefälle und noch kleinteiligen alten Häusern einmünden, ist ein zentraler Platz gestaltet worden, den eine aufwendige, postmoderne Glaspassage beherrscht, das Rondell. Der Bau von 1990, der auch den Bürger- und Theatersaal birgt, soll Gerolsteins Attraktivität als Einkaufsstadt für das Umland steigern. Viele Bewohner beklagen den Verlust der freien Sicht auf die Munterley durch den Geschäftskoloß. Die Ladenbesitzer plagt dagegen der Gedanke an Großmärkte, die sich in der Sarresdorfer Straße ansiedeln und die Kunden weglocken. Das Terrain liegt im westlichen Kylltal, dort, wo die evangelische Erlöserkirche mit ihrem 40 Meter hohen Turm dem Ort imposantes Gewicht gibt. Die weißverputzte katholische St. Annenkirche von 1813 im alten Stadtgebiet ist weit bescheidener angelegt. Mit der Renovierung und Umgestaltung 1981 büßte sie allerdings ihren ursprünglichen Charakter im Inneren ein. Sie bekam eine gewölbeartig gefaltete Holzdecke, die den Raum drückt, und verlor nach den Richtlinien des 2. Vatikanischen Konzils ihre Funktion als Wegekirche, die auf den Chor hin ausgerichtet ist. Heute sind die Bänke für die Gemeinde dreiseitig um den vor der Südwand plazierten Altar mit Ambo geordnet.

Die evangelische Gemeinde

Die Geschichte der heutigen Gerolsteiner Diasporagemeinde, die mit 76 Dörfern auch den Raum von Jünkerath und Hillesheim umfaßt, begann, wie vielerorts in der Eifel, mit der Zugehörigkeit zu Preußen seit 1815 und zuziehenden protestantischen Beamten. Die Einführung der Reformation 1561 durch Graf Dietrich VI von Manderscheid in seinem ausgedehnten Territorium blieb hier nur ein kurzes Zwischenspiel. Die Evangelischen des Gebietes Gerolstein-Jünkerath waren der 1829 in Prüm gegründeten Gemeinde zugeordnet. Ihre Zahl wuchs mit dem Bahnbau und der Brunnenindustrie, so daß für Gerolstein, Jünkerath und Daun 1889 ein Vikariat

eingerichtet wurde. 1896 erfolgten die Loslösung von der Mutterkirche in Prüm und die Anerkennung als selbständige Gemeinde, die im Jahr 1900 schließlich eine Pfarrstelle erhielt. Der Amtssitz mit Zuständigkeit auch für Jünkerath und Daun wurde Gerolstein. Hier war bereits 1893 ein Pfarrhaus mit Betsaal errichtet worden, ein roter Sandsteinbau auf dem historischen Gelände des Krongutes Villa Sarabodis. Nachdem der Beetsaal der Gemeinde zu klein geworden war, wollte sie eine Kirche bauen, doch es mangelte an den Mitteln. Der Zufall wollte, daß Freiherr Ernst von Mirbach, Kammerherr Kaiser Wilhelms II, Oberhofmeister der Kaiserin Auguste Victoria und Vorsitzender des Evangelischen Kirchenbauvereins in Berlin, sich für die Sache engagierte. Er erreichte, daß der seit 20 Jahren tätige Kirchenbauverein, der unter dem Protektorat der Kaiserin stand, seine 100. Kirche als Jubiläumsgeschenk für die evangelische Diasporagemeinde in Gerolstein errichtete. 1903 erwarb man das Grundstück neben dem Pfarrhaus, auf dem 1907 bei Ausschachtungsarbeiten Reste einer römischen Wohnanlage zu Tage kamen, so daß noch ein Römisch-Germanisches Altertumsmuseum neben dem Küsterhaus entstand. 1913 wurde in Anwesenheit Kaiser Wilhelms II eine große und prachtvolle Kirche eingeweiht. Der Verein hatte den prominenten Architekten Franz Schwechten (1841–1924) mit dem Entwurf beauftragt, dessen Ruhm der Berliner Anhalter Bahnhof begründete, dem die Hohenzollernbrücke in Köln folgte. Schwechten hatte sich aber gerade mit der Kaiser-Wilhelm-Gedächtnis-Kirche in Berlin und der Erlöserkirche in Bad Homburg auch im sakralen Bereich einen Namen gemacht.

E. von Mirbach aus Mirbach

Den Betreiber des Kirchenbaus, Ernst von Mirbach (1844–1925), hatten sehr private Gründe in die Eifel geführt. Schon als Kind suchte er mit seinem Vater von Trier aus in dem Stammsitz seiner Familie, dem kleinen Dorf Mirbach unweit von Hillesheim, nach

Spuren der Ahnen. Das alte Eifeler Adelsgeschlecht war seit der Zeit um 1200 in Wiesbaum und Mirbach mit Hofgütern ansässig. In den Fundamenten eines alten Bauernhauses meinte der träumerische Freiherr 1902 die Burg seiner Vorfahren entdeckt zu haben, die aber nie existiert hatte. Er ließ die vermeintliche Burg als romantische künstliche Ruine neu entstehen, heute ist sie wirklich verfallen. Da die alte Kapelle in Mirbach zu diesem Zeitpunkt bereits wegen Einsturzgefahr geschlossen war, bewog von Mirbach nun Angehörige seines verzweigten Geschlechtes, auch den Evangelischen Kirchenbauverein und sogar das Kaiserpaar zu Spenden für eine neue Erlöserkapelle, die 1903 auf dem höchsten Punkt des Ortes geweiht wurde. Architekt des kunstvollen Historismus-Baus im neoromanischen Stil war der Berliner M. Spitta, nach dessen Tod Franz Schwechten die Gestaltung der kostbaren Innenausstattung mit Goldmosaiken übernahm. Der evangelische von Mirbach übergab die Kapelle der katholischen Gemeinde zur Benutzung. Dieser aufwendige Bau für das katholische Mirbach »machte es gewissermaßen zur Pflicht, auch für die noch bedürftigeren Evangelischen ein schönes Gotteshaus errichten zu lassen«, so begründete der Freiherr seinen Einsatz für die Gerolsteiner Kirche.

Wilhelm II. Imperator Rex

Beide Sakralgebäude haben gemein, daß Wilhelm II. I. R., Imperator Rex, wie er sich einschreiben ließ, sie mit Bildern, Namen und Jahreszahlen auch zur Selbstdarstellung des deutschen Kaiserreiches benutzte, wobei er sich in die Tradition des Kaisertums noch von Gottes Gnaden seit Karl d. Großen stellte. Die Befugnisse für die Einbeziehung nationaler und monarchischer Symbole in ein Gotteshaus gab ihm die seit der Reformation geltende landesherrliche Kirchengewalt, das heißt, der evangelische Landesherr war zugleich »summus episcopus«, oberster Bischof, der auch die Pfarrer einsetzte. Wilhelm II. bevorzugte »den herrlichen romani-

schen Baustyl, den Karl der Große aus Ravenna in die Rheinlande und nach Aachen verpflanzte und der in der Hohenstaufenzeit seine höchste Blüthe erreichte«, heißt es in der vom Kaiser unterschriebenen Stiftungsurkunde 1911 für die Erlöserkirche in Gerolstein. Wilhelminische Neoromanik repräsentieren auch Verwaltungsgebäude in Metz, Trier und Saarbrücken, um Einigkeit, Macht und Größe ebenfalls im Westen des Reiches zu veranschaulichen. In diesem Sinn wurde am Vorabend des Ersten Weltkrieges, der das Ende der wilhelminischen Ära einleitete, auch die Erlöserkirche noch errichtet, die, wie es in der Stiftungsurkunde heißt, »sich auf dem durch den frommen Sinn Karls des Großen und seiner Eltern geweihten Boden erheben soll als ein Wahrzeichen deutscher Frömmigkeit und Königstreue, deutscher Kunst und Arbeit, als ein Denkmal für den ersten großen Kaiser des alten Deutschen Reiches, Karl den Großen, und für den ersten großen Kaiser des neuen deutschen Reiches, Wilhelm den Großen. Möge das Gotteshaus und seine Gemeinde in der Diaspora eine Leuchte der Liebe, des Friedens und der Versöhnung sein... auf dem einigen und unerschütterlichen Grunde, von dem es heißt: Einen anderen Grund kann Niemand legen außer dem, der gelegt ist, welcher ist Jesus Christus, der eingeborene Sohn Gottes und der Jungfrau Maria, unser Heiland und Erlöser.« Die Kirche wurde die 100. und letzte des Kirchenbauvereins.

Wegen zu hoher Unterhaltskosten schenkte die überforderte kleine Gemeinde den Neubau sogleich dem Kaiser, der sie daraufhin den Gerolsteinern zur Benutzung überließ. Das Haus Hohenzollern übergab die im Zweiten Weltkrieg schwer beschädigte Kirche 1951 der evangelischen Landeskirche in Düsseldorf, die sie 1952 wiederherstellen und in den achtziger Jahren mit großem Aufwand restaurieren ließ. Während die bescheidene Gemeinde sich von Anfang an mit dem imposanten, innen prunkvoll ausgekleideten Gotteshaus schwer zu identifizieren vermochte und die katholische Bevölkerung in dem Gebäude eine protestantische Provokation erblickte, ist die evangelische Pfarrkirche heute auch Begegnungsstätte der Konfessionen und Konzertraum. Die Stadt ist stolz auf diesen wohl bedeutendsten Historismusbau der Eifel.

Die Erlöserkirche

Die anspruchsvolle, gediegene Bauausführung der Kirche auf dem parkähnlichen Grundstück, dem einstigen Krongut, übernahm eine Firma aus Frankfurt/Main, die auch den roten Ohlsbrücker Mainsandstein beschaffte. Die monumentale, kunstvoll und harmonisch gestaltete Anlage vereint byzantinische und neoromanische Formen zu einem Zentralbau. Dabei kombinierte Schwechten aus der frühen byzantinischen Zeit eine Kuppelbasilika mit einer Kreuzkuppelkirche, die in Byzanz im Kultbau des 9. bis 13. Jahrhundert vorherrscht. Dieser spätere Typ zeigt im Grundriß ein griechisches, also gleichschenkliges Kreuz, dessen hochragender Kernbau im Inneren eine Kup-

pel überwölbt. Der Grundriß der Erlöserkirche ergibt jedoch ein lateinisches Kreuz, das ein nach unten verlängerter Längsbalken auszeichnet. Über diesem Längsbalken errichtete Schwechten im Norden eine kleine Basilika von drei Jochen, die sich an den Zentralbau in Gestalt einer (gleichschenkligen) Kreuzkuppelkirche anschließt. Die Nordfassade der Basilika ist die Schauseite der Kirche mit dem Portal.

Die Silhouette des Baukomplexes wird bestimmt von einem achteckigen mächtigen hohen Mittelturm mit Zeltdach und umlaufender, die Mauern öffnender Zwerggalerie. Der Turm steigt über einem Quadrat auf, dessen vier Ecken noch bis zu halber Höhe hochgeführt und, Türmchen gleich überdacht sind, ehe sie dann, abgefast, das Quadrat in ein Achteck mit vier schmalen und vier breiten Seiten überführen. Vor die Breitseiten treten die kurzen Kreuzarme. Sie übernehmen im Osten und Westen, auf nur ein Joch reduziert, Gliederung und Größe der im Norden vorgelagerten Basilika und sind in der Giebelwand von einer großen Fensterrosette durchbrochen. Aus dem vierten Kreuzarm im Süden wölbt sich unter der von Pilastern flankierten Giebelwand halbkreisförmig die Apsis mit Kegeldach vor. Fünf bis zum Boden reichende Blendbögen rhythmisieren und strecken ihre Rundung.

Dem durchkomponierten, gravitätisch wirkenden Bauwerk, das durch die Gleichförmigkeit der Kreuzarme Strenge und Geschlossenheit erreicht, ist der 40 Meter aufsteigende quadratische Turm an der Südwestecke zur Seite gestellt. Seine gewaltige Dimension entspricht proportional dem ebenfalls gewaltigen, vom Achteckturm beherrschten Zentralbau. Die schlanke, nahezu elegante Gestalt strukturieren durchlaufende schmale Wandvorlagen. Unter einem schlichten Zeltdach öffnen den Turm zwei Glockengeschosse, die ihm mit übereinanderliegenden gleich großen gestaffelten Dreierarkaden einen bekrönenden effektvollen Abschluß geben.

Zum vornehmen Gesamteindruck der Anlage, die ein Sockel aus Basaltlava umläuft, trägt wesentlich der rote, leicht changierende

Die Erlöserkirche, 1913 von Kaiser Wilhelm II eingeweiht

Sandstein in feingeschnittenen Quadern bei. Sie intonieren den spannungsvollen Wechsel von kubischer Form und glatter Fläche der Architektur. Ihre hellen gleichmäßigen Fugen überziehen den Baukörper wie ein zartes Raster. Die aus der Spätromanik inspirierten, neoromanischen Gliederungs- und Zierelemente am Bau, Zwillingsfenster, Klötzchen- und Rundbogenfriese, Zwerggalerie und Fächerfenster im Obergaden der Basilika, sind nicht überladend eingesetzt. Dem Turm schließt sich nach Westen ein Arkadengang zum Küsterhaus an, dessen Zwillingssäulen, wie alle anderen der Kirche, reichverzierte Kapitelle und Basen auszeichnen. Zu den Aufgaben des Küsters gehört seit Anbeginn, Besucher durch die Kirche und das angeschlossene Museum zu führen. Der Pfarrer kann die Kirche bei Regen nicht trockenen Fußes erreichen. Sein etwas entfernt liegendes Haus im Osten des Geländes wurde seinerzeit durch einen Apsisanbau mit Zwillingsfenstern dem Neubau angeglichen.

Eingang und Inneres

Vier Stufen führen hinauf zum reich ornamentierten Haupteingang im Norden der Basilika. Ein äußerer Bogen des tief gestuften Portals umgreift rechts und links noch zwei kleine Rundbogenfenster, die Säulchen rahmen. Eines von ihnen trägt an der Basis als Eckblattverzierung einen Maikäfer. Das Tierchen, wohl ein Scherz der Steinmetzen, soll an Ernst von Mirbachs Militärzeit im Gardefüsilierregiment, dem »Maikäferregiment«, erinnern, das in dem starken Maikäferjahr 1902 an Eifelmanövern teilgenommen hatte (H. Wagner). Der innere große Bogen des Portals ist als breiter Rundwulst ausgebildet, dessen raffiniert verschlungenes Flecht- und Blattwerk in Relieftechnik nach Gipsvorlagen aus Berlin in den Stein übertragen wurde. Die Bronzetür besetzen im Wechsel lachende und einen Flunsch ziehende kleine Masken.

Während die Basilika im Äußeren klassisch zu Tage tritt, ist ihre Funktion im Inneren aufgehoben. Man betritt sie, steht in einer

Apsis mit Mosaikbild des »gen Himmel fahrenden Christus«

Vorhalle und erlebt den Auftakt zu wilhelminischer Prachtentfaltung nach byzantinischem und frühitalienischem Vorbild (Ravenna). Über den Wänden aus Cipolino-Marmor wölbt sich ein blau leuchtendes Mosaik mit silbrig funkelnden Phantasieblüten und Sternen. In Bogenfeldern der Längswände sind Mosaikmedaillons mit Porträtbüsten eingelegt. Sie präsentieren links den schnauzbärtigen Kaiser Wilhelm II. und seine Frau Auguste Victoria mit weißem Schleier, dazu die Jahreszahlen 1881 (Hochzeitsjahr des Paares), 1813 (Völkerschlacht bei Leipzig) und 1913 (Einweihungsjahr der Kirche). Zwischen beiden Köpfen ist das konstantinische Christusmonogramm eingearbeitet. Die rechten Medaillons gegenüber stellen Kaiser Friedrich III und Prinz Friedrich Karl dar. Die Jahreszahlen 1866, 1870 und 1864 nennen siegreiche Schlachten, die mit dem deutsch-französischen Krieg 1870/71 schließlich zur Reichseinigung führten. Über der Tür zum Hauptraum steht geschrieben: Gott war mit uns, ihm sei die

Ehre. Auf der inneren Seite der Tür liest man: Herr, ich lasse dich nicht, Du segnest mich denn.

Verläßt man den Vorraum durch diese Tür, so befindet man sich direkt unter der Orgelempore, die das zweite Joch der Basilika ausfüllt. Zum dritten Joch leitet eine Bogenstellung mit zwei kleinen flankierenden Bögen über. Sie gehört aber bereits, als einer der vier kurzen Kreuzarme, zu der symmetrischen zentralen Kreuzkuppelanlage, die auf dem Grundriß eines griechischen Kreuzes ruht. Den Kern des Kreuzes bildet ein großes Quadrat, über dem sich eine monumentale Kuppel wölbt. Der Eindruck des hohen weiten Raumes ist überwältigend durch Schönheit, festlichen Glanz und Harmonie der Gestaltung.

Vor allem nimmt das Gold der Mosaiken gefangen, das die aufsteigenden Wände, Gewölbe und die mächtige Kuppel zum Strahlen bringt. Ringsum schimmert im unteren Abschnitt der Mauern hellgrau bis braun und von weißen Adern durchzogen Kerpener Marmor in gebrochenem Licht. Es fällt durch kleine konzentrische Kreisfenster der Rosette gebündelt ein und wird von den Mosaikteilchen tausendfach reflektiert. Acht kurze kräftige braunrötliche Granitsäulen mit einer Art von Würfelkapitellen tragen die Kuppel und zugleich die Tonnengewölbe der Kreuzarme. Sie öffnen den quadratischen Kuppelraum nach allen vier Seiten in gleicher Bogenstellung, wobei den mittleren, bis zur Decke reichenden Bogen zwei kleinere begleiten.

Der »gen Himmel Fahrende«

Die vollkommene Symmetrie der Innenarchitektur durchbricht allein die im Süden angefügte Apsis mit der den gesamten Raum beherrschenden, überlebensgroßen, »gen Himmel fahrenden« Christusgestalt eines Mosaikgemäldes. Die Monumentalkomposition, ein Hochbild in der Apsiswölbung, zeigt Christus im Zentrum und frontal mit ausgebreiteten Armen (Orantenhaltung) auf einer Wolke stehend und umfangen von einer

Wolkenmandorla. Sein Haupt umgibt ein Kreuznimbus, Hände und Füße tragen die Wundmale. Den Körper hüllt eine faltenreiche weiße, rosafarben changierende Toga ein nach Art spätantiker Herrschaftsbilder, die in der byzantinischen Kunst fortwirkten. Oberhalb der Mandorla ist zu beiden Seiten in die Apsiswölbung ein Satz aus der Apostelgeschichte (I, 11) eingelegt: »Dieser Jesus, welcher von Euch ist aufgenommen gen Himmel, wird kommen, wie Ihr ihn habt gesehen gen Himmel fahren.« Auf einer unteren Ebene rechts und links von Christus stehen, im Bedeutungsmaßstab kleiner, aber immer noch überlebensgroß, zwei Männer in weißer, blau changierender Toga als Assistenzfiguren. Auf Christus verweisend, blicken sie in den Raum, der eine als alter weiser Mann mit langem weißen Bart, der andere mit dunklem kurzen Haarschopf. Sind sie die »zwei Männer in weißen Kleidern«, die den oben zitierten Satz in der Bibel äußern? Nach der Tradition müßten sie allerdings als Engel mit Flügeln erscheinen. Näher liegt die Vermutung, daß sie Moses und Elias verkörpern, die der Verklärung Christi auf dem Berg Tabor beiwohnen (Markus IX, 1-12). Der Künstler faßte demnach die Himmelfahrt und Verklärung in seinem Bild zusammen. Die beiden Männer stehen barfüßig auf einer das Paradies, die Herrlichkeit symbolisierenden Blumenwiese, aus der rechts und links, das Bild rahmend, ein hoher grüner Baum mit Früchten emporragt, und deren Mitte, unter Christus die Inschrift trägt: Friede sei mit Euch. Ein breites Ornamentband mit stilisierten weißen Lilien, Sternblüten, blauen Blättern und einem Bibelzitat faßt das goldgrundige Mosaik ein. Seine Basis bildet ein Spruchband mit dem Text: Einen anderen Grund kann niemand legen außer dem, der gelegt ist, welcher ist Jesus Christus. Für die Entwürfe sämtlicher in Mosaik »gemalter« Bilder zeichnet Hermann Schaper. Sein Apsismotiv findet sich erstmals in der Himmelfahrtskirche in Jerusalem, die der Evangelische Kirchenbauverein dort vorher errichten ließ. Auf sie verweist hier ein Mosaikbild in der Nische des westlichen Nebenapsisraumes. Die kunstvolle Übertragung der Entwürfe auf Karton in Mosaiken führte die Berliner Firma Puhl und Wagner aus.

Das Bildprogramm der gewaltigen Kuppel zeigt nur in den Hängezwickeln (Pendentifs) ein sakrales, aus der byzantinischen Kunst entliehenes Motiv. In jedem Zwickel breitet, auf einer Wolke stehend, ein Serafimengel die weiten Flügel aus, in der einen Hand einen Kreuzstab, in der anderen eine Sphäre haltend. Prachtvolle Schärpen zeichnen diese Wächter himmlischer Herrlichkeit aus, die stilistisch schon Jugendstilahnungen aufkommen lassen. Über ihnen, in der Kuppel, werden auf der Altarseite in Medaillons naturalistische Brustbilder von Pippin dem Kurzen, Karl dem Großen, Barbarossa mit langem roten Bart und Wilhelm I., dem »Großen«, in einer Reihe präsentiert, um, wie es in der Stiftungsurkunde lautet, dem ersten Kaiser des alten und des neuen deutschen Reiches ein Denkmal zu setzen. Gegenüber den gekrönten Häuptern finden sich in der Kuppel die Reformatoren Luther und Melanchthon, flankiert von den Missionaren Bonifatius und Willibrord. Mit dem von der Kuppel herabhängenden Kronleuchter kommt noch einmal an zentraler Stelle ein monarchisches Herrschaftszeichen zur Geltung. Der mit 240 Glühbirnen besetzte Beleuchtungskörper faßt die Kronen Wilhelms II und seiner Gemahlin Auguste Victoria zu einem kreuzbekrönten Reichsapfel zusammen.

Zum festlichen Eindruck des von Gold glänzenden Raumes gehören in hellem Azur leuchtende, feine eingelegte Schmuckbänder, die die vielen Bögen und die Kuppelkonstruktion umlaufen und so die Raumgliederung hervorheben. Sie kombinieren Schlingen, Mäander, Wellen, Palmetten und Zacken. Da die alten Fenster der Rosetten mit Wappen der Stifterfamilien im Krieg zerschlagen wurden, finden sich heute nur noch die in die Wände eingearbeiteten Namen prominenter Förderer der Kirche, unter denen von Mirbach der wichtigste ist. Zur byzantinisch-frühitalienisch inspirierten Innenarchitektur wählte man einen in Mettlach an der Saar hergestellten hellen Fliesenboden, den schwarze stilisierte Pflanzenmuster nach römischem Vorbild beleben.

Bis auf die Orgel und das Gestühl sind die Ausstattungsstücke, Altar, Kanzel und Taufstein, aus der Erbauungszeit erhalten. Im südlichen Kreuzarm, dem um drei Stufen erhöhten Chor, markiert ein Intarsienteppich den Platz für den weißen Marmoraltar, dessen Aufsatz als Zentralmosaik einen eindringlich blickenden Christuskopf mit Kreuznimbus präsentiert. Die Seitenbilder zeigen die symbolischen Ähren und Weintrauben. Vor den Altarstufen ist der helle Taufstein auf vier Säulchen plaziert, seine vergoldete Taufschale wird in der Sakristei, der Turmhalle, verwahrt. Die achteckige Steinkanzel mit Rechteckfeldern aus Mosaikbändern und Marmorintarsien steht für jeden im Gottesdienst sichtbar westlich der Apsis und bildet in der evangelischen Kirche den funktionalen Mittelpunkt.

Dem Eigensinn Ernst von Mirbachs verdankt Gerolstein mit der prachtvollen Kirche zugleich das kleine Altertumsmuseum. Es konserviert auch eines der 27 hünenhaften Skelette, die man über der römischen Villa fand, die aus dem 7. Jahrhundert stammen und alle die gleiche Schädel- und Armverletzung tragen. Das Stichwort für Wilhelm II. lieferte jedoch erst die historische Schenkung des Kronguts 762 an die Abtei Prüm durch die Eltern Karls des Großen. Sie ließ ihn Feuer fangen.

Hillesheims St. Martin am Graf-Mirbach-Platz im Winter

Ein farbig leuchtendes Beispiel

Hillesheim, Stadt seit 1336
1993 bestätigt
Kernstadt: 2795 Einwohner
Gesamtstadt: 3262 Einwohner
Kirche: St. Martin

Die Kirche ist doch noch im Dorf geblieben. Um ein Haar aber wäre Hillesheims bäuerliche kleine Altstadt vollkommen hinwegsaniert worden, und die mittelalterlichen imposanten Mauerreste hätten mehrstöckige Wohnblöcke umschlossen. Zweifaches Glück bewahrte den Ort in der Westeifel und seine Bewohner vor dieser Verwandlung: das beauftragte abrißwütige Planungsbüro ging 1974 in Konkurs, und Hillesheim gewann 1975 das Architektur- und Städtebaubüro Tassilo Sittmann in Kronberg im Taunus zur Erneuerung und Sanierung der Altstadt. Den renommierten, erfahrenen, einfühlsamen Sittmann leiteten Respekt vor Tradition und künstlerische Inspiration. Er gestaltete auf der Grundlage des mittelalterlichen Stadtplanes, überkommener Strukturen und der verbliebenen alten Häuser, deren Maßstäblichkeit, Proportionen und Schlichtheit er aufnahm. Getragen vom Rhythmus kleinteiliger alter und neuer Architektur, entwickelte sich die Altstadt zu einem belebten Ortskern. So gut gelang die Verbindung von Herkömmlichem mit Zeitgenössischem zu einem harmonischen Ganzen, daß Hillesheim 1981 innerhalb der Europäischen Kampagne zur Stadterneuerung als beispielgebend ausgewählt wurde neben Burghausen,

Ettlingen, Hamburg, Karlsruhe und Wuppertal.
Der Ort benutzte die gewichtige Auszeichnung als zugkräftiges Argument zur Wiedererlangung der Bezeichnung »Stadt«, die ihm dann 1993 zuerkannt wurde. Wie viele mittelalterliche Eifelstädtchen hatte auch Hillesheim unter preußischer Verwaltung im vorigen Jahrhundert seinen einstigen Status eingebüßt, den es bereits 1306 besessen und den König Karl IV in einem Sammelprivileg 1336 verbrieft hatte. Die neuerliche Aufwertung 1993 bezog sich gleichermaßen auf Hillesheims »zentralörtliche Funktion und gewachsene gewerbliche Bedeutung«, Qualitäten, die ohne die Stadterneuerung nicht zu denken gewesen wären.

Auf alten Wegen steckengeblieben

Hillesheims Entwicklung hatte sich in den Nachkriegsjahren festgefahren. Die herkömmlichen Wege der Landwirtschaft führten damals in eine Blockade, und der Wohnort wurde unwirtlich. Hillesheim, in der gleichnamigen Kalkmulde gelegen, war eine fränkische Gründung unweit der Kreuzung zweier Römerstraßen, die von Trier nach Köln und von Jünkerath über Hillesheim und Dreis an den Rhein führten, und daher für Handel prädestiniert. Seit dem ausgehenden 13. Jahrhundert, spätestens seit Vollendung der Befestigungsmauern 1306, war die Siedlung ein blühender Marktort mit Ausstrahlung auf die Umgebung. Der Handel wurde von den Zünften überwacht, die Wollweberzunft kontrollierte zum Beispiel die

Maße aller ausgelegten Tuche, auch auf sämtlichen anderen Märkten der Eifel. Jahr- und Wochenmärkte nahmen im Laufe der Jahrhunderte zu an Zahl, sie wurden während der französischen Fremdherrschaft seit 1795 jedoch auf nur einen Tag im Jahr beschränkt. Erst 1852, zur Zeit der Preußen, durfte in Hillesheim wieder ein Wochenmarkt stattfinden, und zusammen mit Kram- und Viehmärkten entwickelte sich der Ort zu einem bedeutenden Umschlagsplatz mit einem Auftrieb von 7 550 »Stück Rindvieh«, 7 580 »Stück Schweine« (1864) und etlichen hundert Buden. Marktplätze wurden außerhalb der Stadtmauern für Rinder und Schweine getrennt angelegt, die Stände des Krammarktes flankierten die Straßen. Die von auswärts kommenden Bauern, Händler und Besucher belebten den Umsatz auch der ansässigen Läden. Das ist bis heute so geblieben. Denn Hillesheims Vieh- und Krammarkt wurde zu einer ständigen Institution, die beide Weltkriege überdauerte, wenn auch die Auftriebszahlen der Tiere nach 1945 abgenommen hatten.

Historismusbau an der Durchfahrtsstraße

Zu allen Zeiten waren die Hillesheimer Landwirte. Ihre Höfe mit rundbogigen Einfahrten prägten die Architektur der kleinen Altstadt. Die Viehweiden liegen außerhalb im welligen Umland, so daß die Rinder über die alte Durchgangsstraße, die heutige B 421, hinausgetrieben werden mußten, die sich entlang der alten Mauer, mit Abzweig Richtung Köln, durch den Ort schlängelt. Als zu Anfang der sechziger Jahre der Verkehr stark zunahm, wurde es für die Bauern und Kühe immer schwerer, die Straße zu überqueren, und an Markttagen, jeden ersten und dritten Donnerstag im Monat, gab es für sämtliche Beteiligte kaum noch ein Durchkommen und viel Ärger. Gleichzeitig zogen damals immer mehr junge Familien aus der Altstadt in Neubaugebiete ringsum. Die Kriegsschäden, 36 Prozent zerstörte Bausubstanz, waren nur provisorisch beseitigt worden, die alten Häuser bedurften der Modernisierung, die hygienischen Verhältnisse waren oft unzureichend, und die Schweineställe und Misthaufen in der Enge der Straße taten das ihrige. Nur 250 Einwohner zählte Hillesheims alter Stadtkern zu Anfang der sechziger Jahre.

Weichen werden gestellt

Das war ein Signal, das zusätzlich aufschreckte und 1963/64 zu einem ersten Entlastungsschnitt führte. Die bäuerlichen Betriebe wurden in einer Flurbereinigung aus der Altstadt in die freien Felder ausgesiedelt. Damit war der unausweichliche Wandel vom Bauerndorf zu einem Wohnort eingeleitet. 1966 gelang Hillesheim die Aufnahme in das Programm der »Studien- und Modellvorhaben« zur Stadt- und Dorferneuerung des Bundes, der 50 Prozent der Kosten trug. Seit 1974 übernahm das Land Rheinland-Pfalz nach dem Städtebauförderungsgesetz von dem Restbetrag noch die Hälfte, so daß die Gemeinde dann mit insgesamt 25 Prozent Aufwand an Geld beteiligt war. Das Sanierungsgebiet wurde auf 5,5 Hektar Altstadt festgelegt und später, 1983/84, noch einmal auf das Gelände um das Augustinerkloster außerhalb der Mauern, die Vorstadt, erweitert. Die Strategie der Gemeinde zielte darauf, nach den bereits übernommenen und niedergelegten Bauernhöfen möglichst viele Grundstücke und Häuser zu erwerben, um die anfangs geplante radikale Flächensanierung, das heißt den Abriß der alten Bausubstanz, zügig durchzusetzen. Zwar wurde in Hillesheims Kern auch ein Grundstück nach dem anderen freigeräumt, und Baulücken durchlöcherten die Straßen. Doch da viele Eigentümer unentschlossen waren, zumal mit den Jahren nichts Neues zur Anschauung hochgezogen worden war, fehlte zur Errichtung der entworfenen mehrgeschossigen Wohnblocks immer noch ein zusammenhängendes weites freies Gelände.

Als Tassilo Sittmann 1975 mit seiner Mannschaft als neuer Ortsplaner einstieg, erinnerte ihn Hillesheim mit den überwucherten Trümmern und Ratten in leerstehenden Häusern an einen Schauplatz kurz nach dem Krieg, und bei den Bewohnern traf er auf tiefe Ablehnung nach knapp zehn Jahren unproduktiven Sanierens. »Dau Spinner« rief ihm jemand zu, als er auf der Gemeinderatssitzung sein Konzept vorstellte, das bis auf einen Bauernhof sämtliche alten Häuser bewahrte und sanierte (Objektsanierung) und die Baulücken durch Gebäude schloß, die im Maßstab, in den Proportionen und in der Gliederung sich mit der alten Architektur »verschwistern« sollten.

Erheiternd farbige Häuser

Sittmann, Jahrgang 1928, hatte viel im süddeutschen Raum saniert und neugestaltet, zusammen mit Walter Schwagenscheidt Frankfurts Nordwest-Stadt aufgebaut. Ferner erweiterte er den »Lebensraum Stadt« in Königstein im Taunus, in Friedrichsdorf bei Bad Homburg und im nahen Bernkastel-Kues, wodurch Hillesheim auf ihn aufmerksam geworden war. »So durch und durch« wie Hillesheim hat der vielfach preisgekrönte Architekt nur noch die historische Altstadt von Vehringenstadt im Kreis Sigmaringen erneuert, wobei ein hervorstechendes Cha-

Beispielhafte Neubauten von Tassilo Sittmann, Graf-Mirbach-Platz

rakteristikum bei ihm eine Farbgebung der Häuser darstellt. Sittmann liebt den Maler Paul Gauguin, seine Farbtöne, die zusammenklingen, »die die Psyche beeinflussen und erheitern«. »Farbigkeit ist Ausdruck von Lebensfreude«, sagt er. Seine harmonisch abgestimmte Palette für die Gebäudehäute setzt sich aus gedämpften Gelbtönen, die in Hillesheim dominieren, Taubenblau, Altrosa und zurückhaltendem Kupferrot zusammen. Mit der Buntheit der Häuser verläßt Sittmann bewußt das eintönige Erbe der Vergangenheit und reagiert auf die bunte Vielfalt des Lebens der jungen Generation, »damit sie bleibt«. Tatsächlich stellen heute junge Familien von den etwa 500 Bewohnern der gefragten neuen Altstadt die Mehrheit. Die Farbigkeit der Häuser erfüllt aber auch den ganz praktischen Zweck, daß sie Schmutzniederschlag viel weniger auffallen läßt als das in der Eifel traditionell verwendete Schneeweiß der Fassaden, das sehr schnell getrübt und gräulich erscheint.

Über eine Aktion mit Farbe gelang es Sittmann damals auch, eine Beziehung mit den

Hillesheimern aufzubauen. Er und sein Mitarbeiter Klaus Grabowski begannen ein Haus anzustreichen und ließen Neugierige, Kinder und Erwachsene mittun. In Absprache mit den Eigentümern wurde dann für jedes Haus die Farbe nach einem Leitplan festgelegt. Für ein Eckhaus am Marktplatz war Gelb vorgesehen, zur Freude der Besitzerin. Doch ihr Mann gestattete jede andere Farbe, nur diese nicht. Er sei seit dreißig Jahren bei der Post und wolle nach Feierabend kein Gelb mehr sehen. Man einigte sich auf Altrosa.

Viel Überzeugungsarbeit für Erneuerung von Altbauten leistete Bürgermeister Martin Hank. Er besuchte von früh bis spät Hauseigentümer, sprach beim ersten Mal nur »übers Wetter, über die Kinder und über den Viehhandel«, um dann beim zweiten und dritten Mal vorsichtig zur Sache zu kommen. Auf diese Weise erreichte Hank zum Beispiel, daß Hillesheims ältestes, mit Asbestplatten verkleidetes Gebäude, ein Burgmannenhaus von 1592, freigelegt wurde und der Fachwerkgiebel und ein spätgotisches Fen-

ster mit kannelierten Säulchen und drei Wappen wieder zum Vorschein kamen.

Nachdem 1977 ein neues Rathaus (Architekt Franz Daheim) und hinter ihm ein kirchliches Begegnungszentrum mit Bücherei eröffnet worden waren, beide im Zentrum der Altstadt, nahe der klassizistischen St. Martins-Kirche, hatte man einen Schwerpunkt mit Publikumsverkehr geschaffen. Das lockte private Investoren an, auswärtige konkurrierten mit einheimischen. Das alte Hillesheim nahm Gestalt an und entwickelte sich weiter zur lebendigen Mitte des Ortes. Er bekam eine Post, Gebäudeensembles mit Läden und Arkaden vor den Schaufenstern, auch integrierte Gewerbebetriebe und Häuser dicht bei dicht. Mit insgesamt 110 Wohnungen, darunter einige, die vom sozialen Wohnungsbau gefördert worden waren, erreichte die Altstadt doppelte Kapazität verglichen mit früher, als die Bauernhöfe mit Stallungen und Wirtschaftsgebäuden viel Platz belegten. Wie ernst es dem Ortsplaner Sittmann mit der durchkomponierten Gestaltung der Altstadt war, das zeigte sich am neuen Rathaus, dessen Flachdach er nicht akzeptierte. Nur unter der Bedingung, daß eine Schieferdachlandschaft aufgesetzt würde, war er zur Weiterarbeit bereit. Im Altstadtbereich ist das Flachdach tabu, Garagen tragen Sattel- oder Pultdach.

Alt und Neu verschwistert

In der langgestreckten, auf einem niedrigen Hügel erbauten Altstadt, die eine Mauer in Gestalt eines unregelmäßigen Fünfecks mit zwölf Türmen umschloß, bildet die Kirche den überragenden Mittelpunkt. Der klare und einfach ablesbare Saalbau in sorgfältig gesetztem, heimischem gelbem Kalkstein von 1852, typisch für den Klassizismus des Trierer Raumes, demonstriert als größtes Gebäude seine damalige Bedeutung und fällt von jedem Winkel aus ins Blickfeld. Dort, wo im Norden des Ortes früher das einzige Stadttor lag, ehe später das südliche Neutor einen zweiten Zugang verschaffte, steht der übriggebliebene alte Mirbachs-Hof der aus der

Reste der mittelalterlichen Stadtmauer im Ortskern

Nähe stammenden Adelsfamilie, nun einem Denkmal gleich. Der eingemauerte verzierte Torbogen und ein wappenhaltender Löwe darüber mögen Überbleibsel des historischen, längst verschwundenen Stadthauses sein. Einige benachbarte Häuser vom Anfang des 20. Jahrhunderts behaupten mit Ziergiebeln und dekorativer Eckquaderung Stattlichkeit. Doch die neuen großen, zu Gruppen vereinten und gestaffelten Giebelhäuser mit Ladenarkaden in der Nähe orientieren sich in Proportionen und der streng geometrischen Gliederung an überkommenen einfachen Barockhäusern. Manche hohe Fassade spiegelt die Fensterfront eines alten Hauses in der Burgstraße, die die Altstadt im Bogen einer Ellipse umläuft. Sittmanns neue Architektur kopiert oder rekonstruiert nie historische Gebäude. Der Schlüssel zu seinem Konzept, das »Alt und Neu verschwistern« möchte, liegt in der Übernahme der vorgefundenen Maßstäblichkeit. Sie ist in Hillesheim meist »liebenswürdig kleinteilig« und schlicht. Die Straßen und Gassen sind eng bebaut. Zweistöckige Häuser, oft nicht breiter als zwei Achsen, beleben Dreieckgiebel und Gauben und Farben, wobei die im Ton abgesetzte Rahmung der Fenster – Weiß auf Rot, Rot auf Blau oder Gelb – auch den schmalen Fronten Ausdruck gibt und schmückt. Details, wie die schwarzen schlichten geschmiedeten Hausnummern, fügen sich in die strenge, harmonische Struktur.

Ein Leitmotiv der Neugestaltung sind kleine Innenhöfe. Der Besucher trifft unvermittelt, durch Einfahrten oder Schlitze, auf diese intimen Freiräume für Anwohner oder Passanten, sie sind offentlich, laden mit Tischen und Bänken zum Verweilen ein. Größter Treffpunkt für Geselligkeit und das Krammarkttreiben ist der alte erweiterte Kirchplatz geworden, nun umbenannt in Graf-Mirbach-Platz. Das langgezogene, von jungen Ahornbäumen durchsetzte Terrain fassen zusammengerückte Häuser ein, deren bunte Schauseiten Zwerchgiebel, Zwillingsgiebel und Erker bereichern. Wie die gesamte Altstadt ist auch der Platz durchgehend gepflastert, Bordsteine gibt es nicht. Spielbretter wie »Mühle und Dame« oder »Mensch ärgere Dich nicht« sind in den Boden eingelegt.

Hinter der Kirche, um den Turm herum, stehen noch Häuser aus dem 18. und 19. Jahrhundert, zum Teil mit Freitreppe. Hier entdeckte man bei der Sanierung auch einen 28 Meter tiefen mittelalterlichen Brunnen wieder. Reizvoll sind in der Altstadt auf sanftem Hügel Passagen, auch mit Stufen oder Treppen wie der »Hossentrapp«. Sie führt hinunter zum ehemaligen Augustinerkloster, das außerhalb der Mauer in der zweiten Hälfte des 13. Jahrhunderts gegründet worden sein soll, das 1721 nach einem Brand als Dreiflügelanlage wiederhergestellt wurde und heute als Nobelhotel mit 100 Betten dient. Zwei im Krieg erhalten gebliebene alte Flügel hat man in den mächtigen Neubau integriert. Den überdachten Innenhof nutzt Hillesheim als Stadthalle.

Spannend wirken Eckpunkte der Altstadt, an denen gewaltige mittelalterliche Mauerreste mit der buntgetönten neuen Architektur zusammentreffen. Imposant erscheint die Silhouette der Stadtmauer im Südwesten, wo sie, zinnenbekrönt und von runden Schalentürmen unterbrochen, über eine Strecke von 230 Metern die Schenkel eines Winkels bildet. Zwölf Meter hoch steigt und fällt sie mit den Bodenwellen auf und ab. Bei der Restaurierung wurde auch der Wehrgang über mächtigen Rundbogenarkaden wieder begehbar gemacht, der weit in das Land blicken läßt. Ehe die fernen grünen Berge in der Richtung zum Kylltal die Augen beruhigen, nimmt man in der Nähe wahr, was unmittelbar jenseits der Mauer zu Hillesheims Leben gehort: Garten mit Gemusebeeten und Obstbäumen entlang dem Hillesheimer Bach, die Schul- und Sportzentren, dann hochgelegen an Hängen, unterhalb der Kyller Höhe, Neubaugebiete der sechziger und neunziger Jahre und, was der hohe Ziegelschornstein der Molkerei im Norden anzeigt, ein Industriegebiet. Diesseits der Mauer wurde ein kleiner Stadtpark mit Terrassen angelegt. Im Sommer dient er als Freilichtbühne vor der gleichbleibenden, unverrückbaren wehrhaften Kulisse, dem Wahrzeichen von Hillesheim.

10 000 Gulden fehlten

Als die Anlage der Stadtmauer um die Mitte des 13. Jahrhunderts begonnen wurde, war Hillesheim im Besitz der Herren von Reifferscheid-Wildenburg aus dem Stamm der Herzöge von Limburg. 1272 trat die Siedlung durch Gerhard III in ein Lehnsverhältnis zu den Grafen von Luxemburg, das Johann III von Reifferscheid und ein naher Verwandter 1306 erneuerten. Denn der Graf von Luxemburg war gleichzeitig der einflußreiche König Johann von Böhmen. Die Urkunde nennt Befestigungsmauern und eine Burg, die heute nur noch in Straßennamen auffindbar ist. Das Siegel von 1306 zeigt eine stehende Maria mit dem Christuskind auf dem Arm. Das Motiv kehrt im heutigen Stadtwappen wieder. Hillesheims erste schriftliche Erwähnung datiert aus dem Jahr 943, als Besitzungen an die Abtei Prüm übertragen wurden. 1318 und 1342, in zwei Schritten, gelangte Hillesheim durch Verpfändung und Tausch an den Markgrafen Wilhelm von Jülich, dem die Einflußnahme in dem von Kurtrier und

Alte Stadtbefestigung im Südwesten

Kurköln begehrten Gebiet nur zu recht war. Doch schon 1353 hieß er die Bürger und Burgmannen Hillesheims, seinem Oheim, dem mächtigen Kurfürsten Balduin von Trier, zu huldigen. Wilhelms Söhne hatten 1351 den Aufstand gegen ihren Vater geprobt, und der suchte Hilfe zu seiner Befreiung. Einer, der sie berechnend bot, war Balduin. Zu seinen Bedingungen gehörte die Verpfändung Hillesheims für 10 000 Gulden, eine Summe, die Wilhelm von Jülich dann nicht aufzubringen vermochte. Also gewann Balduin seinem ausgedehnten Territorium nun den nördlichsten Posten hinzu. Hillesheim wurde kurtrierische Amtsstadt bis zur Auflösung der Dynastien 1794.

Mit 300 Einwohnern zählte der Ort zu den größten in der Eifel. Sein ruhiges, von Marktgeschehen und Landwirtschaft geprägtes Leben verdüsterte sich gegen Ende des 16. Jahrhunderts. Der »Hexenturm« der Stadtmauer diente in dieser Zeit blindwütiger Menschenverfolgung, die im Trierer Raum mit 2000 zum Scheiterhaufen Verurteilten zwischen 1587 und 1593 ihren Höhepunkt hatte, als Gefängnis. Der Dreißigjährige Krieg und die Pest forderten weitere Opfer. 1651 zählte Hillesheim nur noch 130 Einwohner. Nach den Raubkriegen Ludwigs XIV, dessen Truppen Tore, Türme, Mauern und die Häuser der Stadt 1689 in Brand steckten, folgte der Spanische Erbfolgekrieg mit Verwüstungen (1701–14). Erst im 18. Jahrhundert, nach dem letzten der vier verheerenden Stadtbrände 1731, dem die strohgedeckten Gebäude flugs verfielen, erholte sich Hillesheim, und die Zünfte blühten wieder auf, allen voran die der Gerber und Tuchmacher. Im Augustinerkloster, in dessen Umfeld sich eine Vorstadt entwickelt hatte, war 1707 eine Lateinschule eingerichtet und 1759 zu einem Gymnasium mit fünf Klassen erweitert worden. Den Unterricht erteilten zwölf Patres. Mit der Auflösung und Versteigerung des Klosters 1805 endete die Bildungsanstalt, erst 1888 zog wieder eine Schule ein, diesmal für Landwirtschaft und mit dem Einzugbereich der Kreise Daun und Prüm. Nach dem Zweiten Weltkrieg war dann nur die hauswirtschaftliche Abteilung übriggeblieben, die

1957 in die Kreisstadt Daun verlegt wurde. In der sehr geräumigen Anlage hatten jedoch weiterhin eine Gerberei, die Realschule und das Katasteramt ihren Sitz. Heute nehmen ihren Platz Hotelgäste ein.

Auch für ihre Ruhe wäre besser gesorgt, wenn Hillesheim eine längst geplante, jetzt überfällige Ortsumgehung bekäme. 2000 Lastzüge donnern täglich auf der B 421, die zur Autobahn A 1 bei Tondorf führt, durch die Stadt, neben 6000 Pkws. Zwar besteht bereits mit dem Gerolsteiner Brunnen und der Bitburger Brauerei, die das Gros der Fahrzeuge stellen, die Übereinkunft, daß nur Laster mit Leergut Hillesheim passieren dürfen und beladene den Umweg über Walsdorf nehmen müssen, die Grenze liegt bei 7,5 Tonnen Gewicht. Dennoch ist die Belastung für die Stadt so groß, daß Bürgermeister Matthias Stein die ortsnahe Umgehung mit Hochdruck und trotz der in Aussicht gestellten Weiterführung der Autobahn A 1 in unmittelbare Nähe betreiben will: »Dann wird Hillesheim noch attraktiver.«

Tragfähige Lebensgrundlage

Hillesheim legt Wert auf gepflegten Tourismus, der sich neben dem Massenansturm auf den berühmten Viehmarkt entwickelt. Die dritte und kleinste Stadt im Landkreis Daun, deren Einwohnerzahl von 1 300 nach dem Krieg 1999 mit den beiden eingemeindeten Dörfern Niederbettingen und Bolsdorf auf insgesamt 3 262 gestiegen ist (Kernort: 2 795), nimmt an Vieh- und Krammarkttagen in den Sommermonaten bis zu 10 000 Besucher auf. Von ihnen profitieren die 15 Gaststätten. Vier Hotels mit insgesamt 200 Betten zielen neben Privatpensionen auf anspruchsvolle Gäste. Der Hillesheimer Golfplatz, eine 18-Loch-Anlage, ist da ein bewährter Zulieferer. Im Geo-Tourismus übernahm Hillesheim eine Vorreiterrolle für Gerolstein und Daun. Die Lage in der gleichnamigen Kalkmulde mit reichen Fossilien von vor 360 Millionen Jahren, den Reichtum an Gesteinsschichten aus der Buntsandstein-Zeit und die Vulkane der Umgebung nutzte die Stadt 1986

in einem Pilotprojekt von Rheinland-Pfalz zur wissenschaftlichen Erarbeitung eines geologischen Lehr- und Wanderpfades mit vier Routen zu 32 verschiedenen »Aufschlußpunkten« auf einer Strecke von 120 Kilometern. Bis zu 60 000 Besucher im Jahr erleben unter Anleitung in der reizvollen Landschaft die spannende Erdgeschichte der Eifel. Noch nimmt der zukunftsträchtige Fremdenverkehr im Wirtschaftsgefüge der Stadt einen schmalen Sektor ein.

Hillesheim verfügt über 1 500 Arbeitsplätze durch Gewerbe- und Industrieansiedlung, eine hohe Zahl im Verhältnis zur Bevölkerung. Daher fallen die Auspendler, die seit den Nachkriegsjahren in Köln bei der Post oder Bahn arbeiteten, heute nicht mehr ins Gewicht. Das Blatt hat sich gewendet, Arbeitnehmer pendeln aus umliegenden Dörfern ein. Die traditionelle Lederindustrie, die sechs Gerbereien unterhielt, und der Abbau von Eisenstein für die Jünkerather Eisenhütte hatten ihre Blüte im vorigen Jahrhundert. Heute steht eine exportorientierte Fabrik für technisches Porzellan an der Spitze von mittelständischen Betrieben, die außerdem Metallwaren für den Automobilbau oder Büro-Stahlmöbel herstellen oder Wasserwerkbau betreiben. Hinzu kommen kleinere Firmen für Landmaschinen und Baustoffe und Handwerks- und Handelsbetriebe.

Hillesheims zweitgrößtes Werk, die Genossenschaft Eifelperle, ist eine der drei Molkereien in Rheinland-Pfalz, die bereits 1931/32 von acht Landwirten gegründet worden war und damals vor allem Butter produzierte. Durch Fusionen mit entfernter gelegenen Molkereigenossenschaften seit 1954 sind heute 1 800 Milchlieferanten (Landwirte) beteiligt aus einem Einzugsbereich von Bingen bis Roermond, von Monschau bis Wetzlar, sowie von Bitburg bis Siegen, der größte Teil von Eifel und Westerwald. Zeitweilig gab es 4 500 Milchlieferanten. Entsprechend dem Strukturwandel in der Landwirtschaft mit weniger, aber größeren Betrieben, schrumpfte die Zahl der Kuhhalter.

Die Jahresmilchverarbeitung der Eifelperle betrug 1997 insgesamt 377 Millionen Kilogramm, wovon 120 Millionen, H-Milch und

Milchmischgetränke, in Hillesheim, der Rest aber in Erftstadt produziert wurden. Denn seit 1991 kooperierte die Eifelperle mit den May-Werken in der Erftstadt, um den Wandel von der bisherigen Produktion für ausschließlich staatliche Einlagerung zur Marktmolkerei zu vollziehen. 1997 erwarb die Eifelperle eine Mehrheitsbeteiligung der May-Werke von 75 Prozent, so daß das Milchwerk wieder eine reine Genossenschaft wurde, die den erwirtschafteten Gewinn an ihre Mitglieder ausschüttet. Die Eifelperle tritt mit ihrem Namen auf Milch- und Sahneetiketten nicht in Erscheinung, sie ist ein Hersteller für Handelsmarken. Der Erfolgsschlager auf dem Weltmarkt, mit dem die Eifelperle in Europa an der Spitze steht, ist ein Spezialprodukt, Sprühsahne mit natürlichem und aromatisiertem Geschmack, von Amaretto bis »Exotic«. 60 Millionen Dosen verlassen im Jahr das Werk, das mit diesem technologisch kompliziert herzustellenden Produkt sich bereits auf die Osterweiterung der EU vorbereitet. Sinkende Milchpreise könnten dann durch die Sprühsahne aufgefangen werden. Von den 220 Beschäftigten der Eifelperle arbeiten 80 in Hillesheim, dem Stamm- und Verwaltungssitz der Genossenschaft.

Viehmarktmeister Blums Jannes, Mai 1998

Hillesheim stellt für etwa 9 000 Bewohner des Umlandes die Versorgung sicher als Handels-, Handwerks- und Dienstleistungszentrum und mit ausgeprägtem Einzelhandel. Durch die Gebietsreform 1971 mußte es allerdings bis auf das Forstamt Behörden an die Kreisstadt Daun abtreten, das Katasteramt und das Amtsgericht. Hillesheim verfügt über ein Altenheim, das nächste Krankenhaus liegt im neun Kilometer entfernten Gerolstein, wohin auch die Gymnasiasten fahren müssen. Grund-, Haupt- und Realschulen sind vorhanden.

Das Viehmarkt-Ereignis

An Markttagen, dem jeweils ersten und dritten Donnerstag im Monat, weitet sich das Einzugsgebiet von Hillesheim auf 30 000 Bewohner der Umgebung, die zum Einkaufen kommen können. Der an den Viehmarkt gekoppelte Krammarkt breitet sich in der gesamten Altstadt auf einer Strecke von mehr als 1000 Metern aus und bietet Textilien, Schuhe, Bürsten, Puppen, Gewürze, Honig, Süßwaren, Pflanzen, Schmuck. Die Standgebühren an die Stadt, fünf Mark für den laufenden Meter, decken zugleich die Kosten für den in den letzten Jahren rückläufigen Viehmarkt. Für jedes zum Kauf gebotene Tier kassiert Marktmeister Johann Blum, »Blums Jannes«, in grünem Filzhütchen und Tweedjacket 3,50 Mark. Der erfahrene Landwirt aus dem nahen Lammersdorf, Jahrgang 1922, weiß sich unter den Viehhändlern Autorität zu verschaffen. Sein Vorgänger dirigierte das lebhafte Geschäft bis zum Alter von 82 Jahren.

Früher verkauften auch Bauern ihre Tiere auf dem Markt, heute beherrschen ausschließlich Händler das Feld. Sie kommen zum größten Viehmarkt Westdeutschlands unter freiem Himmel im südlichen Hillesheim aus dem gesamten Land Rheinland-Pfalz, aus den Gegenden um Köln, Krefeld, Oberhausen, Münster, Osnabrück, Augsburg, Ulm, aus Nordhessen und den Beneluxländern. Bei schlechtem Wetter und im Winter werden die Tiere in der Halle aufgestellt. Der Marktplatz mit den hohen alten Kastanien steht dann seit den frühen Morgenstunden vollgeparkt von Lastautos, aus denen Kühe sich beunruhigt vernehmen lassen. Aufgeregt und laut sind auch die Stimmen der in grauen Kitteln umherlaufenden ganz jungen und hoch betagten Händler, mindestens fünfzig an der Zahl bei mittelmäßig frequentierten Märkten. Einige haben vor sechs Uhr morgens die Tiere, Nutzvieh zur Weitermast oder Zucht und Schlachtvieh, bereits entladen und in der Halle angebunden, wo der Veterinär Gesundheit und Kennzeichnung kontrolliert und den Halter notiert. Viele Handelspartner haben sich bereits gefunden. Doch erst wenn Blum auf die Minute genau um sieben Uhr mit der Trillerpfeife das Startzeichen gibt, dürfen sie loslegen und auch erst dann die restlichen Klappen öffnen zum Ausladen der Kühe und Bullen. Mit schallendem Händeschlag, hin und her zwischen Bieter und Verkäufer, wird der Preis ermittelt, und mit einem letzten kräftigen Händeschlag auf die schon schmerzende Hand ist der »Kaufvertrag« besiegelt. Die Handelssprache ist hier bis zu fünfzig Prozent Jiddisch geblieben. Die Viehmärkte der Eifel waren traditionell bis in die Nazizeit hinein die Domäne von Juden (s. Wittlich). Da in Hillesheim keine jüdische Gemeinde lebte, kamen an den Markttagen jüdische Händler aus Trier. Blum erinnert sich an Salomon und Sichler. Man rechnet noch heute in Schuk = Mark und den Zahlen der jiddischen Sprache. Der Preis für ein Rind als Schlachttier betrug 1998 Eleph oder Alophim Schuk, das sind 1 000 Mark. Ein wichtiges Wort ist batersch für trächtig. Die Kuh, die batersch und kurz vorm Kalben ist, bringt dem Käufer schon bald Milch. Das schlägt sich auf den Preis nieder. Statt der üblichen 1 500 kann sie 2 300 Mark einbringen (1998). Ein batersches Schlachttier gilt dagegen als minderwertig, als schaufel oder schofel, als schlecht. Auch das bestimmt den Preis.

Viehhandel ist ein schnelles Geschäft. Schon nach anderthalb Stunden haben 200 »Stück Rindvieh« den Besitzer gewechselt und werden neu verfrachtet. Dabei lassen sich die sonst im Stall stehenden Kühe ruhig führen.

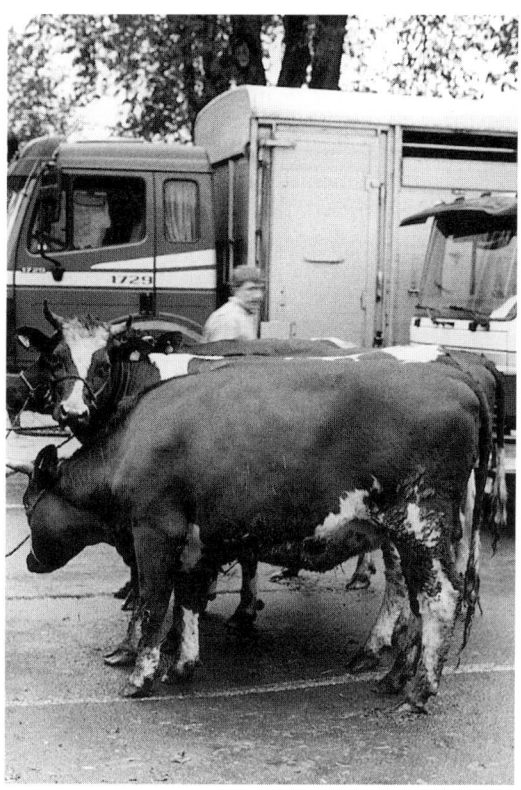

Warten auf den Besitzerwechsel, Viehmarkt im Mai 1998

Ungebärdig, wild und bockig verhalten sich dagegen Tiere aus »Ammenhaltung« (Laufstallhaltung), die seit ihrer Geburt gewöhnt sind, frei bei dem Muttertier im Stall oder auf der Weide herumzulaufen. Blum macht sie mit für den Rückgang des Auftriebs verantwortlich, den außerdem unrentabler Transport und Gebühren für Leukosegutachten geschwächt hätten. Vor allem hat die Rinderseuche den Markt einbrechen lassen. 1995 betrug der Auftrieb an den insgesamt 24 Markttagen nur 1 650 Stück. Die Erholung hatte 1998 bereits eingesetzt. Allerdings sind in den letzten Jahren Schweine ausgeblieben. Das Durchfüttern zur Hausschlachtung ist nicht mehr lohnend. Zum Ritual des Viehmarktes gehört nach Abschluß des Geschäftes der Gang ins Wirtshaus am Marktplatz und eine Ecke weiter, wo seit sechs Uhr morgens Frühstück angeboten wird. Der Lärmpegel gibt an, daß nun nicht mehr nur Kaffee getrunken wird.

St. Martin

Wie Hillesheims erste St. Martin-Kirche aussah, in der ein 1290 erwähnter Pfarrer predigte, weiß man nicht mehr. Bekannt ist der Nachfolgebau aus der Zeit um 1500 in Gestalt der in der Eifel sehr beliebten Einstützenkirche nach dem Vorbild der Hospitalkapelle in Bernkastel-Kues. Dieser intime quadratische Raum mit einer Mittelsäule, die vier Gewölbe trägt, wurde um die Mitte des vorigen Jahrhunderts zu klein, baufällig und 1851 für einen Neubau niedergelegt. Die Gemeinde hatte mit einem Entwurf den Kommunalkreisbaumeister Barthels in Daun beauftragt, der sich seit 1835, zeitgemäß, der klassizistischen Saalkirche verschrieben hatte.

Die seit dem hohen Mittelalter verwendete Bauform der Saalkirche auf rechteckigem Grundriß wurde im Trierischen ländlichen Raum auch noch während des 17., beherrschend aber während des 18. Jahrhunderts gebaut. Ebenso bestimmte der stützenlose »Einraum« mit 60 bis 70 Kirchen in der Re-

gion die erste Hälfte des 19. Jahrhunderts und führte das klassizistische Ideal strenger Monumentalität vor, ehe dann die Stilepochen der Neogotik und Neoromanik folgten. Barthels letzte Anlage, St. Bartholomäus in Üdersdorf Kreis Daun 1863, bildet das Schlußlicht dieses Typs. Bereits seine St. Martin-Kirche in Hillesheim 1851/52 gilt als spätes klassizistisches Beispiel. Das Charakteristikum des fünfachsigen Baus von beträchtlicher Breite, die absatzlos aus den Seitenmauern hervorgehende rundgeschlossene Apsis, hätte Regierungsbauinspektor Wolf aus Trier beinahe vereitelt. Ihm, wie auch dem Bischof, wäre ein vieleckig gebrochener Chor lieber gewesen. Doch Barthels radikalerer Entwurf des Baukörpers wie aus einem Guß setzte sich durch. Bei ihrem Bemühen, der Kirche den wirkungsvollsten, zentralen Platz im Ort einzuräumen, ließen die Klassizisten die traditionelle Ostausrichtung oft unberücksichtigt. St. Martins Apsis weist nach Norden, der quadratische Turm überragt die Anlage dreigeschossig im Süden, seit 1958 bekrönt von einer geschwungenen Barockhaube mit aufgesetzter offener Laterne. Ursprünglich sollte der alte Turm einbezogen werden, doch er überstand die Bauarbeiten nicht und stürzte ein.

Das repräsentative Erscheinungsbild der St. Martin-Kirche bestimmt ein monumentaler klarer Umriß, zu dem die Gliederung korrespondiert. Die Außenhaut, in Sichtmauerwerk aus gelbem Kalkstein, Reihe um Reihe regelmäßig gesetzt, wirkt dezent belebend und hebt den Bau gegenüber den ringsum verputzten kleinen Häusern zusätzlich hervor. Sein durchgezogenes Satteldach rundet sich über der Apsis. Als ungebrochene Konturen umlaufen den blockhaften Baukörper Gesimse aus rotem Sandstein, die die Sockelzone absetzen, die Traufe als Mauerabschluß betonen und in schmalem Abstand unter dem Dach ausgesparte Kreuze rahmen. Sie ziehen sich sämtlich auf gleicher Höhe auch um den Turm als konsequente, verbindende Linien. Hauptgliederungselement der Umfassungsmauern sind große, hoch sitzende Rundbogenfenster, die Kämpfergesimse und durchlaufende Sohlbänke zu je zwei Paaren verei-

St. Martin mit Burgstraße

nen. Unter dem Ansatz des mittleren der fünf Fenster, das einen Halbkreis formt, befinden sich im Osten, der Schauseite zum offenen Platz hin, eine Nische für die Figur des hl. Martin mit einer Gans zu seinen Füßen und davor die tonnengewölbte Eingangshalle mit zwei Treppen. Die symmetrische Struktur der Längswände bereichern im Norden und Süden noch je ein Kreisfenster über der Sockelzone. Freie weite Flächen bereiten den absatzlosen Übergang zur mächtigen Apsisrundung vor, deren Wand betonte Geschlossenheit zeigt. Ihre Flanken werden von einem Rundbogenfenster durchbrochen, das Zentrum der weiten glatten Rundung gibt nur ein hochsitzendes Kreisfenster an. Schlichtheit und Größe finden im Aufbau der Apsis ihren zeittypischen Ausdruck.

Im Westen der Anlage wurde 1893 in der mittleren Achse eine kleine neogotische Kapelle angebaut, die anschließende Sakristei von 1961 ersetzt die im Krieg zerstörte. Vor die schmale Südseite der Kirche, deren Kanten Eckquader aus rotem Sandstein deutlich nachzeichnen, ist der Turm gesetzt, mit Portal und Treppe im Osten. Rundbogen- und Kreisfenster gliedern seine beiden unteren Etagen, die zudem kräftige Gesimse hervortreten lassen. Das Glockengeschoß öffnen unter einem Rundbogenfries gekuppelte Rundbögen nach allen Himmelsrichtungen. Die repräsentative Wirkung der St. Martin-Kirche basiert auf ihren Größenverhältnissen, der einfachen, in sich ruhenden blockhaften Form, den klaren maßvollen Strukturen, die mit nur sparsamem Ornament die räumliche Ordnung hervorheben, außen wie innen.

Das Innere: der »Einraum«

Man betritt die Kirche durch die Vorhalle im Osten und gelangt durch einen Rundbogen in den »Einraum« von großer Weite, Helligkeit und Harmonie. Es sind ausschließlich die großen Rundbogenfenster, die die glatten lichten, leicht rosafarben getönten Wände des hohen und gestreckten Saales durchbrechend gliedern, wobei ihre tiefen Laibungen

In der Apsis: Gabelkreuz mit Kruzifix von 1661, im Hintergrund der Sakramentsaltar von 1602

als Lichtfänger wie Nischen bis zum Boden heruntergezogen sind. So ergibt sich ein Raum von konsequenter, radikaler Klarheit und Einheitlichkeit, durchkomponiert im senkrechten Rhythmus von geöffneten und geschlossenen Wandpartien. Waagerechte Strukturelemente, Gesimse, blieben der flächenhaften Außenhaut vorbehalten. Zu dem Rundbogen der Fenster korrespondiert die breite, hellgrau abgesetzte Hohlkehle am Übergang der Wände zur flachen Decke. Absatzlos wie im Äußeren gehen auch im Inneren die Schiffswände in den gleichbreiten und hohen Chorbereich über, den die Halbkreisrundung der Apsis schließt. Nur drei Stufen und eine Stuckrosette an der Decke heben den Altarbezirk vom Gemeinderaum ab.

Die fünfte Achse des Saales nimmt im Süden die von vier Stützen getragene Orgelempore ein. Unter ihrer hellgrauen Brüstung mit rosafarbenen Feldern öffnet sich zwischen zwei symmetrisch angelegten Treppen rundbogig die Turmhalle mit flacher Holzdecke.

Die neugotische Marienkapelle im Westen liegt genau gegenüber dem Ostportal mit identischem offenem Rundbogen.

Ausstattungsstücke der alten Kirche in ländlicher Spätrenaissance und aus der Barockzeit kommen in der eher kargen Innenarchitektur zu besonderer Wirkung. Der steinerne, farbig gefaßte Sakramentsaltar war, wie die Stiftungsinschrift von 1602 aussagt, ein Geschenk des Trierer Erzbischofs Lothar von Metternich. Die zentrale Szene des dreigeteilten, durch vollplastische Säulen und reich ornamentierte Pilaster gegliederten Aufbaus stellt die Kreuzigung Christi dar. Sie wird von gleichgroßen, ebenfalls perspektivisch in Nischen gestaffelten Reliefs flankiert, die die Geburt und Auferstehung verbildlichen. Die abschließende Giebelbekrönung ist der Himmelfahrt gewidmet, sie wird eingefaßt von den beiden vollplastisch gestalteten Patronen der Kirche, dem hl. Martin zu Pferd, nach dem ein am Boden Liegender greift, und dem drachentötenden Erzengel Michael. Der kunstvolle Altar mit den sehr lebendig gestalteten figurenreichen Szenen soll aus der Werkstatt des Trierer Bildhauers Hans Ruprecht Hoffmann stammen. Der an der Ostwand aufgestellte, farbig bemalte Altaraufsatz aus Sandstein ist zugleich ein Epitaph. Der Hillesheimer kurtrierische Kellner Matthias Dechler ließ es zu seinem und seiner verstorbenen Frau Gedächtnis 1609 fertigen und zur »Verherrlichung der ehrwürdigen Gottesgebärerin und Jungfrau Maria«, wie die Inschrift aussagt. Das Reliefbild zeigt eine von aufwendigen Pilastern gerahmte »Verkündigung« und gibt ausdrucksvoll die unterschiedliche Bewegung der beiden Frauengestalten wieder, die ruhige der Maria, die ihre Hände auf die Brust legt, und die stürmische des Engels, der sich mit ausholendem Arm ihr zuwendet. Klein und kniend, im runden Giebel über der Szene, ist die Stifterfamilie porträtiert, die Männer auf der linken, die Frauen auf der rechten Seite. Über ihnen ist noch einmal Maria dargestellt, unter der von Engeln gehaltenen Krone. 1610 stifteten derselbe »cellarius« und seine zweite Frau auch das gegenüber angebrachte Gemälde mit der Marienkrönung.

Die hölzerne Kanzel von 1662 mit den vollplastisch gearbeiteten vier Evangelisten und vielen Engelköpfchen dient heute als Lesepult. Seine gedrehte, von Weinlaub und Trauben umrankte Tragsäule steht als Osterleuchter daneben. Das barocke, fast lebensgroße Kruzifix vom Ende des 17. Jahrhunderts im Chor hat man mit seinen hochgereckten Armen an ein modernes Astkreuz geheftet. Das Haupt des Verstorbenen ist tief gesenkt, das lose schmale Lendentuch läßt einen Schenkel frei. Die Beine des Gekreuzigten hängen parallel herab wie bei romanischen Kruzifixen (Viernageltyp). Ebenfalls zu Ende des 17. Jahrhunderts und möglicherweise von demselben Künstler gearbeitet, ist die barocke Pietà mit dem naturalistisch gestalteten Leichnam Jesu in der Kapelle. Die Gruppe beherrscht den kleinen Raum, der auch Kriegergedächtnisstätte ist. Einen Höhepunkt der Ausstattung stellt die Orgel der Brüder Johann Philipp und Johann Heinrich Stumm von 1772 dar, sie zählt zu den wertvollsten der Diözese Trier. Ihr siebenteiliger Rokokoprospekt bringt Glanz in den »Einraum« und ihr Klang Publikum von weither. Denn die Orgelkonzerte auf dem alten Instrument sind ein Ereignis mit Ausstrahlung. Hillesheim ist nicht nur für seinen Viehmarkt berühmt.

Hillesheims ältestes Haus, Baujahr 1592

Die Stadt vor der Abtei

Prüm, Stadt seit 1856
Kernstadt: 4 607 Einwohner
Gesamtstadt: 6 119 Einwohner
Kirche: St. Salvator

Prüms Herzstück ist die barocke Benediktinerabtei, Nachfolgerin der Urzelle von 721. Ihre gestreckten Flügel um zwei Innenhöfe mit Prunkportalen und die aufragende Doppelturmfassade der Klosterkirche riegeln den Ort in einer Flucht nach Osten ab. Dicht hinter der Anlage liegt die Held, ein langgestreckter steiler Berghang, dessen Laubwald die imposante Silhouette wie ein Passe-partout hinterfängt. Zwischen Abtei und Held drängen sich die schmale Prüm und stillgelegte Bahngleise vorbei. Der für Hochwasser berüchtigte Fluß verhinderte die Besiedlung seiner Ufer. Der Ort entwickelte sich vor der Abtei. Das Fundament lieferte dort der Tettenbach, der bei seiner Einmündung in die Prüm Ablagerungen, einen Schwemmkegel, ausbildete. Talhange beider Gewässer sind in die Hochfläche der Westeifel eingebettet, etwa 60 Kilometer von Trier entfernt. Prüms Stadtgebiet steigt von 420 auf 490 Meter an, bewaldete Höhenzüge stoßen zum Teil in den Ort vor, dessen Grenze im Westen der 569 Meter erreichende Kalvarienberg setzt, mit der Marien-Kapelle auch optisch ein Höhepunkt. Entfernt vis-à-vis von ihm steht die Abtei. Vor ihr umschließen Steinhäuser den weiträumigen ansteigenden Hahnplatz. Seit 1802 bis vor kurzem fand hier noch ein namhafter Viehmarkt für Rinder, Pferde und Schweine statt. Der Ort, der unter preußischer Verwaltung 1816 Sitz des Landkreises Prüm und dann 1856 erstmalig zur Stadt erklärt wurde, blieb auch als Behördenmittelpunkt neben ausgeprägtem Gewerbe ein wichtiger Handelsumschlagsplatz in der Westeifel. Heute zeigt der Platz südliches Flair. Die vielen Lokale ringsum verlegen ihren Betrieb im Sommer nach draußen. Vor dem Sternhotel, einst Stiftsdechanei, sitzt man bis tief in die Nacht, dann steht der Mond zwischen beiden Kirchtürmen, und der Verkehr hat sich beruhigt. Am Hahnplatz kreuzen sich zwei Durchgangsstraßen, die B 410 Richtung Koblenz und die B 265 Richtung Aachen. Die Stadt ist bemüht, Umleitungen zu finden, damit ihr stattlicher Mittelpunkt noch mehr zur Geltung kommen kann. Das Areal vor der Kirche ist bereits mit Brunnen, Kastanienbäumen und Bänken besetzt.

Das Gymnasium und Regino

Als belebendes Element am Platz wirkt das Regino-Gymnasium, das heute mit mehr als 800 Schülern aus einem Umkreis von 30 Kilometern sämtliche Räume der Abtei einnimmt, inklusive des Fürstensaales, nun die Aula der Schule. Wenn seine Big-Band probt, oder eine der beiden Jazz-Combos, werden Cafébesucher in der Nähe mit Swing-Klängen oder Boogie-Woogie unterhalten. Insgesamt sechs Schulorchester und die mit großen Masken, Bildern und Skulpturen von Schülern dekorierten Klostergänge sprechen für musisches Engagement dieses humanistischen Gymnasiums. 1814 gegrün-

Doppelturmfassade der ehemals klösterlichen Basilika St. Salvator in Prüm (1721–1729)

det, wurde es 1892 schließlich Vollgymnasium. Der Name Regino verweist jedoch darauf, daß Prüm mit der Abtei schon in der Frankenzeit ein blühendes Bildungszentrum war, dem dieser berühmteste Abt (892–899) besonderen Glanz verlieh. Die 762 gegründete Klosterschule nahm im 9. Jahrhundert auch Laien auf.

Regino, der vermutlich aus der zu Prüm gehörenden Klosterzelle Altrip bei Speyer stammte, verfaßte die im Mittelalter am meisten gelesene Weltchronik, die die Zeit seit Christi Geburt bis zum Jahr 906 behandelt. Er vollendete sie in Trier als Abt der St. Martin-Abtei, wohin er aus machtpolitischen Gründen vom Hochadel abgeschoben worden war. Sein musiktheoretisches Traktat zu liturgischen Gesängen, die er zur Hebung der Andachten von Dissonanzen befreien wollte (Martina Knichel), führte zur Reform. Reginos Handbuch zur Visitation der Pfarreien wurde bis 1800 benutzt. Für die Eifel und viel weiterreichende Gebiete ist das von ihm in Auftrag gegebene Prümer Urbar von unschätzbarem Wert, da dieses Güter- und Abgabenverzeichnis viele Orte der reichen Abtei zum ersten Mal nennt, insgesamt 350 an der Zahl. Regino hatte die Besitzaufstellung sogleich mit seinem Amtsantritt veranlaßt, nachdem Normannen, dänische Vikinger, die Abtei zweimal, im Jahr 882 und 892, überfallen und gebrandschatzt hatten, wobei vermutlich alle Urkunden der Abtei in Flammen aufgegangen waren. Über das drei Kilometer entfernte Rommersheim heißt es im Urbar: »Es gibt in R. 30 ganze Knechts-Mansen und 7 Herren-Mansen. Widrad hat einen ganzen Mansus. Er zinst 1 Schwein im Wert von 20 Denaren; 1 Pfund Flachs; 3 Hühner, 18 Eier. Jedes Jahr bringt er ein halbes Fuder Wein: im Monat Mai und im Monat Oktober; von seinem Dung zinst er 5 Karren; er liefert 5 Lohbündel, 1 Klafter Holz von sechs Fuß Länge zu 12 Karren. – Er bereitet Brot und Bier. – Er fährt Bretter zum Kloster; jeder hütet 1 Woche die Schweine im Walde, wenn die Reihe an ihn kommt«... Das verschollene Orginal des Urbars schrieb ein Nachfolger Reginos, Abt Caesarius von Millendonk, 1222 ab und aktualisierte in Kommentaren

Regino, Abt in Prüm von 892–899, Stich vom 16. Jahrhundert

Schülerinnen des Regino-Gymnasiums, Kl. 9 n 2, Februar 1998

231

den Stand der Dinge, denn viele Höfe, Mühlen und Weinberge waren nach Rodungen hinzugekommen. Die Abschrift ist überliefert, wie auch des Abtes resignierter Ausspruch: »Der fromme Glaube brachte den weltlichen Reichtum hervor, der Reichtum zerstörte den Glauben, und nachdem der Glaube verschwunden war, ging auch der Reichtum wieder verloren«. Die Hochblüte der Benediktinerabtei war zu Caesarius' Zeit bereits überschritten. Neue Orden, wie die Zisterzienser im nahen Himmerod, die sich wieder auf Einfachheit, Armut und strenge Askese besannen, wurden nun attraktiv, bekamen Zulauf und Stiftungen.

Lieblingskloster der Karolinger

Innerhalb der dichten Klosterlandschaft, zu der sich die Eifel seit dem 7. Jahrhundert entwickelte, gehört Prüm nach den Zwillingsklöstern Stablo-Malmedy (650), nach Echternach (698) und Pfalzel (700) zu den Pionieren. Im Jahr 721 gründeten die verwitwete Adlige Bertrada von Mürlenbach und ihr Sohn Charibert in ihren waldreichen Besitzungen, dort, wo der Tettenbach in die Prüm mündet, ein Kloster »zu Ehren der heiligen Maria, der heiligen Petrus, Paulus und Johannes und des heiligen Martinus«. Den Entschluß hatte Bertrada gefaßt, »um Geringes für Großes, Irdisches für Himmlisches, Vergängliches für Ewiges dem allmächtigen Gott zum Opfer zu bringen«. Mönche sollten, so die Schenkungsurkunde, »Tag und Nacht um Verzeihung flehen für unsere Vergehen, damit wir und unsere verstorbenen Kinder von allen Sünden gereinigt werden«. Die Ordensregel richtete sich vermutlich nach dem Iren Kolumban. Ein hohes Sandsteinkreuz auf dem Friedhof hinter der Abtei zeigt den ursprünglichen Platz an.

Seine tragfähige Grundlage erhielt das Kloster dann 752 durch die Eltern Karls des Großen, König Pippin und seine Gemahlin Bertrada, eine Enkelin der Stifterin, Tochter des Charibert, nun Graf von Laon. Bertrada bat ihren Mann, sich der wenig erfolgreichen Gründung der Großmutter anzunehmen. Pip-

pin berief Benediktinermönche aus der Abtei St. Faron in Meaux an der Marne nach Prüm und stattete das Kloster reichlich mit Schenkungen von Gütern aus, auch Fernbesitz in der Gegend um Le Mans und Rennes im Nordwesten des heutigen Frankreichs. In der Urkunde zu der formellen Neugründung von 762 nennt Pippin als Anlaß der Schenkung seine Salbung zum König im Jahr 751. Bereits 752 hatte er von Papst Zacharias eine der berühmtesten Reliquien seiner Zeit für die Klosterkirche erhalten, den Teil einer Sandale Christi. Seitdem wurde der Salvator Hauptpatron, und im Klosterwappen erschien das Lamm (Gottes) mit Kreuzfahne, ein Christussymbol.

Das Eigenkloster einer Adelsfamilie war nun ein Königskloster geworden, deren Mönche für Kirche, König und Reich beteten. Pippin verlieh der Abtei Königsschutz und das Immunitätsprivileg, das heißt Unabhängigkeit von weltlicher Gerichtsbarkeit und Zollfreiheit, und garantierte die freie Abtswahl, Vorrechte, die seine Nachfolger bis zu Heinrich IV bestätigten, als erster der Sohn, Karl der Große. In seiner und möglicherweise auch Papst Leos III Anwesenheit wurde 799 die neue Klosterkirche geweiht, die wegen ihres Reichtums »Goldene Kirche« genannt wurde. Die Christus-Reliquie zog Pilger von weither an, auch sie machten Geschenke.

Prüms Abtei wurde das Lieblingskloster der Karolinger. Karl der Große vermehrte und förderte den Besitz vor allem im bretonischen Grenzgebiet, aus dem die ersten Mönche nach Prüm gekommen waren. Viele von ihnen hatten der Abtei bei ihrem Eintritt die eigenen fernen Ländereien übertragen. Ein Egidius gab zum Beispiel 30 Ortschaften, auch Äbte stifteten Güter. Das Prümer Urbar nennt die weitverzweigten Gebiete in der Eifel, an der Rhône und Loire, am Main, im Münsterland und dem heutigen Holland. Sechs verstreute Klosterzellen gehörten dazu, eine in Münstereifel sowie das Stift St. Goar, das Karl der Große gegen Ansprüche des Trierer Bischofs sichern konnte und das zum Zentrum der Prümer Besitzungen am Mittelrhein wurde.

Der Prümer Mönch Wandalbert zeichnete 839 die Lebensgeschichte des Heiligen Goar auf und widmete 848 Kaiser Lothar I einen »Metrischen Heiligen- und Festkalender« (Martyriologium) in Hexametern, der, mit Miniaturen illustriert, die Tierkreiszeichen deutet und Monate und Jahreszeiten im ländlichen Leben anschaulich charakterisiert: Januar: »Das ist die Zeit, im verschneiten Gefild die Hasen zu jagen«... Die prachtvolle Handschrift befindet sich heute im Vatikan. Sie gehörte zu der Sammlung von Königin Christina von Schweden, die ihr Leben in Rom beschloß.

Das Kloster, das zu dieser Blütezeit 300 Mönche zählte, war ein kultureller, geistiger Mittelpunkt im Frankenreich, das unter Karl dem Großen das damalige christliche Europa einte. Wertvolle Handschriften und Miniaturmalereien aus der Schreibstube des Prümer Klosters zeugen von regem Austausch innerhalb der weiten Einflußsphäre. Sie befinden sich heute, wie auch die von Königen geschenkten Evangeliarien oder kostbaren Abschriften, in Museen von Paris, Berlin oder England. Prümer Mönche stiegen zu Äbten und Bischöfen auf, Könige und Kaiser ließen ihre Kinder in der Abtei heranwachsen, die Klosterschule war berühmt. Bekannt ist auch, daß den Mächtigen das Kloster als Verbannungsort diente. Karl der Große ließ seinen Sohn Pippin den Buckligen dort zum Mönch scheren, nachdem der sich gegen ihn erhoben hatte. Bis zu seinem Tod 811 verbrachte Pippin 19 Jahre in den Mauern der Abtei. Dasselbe Schicksal teilte der Enkel Kaiser Lothars I, Hugo. Lothar selbst kam aus freien Stücken. Kurz vor seinem Lebensende entsagte der Monarch aller Macht und bat im September 855 um Aufnahme in die Prümer Abtei. Dort starb er sechs Tage später. Sein Kaisergrab im Chor der Kirche verlieh dem Kloster noch einmal neuen Glanz.

Zerfall des Reiches

Das große Frankenreich war jedoch bereits zerfallen, und als Folge verminderte sich der Einfluß der Abtei. Karls des Großen Sohn

Bild der Grablege Kaiser Lothars, aus der Trierer Abschrift des Prümer Urbars

und Nachfolger, Ludwig der Fromme, hatte noch zu Lebzeiten das Reich unter seine drei Söhne aufgeteilt, die sich in einem Bruderkrieg um das Erbe blutig bekämpften. Im Friedensvertrag von Verdun 843 wurde schließlich jedem sein Teil zugesprochen. Kaiser Lothar I behielt die Kaiserwürde und bekam Italien und das Gebiet zwischen Rhein, Schelde und Rhône, Lotharingen. Karl dem Kahlen wurde das westliche Drittel des Reiches von den Pyrenäen bis zur Schelde zugesprochen und Ludwig dem Deutschen Ostfranken. Damit war die Entwicklung der Staatenbildung eingeleitet.

Prüm gehörte bis 854 zu Lotharingen und kam 870 an das ostfränkische und 911 an das westfränkische Reich, deren Herrscher der Reichsabtei wohlgesonnen blieben. Doch die Zeit als Lieblingskloster der Könige war endgültig vorüber. Wie vielerorts begann im 10. Jahrhundert das klösterliche Leben auch in Prüm zu erschlaffen. Die sich aus dem Adel rekrutierenden Mönche vernachlässigten das Chorgebet und die Askese. Daher berief Kaiser Heinrich II den erfahrenen Abt Immo von Gorze bei Metz 1004 nach Prüm, damit er die lothringische Reform durchsetze. Einen Erfolg beweist die Gründung des Kollegiatsstiftes St. Marien im Jahr 1016 durch den Prümer Abt Urold. Es lag gleich gegenüber dem Kloster. Die Gemeinschaft der zwölf Weltgeistlichen übernahm nun für den Großpfarrbezirk mit der Mutterkirche Rommersheim die Seelsorge, und die Stiftskirche wurde Pfarrkirche für die ansässige Bevölkerung, die langsam zunahm, zumal Heinrich II dem Stift sogleich Marktrecht verlieh. Rommersheim, der alte Kirchenmittelpunkt der Region, hatte es bereits seit 861 besessen und wurde nun zusätzlich geschwächt, denn der Handel verlagerte sich. 1190 veranlaßte der Prümer Abt Gerhard die weitere Niederlassung eines Benediktinerinnen-Klosters von adligen Damen in Niederprüm. Das letzte Benediktiner Kloster mit

Gang im westlichen Klosterflügel, heute Regino-Gymnasium

Mönchen war 1093 in Maria Laach errichtet worden.

Wie das Prümer Fürstentum endete

1298 erlangte Prüms Abtei volle Gerichtsbarkeit und wurde Fürstabtei, das heißt der Abt zählte zu den Reichsfürsten und war weltlicher Herrscher über die Klosterländereien geworden, die sein Territorium bildeten. Damit war das Begehren des Erzbistums Trier nach Vereinnahmung geweckt, auch wenn wirtschaftlicher Abstieg, Schrumpfung der Besitzungen durch Verkauf und Schlendrian im Kloster vorangeschritten waren. Nur das Einverständnis von König oder Kaiser und Papst konnten solch ein Ansinnen gegen die freie Reichsabtei, das Fürstentum Prüm, legitimieren, denn noch galten die erstmalig von Pippin gewährten Privilegien. Daher weigerte sich auch der Papst, Erzbischof Balduins 1347 ausgeklügelten Vertrag mit dem Abt zu bestätigen. Doch beim fünften Versuch Triers 1576 unterlag Prüm, womit sich die Mönche nie abfinden wollten.

Äbte waren zu dieser kritischen Zeit Grafen aus dem mächtigen Adelsgeschlecht der Manderscheider. Als Christoph im Alter von sechzehn Jahren 1546 seinem Onkel Wilhelm folgte und wie dieser gleichzeitig Abt von Stablo-Malmedy war, hatte der Papst ihn in seinem Amt noch bestätigt, obwohl der Trierer Kurfürst ihn in Rom als Anhänger der lutherischen Lehre diffamiert hatte. Für zehn Jahre konnte der junge Mann, der wiederholt an einer schweren Krankheit litt, den Status seines Fürstentums in relativer Ruhe halten. Doch dann betrieben die Trierer Erzbischöfe ihre Sache bei dem Kaiser und Papst anhaltend und massiver. Christoph von Manderscheid schickte daraufhin seinerseits Abordnungen nach Rom und suchte Verbündete. König Philipp II von Spanien war 1575 auf seiner Seite, doch da war es bereits zu spät, zumal Christoph für den Todesfall keinen Nachfolger bestellen wollte. Erzbischof Jakob von Elz hatte die Einwilligung zur Inkorporation von Papst und Kaiser erwirkt durch einen einseitig gefärbten Visitationsbericht, der Verwahrlosung des Klosters in allen Bereichen anklagte und, was den Ausschlag gab, den Einzug der Reformation. Christophs Widerlegung wurde nicht akzeptiert, nicht er, doch andere Angehörige seiner Familie waren der Lehre Luthers gegenüber aufgeschlossen. 1574 stellte der Papst die Inkorporationsbulle aus, die mit dem Tod des Abtes wirksam werden sollte. Am 28. August starb Christoph, zwei Tage später stand Erzbischof Schönecken mit kurtrierischen Soldaten vor der Klosterpforte, um die Huldigung der Mönche entgegenzunehmen. Von nun an übernahm er die Rechte des Abtes als Administrator und dessen Stimme im Reichstag. Die innere Leitung der Abtei oblag dem Prior. Das reichsfreie Fürstentum Prüm verschwand und das kurtrierische Wappen zierte das Lamm mit Kreuzfahne.

Der Prümer Krieg

Der von Trier eingefleischte Stachel saß tief und hörte nicht auf, bei den Mönchen im Untergrund zu bohren. 1715 nutzte Prior Knauff die Zeit nach dem Tod des Erzbischofs Carl, das Recht der Zwischenregierung bis zur Ernennung des Nachfolgers dem Domkapitel in Trier streitig und für sich und die Abtei geltend zu machen und forderte die Wiederherstellung des Fürstentums. Das sollte ihm schlecht bekommen. Knauff mußte den Rest seines Lebens als Gefangener in der Feste Ehrenbreitstein verbringen, und alles blieb beim Alten. Doch seine aufrührerische Schrift wurde unter den Mönchen weitergereicht. 1768, als Mitte Januar durch den Tod des Erzbischofs Johann Philipp wieder ein Interregnum eintrat, begann es im Kloster zu grummeln, so daß das Domkapitel eine Abordnung nach Prüm schickte. Sie fand die Abtei verschlossen vor und die Mönche bewaffnet. Da man nicht mit sich reden ließ, forderten die Trierer Truppen an. Währenddessen bestückten Klostergehilfen und sympathisierende Prümer Bewohner Fensterbretter im zweiten Stock der Abtei mit Steinen und auch die Schallöffnungen der Kirchtürme, wo außerdem Geschosse aufgestellt wurden. Wie der Chronist J. Marx 1858 notiert, »liefen Conventualen in Prüm herum, der Bürgerschaft untersagend, der Landmiliz Obdach zu geben und erkühnten sich sogar, diese mit Stöcken zu mißhandeln. Andere Mönche gossen heißes Wasser von den Fenstern auf die vorübergehende Miliz«. Am 3. Februar zog ein noch einmal verstärktes Kommando der Trierer in Prüm vor die Abtei, in der fünf- bis sechshundert Personen mit 200 Feuergewehren Stellung bezogen hatten. Dann flogen die ersten Steine, begleitet von 200 Schüssen, und bereits nach einer halben Stunde wich das Trierer Kommando zurück.

Der Abgesandte des Domkapitels, von Eyß, schlug Waffenstillstand vor. Dabei suchten die Mönche ihre Position bis zum festgelegten Wahltag eines Abtes am 10. Februar zu halten. Jetzt fuhr das Domkapitel scharfes Geschütz auf und ließ die Garnison von der Feste Ehrenbreitstein kommen. Noch gab die Abtei nicht auf. Erst als die Truppen am 8. Februar über die Held anmarschiert kamen und unten am Hang Kanonen aufstellten, war ihr Kampfesmut gebrochen. Am 12. Februar leisteten sie auch schriftlich Abbitte und versprachen, das Recht des Domkapitels »für jetzt und alle künftigen Zeiten« anzuerkennen. Damit war der »Prümer Krieg« beendet, das Verhältnis zwischen den Kontrahenten blieb jedoch gespannt bis zum Schluß, den die Franzosen 1802 mit der Säkularisation setzten.

Abbruch und Aufbruch

In Prüm erfolgte 1802 auch die Auflösung des Stiftes. Die sieben Stiftshäuser wurden mit Stallungen und Gärten versteigert, die Stiftskirche auf Abbruch verkauft, und St. Salvator diente fortan bis heute als Pfarrkirche. Teile des Abteigebäudes nutzten die Franzosen zur Verwaltung, später zogen Ämter und das Regino-Gymnasium ein. Etwa gleichzeitig mit dem Zisterzienserkloster von Himmerod war auch die gesamte Anlage der Prümer Abtei, bis auf den unvollendeten Nordflügel, in der ersten Hälfte des 18. Jahrhunderts durch die Trierer Kurfürsten vollständig neuerrichtet worden. Zur 1000-Jahrfeier der Klostergründung, 1721, wurde der Grundstein für die Kirche gelegt. Bis 1765 entstanden die anschließenden Gebäudeflügel für die Mönche und ein ungenutzter Trakt als Residenz der Kurfürsten. Mit der Auflösung der Abtei nur drei Jahrzehnte später verlor Prüm seine Stellung als geistiges Zentrum der Westeifel neben Trier, doch der Ort nahm Aufschwung und gewann an Kontur. Auf verkauftem Klostergelände entstanden jetzt Häuser südlich am Hahnplatz, die Stiftsdechanei wurde Hotel, und nach Abriß der Stiftskirche legte man als Hauptachse die Hahnstraße Richtung Kalvarienberg an. Prüms Besiedlung außerhalb des ummauerten Klosters und des Stiftbezirkes war im Mittelalter bescheiden. Das Dorf, dessen eine Hälfte Bertrada 721 der Abtei überlassen hatte, entwickelte sich am heute verrohrten Tettenbach nordwestlich der Abtei, vor allem mit dem Marktrecht seit 1016. Erst unter kurfürstlicher Verwaltung, die das Handwerk förderte, also nach 1576, gründeten sich Zünfte. Die Wollweber und Gerber festigten zu Anfang des 18. Jahrhunderts ihren Stand und führten die Branchen dann im 19. Jahrhundert zu großer Blüte. 1804 wurden zum Beispiel 10 000 Meter Tuch an die französische Armee geliefert, nach 1814 waren 670 Webstühle vorrangig für das preußische Militär in Betrieb. Die Baumrinden der Eichenwälder ringsum lieferten reichlich Gerbstoff und ermöglichten den Aufstieg von Leder-Manufakturen. 1848 waren in 1 171 Gerbergruben 19 700 amerikanische Wildhäute eingelegt und ganze Gegenden des Ortes durchlöchert. 1866 steigerte man die Produktionsmenge auf das Doppelte. Es gab sieben Brauereien, Lohmühlen und die Vieh- und Krammärkte. Prüm verwaltete bereits in kurtrierischer Zeit ein Oberamt und während der Franzosenzeit dann eine Unterpräfektur. Mit der Ernennung des Fleckens zum Behördensitz des Landkreises Prüm 1816 wurde die Mittelpunktstellung für das Umland erheblich gestärkt. 1856 verliehen die Preußen das Stadtrecht. Prüm zählte damals etwa 2 000 Einwohner, heute, 1999,

sind es mit den 1970/71 eingemeindeten Dörfern Dausfeld, Niederprüm, Steinmehlen und Weinsfeld 6 119. In der alten Kernstadt leben 4 607 Personen.

Die breite Basis bis heute

Prüm hat seine ausstrahlende Mittelpunktstellung trotz der Verlegung des Kreissitzes nach Bitburg bei der Gebietsreform 1970/71 bewahrt. Damals wurden die alten Landkreise Prüm und Bitburg zusammengelegt. Entschädigung brachte der Verwaltungssitz der aus 44 Ortschaften mit 22 000 Bewohnern gegründeten Verbandsgemeinde. Auch blieben die alten Ämter am Ort, so daß Publikumsverkehr garantiert ist. Prüm versorgt einen Einzugsbereich von 35 000 Personen. Ausgeprägter Einzelhandel setzt die Markttradition fort. In der Stadtmitte entsteht auf ehemaligem Gerbergrubengelände ein Einkaufszentrum mit Parkdeck, um den »Märkten auf der grünen Wiese«, außerhalb der Stadt, entgegenzuwirken. Die Lebensgrundlage ist mit Handel, Handwerk, Dienstleistung und Arbeitsplätzen bei den Behörden breitgefächert geblieben. Alle zwei Jahre findet in Kooperation mit der belgischen Nachbarstadt St. Vith seit 1967 die Grenzlandschau statt, eine internationale Handels- und Gewerbemesse.

Der Tourismus hat sich im Luftkurort weiterentwickelt. Prüm verfügt über 900 Betten, von denen 365 im Posterholungsheim das Jahr über belegt sind. Die Stadt hat ihre Kuranlagen, Hallen- und Freibad und den Campingplatz vollkommen erneuert. Es gibt geologische und Wald- und Wanderpfade, sowie im Tettenbusch die Wolfsschlucht, eine alpine Skiabfahrt mit Schlepplift hinab in das reizvolle Tal der Prüm.

Als Glücksfall für den Raum bezeichnet Stadtbürgermeister Christian Krahwinkel die mit der Gebietsreform gestartete Industrieansiedlung in Weinsheim, fünf Kilometer nördlich der Stadt, wo Fertighäuser und Motorsägen für den Welthandel produziert werden. Mit den 2 000 neuen Arbeitsplätzen gelang es, den Strukturwandel der Landwirtschaft der Region aufzufangen und das Fernpendlertum, vorrangig ins Ruhrgebiet, weitgehend zu beenden. Prüms eigenes Gewerbegebiet im bergigen Stadtteil Dausfeld ist vollbesetzt, ein neueröffnetes in Niederprüm ist so gefragt, daß weitere folgen werden. Denn sobald die ganz nah verlaufende A 60, die große Achse von Belgien in das Rhein-Main-Gebiet, fertiggestellt ist, wird die Verkehrsanbindung exzellent. Mit ihr steht und fällt die Nachfrage. In der Kernstadt sitzt ein Spezialist für Holzleimbau von Weltrang. Doch das Holz liefern nicht die umliegenden Wälder, da die alten Bäume immer noch voller Splitter aus dem Zweiten Weltkrieg stecken. Ehe brauchbarer neuer Bestand herangewachsen ist, müssen noch Jahrzehnte vergehen.

Prüm wurde zweimal hart getroffen. 80 Prozent der Stadt zerstörte ein Bombenangriff im Dezember 1944 während der Ardennenoffensive, und am 15. Juli 1949 explodierten auf dem Kalvarienberg 500 Tonnen von Aliierten eingelagertes Sprengmaterial aus immer noch ungeklärten Gründen. Wie bei einem Vulkanausbruch flogen 250 000 Kubikmeter Schuttmasse durch die Luft, Feuer breitete sich aus und vernichtete noch einmal 76 Häuser vollständig. Zwölf Tote waren zu beklagen. Heute ist der 26 Meter tiefe Krater mit Bäumen und Büschen bewachsen. In der Nachbarschaft steht das Krankenhaus, Baujahr 1987.

Prüm verfügt über Altenheime und sämtliche Schultypen, darunter ein bischöfliches Konvikt. Das 1929 gegründete Museum Prüm liegt seit 1988 im ehemaligen Krankenhaus, einem gestreckten Gebäudekomplex mit der Verwaltung der Verbandsgemeinde, die Träger ist. Drei Etagen nehmen die sehr anschaulich präsentierten Sammlungen ein. Schwerpunkte setzen die Kloster- und Wallfahrtsgeschichte, Wohnkultur vom 18. Jahrhundert bis zur Nachkriegszeit, eine Spielzeug- und Puppenkollektion, das »Leben auf dem Bauernhof«, sowie die »Straße des Handwerks«. Man wünschte sich, daß diese kulturgeschichtliche Fundgrube systematisch den Schulen des Umlandes zugänglich gemacht würde. In Prüms ehemaliger Abtei,

dem Regino-Gymnasium, findet seit 1957 die Jahresausstellung der Europäischen Vereinigung Bildender Künstler aus Eifel und Ardennen statt mit Teilnehmern aus Deutschland, Belgien, Luxemburg und Frankreich. Der dabei vergebene Lotharpreis soll bewußt an mittelalterliche Traditionen erinnern.

Im Kern von Prüm

Die Architektur der Stadt wirkt kraftvoll und kompakt. Die Steinhäuser, meist dreigeschossig und mit Dachgauben, stehen dicht bei dicht. Weißverputzt und streng symmetrisch gegliedert, mit Fensterrahmung aus rotem Sandstein, sind sie vielfach barocken Vorgängerbauten nachempfunden. Nach einem verheerenden Brand von 1768 und 80 Prozent Kriegszerstörung ist Originales selten. Ein spitzgiebeliges ehemaliges Stiftsherrenhaus, heute eine Apotheke, steht in der Hahnstraße, von 1666 datiert das älteste, kleine Haus. Oft bergen Keller noch die alten

Johannesmarkt mit Heiligenfigur und Haus vom 18. Jahrhundert

Gewölbe, so das breite Kaufhaus am Johannesmarkt neben der Hahnstraße. Die schmale hohe Sockelfigur des namengebenden Heiligen aus unseren Tagen ersetzt die mittelalterliche. Beherrscht wird der kleine Platz von einem repräsentativen dreigeschossigen Gebäude mit Mansarddach vom Ende des 18. Jahrhunderts, nach Plänen eines Franzosen. Der von Säulen getragene Portalvorbau und ein schmiedeeisernes Balkongitter heben den einstigen Sitz des französischen Unterpräfekten hervor. Zeitweilig diente der Bau als Postwechselstelle und Schmiede. Zwei Gassen, die Bach- und die Pfannstraße, verbinden den Platz mit dem Altenmarkt und stecken den frühen Siedlungskern von Prüm mit schmalen kleinen barockzeitlichen Steinhäusern ab. Der Altenmarkt, mit nur noch zwei alten Gebäuden und einem Sandstein-Wegekreuz von 1686, bildet heute eine erweitererte Durchgangsstraße. Ein Hohlweg führt nach Norden direkt hinauf zu einer bebauten Höhe Richtung Tettenbusch, dem ausgedehnten Waldgebiet. Nach den siebzi-

ger hat in den neunziger Jahren ein weiterer Bauboom eingesetzt. Der bevorzugte Südhang des Wenzelbaches gegenüber der Held steht bereits voller stattlicher Einfamilienhäuser. Die Aussicht auf die Abtei und Doppelturmfassade der Salvatorkirche gehört in Prüm fast immer dazu.

Balthasar Neumanns Prunkfront

Die Klosterkirche und die anschließenden Abteiflügel um zwei Innenhöfe wurden nacheinander und von verschiedenen Architekten gebaut. Die Basilika (1721–1729) entwarf der Trierer Hofbaumeister Johann Georg Judas, ursprünglich ein Zimmermann. Er hatte bereits den Wiederaufbau des Trierer Domes geleitet, in Wittlich Erfahrungen gesammelt und in Koblenz gebaut. Nach seinem Tod 1726 überwachte der Nachfolger Paul Kurz die Vollendung der Kirche. Für die Mönchsgebäude lagen seit 1735 Pläne von Johann Georg Seitz aus Franken vor, die sein Sohn Johannes Seitz weiterführte, bis der kunstsinnige Kurfürst Franz Georg von Schönborn 1744 Balthasar Neumann hinzuzog. Neumanns Entwurf führte seit 1748 sein Meisterschüler Johannes Seitz aus. 1765 endete die Bautätigkeit. Die Lücke der Nordwestecke schloß man erst zwischen 1908 und 1912. Dabei wurde die 24 Achsen messende Westseite neben der Kirchenfassade mit fünf Portalen zur Haupteingangsseite. Die im Krieg schwer getroffene Anlage war Anfang der sechziger Jahre wiederhergestellt.
Balthasar Neumanns Prunkfront liegt im Norden und stützt sich auf seinen Dikasterialbau (Gerichtshof) in Koblenz-Ehrenbreitstein. Flache Wandpfeiler rahmen die Ecken der 15 Achsen dieser Fassade, deren Zentrum ein drei Fenster breiter Mittelrisalit bildet. Seine streng symmetrische Aufteilung beleben schwingende Formen und reiches Dekor. Pilaster mit üppig geschmückten Kapitellen gliedern die Front, hinter der, über zwei Stockwerke gehend, der Fürstensaal liegt. Das Erdgeschoß mit Portaleinfahrt ist durch bossierte Werksteine (Rustika) als hoher Sockel ausgebildet. Schlußsteinkartuschen

Balthasar Neumanns Prunkportal, Hauptfront der Abtei

im Sturz der Kreis- und Rechteckfenster setzen Akzente. Die prachtvolle Bekrönung zeigt einen gebrochenen, geschweiften Giebel, in dem vollplastische, zähnefletschende Löwen die reliefierten Wappen der beiden erzbischöflichen Bauherren tragen, Franz Georg von Schönborn und Johann Philipp von Walderdorf. Rokoko-Muschelgirlanden umspielen die kraftvoll herausgearbeiteten Machtsymbole. Gegenüber dieser festlich wirkenden Front dehnt sich ein Platz, den alte Remisen mit Toreinfahrten und eine Baumreihe vor ihnen athmosphärisch bereichern. Im Osten schließt sich der Schulhof an.

St. Salvator

Die Salvatorkirche, eine fünfjochige Basilika mit verlängertem Chor, ist weitaus schlichter als die Nachbaranlage. Jedoch erhebt sich der kompakte Bau mit gewaltigen Ausmaßen im Norden über die Abtei, zieht das Hauptdach seine lange Bahn bis über den Chor, der, dreiseitig gebrochen, aus dem stark abfallenden Gelände senkrecht zu imposanter Höhe aufsteigt. Schmale, dreimal abgetreppte sandsteinrote Strebepfeiler, die wie die großen Rundbogenfenster bis kurz unter das Dach reichen, geben dem Chorhaupt im Osten Gliederung und Gewicht, betonen sein Aufstreben in strengen Formen. Die Mauern bergen in ihrem Inneren die Reliquie der Sandale Christi und das Grab Kaiser Lothars I aus der Glanzzeit der Abtei. Das Konzept des Architekten Judas beschwört, vor allem ausgeprägt im Schiff, noch einmal den Geist des Mittelalters, knüpft bewußt an die kirchliche Tradition der Gotik an, wenngleich der Zeitstil, wie große Rundbogenfenster, mitwirkt. Nur die Schauseite, die Doppelturmfassade präsentiert Judas ganz barock. Das Langhaus mit den beiden Seitenschiffen setzt mit einmal abgetreppten Strebepfeilern, die eine Volute ziert, und Rundbogenfenstern den am Chor begonnenen Gliederungsrhythmus fort. Traufengesimse heben den Dachabschluß der blockhaften Baukörper hervor, die Fenstergewände und Sohlbänke sind profiliert.

Die Basilika St. Salvator, Ansicht von Südosten

Schlichtheit bestimmt hier die äußere Erscheinung.

Die Westfront bricht mit solcher Zurückhaltung. Zwei quadratische Türme mit achteckigem Glockengeschoß, geschweifter Schieferhaube, offener Laterne darüber und einem langgezogenen abschließenden Spitzdach demonstrieren wirkungsvoll ihre den Bau überragende, weithin sichtbare Rolle. Der Dachreiter über dem Chor wiederholt in kleinem Maßstab ihre Gestalt. Die Fassade, die die Türme in einer Flucht seitlich begrenzen, ist symmetrisch und solide gegliedert und die einzige des Architekten Judas geblieben. Zwei schlanke Pilaster mit jonischen Kapitellen heben einen breiten Mittelteil heraus, den, über durchgezogenem Gesims, ein geschweifter, von Kreisvoluten verzierter Giebel bekrönt. Auf seinen Absätzen stehen Steinfiguren, Christus, der hl. Benedikt und die hl. Scholastika, deren Silhouetten die Stirnseite effektvoll überragen. In Anpassung an den kurvigen Giebel sind die Ecken der Türme im Ansatz des Glockengeschosses von Voluten aufgerollt. Den Mittelteil der

Front nimmt eine hohe Muschelnische ein, die eine von Engeln begleitete Figur der Maria birgt, der ursprünglichen Patronin. Zwei schlanke Fenster flankieren die Nische. Das untere Drittel der Fassade setzt eine durchgehende Wandvorlage ab. Drei ähnlich gestaltete Säulenportale geben diesem Bereich schmückende Erdenfeste. Das mittlere, der Haupteingang, zeigt im Segmentbogen das von Löwen gehaltene kurtrierische Abteiwappen mit dem Lamm in der Mitte. Neu gestaltete Figuren König Pippins und Karls des Großen erinnern in seitlichen Nischen an die Zeit der »Goldenen Kirche«. Bei der jüngsten Renovierung wurde die Front, dem Zeitgeschmack des 18. Jahrhunderts entsprechend, orange-rosafarben verputzt, die Gliederungselemente, Pilaster, Gesimse und Fensterrahmung setzte man in Weiß ab.

Das Innere: monumentale Weite

Man betritt die Kirche durch das Hauptportal, gelangt über eine Glastür in einen

Blick in den Chor

großen Vorraum unter der Orgelempore, deren flach gedehnter Bogen überleitet in das dreischiffige Langhaus von 64,50 Metern Länge, 28 Metern Breite und 22 Metern Höhe. Die Raumwirkung bestimmen monumentale Ausmaße, die beeindruckende Höhe, Weite und die große Helligkeit. Schmale profilierte Rippen überspannen kreuzweise als feine Linien die gewölbte Decke. Sie zeichnen auf ihrer Bahn, die die enorme Schiffsbreite überwindet, einen leichten Spitzbogen nach und steigen mit den Gurtbögen von Gesimskapitellen der flach hochgezogenen Wandpilaster auf, die viereckigen Pfeilern vorgelagert sind. Die kräftigen kurzen Pfeiler, gewichtige Fußfeste des Langhauses, öffnen mit profilierten Rundbogenarkaden die bedeutend niedrigeren schmalen Seitenschiffe. Auch sie sind kreuzgewölbt und von großen Fenstern durchleuchtet. Da sämtliche Wände unbemalt und weiß gekalkt sind, treten die farbig gefaßten Gliederungselemente der Innenarchitektur, in rotem Sandstein und mit Goldstreifen an den Kapitellen, deutlich ablesbar hervor. Ihre klaren Konturen geben dem Raum im Wechselspiel mit den freien großen Flächen der Hochschiffwand, unter gleichwohl großen Rundbogenfenstern, einen ruhigen harmonischen Rhythmus. Schlichtheit, Kargheit der Formen in Anlehnung an gotische und romanische Formen prägen die Gestaltung.
Schon beim Betreten der Kirche wird der Blick in den gleichbreiten und noch einmal drei Joche langen Chor gelenkt, der in tief gebusten gotisierenden Gewölben mit Fünffachtelschluß endet. Den um drei Stufen erhöhten Altarbereich steckt ein breiter, von Kassetten mit goldenen Blumen geschmückter Triumphbogen ab. Der dunkle monumentale Hochaltar und das Chorgestühl kontrastieren zur Helligkeit des lichtdurchfluteten Areals. Während die Gotik mit spitzbogigen Maßwerkfenstern und farbiger Glasmalerei die Räume in schummriges Dunkel tauchte, spenden die großen Rundbogenfenster barocke Lichtfülle. Der Architekt Judas verleugnet nicht seine Zeit, was in der Weite des Raumes oder auch an den flachen Pilastern zum Ausdruck kommt. Wie zurückhaltend er

jedoch barocke Elemente einbezieht, um das Mittelalter mit Gewölbeformen, den Arkaden und dem Langchor in Erinnerung zu bringen, zeigt nicht nur sein Verzicht auf Stuck und Malerei, sondern auch ein Vergleich mit der Orgelempore, die 1730 nachträglich und im Zeitgeschmack zwischen den Türmen eingezogen wurde. Unter einer Balustradenbrüstung und Zierzwickeln, die Pfeil und Bogen, Flöten und Trompeten präsentieren, spannt sich ein weiter Flachbogen. Seine Laibung mit Reliefkassetten zieren als plastische Trägerfiguren anmutige Frauengestalten, die, mit etlichen Attributen behaftet, die Musik und Architektur sinnenfroh verkörpern. Das schwungvoll ausladende, die Gewölbe berührende Orgelgehäuse ist noch ein Entwurf von Johannes Seitz.

Die als Kapellen dienenden Turmhallen liegen westlich in der Flucht der Seitenschiffe und sind mit ihnen durch rundbogige Türen verbunden. Man betritt sie jedoch durch Bogenöffnungen rechts und links unter der Orgelempore. Während die südliche Turmhalle kreuzgewölbt ist, gibt sich die nördliche mit hohem, feingearbeiteten Sterngewölbe und einem großen Spitzbogen zum Seitenschiff noch als spätgotisches elegantes Überbleibsel der Vorgängerkirche zu erkennen. Außen wurde der Turm vollkommen als Pendant zu seinem Zwilling ummantelt.

Die Ausstattung

Das den Innenraum beherrschende Ausstattungsstück stellt der Hochaltar von 1736 dar, der die gesamte Breite des Chores einnimmt und erst 1926 als Geschenk des Trierer Bischofs in die Kirche kam. Die imposante, von Säulen gegliederte Arbeit aus Eiche mit verspielten Goldverzierungen ragt mit dem Aufbau fünfzehn Meter hoch und stammt aus der Karmeliterkirche in Kreuznach. Überlebensgroße, in Silber und Gold gefaßte Heiligenfiguren, Helena und Nikolaus, sowie die hinzugestellten Brigida von Irland und Ansbald, ein Prümer Abt, beleben die dunkle Silhouette effektvoll wie auch überdimensionierte vergoldete Engelgestalten auf den Gie-

Die Geburt Christi, Reliefszene an der Steinkanzel, um 1590

beln. Das hohe originale Chorgestühl von 1731 unterstützt in dunkler Eiche harmonisch die gravitätische Wirkung des Altares und gibt dem tiefen Chor Geschlossenheit. Das reiche, kunstvoll geschnitzte Bildprogramm auf der Rückenwand ist in Reliefdarstellungen dem Leben des hl. Benedikt und Porträts benediktinischer Päpste gewidmet. Vollplastische weibliche Halbfiguren, die die Bilder rahmen, versinnbildlichen Tugenden und die Künste. Die Stützen der hochgeklappten Stühle, an die sich die stehenden Priester während der stundenlangen Zeremonien aus »Barmherzigkeit« anlehnen konnten, daher ihr Name Miserikordien, trugen mit Darstellungen von Tieren wie Hase und Wildschwein, und Jägern zur Unterhaltung der Geistlichen bei.

Zwischen Altar und Chor steht im Norden der Reliquienschrein mit einem bestickten Teilstück der Sohle einer Sandale Christi und zwei Hälften eines Prachtschuhs, die als Umhüllung gedacht waren. Der Schrein hat die Gestalt eines kleinen Flügelaltares. Er wurde

Grabstein mit Bildnisfigur der 1483 verstorbenen Franziska von Rodemacher

Kleine Figur aus der Grablegungsgruppe, vermutlich 16. Jahrhundert

1896 gestiftet und aus vergoldetem Kupfer mit Emaille-Figuren und Ornamenten einem Brüsseler Vorbild vom 12. Jahrhundert nachgearbeitet. Gegenüber ruhen die Gebeine Kaiser Lothars I in einem schwarzen Marmorsarkophag, dessen schlichte weiße Deckplatte schwarze Säulen mit weißen Basen und Kapitellen tragen. König Wilhelm von Preußen schenkte 1874 diesen Monumentalsarg als Ersatz für zwei auf dem Hochaltar präsentierte Kästen. Sie bargen Lothars sterbliche Überreste seit ihrer Hebung 1721 im Zusammenhang mit dem Neubau der Kirche. Nahebei hängen zwei Gemälde des Barockmalers Januarius Zick mit der Darstellung der Neugründung des Klosters durch König Pippin und der Weihe der »Goldenen Kirche« durch Papst Leo III. Die Südwand über dem Chorgestühl verkleidet ein vom Paramentenverein gestickter, 1918 geschenkter Bildteppich mit dem zentralen Motiv des heiligen Jerusalems.

Als einziges Prunkstück aus der ehemaligen »Goldenen Kirche« ist die helle Sandsteinkanzel aus der Zeit um 1590 bewahrt, die in der Werkstatt des Trierer Bildhauers Hans Ruprecht Hoffmann gemeißelt und signiert wurde. Auf achteckigem hohem Schaft zeigen vier Seiten des sechsteiligen Korbes das in vier Szenen geraffte Leben Jesu mit dynamischer Bewegtheit vollplastischer und reliefierter Figuren. Bis ins kleinste Detail herausgearbeitet werden Verkündigung, Geburt, Taufe und Auferstehung anschaulich gemacht. Über das winzige Neugeborene im Vordergrund beugen sich Maria und zwei Hirten mit sprechenden Gesichtern, während Joseph im Hintergrund und in die Ferne blickend symbolisch eine Kerze hält, das Licht der Welt. Üppige Girlanden umrahmen die Bilder abschließend. In der Schrifttafel unter der Taufszene ist das Wappen des Stifters, Erzbischof Johann II, angebracht.

Wie die Barockaltäre in den Seitenschiffen ist auch die steinerne monumentale Grablegungsgruppe spät in die Kirche gelangt. Sie stammt aus der bei der Explosion 1949 zerstörten Kalvarienberg-Kapelle von 1696, ist farbig neu gefaßt und zeigt in Gestik und Mimik bei Maria und Johannes barocken

Überschwang der Gefühle im Angesicht des naturalistisch gestalteten Toten. Fünf der sieben Trauernden erscheinen hinter dem Grab als Halbfiguren, darunter zwei kleinere ältere, was ihre steife Haltung erklärt. Lebensgroß stehen die Christusträger, Joseph von Arimathäa und Nikodemus, am Kopf- und Fußende mit ernstem vollbärtigen Gesicht, bereit, den Toten zu bestatten. In die Tücher, die sie halten, legten früher auf dem Kalvarienberg die Eltern für ihre Kinder eine Süßigkeit, daher ihr volkstümlicher Name »Holtermänner«.

Die heiligen Drei Ärzte

Einige Teile der Ausstattung kommen aus der niedergelegten Stiftskirche, wie der Taufstein von 1522 und die sandsteinroten Grabsteine mit lebensgroßen Bildnisfiguren des Prümer Abtes Robert von Virneburg, der 1513 starb, und seiner 1483 verstorbenen Verwandten Franziska von Rodemacher. Sie hatte in Prüm eine Kapelle gestiftet. Beide Monumente stehen in der südlichen Turmkapelle, die mit einem Altar Maria zugeeignet ist. In der spätgotischen nördlichen Turmhalle fand der flämische geschnitzte Altaraufsatz vom 16. Jahrhundert aus der Kalvarienberg-Kapelle seinen festen Platz. In neugotischem Gehäuse rahmen vielfigurige Passionsszenen die zentrale Kreuzigung in lebensnah beobachteter Drastik. Die Kapelle ist den »Heiligen Drei Ärzten« gewidmet, deren Reliquien das Schatzverzeichnis der Abtei bereits 1003 nennt. Ärzte und Apotheker aus dem Landkreis Prüm stifteten 1891 einen neuen Schrein, der sich heute vor dem Passionsaltar befindet. Die heiligen Drei waren, wie das Verzeichnis aussagt, ursprünglich zu viert: Marius und Martha, nach der Legende ein Ehepaar, und die Söhne Audifax und Abacuck. Sie sollen in unbekannter römischer Zeit für ihren Glauben als Märtyrer gestorben sein. Berichte über Wunderheilungen an ihrem Grab machte sie im Volksglauben zu den heiligen Drei Ärzten, wobei die zur Gruppe gehören-

de Frau ungenannt blieb. Zum »Dreiärztefest« am 19. Januar kommen seit dem Mittelalter bis heute Pilger nach Prüm, in den letzten Jahren noch bis zu 400. Eine farbige Figurengruppe im Stil des 19. Jahrhunderts zeichnet die Drei vor der Kapelle mit Äskulapstab, Mörser und Medizinflasche als ausgebildete Doktores aus. Auch zum Festtag der hl. Brigida von Irland, der Patronin der Kühe, kommen am 1. Februar noch Wallfahrer. Früher waren dann die insgesamt 1 000 Plätze der Kirche besetzt. Seit die Landwirtschaft stark zurückging, finden sich noch etwa 300 Pilger ein.

Die Prümer selbst gehen traditionell am Dienstag nach Pfingsten nach Echternach, auf dem Umweg über Waxweiler, wo einst der hl. Willibrord gepredigt haben soll. Dabei beginnen sie vor der Salvatorkirche zu springen, im Rhythmus der Polka die Füße seitlich ausschwingend zu setzen. Die Benediktinerabtei von Echternach wurde 23 Jahre vor der Prümer von dem hl. Willibrord gegründet. Sie erreichte unter Karl dem Großen ihre erste Blüte, doch das Lieblingskloster der Karolinger lag an der Prüm. Gleich nach dem Tod Willibrords 739 zog sein Grab in der Abteikirche Echternachs Pilger an, die sich dem Patron der Fallsucht springend näherten. Aber auch in Prüm gab es eine Springprozession, jeweils am Tag vor Christi Himmelfahrt, also mit zeitlichem »Vorsprung« vor Echternach. Die Teilnehmer dieser Bet- und Bittprozession kamen an diesem Tag vermutlich aus ganz handfesten Gründen von den umliegenden Dörfern hierher. Sie brachten in Fuhrwerken die erwirtschafteten Abgaben zur Abtei. Ihre Prozession begann auf dem Johannesmarkt, führte zur Wendelinuskapelle, die dabei dreimal umsprungen wurde, setzte sich fort zur Stiftskirche, die man gleichfalls dreimal umtanzte, und endete mit der Umkreisung der Basilika. Im Zeitalter der Aufklärung hatte Erzbischof Klemens Wenzeslaus 1778 auch diese Springprozession untersagt. Sie blieb für immer eingestellt, während eine Prümer Tanzgruppe sich seit 1861 wieder den Waxweilern anschließt und bis Echternach springt.

Von einer Viktoria flankierter römischer Weihestein für ein Gebäude aus dem Jahr 253 in Bitburg

An der Via principalis

Bitburg, Stadt seit 1262
1857 erneuert
Kernstadt: 10 077 Einwohner
Gesamtstadt: 13 500 Einwohner
Kirche: Liebfrauenkirche

Bitburgs Lebensader, die Via principalis, alias Grande Rue und Hauptstraße, jetzt Fußgängerzone der 10 077 Einwohner zählenden Stadt pulsiert seit 2 000 Jahren. Wie in der römischen Antike gehört sie bis in die Gegenwart Schnäppchenjägern, Käufern. Währungen und Landesherren wechselten im Laufe der Jahrhunderte. Bitburgs Geschichte verband sich seit dem Mittelalter mit Luxemburg und dadurch dann mit Spanien, Österreich und Frankreich, ehe es 1815 zu Preußen kam.
Nach dem Zweiten Weltkrieg wurde mit der Errichtung des Nato-Flugplatzes durch die Amerikaner der Dollar neben der D-Mark in Bitburg ein Zahlungsmittel auf der »Mainstreet« und blieb es auch nach Schließung der Air Base 1994. Flexibilität und Offenheit prägen das zentrale dynamische Wirtschaftszentrum der Südeifel auf dem fruchtbaren Hochplateau, dem Gutland zwischen Nims und Kyll. Es ist eindrucksvoll, die Hauptstraße von ihrem höchsten Punkt aus mit den Augen nach beiden Enden hin zu verfolgen. Bitburg liegt auf einer kleinen Anhöhe. Wie auf dem Reißbrett gezogen, schnurgerade, durchmißt die Verkehrsachse in Nordsüdrichtung den Ort und das noch weithin sichtbare wellige Land.

Beda vicus, ein Straßendorf

Die Römer waren Bauherren dieser Fernstraße auf der Strecke von Trier nach Köln, zum Rhein. Nachdem Gallien von Gaius Julius Caesar zwischen 58 und 51 v. Ch. erobert worden war, hatte der Statthalter von Kaiser Augustus, Agrippa, entschieden, das eroberte Gebiet für Truppenbewegungen gangbar zu machen. Von Trier aus führte die Straße weiter nach Metz und über Langres bis nach Lyon. Bitburgs Entfernung von Trier entsprach mit knapp 30 Kilometern damals einer Tagesreise, so daß der strategisch günstige Platz auf dem Hügel, der Aussicht über das umliegende Land gewährte, zur Errichtung einer Straßenstation einlud. Nachdem um 15 v. Chr. die Stadt Augusta Treverorum gegründet worden war, begannen die Römer das fruchtbare Hinterland zu kultivieren und den nahen Rastort zum »Beda Vicus« auszubauen, wie die Siedlung in einem antiken Straßenverzeichnis zur Zeit Kaiser Caracallas (211–217 n. Chr.) genannt wurde (vicus = Dorf). Man vermutet, daß die Örtlichkeit bereits lange vor den Römern belebt war. Da sich Spuren der Kelten fanden, Münzen, gibt es eine Theorie, die »Beda« aus dem keltischen betula für Birke herleitet. Die Römer hätten demnach den Namen vorgefunden und übernommen.
Der Vicus bildete ein Straßendorf, in dem sich Gasthäuser, Herbergen, Kaufläden, Handwerksbetriebe, Lagerhallen, Stallungen und Hufschmieden aneinanderreihten. Er erstreckte sich auf einer Länge von 700 Metern über den Hügel in Richtung Norden, bis zum »Schlößchen« auf der jetzigen Kölnstraße

Die Jupitersäule an der Hauptstraße

und im Süden bis zur Einmündung des Borenweges in die Trierer Straße, die Verlängerung der Hauptstraße. Im zweiten nachchristlichen Jahrhundert hatte sich im Vicus ein gut organisiertes, blühendes Gemeinwesen entwickelt, von dessen Wohlstand überlieferte Denkmäler der Götterverehrung zeugen. Drei Säulen waren dem höchsten römischen Gott Jupiter geweiht, eine von ihnen steht heute an der Hauptstraße, nahe der Liebfrauenkirche. In ihrem Umkreis, um den höchsten Punkt des Ortes also, fand man 1860 und 1922 bei Kirchenerweiterungen auffallend viele steinerne Weihe-Inschriften und Kultbildnisse als Reliefs, wie das des Schutzgottes der Schmiede, Vulkan, der Hammer und Zange hält, oder das des Sonnengottes Sol mit Strahlenkrone. Wissenschaftler konnten jedoch bisher eine von der Kirche überbaute Tempelanlage nicht nachweisen. Die vicani bedenses, die Bewohner des Beda Vicus, bewiesen Gemeinschaftssinn durch etliche Stiftungen, zum Beispiel hatte die Geldspende der »Iuniores vici« den Bau eines Wachturmes ermöglicht. Am

großzügigsten erwies sich, laut Inschrifttafel, Lucius Ammius Gamburio, der im Jahr 198 n. Chr. die hohe Summe von 50 000 Denaren für den Bau eines Theaters und zur Ausrichtung alljährlicher Frühlingsfestspiele schenkte.

Sitz des Kastells

Länger als in anderen Teilen römisch-gallischer Provinzen, die von Bürgerkriegen geschwächt wurden, hielt im Beda Vicus an der verkehrsreichen Fernstraße die Ruhe an. Doch nach der Ermordung Kaiser Aurelians fielen Franken und Allemannen 275/276 über Gallien her, und, wie die meisten linksrheinischen Dörfer, wurden auch der Beda Vicus zerstört. Erst mit der Stabilisierung unter Kaiser Diokletian, als Trier dann 293 zur kaiserlichen Residenz für die weströmischen Provinzen aufrückte, wurde die Lage des ehemaligen Straßendorfes erneut wichtig. Die Römer errichteten nun auf der Höhe ein wehrhaftes Kastell, zeitgleich mit den sehr ähnlichen Anlagen in Jünkerath und Neumagen an der Mosel, vermutlich unter der Regierung Kaiser Konstantins (306–337). Das Kastell umschloß mit 3,80 Meter dicken Mauern, 13 runden und vier eckigen Tortürmen nur die Hügelspitze und war damit halb so groß wie der Vicus. Der ovale Grundriß faßte etwa zwei Hektar ein, die von Trier kommende Fernstraße durchzog die Festung als Via principalis Richtung Köln. Die Anlage bewährte sich wieder als Straßenstation, ihre Hauptaufgabe war jedoch, Truppen zu beherbergen.

Mit der Verlegung der Residenz des weströmischen Reiches von Trier nach Italien im Jahr 395 verringerte sich die unmittelbare Schutzfunktion des spätantiken Kastells. Westrom befand sich zu dieser Zeit längst im Niedergang, es endete im Jahr 476. Trier war 411, 416 und 427 von den Franken erobert worden, die gleichzeitig das Kastell vereinnahmten. Ein archäologischer Rundweg führt seit 1995 zu anschaulichen Resten der Vicus- und Kastellzeit, vor allem zu steinernen Denkmälern der Götterverehrung. Mächtige Mauerabschnitte im Westen der Stadt zeigen imposante Dimensionen.

Neue Herren in Bideburke

Bei der Einteilung des Landes in Gaue machten die Franken das »castrum bedinse« zum Hauptort innerhalb des »pagus Bedensis«, des Bitgaues, das in Mundart bis heute Bekow genannt wird. Der Name »bideburke« wird erstmals 893 im Prümer Urbar genannt, dem Güterverzeichnis der Abtei Prüm. Nach der Teilung des großen Karolingerreiches im Vertrag von Verdun 843 gehörte Bitburg, das seit dem 7. Jahrhundert Sitz eines Bitgaugrafen war, zu Lothringen. 963 kam Bydeburg als Geschenk Kaiser Ottos II als Lehen an das Erzbistum Trier, das in der südwestlichen Eifel mit Luxemburg um Macht und Einfluß konkurrierte. Nach langen Auseinandersetzungen sah sich Erzbischof Theoderich von Trier schließlich gezwungen, die Herrschaft Bitburg 1239 an die Grafschaft Luxemburg abzutreten, mit deren wechselvoller Geschichte der lehnsabhängige Ort bis 1814 verbunden blieb. Bitburg wurde Sitz eines luxemburgischen Beamten, eines Propstes.

1262 stellte der Luxemburger Graf Heinrich der Blonde dem Marktflecken den städtischen Freiheitsbrief aus, womit Gefolgstreue und die Erhaltung der Befestigungsanlage verbunden waren. Da der Bevölkerung das Terrain innerhalb des Kastells bereits zu klein geworden war, erweiterte man das Siedlungsareal nach Süden um das Dreifache und umschloß es mit einem Mauerring und halbrunden Türmen. 1340 war die neue Umwehrung aus Kalkstein fertiggestellt, sie saß in einer Stärke von 2,50 Metern auch den römischen Kastellmauern auf, so daß die Stadt ringsum einheitlich befestigt erschien. Zu der Zeit zählte Bitburg fast 1 000 Bewohner.

1354 wurde Luxemburg zum Herzogtum erhoben, knapp hundert Jahre später, 1449, kam es an Burgund. Nach dem Tod des Burgunderherzogs Karls des Kühnen 1477 heiratete seine Erbtochter Maria in demselben Jahr Erzherzog Maximilian I von Österreich, so daß burgundische Besitzungen, so

auch Luxemburg mit Bitburg, und die Niederlande habsburgisch und in Zukunft Teil einer Weltherrschaft wurden.

Die spanische Stadt

Als Kaiser Karl V bei seiner Abdankung 1556 das Reich, in dem die Sonne nicht unterging, zweiteilte, begründete sein Sohn Philipp II die ältere spanische Linie und bekam Spanien und dessen überseeische Kolonien, Burgund und damit Luxemburg und Bitburg, die Niederlande, Mailand, Neapel, Sizilien und Sardinien. Sein Bruder Ferdinand I vertrat von nun an die österreichische Linie mit den restlichen, östlichen Besitzungen. Für Bitburg, das eine »spanische Stadt« geworden war, brachen schwere Zeiten an, denn es geriet in das Spannungsfeld der Niederländischen Separationskriege gegen Spanien und Frankreich. Bereits 1570/80 fielen holländische Freibeuter über die Stadt her, und die Hexenverfolgungen wüteten unter Philipp II besonders hart. Spanische Tracht wurde beim Adel Mode, doch das Leben gestaltete sich keineswegs luxuriös oder idyllisch. Auf den verheerenden Dreißigjährigen Krieg folgten die Eroberungszüge Ludwigs XIV. In den Jahren 1667, 1675 und 1689 besetzten Franzosen die Stadt und hinterließen sie in Trümmern. Schließlich wurde Bitburg noch in den Spanischen Erbfolgekrieg hineingezogen. Doch mit dem Frieden von Utrecht 1714, der die spanischen Niederlande, zu denen Luxemburg und Bitburg gehörten, dem österreichischen Habsburg zusprach, setzten im Bitburger Land die »goldenen Jahre« ein. Sie endeten erst mit der Besetzung des linksrheinischen Gebietes durch die Franzosen.

Maria Theresia bringt Segen

Die Blütezeit ist mit der Regentin Kaiserin Maria Theresia (1740-80) verbunden, die Abgaben, Frondienste und Leibeigenschaft milderte und den Wiederaufbau der Stadt fortsetzte. Schon zu Beginn der österreichi-

Portal des barocken »Schlößchens«

schen Zeit hatte eine Einwandererwelle eingesetzt, vor allem kamen Tiroler, Kaufleute und Steinmetze. Da die Abtei Echternach Barockneubauten von Tiroler Architekten errichten ließ, kamen in ihrer Begleitung viele Handwerker mit, die sich dann in der Region für immer niederließen. Sie fanden ein reiches Betätigungsfeld vor, so daß viele Bauernhäuser im sogenannten Abteistil entstanden, weißverputzt und mit feingesägtem sandsteinroten Gewände um Fenster und Türen.

Die Zeit unter französischer Fremdherrschaft von 1795 bis 1815, die fünf Kantone, Bitburg, Echternach, Dudeldorf, Neuerburg und Arzfeld zum Wälderdepartement zusammenfaßte, dem »Departement der Wölfe«, empfanden die Bitburger weniger einschneidend als den auf dem Wiener Kongreß beschlossenen Anschluß an Preußen, den die Bevölkerung nicht wollte. Denn mit ihm wurde die jahrhundertelange Zugehörigkeit zu Luxemburg aufgehoben, Sauer und Our bildeten jetzt Grenzflüsse. Die Hunger- und Teuerungsjahre 1816 bis 1818 überschatte-

ten zusätzlich die als hart empfundene Umstellung.

Im 19. Jahrhundert belebte sich Bitburgs Wirtschaft nur allmählich. Ihre Grundlage war unverändert die Landwirtschaft. 1808 hatten noch die Franzosen die Markttage auf vier erhöht, am Ende des Jahrhunderts waren es 18. Die gute Verkehrslage und der Ausbau der Straßen ins Umland zahlten sich aus. Der Viehmarkt, heute abgelöst durch Auktionen, fand auf der Kolmeshöhe statt, der Gesindemarkt am Nikolaustag hielt sich bis 1950. Mit der Aufwertung als Sitz der Kreisverwaltung des neuen Landkreises Bitburg seit 1815 zogen Behörden in die Stadt, und 1857 erneuerten die Preußen das Stadtprivileg. Um die Mitte des Jahrhunderts, als Bitburg 2 000 Bewohner zählte, gab es neben vielen Handwerksbetrieben kleine Unternehmen wie Färbereien, Gerbereien, eine Ziegelei und drei Landbrauereien, von denen die kleinste Simon hieß und seit 1817 Bier herstellte. Heute ist sie die drittgrößte Privatbrauerei der Bundesrepublik, beschäftigt in Bitburg mehr als 1000 Mitarbeiter und produziert seit 1995 reichlich vier Millionen Hektoliter Bitburger Premium Pils im Jahr, den Erfolgsschlager seit 1913.

Brauerei in der 7. Generation

Der Begründer der Brauerei, Johann Peter Wallenborn, kannte das Gewerbe durch seinen Vater in Kyllburg, der ihm vermutlich die Ausstattung für einen eigenen Betrieb nach Bitburg 1817 mitgegeben hatte. Wallenborn errichtete sein Sudhaus gegenüber der mächtigen Römermauer beim Schakentor und unterhielt gleichzeitig eine Gaststätte, einen Bauernhof und die Poststation. Nach seinem Tod übernahm der Schwiegersohn Ludwig Bertrand Simon 1842 die Hausbrauerei, die seitdem von dieser Familie geführt wird, heute bereits in der siebten Generation.

Mit Theobald Simon, der von 1876 bis 1903 die Leitung hatte und sich interessiert im Ausland umtat, stieg die Landbrauerei durch Investitionen und Innovationen, wie Anlagen von Eiskellern oder Flaschenabfüllungen, zum Industriebetrieb auf, und, was entscheidend werden sollte, man produzierte seit 1883 untergäriges Bier nach Pilsener Art, wie es im böhmischen Ursprungsort seit 1842 gebraut wurde. Nach der vollkommenen Umstellung von obergärigem auf untergäriges Bier wurde der Absatz von »Original-Simonbräu-Deutsch-Pilsener« dann 1908 auf dem Markt forciert, was die drei großen Brauereien in Pilsen aufhorchen ließ. Da die Analyse ergab, daß das Simonbräu mit dem Pilsener Urquell identisch ist, nur einen noch höheren Haltbarkeitsgrad aufweist, verklagten die Pilsener Brauereien ihre Kollegen in Bitburg auf Unterlassung der Verwendung der Bezeichnung »Pilsener«. 1912 entschieden das Landgericht Trier und das Oberlandgericht Köln zugunsten der Kläger, doch 1913 hob das Reichsgericht Leipzig das Urteil mit der Begründung auf, die Benennung »Pilsener« bezeichne nicht die Herkunft, sondern eine Sorte. Der Aufstieg nahm in Bitburg seinen Lauf, und Simonbräu war Pionier für Pils in Deutschland geworden.

Über das nahe Erdorf fand Bitburg 1909 Anschluß an die Bahnlinie Trier–Köln, und Bierwaggons lösten den Pferde-Fuhrpark ab. Gleichzeitig förderte man Wasser aus Tiefbrunnen auf dem Brauereigelände vor Ort. Bis dahin war ein Sechsspänner zu der drei Kilometer entfernten Nimsquelle gefahren. Das neuerschlossene Wasserreservoir in einer Tiefe bis zu 300 Metern gehört zu einem unterirdischen, über Quadratkilometer ausgedehnten See, dessen mineralstoffreiches Wasser, durch Schichten von Muschelkalk und Buntsandstein rein gefiltert, beste Qualität besitzt. Bitburgs Lage in der Trias-Mulde erwies sich als Glücksfall. Heute liefern sieben Tiefbrunnen stündlich 760 Kubikmeter. Immer noch verkauft ein Eifeler Hopfenpflanzer in Holsthum seine Ernte an die Bitburger Brauerei, doch längst reichen die Rohstoffmengen an Siegelhopfen und Gerste aus der Region nicht mehr aus. Nach dem Wiederaufbau der im Zweiten Weltkrieg zerstörten Brauerei am Stammplatz erreichte der Ausstoß 1949 mit 55 000 Hektolitern im Jahr die halbe Vorkriegsproduktion, stieg dann aber stetig an. Durch Heirat und Kauf-

Gerhard Just, Brauer und Mälzer während der Arbeit, 1998

Historischer Bierdeckel von 1913

verträge waren die beiden anderen ansässigen Brauereien bereits in den dreißiger Jahren an das Simonbräu gekommen, das sein Bier seit 1955 Bitburger Pils nennt und sich seit 1971 auf dieses Produkt konzentriert. 1973 wurde im Süden der Stadt der Grundstein für eine neue Braustätte gelegt, die bis 1998 die gesamte Produktionslinie übernommen hatte.

Zwei unübersehbare gigantische Anlagen mit hohen Schornsteinen, von denen die ältere die Verwaltung aufnimmt, verklammern das heutige Bitburg und versorgen 34 Länder mit ihrem Bier, vor allem die, welche deutsche Urlauber bevorzugen. Stammländer im Export sind die benachbarten Beneluxländer, die USA zeigen zunehmend Interesse. Doch der Hauptumsatz der Versandbrauerei liegt in der Bundesrepublik und zu 50 Prozent bei der Gastronomie.

Ein Genießer

Zum Management der Brauerei, die immer wieder Millionen investierte und modernisierte, gehörte die Werbung. Seit etwa 1923 prostet auf den Flaschenetiketten »der Genießer-Kopf« eines älteren Herrn mit Fliege dem Verbraucher zu, kein Portrait eines Simons, sondern der freie Entwurf des Grafikers G. H. Heimig aus Wesel. Die Geste der linken Hand bedeutet: superb, das Besondere. Der Genießer, der eine für Studenten-

Bitburgs Rathausplatz bei der Liebfrauenkirche

verbindungen typische flache Mütze trägt, war, wie die Firma 1966 fand, in die Jahre gekommen. Er wurde verjüngt, man retuschierte seine Falten weg, verwandelte das herbe Lächeln in ein liebliches und frischte ihn mit weißen Manschetten auf. Inzwischen schwebt der Genießer als strahlende Vignette über den gotischen Lettern »Bitburger« und läßt dem Werbeslogan »Bitte ein Bit« den Vortritt.

1991 hat die Bitburger Brauerei die Köstritzer Schwarzbierbrauerei in Thüringen erworben, 1993 die Schultheiß Brauerei in Weißenthurm bei Koblenz und 1997 die von Bosman Browar in Stettin. Der Gesamtumsatz betrug 1997 mehr als 700 Millionen Mark. Nach Schließung des Nato-Flugplatzes ist die Brauerei der größte Arbeitgeber in der Stadt, die immer wieder auch kulturell von der Familie Simon gefördert wurde. So stiftete Dr. Hanns Simon 1976 seine Kunstsammlung und das Kulturzentrum Haus Beda, das die städtische Bücherei und das Fritz-von Wille-Museum beherbergt und mit Ausstellungen, Konzerten, Vereinstreffen und Volkshochschulkursen der Bitburger Region dient. Die Anlage des archäologischen Rundweges wurde hauptsächlich aus Mitteln der Brauerei finanziert, und die Simontochter, Diplomarchitektin, Marie Luise Niewodniczanska, engagiert sich in der Denkmalpflege und sucht die Restbestände der zu 85 Prozent im Krieg zerstörten Stadt zu sichern. Mehr als einmal hat die Professorin alte Häuser durch Ankauf und Restaurierung vor dem Verfall gerettet.

Blühende Wirtschaft

Bitburg hat sich nach dem Krieg zu einem dynamischen Wirtschaftszentrum in der Südeifel mit 1 000 Betrieben und 9 000 Arbeitsplätzen 1999 entwickelt. Die Stadt zählt zu dieser Zeit mit sechs 1969 eingemeindeten Dörfern 13 500 Einwohner, mehr als 10 000 von ihnen leben in der Kernstadt. Bei der Gebietsreform und Zusammenlegung der alten Landkreise Bitburg und Prüm wurde die Stadt 1970/71 Sitz der neuen Kreisverwaltung. 6 900 Arbeitnehmer pendeln aus der Umgebung ein, 1 500 pendeln aus, vor allem nach Luxemburg, aber auch nach Trier. Bitburgs wirtschaftliche Stärke begründen der Einzelhandel mit einem Einzugsgebiet von 40 000 Bewohnern des Umlandes, wobei der Autohandel einen Schwerpunkt innerhalb von Rheinland-Pfalz darstellt, und außerdem die Industriebetriebe. Ihre Ansiedlung begann Anfang der siebziger Jahre im Süden der Stadt, Auf Merlik, deckt inzwischen 120 Hektar Land und bekam durch den Neubau der Bitburger Braustätte ebendort weitere Schubkraft. Zu dem Erfolgsrezept, das Bitburg nach Ludwigshafen in Rheinland-Pfalz das höchste Gewerbesteueraufkommen pro Kopf brachte, gehören neben guter Verkehrslage, wie der Anbindung an die A 60, die niedrigsten Steuerhebesätze dieses Bundeslandes und günstige Grundstückspreise. Nach der Brauerei zählen zu den großen Unternehmen Betriebe des Maschinen- und Werkzeugbaus, Zulieferer für Kraftfahrzeugbau, darunter Spezialisten für Kunststoffteile, eine Firma für Tunnelbau und eine für Thermobitglas, die, wie unzählige andere, europaweit gefragt sind. Handel, Handwerk und der Dienstleistungssektor runden den Wirtschaftsstandort ab. Die Schließung des Nato-Flugplatzes 1994 wurde zu einer großen Herausforderung für die Stadt. Denn auf der Air Base arbeiteten 650 Deutsche, und noch einmal 2 000 Bewohner der Region. Handwerker, Zulieferer, Vermieter lebten vom Flugplatz, dessen Kaufkraft auf 200 Millionen Mark im Jahr beziffert wird.

Amerikaner in Bitburg

Bitburgs Bevölkerung hatte sich durch 12 500 Amerikaner, das 36. Jagdgeschwader und die »Patriot«-Raketen-Einheit mit ihren Familien, etwa verdoppelt. Zum wirtschaftlichen Verlust kam der Abschied von vertrauten Mitbewohnern, die zwar ihre eigene Wohnsiedlung mit Schulen, Läden und Krankenhaus hatten, zum Teil aber in den Dörfern lebten, auch deutsche Schulen und Kindergärten besuchten und sich rege am Vereinsle-

ben beteiligten. Die Amerikaner verstärkten Musikgruppen und Chöre und vor allem Bitburger Sportvereine, denen sie im Gewichtheben oder Boxen Preise bei Wettkämpfen eintrugen. Jeder neu angekommene Amerikaner wurde vom Bürgermeister im Rathaus begrüßt. Die ersten landeten im Dezember 1952 mit ihrer Einheit von Fürstenfeldbruck auf der neuen Rollbahn. Zu der Zeit wurden die 1936 gebauten Kasernen noch von luxemburgischen Besatzungstruppen belegt, die nach zehn Jahren, 1955, die französischen Aliierten ablösten. Nach deren Abzug 1985 übernahmen die Amerikaner die Kaserne. In diesem Jahr, am 5. Mai, besuchten der amerikanische Präsident Ronald Reagan und Bundeskanzler Helmut Kohl die Air Base und auch den Ehrenfriedhof »Kolmeshöh«, ein Ereignis, mit dem Bitburg Schlagzeilen in der Welt machte. Denn auf dem Friedhof für mehr als 2 000 Soldaten liegen auch einige jugendliche Mitglieder der Waffen-SS begraben.

Wiederbelebung der Air Base

Was geschah nach Schließung der Air Base? Der Bund wurde Eigentümer der Anlage, wobei der Nato noch ein Reservestatus vorbehalten blieb. In die amerikanische Wohnsiedlung mit etwa 1 100 Wohnungen zogen US-Soldaten und ihre Familien aus dem etwa zehn Kilometer entfernten Flughafen in Spangdahlem, der seinerseits 150 deutsche Arbeitnehmer anstellte. Viele Handwerksbetriebe, wie Elektriker oder Bauunternehmer, erschlossen sich jetzt neue Märkte in Luxemburg, Belgien und Frankreich, andere kamen in der Privatwirtschaft unter, und für 100 ehemals auf dem Flughafen Beschäftigte stellte man einen Sozialplan auf.

Da sich weltweit niemand fand, der das gesamte freie Flughafengelände hätte übernehmen wollen, wurden 130 Hektar als Gewerbe- und Industriegebiet ausgewiesen, wobei der Bund als Vermarkter auftrat, ein interkommunaler »Zweckverband Flughafen-Bitburg« Planungsaufgaben und die Erschließung des Areals übernahm und das

Der ehemalige Nato-Flugplatz »Bitburg Air Base«, 1998

Land für die Regionalförderung zuständig wurde. 1998 hatten schon mehr als 100 meist mittelständische Betriebe vor allem aus der Region den Flughafen bezogen, unter ihnen ein Flugzeugbauer. Das von Kornfeldern gesäumte weite Gebiet durchziehen Avenues und Streets mit insgesamt 480 beige und braun verputzten Häusern. Da der Bund günstige Preise für Gebäude und Grundstücke veranschlagte, breitete sich auf der ehemaligen Air Base eine Art Goldgräberstimmung aus. Jeder suchte sich seinen besten Platz aus, eine Firma für LKW-Anhänger und -Aufbauten oder eine, die Pilzkulturen züchtet. Dort oben wird Bauschutt recycelt, schlüsselfertiges Bauen unternommen, das koptisch-orthodoxe Patriarchat erwarb ein verlassenes Haus als Begegnungsstätte, der Motorsport Bitburg unterhält eine Teststrecke, Kartfahren auf einer Außenbahn wird angeboten, die Kapelle der Soldaten wurde zur Kneipe umfunktioniert, eine Tic-tac Table-Dance-Bar hat eröffnet, Rechtsanwälte, Banken, Handwerker, eine Tankstelle und eine

Imbißbude haben sich niedergelassen. Sie alle prägen das neue Bild ebenso wie die düsteren alten Shelters, die Unterstellschuppen der Flugzeuge, hundert an der Zahl, und das Bunkergelände, das bepflanzt wird. Der Tower war für Geschäftsflüge in Betrieb geblieben, aber schon bald wird Bitburgs Flughafen dem Regionalverkehr dienen, die Genehmigung zum Verkehrslandeplatz wurde bereits erteilt.

Drei Hotels mit jeweils knapp 200 Betten haben die vorgefundenen US-Anlagen für ihre Zwecke umgebaut und bereichern mit ganz neuen Zielgruppen Bitburgs Tourismus, der sich bisher auf Geschäftsleute und Tagestourismus mit Brauereibesichtigung beschränkte. Das Jugendhotel »You tel« im ehemaligen Schulungszentrum der »Patriot«-Einheit sieht sich als komfortable Alternative zu Jugendherbergen für Klassenfahrten. Die einstige Offiziersmesse mit Bankettsälen wurde in ein Hotel für Club-Tourismus integriert, und eine Sportschule nutzte vorhandene Einrichtungen, wie drei Fußballplätze und eine riesige Turnhalle, sie hat inzwischen einen Hotelbetrieb angeschlossen. Die Aussicht über das grüne Land, auf die Talhänge von Nims, Prüm und Kyll paßt perfekt zu den Gästehäusern. Viele Bitburger meinen, daß der Flughafen bald lebendiger als die Stadt sein wird. Beide werden über das expandierende Industriegebiet Merlik bald zusammengewachsen sein. Die Kreisstadt ist mit allen Behörden, Schultypen, Krankenhaus und dem starken Einzelhandel auf ihre Eigendynamik gefaßt.

Stadtrundgang

Bitburgs Attraktion ist sein hochgelegener Kern mit Resten des spätantiken Kastells. Dessen kräftige, turmbewehrte Mauern heben das neue Rathaus, Baujahr 1956, und das Pfarrhaus vom Ende des vorigen Jahrhunderts auf ein solides Podest. Die Hügelkuppe beherrscht die Liebfrauenkirche, in ihrem Inneren noch mittelalterlichen Ursprungs, im Äußeren ein janusköpfiger Komplex. Der neogotischen Nordflanke mit Westturm fügt sich nach Süden der neobarocke Erweiterungsbau von 1922/23 an. Er stößt auf den Platz des Rathauses vor, dessen klare, durch Fensterreihen gegliederte viergeschossige Fassade unter Walmdach und Dachreiter (Heinrich Otto Vogel) parallel zieht, der Kirche optisch aber den Vortritt läßt. Das Gelände um das Gotteshaus, rechtwinklig von Gebäuden umschlossen, mit Rosengarten, und gespickt von römischen Denkmälern ist der Ruhepol des Ortes. Die Apsis ragt schon in die Hauptstraße, die ehemalige Via principalis, deren Fernsicht ins Land auf römischer Präzisionsarbeit beruht. Nach Norden kann man die Achse bis zum Bauernhof auf der Pützhöhe verfolgen, der 1884 eine Schnapsbrennerei eröffnete. Bitburgs geradliniges Rückgrat gab auch die Ausrichtung für Neubauten durch die Zeiten hindurch.

Bis in das 18. Jahrhundert hinein wurden die mittelalterlichen Grenzen jedoch nicht überschritten, regelrechte Bauschübe ereigneten sich Ende des vorigen Jahrhunderts und seit die Bahn 1909 nach Erdorf kam. Von diesen Veränderungen blieb der Stadtgrundriß des 14. Jahrhunderts, der das spätantike Kastell in seinen Mauerring einbezog, unberührt. Seine Haupt- und Nebenstraßen haben sich bis heute erhalten. Die Bombardierung am Heiligen Abend 1944 brachte zwar die Zerstörung von 85 Prozent aller Häuser, doch die Strukturen wurden beim Wiederaufbau gewahrt. Was bereits im 19. Jahrhundert eingesetzt hatte, die Verdrängung der Landwirtschaftsbetriebe in Randgebiete, vollendete der Generalbebauungsplan von 1948, die Hauptstraße wurde verbreitert und zum reinen Geschäftszentrum ausgebaut. Zwischen den zwei- und dreigeschossigen verputzten Häusern, die lückenlos nebeneinanderstehen, finden sich vereinzelt klassizistische oder historisierende Fassaden, wie am ehemaligen Hotel zur Post, das siebenachsig auftrumpft. Es birgt ein »Napoleonzimmer«, in dem der Imperator vielleicht sogar übernachtet hat. Kleine platzähnliche Ausbuchtungen erweitern die Hauptstraße. So öffnet sie sich mit einem Brunnen dorthin, wo die Peterskirche auf Fundamenten aus der Zeit vor dem Jahr 1000 stand. Die Brunnenfiguren aus unseren

Unterstallhäuser »Im Graben«, 19. Jahrhundert

achtziger Jahren, in Ziegenfellen steckende Kinder, erinnern an eine Überlieferung aus dem Dreißigjährigen Krieg: die »Gäßeströpper« sollen auf der Stadtmauer munter herumspaziert sein, worauf die Belagerer abzogen, denn sie erkannten, daß die Stadt bei so vielen Ziegen noch lange nicht ausgehungert wäre.

Östlich der Hauptstraße, Im Graben, vor den Kastellmauern gibt sich Bitburg noch als Ackerbürgerstädtchen mit kleinteiliger Bebauung aus der Phase der ersten Stadterweiterung nach 1825. Die damaligen Bewohner betrieben nebenher meist Landwirtschaft, wovon zwei spätklassizistische Unterstallhäuser zeugen. Das Gebiet Im Graben gehört zu drei Schwerpunkten innerhalb des Städteförderungsprogrammes, das sanieren, Bausünden mildern und Niemandsland, wie den öden Bedaplatz, neugestalten soll. Die Wiederherstellung einiger repräsentativer Bauten der Kreisstadt entlang der Hauptachse Trierer Straße ist bereits vollendet. Die Landwirtschaftsschule von 1882, die heute Bitburgs Museum und Kindergärten aufnimmt, und

Repräsentatives Wohnhaus von 1887 »An der Rö-mermauer«

Stadtgrundriß »Ville de Bittbourg« von 1808 (D. Tücks)

die aufwendige historistische Turnhalle von 1906 bilden ein harmonisches Ensemble mit Platanenwäldchen als Biergarten und Parkplätzen auf dem Schulhof. Die benachbarte evangelische Kirche hat der Trierer Architekt Heinrich Otto Vogel 1952 mit kräftigem Chorturm neu errichtet. Besondere Sorgfalt widmete man der Restaurierung und dem Wiederaufbau von Barockbauten mit historischem Gewicht für die Stadt. Bitburgs 1370 erstmals erwähnte Burg lag mit drei Fischteichen an der nördlichen Achse, auf der Kölnstraße, war landesherrliches Lehen und wurde von Bitburger Adelsfamilien bewohnt. 1470 brannte sie ab. 300 Jahre später gelangte sie an Johann von Blochhausen, der die Ruine abreißen und 1757 das »Schlößchen« bauen ließ. Der Flügelbau mit prunkvoller Portalarchitektur, die zwei Atlas-Figuren schultern, ist das kleinste Barockschloß des 18. Jahrhunderts in der Region. Dem Gebäude, das heute eine Sonderschule beherbergt, schließt sich ein intimer Park an. Verwandte Bauformen zeigt das gleichalte herrschaftliche Wohnhaus in der Schakengasse. Diese Zeile mündet auf die breite Straße »An der Römermauer«, gerade dort, wo das Stammhaus der Brauerei und die Nachfolgebauten aus den fünfziger Jahren liegen. Ihr Areal, genau gegenüber der Kastellmauer mit Rathaus, wird von einer 90 Meter langen, hohen Mauer von 1956 aus handgehauenen Kalksteinen abgeschirmt. Um sie aufzuwerten, hat Heinrich Otto Vogel Löwenmasken und »wilde Männer« vom Relieffries des 1944 zerstörten Cobenturms als Schmuck eingearbeitet. Man war bemüht, den Zusammenprall zwischen Industrie und Antike abzumildern. Der Cobenturm war Teil der mittelalterlichen Stadtbefestigung und 1576 zu einem Wohnhaus umgebaut worden. Die meisten Gebäude entlang der Römermauer und ihrer Verlängerung, Am Markt, ließ die Familie Simon errichten. Es sind repräsentative gepflegte Wohnhäuser und Villen der Firmenbesitzer von der Jahrhundertwende oder 1930. Das älteste, aus dem Jahr 1740, dient der Brauerei als Büro. Vis-à-vis liegt das Stammhaus von 1817, das man nach 1944 erweiterte und als Hotel Simonbräu führt.

Um das Jahr 1000

Die Liebfrauenkirche ist die ältere der beiden um das Jahr 1000 in Bitburg bezeugten Kirchen. Ihren Platz auf dem höchstgelegenen Punkt innerhalb des Kastells soll sie bereits um die Wende des 4. zum 5. Jahrhundert für die galloromanische Bevölkerung eingenommen haben, ehe sie im Laufe der Entwicklung der Pfarrorganisationen auch für den Ort Stahl und zwei Höfe zuständig wurde. Die südlich, außerhalb der Kastellmauern gegründete Peterskirche entstand um die Wende des 6. zum 7. Jahrhundert als Zentrum einer fränkischen Siedlung mit eigenem Friedhof und den Filialen Mötsch und Masholder. Beide Kirchen versorgen bis heute getrennte Pfarreien, mit Ausnahme der Jahre zwischen 1914 und 1958. Der Erste Weltkrieg hatte den Neubau der bereits abgerissenen alten Peterskirche verhindert, so daß ihre Gemeinde Aufnahme in der Liebfrauenkirche fand, die daher 1922 erweitert wurde. 1958 kam es schließlich zur Weihe der neuen Peterskirche, abseits von ihrem Ursprungsgelände.

Die Liebfrauenkirche

Die Baugeschichte der Liebfrauenkirche spiegelt wie vielerorts Anpassung an die Bevölkerungsentwicklung und Erneuerung nach Zerstörungen. Leider brach man 1822 den romanischen Chorturm ab, der Hinweise auf die frühmittelalterliche Anlage hätte geben können. Fest steht nur, daß sie 1420, vom Blitz getroffen, bis auf den Turm abbrannte und durch eine gotische Saalkirche von vier Jochen ersetzt wurde. Diese erhielt dann, vermutlich 1471, ein südliches niedriges Seitenschiff. Bis 1822, als man den Chorturm durch eine Apsis ersetzte, blieb die spätmittelalterliche zweischiffige Kirche so gut wie unverändert und steckt noch in dem heutigen Bau. Erst nachdem sie zu klein geworden war, baute man sie 1860 nach Maßgabe der vorliegenden Formen zu einer siebenjochigen dreischiffigen Anlage mit Westturm aus, indem die beiden Schiffe nach Westen ver-

längert wurden und ein entsprechend großes Nordschiff hinzukam.

Unter einem großen Satteldach präsentierte sich die Liebfrauenkirche als geschlossener einheitlicher Bau von gotisierender Gestaltung. Nordseite und Turmfront sind bis heute so bewahrt, wie auch die halbrunde Apsis im Osten, die fünf schmale Spitzbogenfenster in gleichmäßigem Abstand durchbrechen. Präzise Regelmäßigkeit im Wechsel von abgetreppten Strebepfeilern und zweibahnigen Maßwerkfenstern charakterisieren die sandsteinrot hervorgehobene Gliederung des weißverputzten langgedehnten Nordschiffes. Eine hohe Sockelzone und ein Traufengesims fassen seine Wand ein. Der eingebaute Westturm übernimmt Größe und Gestalt der spitzbogigen Maßwerkfenster an seiner Schauseite und im Glockengeschoß, dem ein achteckiger Knickhelm aufsitzt. Durchlaufende Gesimse an der Front und Wandvorlagen, die seine Konturen betonen, geben dem Turm jedoch klassizistisches Gepräge.

Der Anbau des namhaften Eduard Endlers (1860–1932) steht senkrecht zur Mittelachse

Apsis der Liebfrauenkirche an der Hauptstraße

der Kirche von 1860. Er tilgt Teile des alten südlichen Seitenschiffes und wölbt sich, breit gelagert über fünf Joche, mit seitenschiffähnlichen Anbauten auf elliptischer Grundform, weit vor. Die gerade heraustretende, dreieckig schließende Chorpartie bekrönt eine mächtige und hohe Kuppel. Mit aufsitzender Barockhaube und einer Mariengestalt stellt sie ein belebendes und austariertes Gegengewicht zu dem schlanken älteren Turm dar. Da man den Anbau und die Nordseite mit Spitzbogenfenstern und Strebepfeilern nicht gleichzeitig wahrnehmen kann, wirkt Endlers Erweiterung im Äußeren harmonisch und ruhig, zumal er die im Zeitgeschmack schlichten neobarocken Formen wählte. Einfache Rundbogenfenster gliedern den weißverputzten Baukörper, und die niedrige Kriegergedächtniskapelle, Sakristei und Treppenturm passen sich als unspektakuläre Funktionsträger an. Mit dem Einbau des barocken Hauptportals der abgebrochenen Peterskirche vor das südliche Seitenschiff neben der Apsis gab Endler der Liebfrauenkirche einen schmückenden historischen Akzent. Pilaster und ein gebrochener geschweifter Giebel rahmen das rote Sandsteinportal aus dem Jahr 1751.

Das Innere der Kirche

Man betritt die Kirche durch das Portal im Turm, passiert seine kreuzgewölbte Halle durch dicke Mauern und gelangt in das Innere. Nach Osten gewendet, durchmessen die Augen eine langgestreckte, schummrig dunkle gotische Hallenkirche mit Spitzbogenarkaden und zierlichen Gewölbeformen, die sich vor der Apsis, dem Hauptblickpunkt, verdichten. Schaut man nach Süden, öffnet sich ein weiter lichter Raum mit natursteinfarbenen Rundbogenarkaden und einer großen Orgelempore im Chorraum. Die verschiedenen Bauphasen liegen offen zutage. An den Schnittstellen nahm Heinrich Otto Vogel 1960/61 Eingriffe vor, da Kriegszerstörungen vor allem den neueren Trakt in Mitleidenschaft gezogen hatten.
Vogels entscheidende Veränderung war die Umkehrung der Ausrichtung auf den Haupt-

altar, der bei Endler im Scheitel seines Erweiterungsbaues lag und nun, um 180 Grad gedreht, in das ehemalige Hauptschiff der alten Kirche verlegt wurde. Zugleich nahm Vogel den flachen elliptischen Verbindungsbogen zwischen beiden Kirchen fort und ersetzte ihn durch drei steile parabolische Bögen, die zwei stiftähnliche Säulen tragen. Die drei nun einsehbaren Joche des Mittelschiffes wölbte er in Rabitz (Drahtputz) und etwas höher als die alten, 1922 abgebrochenen, wieder ein. So entstand ein dreigeteilter Baldachinraum mit dem um vier Stufen erhöhten Zelebrationsaltar in der Mitte. Unmittelbar im Hintergrund ragt an der Nordwand des Seitenschiffs ein hoher Barockaltar, der als Sakramentshaus dient und dessen Zentrum die Patronin der Kirche als kleine, weithin sichtbare, weiß gekleidete Luxemburger Madonna besetzt.
Endlers einheitlicher Raum verlor bei der Umgestaltung seine abrundende überwölbende Decke, die durch eine höher ansetzende dreifach gefaltete dunkle Holzkonstruktion ersetzt wurde. Sie korrespondiert zu der Orgelempore im ehemaligen Chorbereich. Immer noch wirkt Endlers Kirchenschiff hell. Mit hohen Fenstern über den Arkaden und den umlaufenden Seitenschiffen vermittelt es basilikale Anklänge.
Zum Reiz der alten Kirche gehören spätgotische Gewölbekonsolen im südlichen Seitenschiff, die langhaarige, in den Raum blickende kleine Figuren bereichern. Eine von ihnen scheint über Nachdenken in Schlaf gefallen. Die neogotischen Stützformen zeigen Laubschmuck, so auch die Gewölberippen in der Apsis, die im Inneren polygonal gebrochen abschließt. Sie ist um zwei Stufen abgesenkt und wird als Taufkapelle genutzt.
Zur originalen Ausstattung der alten Liebfrauenkirche gehören zwei figürliche Grabsteine und ein Epitaph der Grafen Cob von Nüdingen, denen 1531 eine inzwischen abgetragene Begräbniskapelle errichtet worden war. An der Wand des südlichen Seitenschiffes nahe der Apsis befindet sich der Grabstein des »Clas Cob Der IIII«. Er starb im Jahr 1500 und ist stehend, fast vollplastisch dargestellt, in Ritterrüstung mit Harnisch, die Arme ele-

gant auf die Hüften gelegt und zur Seite blickend. Französische Revolutionstruppen schlugen das bekrönende Wappen, seinen linken Arm und den Schwertgriff ab. Auch das Epitaph von 1630 blieb nicht verschont.

Der ehemalige Hauptaltar der Maria geweihten Liebfrauenkirche steht heute westlich neben dem Hochaltar an der Nordwand. Er wurde 1931 aus der Simultankirche in Sien bei Koblenz erworben und gilt als der bedeutendste Altar des Steinmetzen und Bildhauers Johann Philipp Maringer aus Bernkastel. Die farbig gefaßte solide Barockarbeit von 1770 zeigt Volutenaufbau mit Rokokodekorationen, die als Rocaillefelder die kompakte Front gliedern. Zwei kleine kniende Engelgestalten flankieren den goldverzierten, festlich wirkenden Mittelteil, dem ein geschwungener Giebel mit Muschelornament aufsitzt.

Die Luxemburger Madonna

Der Hochaltar in der neuen Mitte der Kirche stammt vermutlich aus dem Kloster Himmerod und war von 1794 bis 1911 Hauptaltar der alten Peterskirche. Die farbig gefaßte schlichte barocke Holzarbeit mit Säulen, die wie Marmor bemalt sind und vergoldete Kapitelle tragen, überhöht eine Volutenbekrönung. Das zentrale Ölgemälde tauschte man 1981 gegen die »Luxemburger Madonna« aus, eine nach altem Vorbild geschnitzte Mariengestalt mit dem Jesuskind auf dem Arm, die beide goldbestickte weiße Gewänder, goldene flammende Herzen und goldene Kronen tragen. Bis zum Verbot des aufgeklärten Trierer Bischofs Hommer 1825, bekleidete Heiligenfiguren in Kirchen aufzustellen oder bei Prozessionen mitzuführen, befand sich solch eine Maria in der Liebfrauenkirche. Sie war der »Trösterin der Betrübten« in der Luxemburger Kathedrale nachgebildet, einem Gnadenbild, zu dem auch die Bitburger seit 1678 jeden vierten Freitag nach Ostern wallfahrten. Dabei trugen sie ihre eigene Madonna mit. Nach dem Krieg, 1967, lebte diese Wallfahrt wieder auf, nachdem der Bischof von Luxemburg persönlich in Bitburg eine Einladung ausgesprochen hatte. So wurden Erinnerungen an die luxemburgischen Besatzungstruppen in der Stadt überbrückt, und man knüpfte an weit länger zurückliegende Gemeinsamkeiten an.

Barocker Hochaltar mit Luxemburger Madonna

Epitaph des Cob von Nüdingen in der Turmhalle

Die ehemalige Stiftskirche von Kyllburg im Winter

Von der Kyll umschlungen

Kyllburg, Stadt seit 1332
1956 bestätigt
Gesamtstadt: 1261 Einwohner
Kirche: Ehemalige Stiftskirche St. Maria

Kyllburg in der waldigen Südeifel ist mit 1261 Einwohnern (1999) die kleinste Stadt von Rheinland-Pfalz. Statistisch nicht erfaßt, doch seit der Romantik ungezählte Male beschrieben, ist Kyllburgs Schönheit. Das ursprüngliche Landschaftsbild verbindet sich mit kulturhistorischen Monumenten zu einer eindrucksvollen Kulisse. Ein prachtvolles Naturgemälde vor dem Blick des entzückten Wanderers nennt Jacob Schneider 1843 den Ort. Franz Bock erklärt die Gegend 1895 zur rheinischen Schweiz, in der sich die Stadtmüden zur »Abspannung und Nervenstärkung« einfinden. Denn seit die Eifelbahn 1871 zwischen Trier und Köln verkehrte, reüssierte Kyllburg zur Sommerfrische für die Prominenz aus den Metropolen an Rhein und Mosel. Die außergewöhnlich reizvolle Lage des Ortes bewirkte die Kyll vor ein bis zwei Millionen Jahren. Hier, in ihrem mittleren Lauf, bildete sie, bei niedrigem Gefälle hin- und herfließend, Mäander aus, in denen sie nach Hebung des Gebirges gefangen blieb, so daß sich ihre Windungen tief einsägten. Bei Kyllburg formte sie eine nahezu vollständige Flußschlinge, die, 2,3 Kilometer lang, einen bewaldeten Bergsporn umspült. Hohe Talhänge, dicht mit Buchen und Fichten bestanden, flankieren die sich krümmende Kyll. Auf der langen Strecke ihres beson-

ders von Gerolstein an vielgerühmten Tales wirkt die Schleife um Kyllburg wie eine spektakuläre Extranummer des Flusses, ehe er über Bitburg der Mündung in die Mosel entgegenbraust.

Die Römer, die im Kyllburger Land, nahe ihrer Heerstraße von Trier über Bitburg nach Köln, Spuren hinterließen, dauerhaft und imposant mit der acht Kilometer entfernten Villa Otrang, nannten die Kyll Gelbis. Ausonius, ein Erzieher des späteren Kaisers Gratianus in Trier, charakterisiert sie in seinem Gedicht über die »Mosella« mit den vier Worten: »Nobilibus Gelbis celebratis piscibus«, die für ihre vortrefflichen Fische bekannte Gelbis. Heute sind es Forellen, Hechte, Barben, Äschen. Der umflossene, strategisch günstige Bergsporn war vermutlich schon in der Vorzeit belebt.

Bedrängte Nonnen

Seine mittelalterliche Existenz gründet Kyllburg auf eine Hilfsaktion für bedrängte Nonnen. Es galt, die adligen Zisterzienserinnen des ersten Frauenklosters im Erzbistum Trier, St. Thomas an der Kyll, gegen den Nachbarn Rudolf von Malberg zu beschützen. Dieser Edelherr wollte Güterschenkungen seiner Vorfahren gewaltsam wieder an sich bringen, so daß die Nonnen 1235 nach Trier flohen und Erzbischof Theoderich II um Hilfe ersuchten. Bei ihrer täglichen Bittprozession in den Dom sangen sie: »Mitten in dem Leben sind wir vom Tod umfangen«. Rudolf zeigte sich unbeeindruckt. Da, wie es in den Gesta Treverorum, dem Trierischen mittelalterlichen Geschichtsbuch heißt, er sich sogar an Ländereien des Erzbischofs zu vergreifen erdreiste, wies dieser ihn 1239 schließlich durch den Bau einer Burg auf dem nahen, von der Kyll umschlossenen Berg in die Schranken. Im Abstand von nur einem Kilometer hatte man sich fortan gegenseitig im Visier, von Turm zu Turm.

Urprünglich gehörte der »Kiliberg« der Abtei Prüm. Bereits im Jahr 800, so die Urkunde vom 16. Juli, schenkten Helmfried und seine Ehefrau Doda Grundstücke dort der Abtei, die dem Erzstift inzwischen einen Teil des Berges überlassen hatte. Selbstverständlich wollte Theoderich II mit der Errichtung der »Kiliburhc« nicht nur den Nonnen dienen, sondern auch den Ausbau seines Territoriums vorantreiben, ehe die Grafen von Luxemburg, deren Lehnsleute die Herren von Malberg waren, ihm zuvorgekommen wären. Trier und Luxemburg und die Grafen von Vianden konkurrierten im Südwesten der Eifel über Jahrhunderte um Macht und Einfluß. Bitburg und Neuerburg waren zum Beispiel luxemburgische Städte. Nach einem Vertrag zwischen dem Trierer Erzbischof Arnold II und dem Prümer Abt Jofrid wurden 1256 dann die Burg und Siedlungen von »cives«, Bürgern, mit einem Mauerring umschlossen. Die Burg hatte Niederlassungen von Handwerkern und Kaufleuten nach sich gezogen. Kyllburg war nun ein befestigter Ort, dessen hochragender quadratischer Bergfried bis heute standgehalten hat. Erst 1910 bekam er im Austausch gegen bröckelnde Zinnen den Spitzhelm.

Das Liebfrauenstift von 1276

Um dem neuen kurtrierischen Bollwerk weiteres Gewicht und Ansehen zu verleihen, gründete Arnolds Nachfolger, Heinrich von Vinstingen, im Jahr 1276 auf dem Kyllberg hinter der Burg das Liebfrauenstift, eine Gemeinschaft von zwölf Weltgeistlichen, Kanonikern, die nach gewissen Regeln, canones, lebten. Kyllburg stieg zu einem kirchlichen Mittelpunkt auf, denn der Erzbischof übertrug dem Stift gleichzeitig Patronatsrechte und Zehnteinkünfte von Leutersdorf, Nieder-

öfflingen und Bomboden, denen unter seinen Nachfolgern zwei weitere Gemeinden folgten, Gindorf und Dudeldorf. Auch Kyllburgs Pfarrkirche St. Maximin, außerhalb der Mauern im Tal vor dem Annenberg gelegen, wurde inkorporiert. Von Anbeginn unterlag das Stift fester Führung und Kontrolle der Trierer Erzbischöfe. Nur sie besetzten die Spitzenstellung des Propstes und zwar aus den Reihen der Trierer Domherren, und nur sie benannten die Kanoniker, deren Zahl später, 1597, auf zehn verringert wurde. So konzentrierte sich der Wirkungsbereich dieses Kollegiatstiftes auf die Seelsorge in und um Kyllburg herum und auf eine Schule. Eine Propstei wurde nie errichtet.

Es ist fraglich, ob die Kanoniker in der Anfangszeit noch die »vita communis«, gemeinschaftliches Leben unter einem Dach, praktizierten. Die teilweise sichtbare Treppe vor dem Triumphbogen in der Südwand der Stiftskirche, die zum Dormitorium, dem Schlafsaal im angrenzenden Kapitelhaus führte, erinnert zwar daran, daß die Stiftsherren Zugang in den Chor zu Nachtgottesdiensten hatten. Doch der seit dem 11. Jahrhundert zunehmende Individualismus (s. Münstermaifeld) hatte zweihundert Jahre später zur vollständigen Auflösung der vita communis in den Stiften geführt. Die Kanoniker trafen sich noch zu den täglichen Chor- und Gottesdiensten, zur Regelung von Vermögensverwaltung und als Nachbarn. Sie lebten dann in eigenen Häusern mit ausgedehnten Gärten, durften also über privaten Besitz verfügen.

Kyllburgs mittelalterliche Stiftsanlage ist nahezu vollkommen erhalten. Die landschaftlich herausgehobene Lage auf dem Kyllberg, der zum Stiftsberg wurde, steigert die für das ganze Rheinland kulturhistorische Bedeutung. Glücklicherweise konnte die Errichtung einer Reha-Klinik auf dem Gelände verhindert und der mittelalterliche ruhige Charakter mit Gärten und hohen Bäumen erhalten werden. Der Baubeginn einer repräsentativen gotischen Stiftskirche fand noch im Frühsommer 1276 statt. Um die Mitte des 14. Jahrhunderts war St. Maria als Gruppe mit dem anschließenden Kapitelsaal und Kreuzgang vollendet. Die umliegenden Kanonikerhäuser wurden in der Barockzeit verändert, drei blieben bewahrt. Das prächtigste, mit herrlichem Blumengarten und Wiese für ein Schaf, ist heute Pfarrhaus. Die Kirche steht südlich von der Burg am äußersten Rand und höchsten Punkt des Bergplateaus. Hier hatte sich, wie im Prümer Urbar notiert, bereits seit dem 9. Jahrhundert eine als Mutterkirche bezeichnete Anlage befunden, die vermutlich in den Neubau einging. Kyllburgs Pfarrkirche war bis zur Auflösung des Stiftes 1802 St. Maximin. Dann wurde ihr Rang auf die Stiftskirche übertragen und sie zur Nebenkirche.

Die Stiftsfreyheit

Das Areal des Stiftes war von einer Mauer umgeben, die sich der Burgbefestigung anschloß und das weite südliche Gelände des Stiftsberges umzingelte. Nur in seinem steilen, vom Hahnwald (Hain) ummantelten Hang sind noch Teile des Ringes zu finden, gelegentlich auch Pflanzen von den alten Terrassengärten. Der Eingang lag westlich neben der Burg, dort, wo die frühe Siedlung mit starkem Gefälle als Stiftsstraße nach Norden abwärts führt. Die Stelle markieren gegenüber dem Bergfried drei in die Mauer des Pfarrgartens eingelassene, von wildem Wein überwucherte Steine. Sie stammen aus dem im 19. Jahrhundert abgebrochenen alten Tor und geben über den besonderen Status des Stiftes Auskunft. Neben der Aufschrift »Stiftsfreyheit« und einer reliefierten Schwurhand verkörpert ein adlerähnliches, aufgeplustertes Tier den Freiheitsvogel. Hinzugefügt ist das elterliche Wappen des letzten Stiftdekans Nell von 1768. Das Stift besaß neben dem Privileg, keine Abgaben leisten zu müssen, auch das Vorrecht auf eigene Gerichtsbarkeit, es war also unabhängig von der Grafengewalt, daher der Begriff Stiftsfreiheit oder Immunität. Die ehemalige Gerichtsstätte liegt auf halbem Weg zwischen Burg und Kirche auf einem erhabenen, von alten Linden gesäumten kleinen Platz, den ein hohes Sandsteinkreuz anzeigt. Es ist das alte, 1786 restaurierte Gerichtskreuz.

Ehemaliges Kanonikerhaus, heute Pfarrhaus

Seit dem Ersten Weltkrieg dient der ehemalige Ort der Rechtsprechung als Kriegergedächtnisstätte. Die Stiftsimmunität berechtigte auch dazu, Verfolgten und Verbrechern vorübergehend Asyl zu gewähren.

Die Stadt im Mittelalter

Kyllburgs Liebfrauenstift wurde konsequent von den Trierer Bischöfen gefördert, ebenso die wachsende Burgsiedlung. Balduin, der das Trierer Territorium auf seine große Ausdehnung brachte und es in Ober- und Untererzstift gliederte, machte Kyllburg zum Sitz eines von 27 Ämtern im Obererzstift. In Balduins Regierungszeit fällt auch die Ernennung zur Stadt in einem Sammelprivileg 1332 nach Frankfurter Recht. Seit 1347 trägt das Stadtsiegel die Umschrift: Sigillum Oppidi Kilburch.
Neben dem ältesten Siedlungsschwerpunkt der steilen Stiftsstraße, die unten am Berg ein Tor, die »Purt« verriegelte, entwickelten sich im Mittelalter Wohnplätze um die weiter süd-

lich gelegene Pfarrkirche St. Maximin und bei der um 1250 genannten Mühle an der nordöstlichen Kyll. Über einen teilweise unterirdischen Schleichweg versorgte sie die Burgbewohner in Belagerungszeiten mit Brot und Mehl. Die Lieferanten benutzten das bis heute auf dem Burggelände stehende »Mühlenpförtchen«. Die Mühle gehörte dem Kurfürsten von Trier, der sie bei der Säkularisation in napoleonischer Zeit abgeben mußte. So konnte sie in Privatbesitz gelangen, kam 1808 an die Familie Zahnen, die sie heute in der sechsten Generation und mit modernsten Mitteln betreibt. Aus Roggen und Weizen der Eifel, vom Maifeld und vom Bitburger Gutland, produziert die Mühle täglich 60 Tonnen Mehl, das 200 Bäcker in der Eifel und Abnehmer aus Hunsrück, Saarland, Luxemburg und Belgien verbacken. Nicht jedem Berufsstand gelang solche Kontinuität. Die der Mühle benachbarte große Gerberei, deren feines Leder, wie auch das kleinerer Manufakturen, auf die Frankfurter Messen gelangte, verschwand um die Jahrhundertwende. Während die Lohgerber von den Wäldern auf den Steilhängen profitierten, verhinderte diese Topographie der engen Täler die Entwicklung einer tragenden Landwirtschaft. Es gab schon früh einen Markt. Neben Handel und Tätigkeit für die Amtsverwaltung lebten die Kyllburger vor allem vom Handwerk, vorrangig als Steinmetze. Die feingearbeiteten Tür- und Fenstereinfassungen im Ort veranschaulichen das. Das Material, der Buntsandstein, bildet Kyllburgs Fundament. Überall in den Wäldern tritt er am Boden leuchtend hervor. Für den regionalen Gebrauch wurde er zu allen Zeiten abgebrochen und stellt das Baumaterial der Stadt. Für die Errichtung der Stiftskirche zapfte man, um Wege zu sparen, seinerzeit den Stiftsberg an. Erst seit die Bahn fuhr, entwickelte sich Buntsandsteinabbau in großem Stil und verhalf Kyllburg zu einem Wirtschaftsaufschwung.

Verluste

Bis dahin hatte die kleine Stadt mehrere Durststrecken zu überwinden. Vor allem litt

sie im Dreißigjährigen Krieg, der die Bevölkerung drastisch auf nur noch 20 Haushalte (1653) verringerte. Gegen Ende des 17. Jahrhunderts setzten Überfälle der Reitertruppen Ludwigs XIV ein. Erst in einer längeren Friedensphase, im 18. Jahrhundert, konnte sich die Bevölkerung regenerieren. Bis 1818 war sie auf 708 Einwohner gestiegen. Zu dieser Zeit war man dabei, den harschen Einschnitt der Auflösung des Stiftes 1802 und des kurtrierischen Amtes zu überwinden, denn diese Institutionen hatten vielen die Existenz ermöglicht. Während der französischen Fremdherrschaft wurde Kyllburg Sitz einer Bürgermeisterei (Mairie) mit Zuständigkeit für fünf Orte, was wenig aufhalf, und mit der Zugehörigkeit zu Preußen büßte die Stadt durch eine neue Verfassung 1856 ihren Status ein und wurde zur Landgemeinde. Doch gedieh inzwischen der Hopfen auf angelegten Terrassen an den Hängen des Ortes. Die Neuorientierung nach der Säkularisation und verstärktes Aufkommen von Brauereien hatte die Intensivierung des Anbaues der Kletterpflanze im Kyllburger Land bewirkt, die bis zum Ersten Weltkrieg einen Wirtschaftsfaktor darstellte. Auf alten Fotos gehört die Phalanx der Hopfenstangen zum Ortsbild.

Mit der Bahn auf Hochtouren

Wirtschaftliche Bedeutung brachte Kyllburg der Anschluß an die Eifelbahn 1871, die von Saarbrücken über Trier nach Köln führt und auf der Strecke entlang dem enggewundenen Kylltal ein technisches Kunststück darstellt. Allein im Kreisgebiet durchläuft die Trasse auf 35 Kilometern acht Tunnel und wechselt 13 Mal die Flußseite. Wehrhaft, wie zinnenbekrönte Burgenportale verkleidet, trumpfen denn auch die Tunnelmündungen auf. Sie sind, wie die gleichfalls historisierenden Bahnhofsgebäude, alle aus dem schmückenden Rotsandstein gebaut.
Während des Bahnbaues gab es in Kyllburg sieben Schankwirtschaften. Sie lagen massiert an der Kyllbrücke im Norden des Ortes, nahe dem Bahnhof, wo eine seit dem 17. Jahrhundert belegte Brückenkopfsied-

lung an der Ausfallstraße nach Badem entstanden war. Der mächtige, im 19. und 20. Jahrhundert renovierte Baukomplex dort am Fluß, die heutige Pizzeria Bella Italia, war das frühere »Gasthaus zur Pinn« in den übernommenen Räumen der sehr alten Pinnschmiede (Nagelschmiede).

Mit der Verkehrsanbindung wurde die Buntsandsteinindustrie angekurbelt. Kyllburger Bauwerksteine waren im Rheinland und bald in ganz Deutschland gefragt, sie finden sich zum Beispiel im Berliner Reichstagsgebäude. Belgien und Holland wurden Abnehmer, und Kyllburgs Freiflächen zwischen den alten Siedlungskernen wuchsen nun mit stattlichen Häusern zu. Parallel entwickelte sich im Kyllburger Land ein Absatz von Schleifsteinen mit Lieferungen an die Bergische Werkzeugfabrikation. Remscheid und Solingen wurden mit Händlern und eigenen Brüchen vor Ort tätig und marktbeherrschend, ehe sie in den neunziger Jahren der in Kyllburg ansässige Wilhelm Schulte als größter Unternehmer ablöste und bis zum Ersten Weltkrieg mehr als 1000 Arbeiter in Kyllburg, Malberg, Neidenbach und Neuheilenbach beschäftigte.

Zinnenbekrönte Mündung des Bahntunnels nahe dem Bahnhof

Die Nobelherberge

Schulte, Sohn eines 1870 nach Kyllburg zugezogenen Straßenaufsehers, erkannte die Gunst der Stunde auch für den Fremdenverkehr und eröffnete zu Pfingsten 1890 neben seinem Anwesen mit Gasthof in der Hochstraße das Hotel Eifeler Hof, das er immer wieder erweiterte. Es wurde mit 130 Zimmern für 200 Betten das damals größte und herrschaftlichste Hotel der Eifel. Auch kleinere Pensionen entstanden, um die Reiselustigen und Erholungsuchenden, die per Bahn in den Luftkurort kamen, zu beherbergen. Die Exzellenzen, Staatssekretäre und königlichen Hoheiten stiegen im Eifeler Hof ab und fuhren mit dem Auto vor. Kaiser Wilhelm II trank bei seiner Reise durch die Eifel im Oktober 1911 auf der Hotelterrasse eine Tasse Tee und verglich das Panorama der Berge mit dem Schwarzwald. Zwei Jahre später absolvierte sein ältester Sohn, Kron-

Der Eifeler Hof in der Hochstraße

prinz Wilhelm, einen Besuch. Die Rheinprovinz im äußersten Westen von Preußen war nicht zuletzt strategisch wichtig für den Staat. Bis zum Beginn des Zweiten Weltkrieges kamen die Gäste vor allem aus dem Rheinland, Belgien und aus den Niederlanden. Das ist bis heute so geblieben, nur der Umfang hat sich deutlich verringert, nachdem die Nachkriegszeit bis in die sechziger Jahre noch einmal einen Boom hatte verzeichnen können.

Das stille Leben heute

In diese Phase fiel 1956 die Wiedererlangung des Stadtstatus, 700 Jahre nach Befestigung der mittelalterlichen Burgsiedlung. Nach Beseitigung der Kriegszerstörungen durch Fliegerangriffe, die 26 Häuser vollkommen getilgt und 56 stark beschädigt hatten, befand sich Kyllburg im Aufwind. Es wurden Neubaugebiete erschlossen. 1960 kam die Anerkennung des Kneipp-Sanatoriums im Eifeler Hof. Doch Ende der sechziger Jahre ging der Fremdenverkehr stark zurück. Immer weniger Privatbetten, ein Nebenverdienst, wurden vermietet, Familienväter nutzten bessere Arbeitsmöglichkeiten in Bitburg oder Trier, Pensionen hielten mit dem wachsenden Standard nicht Schritt. Heute hat Kyllburg auf diesem Sektor aufgeholt. Es setzt auf Komfort bei günstigen Preisen, Vollpension wird schon für 50, 60 Mark angeboten. 1998 wurden 31 456 Übernachtungen registriert, der Trend zeigt aufwärts. Der Eifeler Hof macht seinem Ruf wieder alle Ehre, ein Trakt des Hotels dient als Seniorenresidenz.

Kyllburg leidet an Überalterung. 1999 gab es nur 39 Kindergartenkinder, junge Leute gehen aus beruflichen Gründen aus der sehr kleinen Stadt fort, einige pendeln aus. Von Ballungsgebieten zuziehende Pensionäre, die günstig ein altes Haus für ihren Lebensabend kaufen und instand setzen, wiegen den Verlust nicht auf. Die Schwächung des Einzelhandels fördert den Abfluß von Kaufkraft nach Bitburg oder Trier. Heute freut man sich über die Eröffnung des einzigen Schuhgeschäftes, in dem gleichzeitig die neue private

Postagentur arbeitet. Stadtbürgermeister Josef Solchenbach ist froh, wenn der Stand von 1 261 Einwohnern 1999 in Kyllburg, »einem der schönsten Plätze in der Eifel«, gehalten werden kann. Magnetwirkung zeigt das Neubaugebiet »Unter Steinberg« mit bereits 55 Einfamilienhäusern. Die Bauherren sind junge, meist in Bitburg arbeitende Kyllburger und Malberger aus dem Nachbarort mit dem herrlichen Schloß. Malberg ist gleich groß und noch strukturschwächer. Die Familien mit Kindern ziehen Häuser in freier Natur und mit modernen sanitären Anlagen den renovierungsbedürftigen Altbauten im Kern der Stadt vor, auch wenn sie über das Städteförderungsprogramm Zuschüsse erhalten. Die historischen Gebäude bleiben eng, lassen Parkplatz und Garten vermissen. Sie sind Liebhaberobjekte, von denen manches leer steht.

Trotz günstiger Verkehrslage nahe der Autobahn A 60 gibt es wegen der Topographie hier keine Industrie- und Gewerbeanlagen in Kyllburg, die Steinbrüche ruhen seit der Nachkriegszeit. Doch ein neues Industriezentrum auf dem nur vier Kilometer entfernten Plateau von Badem kann Zugkraft entfalten. 1970 wurde die Stadt Kyllburg Sitz einer Verbandsgemeinde von 21 Orten, deren Verwaltung mit 40 Angestellten wohl der größte Arbeitgeber ist, gefolgt von der Straßenmeisterei mit 37 Beschäftigten, die vorrangig aus der Umgebung einpendeln. Immer noch ist das Handwerk ausgeprägt, meist Familienbetriebe wie die Mühle Zahnen (s. o.), die mit 12 Angestellten die größte der Eifel ist und verschiedenste Mehlmischungen von Getreide aus der Region für die Region und das Umland herstellt. Kyllburgs von Franziskanerinnen 1900 auf dem Stiftsberg errichtetes kleines Krankenhaus, ein historistischer Sandsteinbau neben dem dazugehörenden Kanonikerhaus, wurde 1969 geschlossen und seit 1974 von der Katholischen Landvolkhochschule des Bistums Trier genutzt. Im Ort niedergelassene Ärzte haben Zulauf aus weiterem Umkreis, das nächste Krankenhaus liegt in der Kreisstadt Bitburg. Kyllburg verfügt über eine Grund- und Hauptschule, Gymnasiasten und Realschüler pendeln mit dem Zug nach Bitburg oder Gerolstein, die 16 und 25 Kilometer entfernt liegen.

Die Stadt in Fern- und Nahsicht

Kyllburgs von der Stiftskirche bestimmte Silhouette mit dem Bergfried in einiger Distanz zeigt sich, mitten zwischen den waldigen Talhängen, vollkommen nur aus der Entfernung, wie zum Beispiel auf dem südlichen Plateau bei der Wilsecker Linde. Hier oben, jenseits der Kyll, sollte nach einer Sage die Stiftskirche errichtet werden. Doch das angehäufte Bauholz sei, zusammen mit dem Bild einer Gottesmutter, auf dem Stiftsberg aufgefunden worden, was als Weisung des Himmels gedeutet wurde. Steigt man auf den gegenüberliegenden Talhang der Kyll im Norden, den Annenberg mit der evangelischen Kirche von 1900 auf halber Höhe, dann bietet die Mariensäule auf dem höchsten Punkt eine Aussichtsplattform. Die als achteckiger Turm 1886 gestaltete »Säule«, Podest einer »Maria vom Siege« auf der Weltkugel, hatte in der damaligen Zeit des Kulturkampfes eigentlich ein Bismarckdenkmal werden sollen. Doch der Bürgermeister kam mit seinem Vorschlag gegen den Willen der Bevölkerung nicht an. Zu der Anlage gehört ein Kreuzweg mit Sieben Stationen. Ein Blick über die Stadt zwischen den Talflanken der Kyll läßt erkennen, wie der umflossene Bergsattel, allmählich ansteigend, sich zum Stiftsberg erhebt. Über seinen Steilhang zieht sich in sanfter Kurve die schmale Stiftsstraße hinauf, Kyllburgs Ursprung, die Burgsiedlung. Die Häuser staffeln sich Giebel über Giebel. Von nahem betrachtet, vermittelt die Zeile mit zwei-, häufig dreigeschossigen traufständigen Gebäuden noch mittelalterliche Enge. Doch die älteste Bausubstanz stellen barockzeitliche Putzbauten des 18. Jahrhunderts. Ihre strenge Gliederung wird durch sorgfältig gearbeitete rote Sandsteinrahmung der Fenster hervorgehoben. Besonders schmuck und phantasievoll sind die Türfassungen gestaltet. Das traditionelle Steinmetzhandwerk kommt auch noch den eingestreuten Häusern des

Die Stiftsstraße

19. Jahrhunderts zugute, auffallend an der Paramentenfabrik von 1900 mit spitzbogigen Maßwerkfenstern. Das Unternehmen existierte nur wenige Jahre, eine seiner Arbeiten, die Fahne des Kirchenchores, hängt in der Stiftskirche.

Bei dem Abzweig der kurzen, parallel laufenden Neugasse steht die ehemalige Matthias-Kapelle, die 1828 zum Wohnhaus umgebaut wurde. An einem übertünchten Kreuz und der Form des dreieckigen Chorschlusses ist ihre vergangene sakrale Funktion noch zu erkennen. Oben, am Ende der Stiftsstraße, bei dem Bergfried, steht linker Hand ein stattliches Schul- und Lehrergebäude von 1912, dem der Palas der Festung damals hatte weichen müssen. Das dekorative Ensemble, verwaist seit einem Neubau 1976, wird vielleicht einmal von einer Universität als Außenstelle genutzt. In dem anschließenden Gelände hinter dem Burgturm liegen zwei Kanonikerhäuser mit Wirtschaftsgebäuden, das eine in einem verwunschenen Garten versteckt und verfallend, das andere an der Straße, ist das Pfarrhaus. Es wurde zweistöckig unter hohem Krüppelwalmdach 1758 errichtet und gibt, stattlich wie es aussieht, noch eine Vorstellung vom Lebensstandard der Weltgeistlichen. Das dritte erhaltene Haus eines Stiftsherrn auf der Kuppe, nahe der Kirche, gehört zur Landvolkshochschule. Ein viertes wurde für die den Stiftsberg umrundende Straße erst 1975 niedergelegt, eine »Bausünde«, die heute ebenso bereut wird wie das modernistische Verbandsgemeindehaus.

Die Verbindung zwischen Stiftstraße und dem südlichen Siedlungszentrum bei der Maximinkirche schafft die gradlinige Hochstraße, die der Bauboom durch die Bahn hervorbrachte. Sie ist mit Café, Restaurants, Läden und Banken Kyllburgs Ortszentrum. Das repräsentative Doppelhaus aus Sandsteinmauerwerk mit neogotischen Treppengiebeln hatte sich ein Steinbruchbesitzer bauen lassen. Sein Kollege Wilhelm Schulte brachte mit dem dominierenden, langgestreckten Eifeler Hof, am Ende der Straße, dem Ort die gut zahlenden Kurgäste. Das imposante dreistöckige, mit Fenstergesimsen streng gegliederte Haus schmücken Zwerchgiebel in historisierenden Formen und Balkons in der Fassadenmitte. Gegenüber befindet sich als einziger Altbau der Zeile das barocke ehemalige kurfürstliche Rentamt aus dem 18. Jahrhundert, siebenachsig und mit dem kurfürstlichen Wappen im Sprenggiebel des Portals. Ein Anbau von 1930 vermittelt zu den Bauten der Jahrhundertwende, die Richtung Westen, vermischt mit klassizistischen Häusern die Bahnhofstraße säumen.

»Für Napoleons Krieger«

Aufwendige Wohn- und Geschäftshäuser vom Anfang des 20. Jahrhunderts prägen die hier nach Norden abzweigende Malberger Straße. Durch sie und die Bahnhofstraße fließt der Durchgangsverkehr, von dem die unweit, schon höher am Annenberg gelegene St. Maximinkirche und die alten und neuen Häuser der Gäßchen um sie herum unberührt bleiben. Ein schlichter Neubau von 1954 ersetzt die im Krieg zerstörte mittelalterliche

katholische Pfarrkirche. Hier findet Gottesdienst in den Wintermonaten statt, wenn der Weg hinauf zur Stiftskirche zu beschwerlich und der kleinere Raum leichter beheizbar ist. Seit St. Maria auf dem Stiftsberg 1802 Hauptpfarrkirche wurde, diente St. Maximin als Friedhofskirche. Die Gräber bedecken Terrassen im Hang. Vor der Kirche steht neben einem alten Denkmal für Gefallene der Kriege von 1864, 1866 und 1870/71 ein Obelisk von der Mitte des vorigen Jahrhunderts »Für Napoleons Krieger«. Man nimmt an, daß es sich bei den benannten Kyllburgern um Zwangsrekrutierte während der französischen Fremdherrschaft handelt. Sie überlebten die Feldzüge »unter Napoleons Fahne« als Dragoner und starben, wie zu lesen steht, eines natürlichen Todes in der heimatlichen Eifel.

Zum Reiz der gepflegten, kultivierten kleinen Stadt gehören Terrassen zwischen Häusern mit Sicht auf die beruhigend wirkenden waldigen Berghänge. Beschaulichkeit breitet sich aus im schmalen Tal bei der Brücke über die Kyll, am kleinen Wehr, mit Blick auf die Mühle und Häuserzeilen entlang dem Fluß. In der Bademer Straße, schon auf der anderen Seite, findet sich Kyllburgs am meisten verziertes Haus, wohl von 1780. Engelköpfchen, Muschelverzierungen, Voluten quellen überall an der Sandsteinfassade hervor, am dichtesten mit Figürchen am Portal, keine Fläche blieb frei. Nicht weit entfernt wohnte ein Uhrmacher und ließ seine Türrahmung 1809 rechts und links von Pendeluhren verzieren mit arabischem und römischem Zifferblatt. Die Kyllburger Steinmetzen hatten Charme.

Das ehemalige Kollegiatstift St. Maria

Es mag sein, daß auch im Mittelalter Dohlen im Turm der Stiftskirche brüteten. Heute übertönt die im Tal vorbeirauschende Bahn an und ab die kräftigen Stimmen der Rabenvögel auf dem sonst stillen Plateau des parkähnlichen Stiftsberges. Die monumentale Kirche St. Maria begrenzt das Areal im Nor-

Nordflügel des Kreuzganges der Kyllburger Stiftsanlage

den mit langgestrecktem hohen Baukörper unter einem steilen Dach, überragt von dem kubischen Westturm. Den schlichten Typ einer Saalkirche bereichern kunstvolle Bauformen zu einer repräsentativen gotischen Anlage. Erzbischof Heinrich von Finstingen, der 1276 das Kollegiatstift gründete und sogleich die Errichtung der Kirche einleitete, hatte als Baumeister einen heute nicht näher bekannten Zisterziensermönch Heinrich beauftragt. Er begann mit dem Chor, der im Verhältnis zum Langhaus deutlich kleiner und niedriger angelegt ist, so daß sein Dach als ausgeprägte Stufe unter dem hohen Ostgiebel ansetzt. Möglicherweise war im Anfang eine kleinere und kürzere Basilika geplant. Entsprechend flach flankieren die gerade geschlossenen Nebenchöre unter Pultdächern das Chorjoch, das vieleckig gebrochen endet. Strebepfeiler mit Giebelbekrönungen treten rahmend vor die großen zweibahnigen Maßwerkfenster des Chorschlusses. Überspitzt lanzettförmig, betonen ihre Bögen die der Höhe zustrebenden Formen auf elegante Weise. Man vermutet, daß der Mönch Heinrich auch noch die beiden Ostjoche des Langhauses gebaut hat, die, wie das Chorhaus, verputzte Bruchsteinwände verkleiden und die gleichfalls besonders kunstvoll ausgearbeitete Maßwerkfenster zeigen. Riesig, dreibahnig und von Dreipässen mit lächelnden Köpfchen bekrönt, durchbrechen sie die Mauerfläche nahezu vollständig. Die folgenden drei Westjoche der Nordflanke, die als Schauseite der Kirche angelegt wurde, demonstrieren mit wesentlich kleineren, hochliegenden Fenstern und glattem, schmal verfugten Sichtmauerwerk eine veränderte Konzeption. Die südlichen Joche blieben sogar fensterlos. Möglicherweise war eine Baupause eingetreten, um die weitere Finanzierung sicherzustellen.

Interessant sind die sichtbaren Spuren der Bautechnik in den Mauern. Greiflöcher für die Aufzugzange durchstoßen jeden einzelnen, feingeschliffenen Sandsteinquader, sie punktieren die Fassade wie ein Raster. Erkennbar sind auch zugesetzte viereckige »Rabenlöcher«, die von Balken des »fliegenden Gerüstes« stammen. Trotz der erkennbaren zwei Bauphasen der vor 1350 vollendeten Kirche wahrt die Anlage Geschlossenheit, da der neue Baumeister an der Raumkonstruktion seines Vorgängers festhielt und einheitliche Gliederungselemente überwiegen. Sockelzone, Traufgesims und vor allem die stark ausgebildeten, stufenweise sich verjüngenden Strebepfeiler, die bis unter das steile Satteldach reichen, prägen das Erscheinungsbild von schönen, ruhigen Proportionen. Putz und Stein haben denselben Farbton. Dominierender Blickfang ist zudem an der Nordseite das Doppelportal im mittleren Joch, der ehemalige Haupteingang. Sein Mittelpfeiler ist nach dem Vorbild der Kathedralbaukunst als lebensgroße Steinmadonna auf hohem Podest unter einem von Krabben besetzten Türmchen, einem Baldachin, ausgebildet. Die Marienfigur stammt aus der zweiten Hälte des 14. Jahrhunderts und trägt den segnenden Christusknaben auf dem Arm. Er schaut über sich nach oben, wo am Baldachin ein kleiner tierhaft dargestellter Dämon kriecht. Das Portal wird von einem mächtigen Maßwerkblendbogen überhöht, in dem unter dem Lamm Gottes in einem Dreieckzwickel ein winziges Kruzifix erscheint. Sonne und Mond, mit Gesichtern, bezeugen als Begleiter das kosmische Ereignis der Kreuzigung.

Die Betonung glatter Wandflächen ist für den Westtrakt typisch, der in die zweite Bauperiode fällt. Der von einem achteckigen Treppentürmchen flankierte Turm, der im Westjoch vor die Nordwand springt, zeigt keine Gliederung oder Öffnung seines aufsteigenden feinen Mauerwerks bis zu den beiden Glockengeschossen, die aus dem 16. Jahrhundert datieren. Das spitze Pyramidendach wurde 1864 aufgesetzt. Der Turm liegt in einer Flucht mit der Westfront der Kirche wie deren Fortsetzung. Mächtige Strebepfeiler bilden ihre Flanken bis unter den Dachansatz. Einfachheit und Klarheit charakterisieren die schmale Fassade. Ihre glatten Wandpartien münden in einen steilen kreuzbekrönten Dreieckgiebel. Nur die Mittelachse ist durchbrochen, öffnet sich durch ein vierbahniges Maßwerkfenster. Ein durchgezogenes Sohlbankgesims gliedert die Front horizontal. Die mit dem Fenster hervorgehobene achsiale Vertikale setzt sich als schlankes und reichverziertes Portal in hochgotischen Formen im Erdgeschoß, dem heutigen Eingang, fort. Es wird eingefaßt von Pilastern mit Laubwerk und Masken und präsentiert im Bogenfeld eine achtteilige Maßwerkrosette. Neben dem spitzen Ziergiebel ragen Fialen hoch.

Dem Schema einer Stiftsanlage folgend, schließt sich der Südseite der Kirche der niedrige, quadratische Kreuzgang an. Im Gegensatz zu seiner Gestaltung im Inneren, ist das Äußere schlicht und nüchtern ausgefallen. Die Wände sind vermauert und verputzt und in dichter Folge von kurzen abgetreppten Strebepfeilern rhythmisiert. Sie entsprechen den neun kleinen Gewölben eines jeden Flügels. Der Eingang im Westen ist vermauert, als einziger Zugang von außen zeigt sich noch ein Portal im Osten, gleich neben dem zweigeschossigen Kapitelhaus. Mit hohem steilen Dach ist es, wie üblich, an den östlichen Kreuzgang angebaut und trifft mit der Schmalseite auf die Kirchenmauer nahe dem Chor. Dort befindet sich im Erdgeschoß der ehemalige Kapitelsaal, heute die Sakristei. Der kleine Raum aus vier Gewölben, die eine Mittelsäule tragen, gehört zum ältesten Teil der Stiftsanlage, diente auch als Kapelle und wurde mitsamt seinem Obergeschoß in das Kapitelhaus des 14. Jahrhunderts einbezogen. Einige der meist rechteckigen, häufig veränderten Fenster zieren am Gewände noch Blumen und Köpfchen, wie ein Pfeife rauchender Mann. Heute belebt die Gemeinde das Haus, spielen zum Beispiel Kleinkinder mit ihren Müttern im einstigen Schlafsaal der Kanoniker.

Das Innere: Lichtführung nach Osten

Man betritt die Kirche durch das Westportal, gelangt unter die Orgelempore und dann in einen breitgelagerten, lichten und hohen Raum von prachtvoller einheitlicher Wirkung. Die Lichtführung der nach Osten an Größe zunehmenden Fenster erreicht in der Tiefe des Chores den Höhepunkt. Leuchten-

Blick in den Chor der ehemaligen Stiftskirche

de zartfarbige Glasgemälde von 1534 tauchen den kleinen Raumabschnitt in festlich bunte Helligkeit. Das Schiff der Saalkirche von fünf Jochen und 36 Meter Länge erhält seine Prägung durch die überwölbte Breite von nahezu 14 Metern, ein selbst bei Kathedralen erstaunliches Maß. Ausdrucksvoll betont die Gliederung die ungewöhnlichen Proportionen. Kräftige Birnstabrippen umspannen die mächtigen querrechteckigen Kreuzgewölbe in weiten Bögen, gefolgt von den Gurten, Joch um Joch. Aus einer Höhe von 17,5 Metern münden die Lastenträger der Decke in dreiteilige Wanddienste mit einfachen Kelchkapitellen. Die Farbfassung in starken Akkorden, Rot und Hellgrau für die Gewölberippen, Rot und Ocker für die Gurte, beide mit weißen Fugen versehen, hebt dekorativ den strengen Rhythmus der regelmäßigen Struktur hervor. Dazu korrespondiert die klare Wandaufteilung. Die großen Fenster der Ostjoche sparen das untere Drittel der Mauer als freie weiße Fläche aus. Die Horizontallinie ihrer Sohlbank setzt sich als Gesims fort und gliedert die fensterlose geschlossene Südwand, die rot bemalte Schildbögen einfassen. Im Norden umläuft das Gesims das einstige Hauptportal, das innen nur zwei Spitzbögen auszeichnen.

Die Stirnwand des Schiffes liegt wie ein breiter Wandstreifen um den auf sieben Meter verengten und niedrigeren Chor, den ein entsprechend schmaler und hoher Triumphbogen öffnet. Verdichtete Gewölbeformen betonen die Höhe des verhältnismäßig kleinen Kultzentrums, das die zugehörigen Nebenchöre mit spitzbogigem Zugang flankieren. Bis auf die Sockelzone bilden die hohen schlanken Fenster eine durchsichtige Hülle um den Chor, in den das Licht einfällt, gefiltert nur durch vorwiegend zarte feine Farben: leuchtendes Gelb, Orange, Silberweiß und Hellblau, dunkle Akzente setzen Violett und Rot.

Die Ausstattung

Die drei mittleren Fenster stifteten die Kanoniker und Brüder Bernhard und Jakob. Sie

Grabmahl des J. von Schönborn im Chor, 1540, Ausschnitt

stellen die kostbarsten Ausstattungsstücke der Kirche dar und wurden 1887 restauriert. Das rechte Fenster erneuerte man 1875 weitgehend, nachdem es bei einem Arbeitsunfall von einer Leiter zerschlagen worden war. Die Glasmalerei fügt sich im üppigen Stil der Renaissance in den engen Rahmen der gotischen Fensterbahnen. Pilasterarchitektur, Girlanden und Akantusranken fassen die lebensnah gemalten vielfigurigen Szenen ein: Anbetung, Kreuzigung, Grablegung. Engelgestalten beugen sich betend über das Neugeborene, das nicht in der Krippe, sondern auf einem Sarkophag liegt, symbolisches Vorzeichen des Opfertodes. Das zentrale Bild zeigt den hochgereckten Gekreuzigten von der Seite und vor weitem hellblauen Himmel. Ein großer Engel fängt schwebend das Blut der linken Handwunde in einem Kelch auf. Auch die Komposition der Grablegung zieht sich über die volle Fensterbreite. Die Vierpässe im Maßwerk thematisieren Verkündigung, Dreifaltigkeit und Auferstehung. Die Sockelzonen sind Heiligen und den beiden frommen Stiftern vorbehalten. Vergleichbare Fenster befinden sich in St. Peter in Köln, in der Schleidener Schloßkirche (s. Schleiden) und in Lüttich.

Zu den Besonderheiten der Stiftskirche gehören im Chor ein liturgischer Dreispitz für den Zelebranten und für Diakone und die Doppelpiscina (Wasserablauf) für kultische Händewaschungen und Reinigung eucharistischer Gefäße. Beide sind in die Südwand eingelassen und von schmalen Gewölben überspannt. Gegenüber im Chor, neben der Pietà im Epitaph des Kyllburger Kanonikers Hugo von Schmidtburg von 1630, befindet sich ein steinernes Sakramentshaus aus dem 15. Jahrhundert. Es ist zeittypisch als kopflastige Türmchenarchitektur gestaltet, die verzierte Fialen aufbauen, um die Nische in der Mauer außen hervorzuheben. Der einst abgetragene originale Hochaltar hatte viele, manch einer meint, zu viele Nachfolger. Der heutige neugotische kam 1985, als eine Altarinsel angelegt wurde, aus Oberkail in die Kirche. Er nimmt die fast lebensgroße, farbig neu gefaßte Steinfigur der Madonna mit dem Kind vom 14. Jahrhundert auf, die lange als

Wallfahrtsbild von Pilgern der Umgebung verehrt wurde. Ihre faltenreiche Gewandung über einem eng anliegenden Kleid umspielt den leicht geschwungenen Körper. Das Christuskind berührt mit der einen Hand liebkosend ihre Wange, in der anderen hält es, wie lothringische Vorbilder, einen Vogel, der ihm in den Finger pickt. So wird die zukünftige Passion ausgedrückt. Der einzige alte Altar der Kirche steht an der Nordwand und ist Anna Selbdritt geweiht. Ein Kanonikus und Kantor stiftete ihn 1629.

Das originale lebensgroße Triumphbogenkreuz läßt als Vorbild das Gerokreuz vom Kölner Dom durchscheinen. Es hängt heute über dem Nordportal. Unter der Orgelempore, die im 18. Jahrhundert in das Westjoch eingebaut wurde und noch das dekorative Gehäuse des alten Instrumentes trägt, liegt der Eingang zu der sehr hoch eingewölbten Turmhalle im Norden. Hier wurde die Skulptur einer stillenden Maria aufgestellt, die farbig neu bemalte Arbeit eines ländlichen Meisters von 1600. Das Motiv der nährenden Gottesmutter war schon in frühchristlicher Zeit in Ägypten beliebt. Mehrere barocke Heiligenfiguren bereichern die Ausstattung der Kirche und besonders viele Grabdenkmäler aus dem heimischen roten Sandstein vom 14. bis 16. Jahrhundert. Einige flankieren die Südwand bei der Rokokokanzel. Die Verstorbenen, häufig Adlige, sind zum Teil lebensgroß und als stehende geharnischte Ritter dargestellt. Sie treten betend aus reich gestalteter Rahmenarchitektur in Halbrelief hervor. Ihre unterschiedlichen Rüstungen belegen die wechselnden Moden. Als das bedeutendste Grabmal gilt das des Johannes von Schönborn im Chor neben dem Sakramentshaus, laut Inschrift von 1540. Der Vater des Trierer Kurfürsten Johann von Schönborn ist baren Hauptes als kniender Ritter und betend porträtiert und umgeben von acht Ahnenwappen. Im Kreuzgang setzt sich die lange Reihe von Grabplatten fort. Der Hauptzugang liegt an der Südwand der Kirche, vorne bei der Kanzel und nahe der vermauerten Treppe, die einst in den Schlafsaal im Kapitelhaus führte.

Der Kreuzgang

Um einige Stufen abgesenkt, faßt die überwölbte Umgangshalle einen quadratischen, begrünten Hof mit einem Brunnen ein. Licht durchflutet die Gänge, die von breiten, dreigeteilten Maßwerkfenstern ringsum zum Viereck unter freiem Himmel geöffnet werden. Ihre Ornamentik, die wiederkehrende kunstvolle Vierpaßrosette im Spitzbogen, mit dem Zirkel konstruiert, und lilienähnlichen Knospen an den Dreipässen zeugen vom Können der Steinmetzmeister, die in der Gotik gefragte Handwerker waren. Die Gleichförmigkeit des Maßwerkes und die regelmäßig gesetzten kurzen Strebepfeiler außen zwischen ihnen tragen zu der ruhigen Atmosphäre der kleinen Anlage des 14. Jahrhunderts wesentlich bei. Die Strenge der dichten Kreuzgewölbeformen in den umlaufenden Flügeln wird durch unterhaltsamen Schmuck an den Kapitellen der gebündelten Wanddienste etwas aufgelockert. Bärtige, langhaarige Männerköpfe zwischen verschiedenem Laubwerk finden sich als Originale allerdings nur noch im Nordflügel. Nach der Säkularisation 1802 verfiel der Kreuzgang, so daß Bürgermeister Simon und der damalige Pfarrer sich nicht scheuten, die Bedachung für ihre Ställe abzutragen (M.-L. Niewodnickanska). Erst vor hundert Jahren und mit Hilfe der Spenden von Kaiser Wilhelm II wurde die einstige Wandelhalle der Kanoniker wiederhergestellt. Für das 700. Jubiläum der Grundsteinlegung des Kollegiatstiftes war die gesamte Anlage renoviert worden. Beim Pontifikalamt 1976 zog der Trierer Bischof Bernhard Stein mit dem Bischofsstab seines frühen Vorgängers und Gründers, Heinrich von Finstingen, in die Kirche St. Maria ein. Für dieses eine Mal war der Trierer Domschatz geöffnet worden.

Repräsentative Häuser des 18. und 19. Jahrhunderts in Neuerburgs Graf-Dietrich-Straße

Ein Mittelpunkt am Rande

Neuerburg, Stadt seit 1339
1859 erneuert
Gesamtstadt: 1850 Einwohner
Kirche: St. Nikolaus

Neuerburg ist eine sehr kleine und imposante Stadt im abgelegenen äußersten Südwesten der Eifel. Sie gehört zum Landkreis Bitburg-Prüm und liegt 325 Meter hoch, umschlossen von weit höheren Bergen. Hinter dem nördlichen Waxweiler, von Krautscheid an, windet sich die enge Fernstraße mit dem Wahlbach und seinen Hängen ungezählte Male, ehe sie auf das Tal der Enz mit Neuerburg trifft. Je nach Jahreszeit dampfen Nebelwolken aus den Mischwäldern hervor, die ringsum die bergige Kulisse überziehen. Dunkle Schieferfelsen erscheinen wie zufällig eingestreut. Die Durchfahrt des Ortes, der 1999 nicht mehr als 1850 Einwohner zählte, ist reich bestückt mit Läden und Märkten. Sie erzeugen quirliges Leben, ein Kommen und Gehen, Autos rangieren auf Parkplätzen. Neuerburg ist für das Umland Einkaufszentrum.
Der alte Stadtkern verriegelt das tiefe Enztal. Das kompakte Gewicht der Siedlung lagert im Westen auf einem schmalen ansteigenden Felssporn, dessen höchsten Punkt, mit einigem Abstand zu den Häusern, die mächtige Burg einnimmt. Doch die Vorrangstellung beansprucht im Stadtbild die spätgotische Kirche über steiler Felsflanke. Ihre ausdrucksvollen, dekorativen Gliederungsformen, rot gegen den weißen Putz abgesetzt,

waren auf Fernsicht angelegt. St. Nikolaus und die Burg, sowie zwei Türme der ehemaligen Stadtbefestigung weisen wirkungsvoll Neuerburgs mittelalterliche Vergangenheit aus.
Isleck oder Eisling, auf Luxemburgisch Ösling, nennen die Bewohner die waldreichen Täler und kargen, schneereichen Hochflächen hier, deren Sandstein- und lehmigen Schieferböden schwer etwas abzuringen ist. Nur 20 Kilometer entfernt verläuft die 1815 gezogene Grenze zum Großherzogtum Luxemburg. Seit dem Mittelalter hatte Neuerburg zusammen mit größeren Teilen der alten Landkreise Bitburg und Prüm zu der Grafschaft und dem späteren Herzogtum gehört, das drei deutsche Kaiser stellte und dessen wechselvolle Geschichte es bis zum Wiener Kongreß teilte. Bis heute versteht sich die Bevölkerung beiderseits des Grenzflusses Our ohne weiteres, denn die luxemburgische Umgangssprache und der Neuerburger Dialekt sind beides Formen moselfränkischer Mundart.

Europäische Grenzregion

Unmittelbar nach der als hart empfundenen Abtrennung vom Stammland zugunsten Preußens 1815 folgten für Neuerburg vernichtende Schicksalsschläge. Kurz hintereinander, 1816 und 1818, brannten die Stadthäuser nieder und mit ihnen die Webstühle der vom Tuch lebenden Bewohner. Der Wiederaufbau stützte sich auf die verbliebenen Fundamente und Kellergewölbe, die dann noch einmal, nach den Bombenabwürfen am

Tag vor Heiligabend 1944, die Grundlage dafür boten, Größe und Maßstäblichkeit der zerstörten alten Gebäude auf die Neubauten zu übertragen. Ein ehrgeiziges Stadtsanierungsprojekt, das zur 650. Jahresfeier der Stadtrechte 1982 nahezu abgeschlossen war, brachte schließlich durch Anpassung an den stark gewachsenen Verkehr die entscheidende Entwicklung des historischen Burgenortes zu einer lebendigen dynamischen kleinen Stadt. Mit der Verlegung der Ortsdurchfahrt aus dem engen Zentrum zum parallel laufenden Fluß hatten Bewohner, Kurgäste und Tagesausflügler die aufgefrischten Straßen, Plätze und Gassen für sich gewonnen.

Neuerburgs Anziehungskraft wirkt über Grenzen hinaus. Die Randlage im äußersten Zipfel Westdeutschlands bedeutet gleichzeitige Nähe zu den europäischen Nachbarn Luxemburg, Belgien und Frankreich, die sich mit der Bundesrepublik die Regionen Eifel und Ardennen teilen. Die initiativfreudige Enzstadt hat es verstanden, innerhalb der vielfältigen Beziehungen zwischen den Ländern Beachtung zu finden. Die stärksten Verbindungen reichen, historisch bedingt, nach Luxemburg, und es ist nicht verwunderlich, daß der 1827 in Neuerburg geborene Johann Anton Zinnen die luxemburgische Nationalhymne komponierte. Nach dem Zweiten Weltkrieg stellten die Luxemburger in ihrem einstigen Gebiet allerdings Besatzungstruppen auf, die bis in die fünfziger Jahre hinein in der Burg kaserniert waren. Die Grenze ließen sie von Zöllnern bewachen. Erst im Sog des Deutsch-Französischen Freundschaftsvertrages 1963 wurden die gegenseitigen Ressentiments hier mehr und mehr aufgegeben. Zusammenarbeit hatte sich schon 1958 mit der Einrichtung des Deutsch-Luxemburgischen Naturparks durch einen Staatsvertrag ergeben. »Heute«, so Stadt-Bürgermeister Hans Heinen, »spielt die Grenze keine Rolle mehr.« Wie selbstverständlich nutzt man auf beiden Seiten die Möglichkeiten zu Sport, Theater, zum Einkaufen, Arbeiten, Wandern und zum gemeinsamen Feiern.

Die Herrschaft

Neuerburgs Ausgangspunkt, die Burg, wurde erstmals im Jahr 1132 mit einem Ritter »Theoderich de novo-castro« schriftlich erwähnt. Die hier residierenden Neuerburger Herren, die in drei Generationen hintereinander Friedrich hießen, entstammten ursprünglich der bedeutenden Grafenfamilie von Vianden. Sie lösten sich jedoch vom Stammhaus und begründeten die eigene stattliche Herrschaft, die mehr als 35 Ortschaften umfaßte. Gleichzeitig waren die Neuerburger lehnsabhängig von Vianden, mit dem zusammen sie unter der Oberlehnshoheit der Grafen und späteren Herzöge von Luxemburg standen. Nach 1300 erbte die Herrschaft Friedrich von Brandenburg (Luxemburg), der noch in seinem Sterbejahr 1332 Neuerburg die Stadtrechte verlieh und damit die Befestigung der Siedlung unter der Burg vorantrieb. Da dieser Dynast keine Söhne hatte, kam mit seinem Schwiegersohn das Haus Kronenburg an den Besitz. Finanznöte ließen den neuen Herrn das Neuerburger Erbe so-

St. Nikolaus über der Stadt

gleich an König Johann von Böhmen, Herzog von Luxemburg, verpfänden. Mit Hilfe eines Kredites von Trierer und Wittlicher Juden konnte der Kronenburger 1339 das Pfand wieder einlösen und seine Rechte in Neuerburg wahrnehmen. Die gingen durch Heirat dann 1414 auf die Herren von Rodemacher in Luxemburg über. In ihre Zeit fällt die Stiftung eines Hospitals mit Kapelle 1435, wodurch dem Ort im Norden am Berghang, außerhalb der Mauern, ein weiterer Siedlungskern zuwuchs. Nach 1482 gelang es Graf Georg von Virneburg aus der Osteifel, Erbansprüche über die Neuerburger Lande zu erstreiten. Er und sein Bruder regierten aber nur fünf Jahre. Ihr Ableben ohne direkten männlichen Erben löste einen heftigen, anfangs mit Waffengewalt geführten Kampf aus. 1488 endete er schließlich friedlich, durch Heirat der Schwester der beiden Virneburger, Mechthild, mit dem Grafen Kuno von Manderscheid. Damit war die Herrschaft Neuerburg an eines der auch wirtschaftlich mächtigsten und kulturell engagierten Adelsgeschlechter der Eifel gelangt. Es behielt den Machtanspruch hier bis zur Auflösung der Territorien 1794, seit 1613 jedoch nicht mehr in vollem Umfang. Erbstreitigkeiten hatten zu einer Teilung geführt. Nicht selten waren die Miteigentümer jedoch Verwandte der Manderscheider.

In den Zusammenhang dieser Auseinandersetzung gehörte die Witwe des vermutlich 1582 gestorbenen Joachim von Manderscheid, Magdalena von Nassau, die noch bis 1588 Regentin bleiben konnte. Sie hatte lutherischen Glauben angenommen, erzog ihre beiden Töchter nach der neuen Lehre und ließ einen evangelischen Pfarrer aus Kronenburg in Neuerburg predigen. Inzwischen war Neuerburg habsburgisch geworden. Kaiser Karl V hatte das Reich 1556 geteilt und seinem Sohn, Philipp II, unter anderem Spanien, die Niederlande, Burgund und damit Luxemburg zugesprochen. Philipp II war ein strenger Verfechter des Katholizismus und führte die Gegenreformation an. Er entzog Magdalena die Neuerburger Herrschaft und gab sie erst zurück, nachdem die Tochter Anna Amalia »nach katholisch-apostolischem Brauch« Dietrich II von Manderscheid-Kail geheiratet hatte.

Die Macht der Zünfte

Unter den Manderscheider Dynasten entfaltete sich ein blühendes Wirtschaftsleben in Neuerburg, dem Mittelpunkt der Herrschaft. Burg und Stadt wurden ausgebaut. Schon 1492 begann man, die alte Kirche durch einen zweischiffigen Neubau zu ersetzen, in dem Stil, den die Manderscheider bevorzugten. 1550 wurde das erste öffentliche Schulhaus errichtet, 1576 kam die Erweiterung der Marktrechte. Aber schon viel früher war Neuerburg ein Zentrum des Handwerks und Gewerbes, von dem nicht zuletzt die zur Herrschaft gehörenden Dörfer profitierten, wenn deren untertänige Bewohner zur Burg kamen, den Zehnten abzuliefern. Berufszweige des freien Handwerkerstandes hatten sich in Zünften organisiert, deren bedeutendste seit 1421 über Jahrhunderte als Machtfaktor in der Stadt wirkten, Entscheidungen

Die Hospitalkapelle St. Eligius von 1434

275

bestimmten und der Herrschaft manchesmal ein Darlehen gewährten.

Zu den Hauptzünften zählten die Hämmerer, denen die Goldschmiede, Schlosser, Schreiner, Maurer und Zimmerleute angehörten, dann die Wollweber, die Schneider und Krämer und die Schuhmacher. Diese wirtschaftlichen Zweckverbände garantierten durch Einhalten strenger Regeln und der Ausbildungsfolge – Lehrling, Geselle, Meister – die Qualität der Arbeit. Sie bestimmten auch die Produktionsmenge und Preise. In Absprache mit der Obrigkeit galt Zunftzwang, der darin bestand, daß nur Zunftmitglieder Aufträge ihres Gewerbes ausführen und in der Stadt oder festgelegten Bannmeilen absetzen durften. Dadurch schützte das Bündnis seine Mitglieder vor fremden Konkurrenten und gewährleistete ihnen Kundschaft.

Bei der innigen Verflechtung von Diesseits und Jenseits im Mittelalter bestand zwischen den Zünften und der Kirche eine lebendige Wechselbeziehung. Daher bezeichneten sich die Zusammenschlüsse der Handwerker häufig als Bruderschaften, so auch in Neuerburg. Die Begriffe waren damals austauschbar. Ein Heiliger, mit Vorliebe der, dessen Lebenslauf oder Legende mit dem jeweiligen Handwerk in Beziehung gebracht werden konnte, war Schutzpatron und frommes Vorbild. Ihm richteten die Gemeinschaften einen Altar in der Kirche oder einer Kapelle ein. Im Geist christlicher Nächstenliebe halfen sie notleidenden, kranken und alten Zunftbrüdern, sie gaben einem verstorbenen Meister das letzte Geleit und ließen Messen für sein Seelenheil lesen.

Das Neuerburger Schutzbündnis der Hämmerer nannte sich nach seinem Patron Eligius-Bruderschaft. Ihre Gottesdienste fanden in der Eligius-Kapelle statt und wurden auch von der Schuhmacherzunft besucht. Der Heilige, im 7. Jahrhundert Bischof von Noyon, soll vor seinem Kirchenamt Goldschmied und königlicher Münzmeister gewesen sein. Die Wollweber verehrten die hl. Katharina von Alexandrien, deren Attribut ein Rad, ihr Marterwerkzeug, darstellt, weshalb sie zur Patronin aller mit einem Rad arbeitenden Berufe wurde. Der ihr geweihte Altar stand im linken Schiff der Nikolaus-Kirche. Die Zunft der Schneider und Krämer hatte sich unter den Schutz des Heiligen Kreuzes gestellt. Rein religiös ausgerichtete Bruderschaften, für welche die Zünfte eine gewisse Vorstufe darstellten, bildeten sich dann in der Neuzeit und bestanden neben den Organisationen der Handwerker. Nach dem Konzil von Trient (1545–63) entstanden vermehrt Sakramentsbruderschaften, so auch in Neuerburg. Die Zünfte wirkten noch in das 19. Jahrhundert hinein, bis die Zunftschranken fielen und die Gewerbefreiheit eingeführt wurde.

Wenn der Graf residierte

Handwerk, Handel und Gewerbe machten Neuerburg zu einem attraktiven Mittelpunkt für das Umland und bescherten Wohlstand, der bei den Woll- und Leinewebern besonders ausgeprägt war. Die Tuche waren weit jenseits der Herrschaftsgrenze begehrt. Ihre Glanzzeit erlebte die Stadt unter Joachim von Manderscheid, der als Vicegouverneur des Herzogtums Luxemburg in der Burg residierte (1566–82), während sich seine Vorgänger und Nachfolger von einem Amtmann vertreten ließen. Die Versorgung von Hofstaat und vielen offiziellen Gästen füllte die Kassen der Zulieferer, und das städtische Brauhaus steigerte seine Produktionsmenge bis an die Grenzen des Möglichen. Landwirtschaft hatte wegen der Topographie und der armen Böden nie eine große Rolle gespielt. Die fetten Böden breiten sich erst weiter südlich bei Bitburg im Gutland aus. Dort sah man auf die armen Isleck-Bauern gerne herab.

Das 17. Jahrhundert führte Neuerburgs Bewohner, wie in der gesamten Eifel, an den Rand der Existenz. Zu dem Niederländischen Freiheitskrieg, dem Dreißigjährigen Krieg und den Eroberungszügen Ludwigs XIV, die mit Einquartierungen Nahrung und Geld verschlangen, kam wiederholt die Pest. Bereits im 16. Jahrhundert hatte sie Menschen hinweggerafft. 1636 wurde für die Pesttoten ein Friedhof mit Kapelle außerhalb der Stadt angelegt. In Bittprozessionen zum hl. Rochus, dem Schutzheiligen gegen Pest und zweitem

Patron der Nikolaus-Kirche, suchte man Hilfe und Trost. Wegen eines Gelübdes von damals geht bis heute am Kirmessonntag im September eine Rochus-Prozession von der Kirche zum Pestkreuz in der Mühlenstraße. Auch der Hexenwahn, der in der luxemburgischen Eifel besonders stark um sich gegriffen hatte, forderte Opfer. Vor dem Neuerburger Hochgericht standen bis zum Ende des Dreißigjährigen Krieges 57 Angeklagte, von denen nachweislich 22 auf dem Scheiterhaufen den Flammentod erlitten. Am Ende des Jahrhunderts, 1692, wurde wie die meisten Festungen der Eifel auch die als uneinnehmbar geltende Burg der Enzstadt von den Truppen Ludwigs XIV gesprengt. Um 1700 begann man mit dem Wiederaufbau in bescheideneren Ausmaßen.

Erst, nachdem die Neuerburger Herrschaft mit den spanischen Niederlanden 1714 als Konsequenz des Spanischen Erbfolgekrieges an das österreichische Habsburg gekommen war und eine Friedensperiode begann, breitete sich wieder Wohlstand aus, getragen vor allem von den Woll- und Leinewebern, die mehrere hundert Personen beschäftigten. Aus dem Schreinerhandwerk traten im 18. Jahrhundert Bildhauer und Altarschnitzer hervor, deren kunstvolle Ausstattungsstücke in Kirchen auch außerhalb Neuerburgs gefragt waren: die Brüder Nikolaus und Hubert Littge, Nikolaus und Sohn Eberhard Hennes sowie Martin Breuer. Paul Gralingen war auf Gestühl spezialisiert.

Einer der beiden Wasserfälle am Ortseingang

Einschnitte

Mit der Besetzung durch französische Revolutionstruppen 1794 wurde Neuerburg Verwaltungssitz eines Kantons. Es gehörte zum Wälderdepartement mit der Zentrale in der Stadt Luxemburg. Neuerburgs regionale Zuständigkeit war damit eingeschränkt, auch wurden die Stadtrechte aberkannt. Doch die Tuchindustrie florierte. Die Franzosen kauften Uniformstoffe en masse, da die von Napoleon errichtete Kontinentalsperre englische Konkurrenten nicht zum Zuge kommen ließ. Das hörte 1815 mit dem Abzug der Besetzer schlagartig auf, denn mit preußischen Garnisonen entwickelte sich kein Geschäft. Die Tuchindustrie hielt zudem mit der maschinellen Fertigung in den Metropolen nicht mehr Schritt. Ihren Niedergang besiegelten schließlich die Brandkatastrophen 1816 und 1818, bei denen 64 Webstühle, zwei Drittel der Anlagen, vernichtet wurden. Der preußische »Königliche Regierungs-Vice-Präsident Gärtner«, nach dem eine Straße benannt ist, leitete eine Sammelaktion zum Wiederaufbau ein. Als Baumaterial dienten die Stadtmauer und Burgenruinen.

Unternehmer verlegten sich nun auf die Lederindustrie. Um die Mitte des 19. Jahrhunderts existierten sechs große Gerbereien. Die Lederhäute bezog man über Rotterdam aus den USA. Aber viele Bewohner blieben brotlos, mehr als hundert wanderten nach Amerika aus. Nur langsam überwand Neuerburg die Abtrennung von Luxemburg, dessen Teil es seit dem Mittelalter gewesen war und das mit der Eingliederung in Preußen 1815 zum Zollausland erklärt wurde. Als Sitz mehrerer Behörden und mit der Einrichtung einer

Landwirtschaftsschule gewann der Ort jedoch wieder größere zentrale Bedeutung, die durch den Bau von Talstraßen nach Sinspelt im Süden und Krautscheid im Norden gefördert wurde. Die Rückgabe der Stadtrechte 1859 hob das Ansehen. Um 1900 zählte der Ort 1 300 Einwohner. Seit 1907 hatte die kleine Stadt Bahnanschluß nach Gerolstein, die erwünschte Verbindung nach Bitburg kam nicht zustande. Als effizient erwies sich die Nebenstrecke während der beiden Weltkriege, als Neuerburg an der Westgrenze Aufmarschort für Truppen wurde. Im Zusammenhang mit der Ardennen-Offensive wurde die Stadt am 23. Dezember 1944 zu fast 50 Prozent zerstört. Mehr als 900 Gefallene liegen auf Neuerburgs Soldatenfriedhof.

Unternehmungslustig, autonom

Wie vielerorts in der Eifel hatte die Bahn auch nach Neuerburg Feriengäste gebracht, um die man sich hier sogleich kümmerte. Hotels schickten Hausdiener zum Bahnhof, warben mit Kutschenfahrten, reinen Moselweinen, und Neuerburg entwickelte sich zu einem Fremdenverkehrsort. Bis heute ist Tourismus ein Erwerbszweig. Er soll weiter ausgebaut werden. 1999 wurden mehr als 30 000 Übernachtungen registriert, ein Drittel davon fällt auf die Jugendherberge in der Burg. Neuerburg hat für sein Umland mit einem Einzugsbereich von ungefähr 14 000 Bewohnern Mittelpunktsfunktion. 1969 wurde es Sitz der gleichnamigen Verbandsgemeinde von insgesamt 50 Orten. Als Ausgleich für die gleichzeitige Verlegung des Amtsgerichtes und des Katasteramtes in die Kreisstadt Bitburg erhielt es ein Schulzentrum, bestehend aus Grund-, Haupt- und Realschule und einem Gymnasium mit Internat. Zur Ausstattung der modernen Anlage im Süden der Stadt gehören Schwimmbad und Sporthalle. Fast einhundert Lehrer, die zum Teil einpendeln, unterrichten die Schüler, von denen die meisten von auswärts kommen. Neuerburg verfügt auch über ein Akut-Krankenhaus, dem eine Station zur Kurzzeitpflege angegliedert ist.

Immer noch ist das Handwerk mit allen Zweigen gut vertreten. Zusammen mit dem stark ausgeprägten Einzelhandel, der sogar zwei Möbelgeschäfte aufweist, sind 160 gewerbliche Betriebe angemeldet. Ein neueröffneter »Grenzlandmarkt« erweiterte das Angebot noch einmal. Der große Komplex auf dem stillgelegten Bahnhofsgelände am nördlichen Ortsausgang wurde von einem Privatmann errichtet. Er hatte das mit Landesmitteln erschlossene Areal von der Stadt erworben, setzte der Anlage das Bürgerhaus wie eine Bekrönung auf und verkaufte es zu einem vereinbarten Festpreis an die Stadt, die als eigener Bauherr viel mehr hätte ausgeben müssen. Auf dem Gelände des abgetragenen Bahndammes siedelte sich eine Werkzeugfabrik an. Jeder nur mögliche Freiraum wird in dem engen Tal genutzt. Ergänzend wies man stadtnahe Gewerbeflächen aus. Doch verbieten die Topographie und der ruhige Charakter des Luftkurortes größere Industrien ebenso, wie die bisher unzureichende Verkehrsanbindung an die A 60 Richtung Köln.

Zum Vorteil wendet sich die Randlage in Beziehung zu den Nachbarländern. Neuerburg konnte sich profilieren, Sitz der EUVEA zu werden, der »Europäischen Vereinigung für Menschen mit einer Behinderung aus Eifel und Ardennen und angrenzenden Regionen«. Dieses Zentrum für Bildung, Freizeit und Begegnung auch für Angehörige wird im Jahr 2000 eröffnet und allein als Tagungsstätte einen Wirtschaftsfaktor darstellen. Behinderten-Institutionen aus Luxemburg, Belgien, Frankreich und der Bundesrepublik Deutschland sind die Träger. Neuerburgs Attraktivität gründet auf Unternehmungskraft. Schritt um Schritt sanierte man die Stadt mit der Burg, legte neue kleine Plätze, einen Kurpark an, förderte den Einzelhandel und Privatinitiativen. Längst ist die Abwanderung gestoppt, die Einwohnerzahl von 1 850 (1999) zeigt steigende Tendenz, nicht zuletzt wegen des Schulzentrums. Junge Familien bevorzugen die Neubaugebiete an den Stadträndern. Die Kaufkraft, die früher nach Trier abfloß, wird heute im Ort aufgehalten. Neuerburg ist autonom. Die Zahl der zur Arbeit hierher Einpendelnden liegt höher als die der Auspendler, die ihr Geld in Luxemburg oder in Köln bei den Fordwerken verdienen.

Stadtspaziergang

Die Enz zieht sich wie eine Leitlinie in ihrem gemauerten Flußbett durch den Ort. Am nördlichen Ortseingang gabelt sie sich für eine kurze Strecke und stürzt tosend in Gestalt zweier Wasserfälle über Schieferfelsen ab. Drei Mühlen profitierten früher von diesem natürlichen Kraftwerk, eine Anlage steht noch, auch eine Gerberei. In das anschließende Wiesengelände mit alten Obstbäumen, heute der Kurpark, zweigte man einen See ab. Oberhalb der Wasserfälle lädt neben den Brücken der neu angelegte Johannes-Platz zum Verweilen ein. Die Bronzefigur des Heiligen stammt von dem Neuerburger Norbert Klinkhammer, der vor allem als Restaurator und Vergolder viel für die älteren Stadthäuser getan hat. Die in das Islecktal einfallende Straße mußte den hier mächtig anstehenden Schieferblock durchstoßen. Das geschah 1860. Vorher war Neuerburg von Norden her nur mühsam, über die Höhe von Scheuern aus, erreichbar. In der Ferne hebt sich auf felsigem Grat die Silhouette der Burg ab.

Wo die Enz die Altstadt unter Brücken passiert, öffnet sich dort, wo der hl. Nepomuk seit 1740 unter Kastanien am Ufer steht, großräumig der Marktplatz. Vor dem Brand von 1818 nahm er noch zwei Straßenzüge auf, deren Trümmer man abtrug, um ein zentrales Forum zu gewinnen. Die Bauweise in Fachwerk wurde nach der Katastrophe verboten, verputzte Steinhäuser bestimmen das Stadtbild. Zwei- und dreigeschossig umschließen sie den Platz, unterbrochen von Brandgassen, die ein abermaliges Überspringen von Flammen verhindern sollten. Der Wiederaufbau seit 1820 zeigte klare, strenggegliederte Fassaden im Stil des Klassizismus, dessen Vorbild noch heute in den Neubauten der Nachkriegsjahre auszumachen ist. Über Jahrzehnte hin war ein Gebäude von 1897, das dekorative Eckquaderung und Fensterrahmung auszeichnet, mit drei hohen

Eingang zum Burgfried durch den Tor- und Glockenturm

Stockwerken Neuerburgs höchstes Haus, ursprünglich eine Bäckerei und Haupteinkaufsladen. Am Markt überwogen Häuser mit einer Etage über dem Erdgeschoß. Gasthäuser, Läden, Banken säumen das weite, gepflasterte Viereck, Neuerburgs Ortszentrum. Die Mariensäule in der Mitte ließen die Bewohner nach dem Brand 1818 aufstellen und nach der Zerstörung 1945 wiedererrichten.

Durch die am Nordende abzweigende Graf-Dietrich-Straße, die kleine Hauptgeschäftsader mit Boutiquen, zwängte sich, kaum noch vorstellbar, bis zur Stadtsanierung der Durchgangsverkehr. Wo sie an der Brücke mündet und andere Gassen auftreffen, blieben mehrere stattliche Häuser aus dem 18. Jahrhundert mit Rokokoportalen erhalten. Sie demonstrieren den Wohlstand der einstigen Tuchmacherstadt. Der Vorgängerbau des stattlichen Eckhauses an der Kirchgasse mit der goldverzierten Jahreszahl 1820 war die Bäckerei, von der 1818 das Feuer ausgegangen war. Steil steigen die schmalen, gepflasterten Gassen auf zum Gelände des Burgfrieds mit der Kirche, wohin in weitem Bogen von Süden auch die Oberstraße führt. Ihre am Felssporn haftende geschlossene Häuserzeile blieb von den Bomben größtenteils verschont, so auch Neuerburgs ältestes Haus, das in spitzbogiger Fensterrahmung Fratzenköpfchen zeigt. Die Straßenseite vis-à-vis wurde nicht wieder aufgebaut, eine breite Treppe nimmt den Platz des zerstörten Krankenhauses von 1900 ein.

Die Verlängerung der Oberstraße um die Kirche herum und hinauf zur Burg kam mit der Stadtsanierung. Früher verlief hier die Stadtbefestigung, Zugang zur Vorburg, dem Burgfried, und zu der Festung bot einzig der von dicken Mauern gestützte spitzbogige Torturm. Er diente auch nach dem Wiederaufbau 1829 immer gleichzeitig als Glockenturm für St. Nikolaus. Äußerst steil ist der Aufstieg zum Burgfried, einem freien Platz, den die Kirche, kleine Häuser und das herrschaftliche Lehnshaus von 1624 einfassen, und von dem aus ein Weg zur noch entfernten Burg leitet. Das Lehnshaus mit Toreinfahrt war

Die Weiherstraße

Sitz des Burgvogtes und beherbergt heute, innen entkernt, das katholische Pfarramt. Die Neuerburger nennen es die kleine Burg. Denn es liegt direkt an der Stadtmauer und ist mit einem erhaltenen, mittelalterlichen zinnenbekrönten Rundturm verbunden. Das Ensemble gehört zur charakteristischen Kulisse Neuerburgs, hoch über den schiefergedeckten Häusern.

Vorstadt im Hohm

Die Stadtbefestigung wies 16 solcher Türme und drei Tore auf. Sie hatte die Enz im Tal zweimal zu überwinden. Ihre Mauerreste ziehen, von hier oben aus sichtbar, noch am gegenüberliegenden Berg, dem Hohm, entlang und stecken dort die östliche Grenze der alten Stadt ab. Der jenseits des Flusses noch erhaltene, eindrucksvolle Beilsturm, in offener Hufeisenform, diente außerhalb der Mauern im Osten als Vorwerk zur Einsicht in das südliche Tal. Später bezog ihn der Feuerwächter der Stadt. Unterhalb der Mauer am Hang des Hohm erstreckt sich mit der Weiherstraße ein altes Siedlungsgebiet. Es stößt bis in die sogenannte Vorstadt vor, die mit eigenem Bering um das 1435 gestiftete Hospital herum entstanden war. Zwar hatte der Stadtbrand von 1816 sämtliche Häuser der schmalen Zeile vernichtet, doch wurden sie Parzelle für Parzelle in alter Maßstäblichkeit zwei- und dreistöckig wiedererrichtet und überliefern noch mittelalterliche Enge. Zwischen den bergseitig im Hang steckenden Putzbauten führen bisweilen Treppen hinauf zu den anschließenden Gärten, die bis in die Nachkriegszeit hinein auch Ziegenstall waren. Eine nur dünne Bodenschicht überdeckt den Felsengrund, dessen ausfließende Rinnsale man in Brunnenlöchern im Erdgeschoß auffing. Am höchsten Punkt der ansteigenden Straße, die dann, abfallend, an einem Weiher endete, gruppieren sich um einen Platz mit Brunnen windschiefe kleine Häuser, wohl aus dem 16. Jahrhundert. Von dem 1435 gestifteten Hospital steht auf dem Plateau nur noch der urtümliche quadratische Chor der Eligiuskapelle in unverputztem Bruchstein mit Sakristei und Dachreiter. Spitzbogige Maßwerkfenster mit Vierpaß erhellen den kreuzgewölbten Altarraum, dessen Wandbilder mit Passionsdarstellungen wie dem Schmerzensmann erst kürzlich teilweise freigelegt wurden. Mehrmals im Jahr findet für die hier oben lebenden Bewohner ein Gottesdienst statt.

Von dem terrassenförmigen alten intimen Friedhof der Kapelle reicht der Blick über Neuerburg bis an die umschließenden Berge. Über eine Treppe gelangt man hinab zur Stadt, außerhalb der mittelalterlichen Grenzen. Stattliche Villen aus der Zeit der Jahrhundertwende, die sich Unternehmer wie Sägewerkbesitzer bauen ließen, sind häufiger Blickfang zwischen modernistischen Geschäftsgebäuden. Zwei durch ihre schmucken hohen Sandsteinsockel auffallende Häuser, die 1907 die Bahn für Lokführer errichten ließ, haben inwischen Denkmalcharakter. Das alte Rathaus vom vorigen Jahrhundert, verziert mit Eckquaderung und Giebelfries, heute stilgerecht aufgestockt und Herberge des Forstamtes und der »Tourist-Information«, steht am anderen, dem südlichen Ende des Ortes, unterhalb des Kreuzberges.

Kreuzkapelle und Schwarzbildchen

Von hier geht ein Fußweg hinauf zur Kreuzkapelle, die zu Anfang des 18. Jahrhunderts mitten im Wald errichtet wurde und in deren Nachbarschaft zwei Eremiten lebten. Die langgestreckte schlichte Anlage schmiegt sich unter Eichenbäumen an den Berg, Vorhalle, Schiff, Chor und Sakristei fügen sich, in einer Achse aneinandergereiht, doch unterschiedlich dimensioniert, zu einem abwechslungsreichen Komplex aus kubischen Formen zusammen. Die drei von Rocaillegirlanden und Voluten verzierten Altäre im Inneren hat der Neuerburger Hubert Littge 1747 bis 1749 gefertigt. In den Hauptaltar mit großem bekrönenden Kruzifixus sind seitlich des Tabernakels als flache Relieffiguren die vier Evangelisten eingearbeitet. Den Weg zur Kreuzkapelle säumen 13 Bildstöcke von 1896 mit Darstellungen der Kreuzweg-

stationen Christi. Während der Fastenzeit gehen Neuerburgs Schüler mit dem Pfarrer diesen »Kreuzweg«, dessen letzte Station eine Grablegungsgruppe in der Kapelle bildet. Dort findet dann eine Andacht statt. Regelmäßig, einmal im Monat, gehen Prozessionen aus der Stadt hinauf zum »Schwarzbildchen« im Wald westlich hinter der Burg. Das seit dem 17. Jahrhundert verehrte Gnadenbild, zu dem das ganze Jahr über Pilger auch aus umliegenden Dörfern kommen, befindet sich in einer hohlen Eiche. Es stellt die farbig gefaßte Holzskulptur einer gekrönten Maria mit dem Christuskind auf dem rechten Arm dar. Das Gesicht der Gottesmutter ist dunkel, wie »geschwärzt«. Die Figur gehört zu der Gruppe der Schwarzen Madonnen, die als Wallfahrtsbilder in der Barockzeit beliebt wurden. Im Typ ähnelt die Skulptur der frühgotischen »Schwarzen Maria« von Altötting, deren Gesicht und Hände durch Kerzenruß und Oxydierung des silbrigen Untergrundes der Bemalung dunkel geworden sind.

St. Nikolaus

Die Dominante im Stadtbild, die spätgotische zweischiffige Hallenkirche, präsentiert einen im Trierer Raum beliebten Typus, dessen Verbreitung die Grafen von Manderscheid in qualitätvoller Ausführung in ihren Landen förderten. Der Ursprung dieser Anlagen findet sich in der Hospitalkapelle von Kues. Sie ist in einen klosterähnlichen Komplex integriert, den Kardinal Nikolaus von Cues 1447 für bedürftige alte Männer stiftete. Die damals ungewöhnliche Bauweise hatte der Kardinal auf seinen weiten Reisen in Böhmen, Österreich und Ostbayern kennengelernt und dann in Kues eingeführt. Die Hospitalkapelle zeigt einen quadratischen Grundriß, in dessen Mitte ein Pfeiler als Stütze von vier Gewölben hochragt und gleichzeitig den Raum in zwei Schiffe gliedert. Das neue Element war die Zweiteilung, die nun neben den drei Schiffen der Basilika und dem einen Schiff der Saalkirche beliebt wurde. Im Gebiet von Mosel, Saar und Eifel sind 17 von einst 37 Beispielen erhalten. Der Einstützen-

St. Nikolaus mit Torturm, vom Burgfried aus

raum wurde häufig auch zum Zweistützen-
raum abgewandelt, wie bei der Neuerburger
St. Nikolaus-Kirche. Ihren dritten Mittelpfei-
ler erhielt sie erst bei der Erweiterung nach
Westen 1912, die, sensibel gehandhabt, im
Äußeren ganz unauffällig blieb.

Hochgehoben, in freier Lage am Rand des
Felssporns, stellt die Kirche ihren vorgescho-
benen Chor und die Nordflanke der Stadt zur
Schau. Die Südseite verdecken der quadratische separate Glockenturm und die Häuser
des Burgfrieds. St. Nikolaus steht auf dem
Platz einer 1341 erwähnten Vorgängerkirche.
Die lange Bauzeit, von der Grundsteinlegung
1492 bis zur Vollendung 1570, dürfte an Unterbrechungen der Arbeiten aus zeitweiligem
Geldmangel der Herrschaft gelegen haben,
ohne daß jedoch bei der Ausführung dann ge-
spart worden wäre.

Die symmetrische zweischiffige Kirche bildet einen gestreckten und kompakten
Baukörper von vier Jochen, dessen Mittellinie im Osten ein zweiachsiger, eingezogener
Chor vorgelagert ist. Wie in Kues hielt man
an dem einen zentralen Altarraum fest; es

gibt daneben andere zweischiffige Beispiele
mit jeweils zwei Chören. Die gesamte Anlage deckt ein steiles, seitlich leicht gebrochenes Satteldach, das auf gleichbleibender
Höhe auch den Chor überzieht, ehe es, dem
dreiseitigen Abschluß folgend, gebrochen
abfällt. Die Übergangsstelle zum Altarraum
markiert auf dem durchlaufenden First ein
Dachreiter. Zu den verschieferten, ruhigen
Flächen kontrastieren die Seitenwände mit
lebhaftem Rhythmus der Gliederungsformen. Ausdrucksvoll und dekorativ sind sie in
Rot mit weißen Fugen gegen den weißen
Putz hervorgehoben. Die abgetreppten, bis
unter das Dach reichenden Strebepfeiler geben den Flanken auf hohem Sockel, Joch um
Joch vorspringend, Gewicht und betonen die
Senkrechte. Sie stellen den Rahmen für die
dreibahnigen Maßwerkfenster mit breitem
Gewände, die gleichhoch enden. Bis auf das
Ostjoch bleibt jedoch das untere Drittel der
Wand frei. Es wird klar von dem horizontal
verlaufenden, typisch gotischen Kaffgesims
abgesetzt, einem unter den Fenstern zur Was-
serabstoßung vorgelegten, profilierten Streifen, der sich hier mit der Sohlbankschräge
vereint und auch über die Strebepfeiler hin-
weggeht. Unterstützt wird das lineare waagerechte Element von der umlaufenden Sockelzone mit Gesims. Auf beiden Seiten des
Schiffes befinden sich im vorletzten Joch
einander gegenüberliegende Portale. Sie sind
unter schmalen Dächern mit den Strebepfeilern vermauert und von Stabwerk verziert.
Der Haupteingang, im Süden am Burgfried,
ist durch ein Tympanon mit einem farbig gefaßten Kreuzigungsrelief von der Vorgängerkirche herausgehoben. Vor der Erweiterung
der Kirche um ein Joch lag ein hohes spitzbogiges Portal in der dem Berg zugewandten
Westfront, das man, vermauert, in den von
einem Strebepfeiler gestützten neuen Abschluß übernahm. Die Architektur des Chores ist von kraftvoll gesteigerter Wirkung. Er
übernimmt die großen Strebepfeiler des
Schiffes und verlängert die Maßwerköffnun-
gen nach unten, so daß die Gliederungsformen um die schmaleren Joche dichter zusammenstehen, die Fenster die Mauer nahezu ersetzen.

Das Innere:
prachtvolles Sterngewölbe

Man betritt die Kirche durch eines der beiden Seitenportale und steht unmittelbar in einer hohen, lichtdurchfluteten Halle, deren prachtvolles Sterngewölbe in mittelalterlicher Buntheit augenblicklich gefangennimmt. Es wird von sechseckigen schlanken Pfeilern getragen, die auf rundprofilierten Sockeln die Mitte des Raumes feststecken und zwei offene, gleich hohe und breite Schiffe abgrenzen. Ansatzlos, ohne trennende Kapitelle, steigen von ihnen je zwölf Rippen fächerförmig zu den Deckengewölben auf. Ihre Bögen verzweigen sich, bilden Sternenformen, die auch auf den Chor übergreifen, der, trotz geringerer Breite, aber bei gleicher Höhe, wie die Fortsetzung des Schiffes in die Tiefe des Raumes wirkt. Verdichtete Gewölbestrukturen, die von großen Rahmen umgebenen wandfüllenden Fenster und drei Stufen heben die Sonderstellung des Chores gegenüber dem Areal der Gemeinde hervor. Die seitlichen Gewölbestützen, Dienste an den Außenwänden, enden hoch auf Konsolen mit Brustfiguren der Zwölf Apostel. Es ist vor allem die spätgotische Farbigkeit, die mit kräftigem Akkord, Rot gegen Weiß gesetzt, die reiche Struktur des Raumes zu voller Entfaltung bringt. 1978 legte man die originale Bemalung frei und ergänzte sie. Stark betont treten so die Pfeiler, die breiten Gewände der Fenster in Erscheinung, wie auch die feingemeißelten, doppelt gekehlten Gewölberippen. Ihre Scheitel- und Kreuzungspunkte sind sämtlich mit einem schwarz-weißen Schachbrettmuster verziert, das den Blick an der Decke zu Sprüngen reizt. Die Zwickel der Gewölbe zeigen das Vergnügen an der Wiedergabe von Ranken und sprießenden Phantasieblumen. Zwei originale Schlußsteine fallen durch ihre Schönheit auf, die hl. Katharina mit dem Rad im Nordschiff, Patronin der einst mächtigen Wollweberzunft, und die Himmelskönigin in blauem Mantel auf der Mondsichel, die sich dem nackten Jesuskind auf ihrem Arm zuneigt. In der Schloßkapelle von Kerpen und in der Kirche von Kronenburg, beides zwei-

Prachtvolles spätgotisches Sterngewölbe

schiffige Einstützenkirchen von Manderscheider Bauherren, findet sich jeweils ein ebensolcher Schlußstein mit Maria. Man kann vermuten, daß die Grafen immer wieder dieselben hochqualifizierten Steinmetzmeister oder ihre Schüler bemühten. Das vierte, 1912 angefügte Westjoch ist dem alten Schiff vollkommen angeglichen. Es nimmt die Orgelempore auf, deren Maßwerkbrüstung einen starken Akzent setzt. Das neue Instrument wurde 1980 angeschafft (Weigl, Echterdingen).

Zur Ausstattung der Kirche hatten ursprünglich sieben Altäre gehört, an denen 1738 noch sechs Priester tätig waren. Nach der Säkularisation schrumpfte die Zahl, und Ende des vorigen Jahrhunderts standen noch drei Altäre. Der einzige von heute, im Chorraum, wurde 1980 als schlichter Flügelaltar gefertigt, der alte lose Fundstücke vom Speicher vereint. So stammen die Gemälde mit der hl. Barbara und dem hl. Rochus, auf dessen Pestbeule ein Engel verweist, vom Altar der Sakramentsbruderschaft von 1616. Die spätbarocken vier Heiligenfiguren, die eine neogotische gekrönte Marienplastik flankieren, sind farbig gefaßte Holzskulpturen des Neuerburger Bildhauers Eberhard Hennes (1737–1797) und stellen Apollonia, Antonius von Padua, Donatus und Agatha dar. Hennes gestaltete schlanke Körper und schmale Gesichter. Die Fülle der eleganten Gewänder gliederte er in dichte feine Falten mit eckig aufgefächerten Rändern. Seine zierliche Apollonia präsentiert in der Rechten eine lange Zange mit einem Zahn, in der Linken hält sie zum Zeichen ihres Martyriums den Palmenzweig. Der Bildhauer verarbeitete Einflüsse aus dem Aachener und Lütticher Raum. Das ausladende barocke Pathos nahm er zugunsten gestreckter Formen zurück, die bereits klassizistische Anregungen einbeziehen, am deutlichsten bei dem Wetterheiligen Donatus. Der wie ein Ritter in kurzer Pluderhose und mit Stulpenstiefeln Dargestellte

Konsolfigur des hl. Nikolaus, 16. Jahrhundert

gibt sich mit langgezacktem Blitz zu erkennen.

Zur ursprünglichen Ausstattung gehört ein Sakramentsschrein in der Chorwand, in dessen Maßwerkbekrönung kleinfigurig der hl. Nikolaus, ein Kruzifix und die Anbetung der Heiligen Drei Könige eingearbeitet sind. Auch der achteckige Taufstein mit einem um den Schaft gelegten Ring blieb aus der Erbauungszeit erhalten, ebenso wie die fast lebensgroße Skulptur des Patrons der Kirche, heute an der Stirnwand des Nordschiffs. Der hl. Nikolaus ist in ruhiger Haltung, auf einer Bank sitzend und in pontifikalem Meßornat mit Stab und steinbesetzter Mitra über den Locken dargestellt. Die rechte Hand erhebt er segnend. Unter seinen Füßen stehen, entsprechend dem Bedeutungsmaßstab viel kleiner als er gestaltet, drei Nackte in einem Faß. Nach der Legenda aurea sind es die drei Scholaren, die ein Wirt umgebracht und »in Fässern eingepökelt« hatte. Nikolaus erweckte sie wieder zum Leben. Die Felder der achteckigen Holzkanzel aus dem 18. Jahrhundert sind ausschließlich mit stilisierten vergoldeten Blumen, Akantusranken und Blattwerk verziert. Den Schalldeckel bekrönen prunkvolle Kugelflammen. Aus derselben Zeit steht unter der Orgelempore ein vergleichsweise schlichter Beichtstuhl, dessen Mittelteil Säulen mit vergoldeten Kapitellen gliedern.

Zur harmonischen Wirkung des Kircheninneren mit dem gewichtigen Gewölbe tragen die Glasmalereien der Chorfenster von Paul Weigmann aus Leverkusen von 1980 durch ihre zarte Farbigkeit und lockere Struktur sehr bei. Die großen Flächen sind aufgelöst in unzählige kleine Blätter, die in lichtem Hellgrau den Hintergrund für eingeflochtene Bildelemente geben, den leuchtend gelben, stilisierten Lebensbaum, die kleinfigurigen Vierundzwanzig Ältesten in dunklerem Grau, die Vier Apostel oder das Lamm Gottes. Rote Früchte setzen belebende Akzente. In den südlichen Fenstern gibt Hellblau den Ton an. Mit zunehmendem Abstand, von den hinteren Bänken aus gesehen, verlieren sich die einzelnen Bilder, und die Chorfenster erscheinen wie lichtdurchwirkte feine Gewebe.

Über zwei Burgen

Manderscheid, Stadt seit 1332
1997 bestätigt
Gesamtstadt: 1 503 Einwohner
Kirche: Lebensbaumkirche

Sicherlich gehören die Aquarelle aus dem Skizzenalbum Edward T. Comptons zu den schönsten Darstellungen Manderscheids mit den beiden Burgen. Der junge Engländer, später ein Alpenmaler, unternahm seine Eifelwanderung im Frühsommer 1868. Er wich bewußt ab vom klassischen Ziel seiner unzähligen Landsleute, die, nach dem Vorbild William Turners oder Clarkson Stanfields, im Mittelrhein einen Inbegriff romantischer Landschaft sahen. Denn der Strom präsentierte gleichzeitig mit der großartigen bergigen Uferkulisse bekrönende Burgruinen in dichter Folge, die markant auf das längst vergangene Mittelalter verweisen. Compton interessierten jedoch kaum die eingetretenen Pfade des damaligen Künstlertourismus, sondern viel mehr die Reize des Hinterlandes, in dem er noch Ursprünglichkeit und unverbrauchte Motive fand. Auf seiner »Tour on the Mosel and in the Eifelgebirge«, deren »Sketches« er in ein Album einklebte, das heute das Wallraf-Richartz-Museum Köln besitzt, hielt er sich in und um Manderscheid vom 17. bis zum 22. Juni auf. Er skizzierte unter freiem Himmel. Den frischesten Eindruck hält sein erstes zart getupftes Aquarell fest: das in Sonne getauchte Liesertal mit den beiden verfallenen Burgen, die eine, nahe herangerückt und im Schatten auf schroffem kahlen Felsensockel, die andere, in knappem Abstand daneben, lichtüberflutet auf begrüntem hohen Bergsporn. Comptons spannungsvolle, aus dem Hell-Dunkel-Kontrast entwickelte Gegenüberstellung wirkt wie eine nahezu dramatische Inszenierung. Die getrennten Positionen der Oberburg und der Niederburg untermalt am Boden, mit Sonnenreflexen hervorgehoben, die zwischen ihnen sich schlängelnde kleine Lieser. Schönwetterdunst erzeugt eine mild durchleuchtete Atmosphäre über der Landschaft und verschleiert die ferneren Talflanken gerade so weit, daß auf dem Grat hinter der Oberburg noch die Kirche des Ortes Manderscheid und die an der Steilkante aufgereihten Häuser zu erkennen sind.

Auch das englische Ehepaar Katharine und Gilbert Macquoid, das knapp dreißig Jahre nach Compton, 1895, eine Eifelreise antrat und seine Eindrücke in London als Buch veröffentlichte, war von Manderscheid mit den beiden Burgen fasziniert und vergab das Prädikat »Die Perle der Eifel«. Die Macquoids erwähnten auch die Legende von den Brüdern Richard und Walter, die nach dem Tod ihres Vaters jeder eine der beiden Burgen geerbt und sich wegen einer Nichtigkeit ernsthaft zerstritten hatten. Walter beschuldigte Richard, in seine Rüstung ein ihm verhaßtes Katzentier versteckt zu haben, das ihm das Gesicht zerkratzte. Aus dem Streit wurde schließlich Kampf, zu dem sich jeder einen Mächtigen als Beistand holte. So geschah es, daß die Oberburg kurtrierischer Besitz und die Niederburg luxemburgisches Lehen wurde. Die Lieser wies zwischen ihnen die Grenze.

Blick in die Klostergasse von Manderscheid

Oberburg und Siedlung

Tatsächlich waren nicht Katzenkrallen der Grund für Gegnerschaft, sondern Machtansprüche im Gebiet der Südeifel, die Luxemburg und Trier gleichermaßen erhoben. Den Härtegrad der Rivalität verdeutlichen die zwei Burgen in Rufweite, Eckpfeiler innerhalb einer jeden der beiden Dynastien. Im Jahr 973 hatte Kaiser Otto II dem Erzbischof von Trier einen Bannforst zwischen Lieser, Mosel und Sauer geschenkt, der bis zu dem in der Urkunde erstmalig erwähnten Manderscheid reichte. Wälder und Gewässer galten als Königsgut. Für den Erzbischof bot sich nun die Gelegenheit, sein Territorium auszudehnen in einem Areal, das der Graf von Luxemburg bereits mit verschiedenen Besitzungen und Rechten belegte. Heftige Auseinandersetzungen ließen daher nicht auf sich warten. Die erste Belagerung der Oberburg Manderscheids datiert von 1094. Dann nutzte Graf Heinrich von Namur und Luxemburg die befestigte Anlage als Hauptstütze während seiner Fehde mit Erzbischof Albero von Trier, die im Jahr 1140 begann. Sie endete auf dem Reichstag zu Speyer 1147 damit, daß die Oberburg durch Vermittlung von König Konrad dem Trierer Albero zugesprochen wurde, der als Gegenleistung einen Treueid schwören und das Kloster St. Maximin vor den Toren Triers seinem Kontrahenten überlassen mußte. 1150, nach dem Tod Alberos, gelang dem Luxemburger Grafen jedoch die Rückeroberung der Burg, bis sie 1160 schließlich endgültig von dem Trierer Erzbischof Hillin vereinnahmt werden konnte. Sein Nachfolger, Heinrich von Vinstingen, ließ die strategisch bedeutende Anlage weiter ausbauen. Sie war nun eine der sieben Landesburgen des Erzstiftes und Sitz eines kurtrierischen Amtes. Allerdings konnte der Amtmann nicht die Jahrhunderte bis zum Ende der Feudalzeit so exklusiv wohnen. Stark hatte die Burg bereits im Dreißigjährigen Krieg gelitten, aber die Truppen des französischen Generals Fourille zertrümmerten die stattliche Festung 1673 so gründlich, daß sie anschließend nie mehr aufgebaut wurde. Die Dienstgeschäfte verlagerten sich in die Kurfürstliche Kellnerei auf dem Hochplateau oberhalb des ruinösen Bergfrieds. Dort hatte sich der Burgenort Manderscheid entwickelt, der um 1220 mit ausgedehnten Höfen beurkundet ist. Unter Erzbischof Balduin von Trier war er 1332 in einem Sammelprivileg gemeinsam mit 29 weiteren Ortschaften des Erzstiftes von König Ludwig dem Bayern in den Rang einer Stadt erhoben worden. Die vielen von Mauern und Türmen umwehrten Siedlungen nutzte Balduin als Machtbasen zum Ausbau seines mächtigen Territoriums. 1346 waren es 54 an der Zahl im Kurstaat Trier. Die Stadtbewohner entließ der Erzschof aus der Leibeigenschaft, sie wurden zu Freien erklärt. Für Niedermanderscheid, die kleine Talsiedlung neben der Niederburg, stellte Graf Dietrich II einen Freibrief 1437 aus. Er befreite die Bewohner von Steuern, Abgaben und Fronarbeit und verpflichtete sie gleichzeitig zu Wachdienst und Verteidigung der Burg im Kriegsfall.

Die zweite Burg

Die Niederburg, die jüngere der beiden Festungen, wurde zum erstenmal 1201 genannt und als die kleinere bezeichnet, was sich im Laufe der Zeit ändern sollte. Hier residierten von Anfang an die Edelherren von Manderscheid unter luxemburgischer Landeshoheit. Als ihre ersten Familienmitglieder sind Richard 1133 und Walter 1142 bezeugt. Man vermutet, daß sie ursprünglich auf der Oberburg herrschten, sich jedoch zurückzogen, nachdem dort ein Trierer Erzbischof die Rechte ausübte. Ihm boten sie dann vis-à-vis die Stirn, wozu die Natur einlud. Bei ihrer Doppelschleife umrundet die Lieser nach dem Bergsporn mit der Oberburg einen weiteren steilen Felsgrat wie eine Schlinge. Nach und nach vergrößerten die Manderscheider ihren Hochsitz mit sehr soliden Mauern, was dem argwöhnischen Nachbarn Pein bereitete. Daher verpflichtete Erzbischof Balduin 1339 vertraglich Wilhelm von Manderscheid, keine weiteren für ihn »schedelichen und hindirlichen« Burgen zu errichten und die hiesige nicht höher als auf 32 Fuß

Ober- und Niederburg an einem Wintertag

anwachsen zu lassen. Am liebsten hätte Balduin das attraktive luxemburgische Standbein direkt vor seiner Nase vereinnahmt. 1346 kam es zu einem Versuch. Er belagerte die Niederburg, holte Truppenverstärkung beim Markgrafen von Jülich und sogar bei seinem Erzfeind, dem Erzbischof von Köln. Doch Wilhelm von Manderscheid hatte in seiner Trutzburg den längeren Atem, wozu die Herren von Blankenheim, von der Kasselburg und luxemburgische Ritter auch mit Proviantlieferungen beitrugen. Erst nach reichlich zwei Jahren zog Balduin unverrichteter Dinge wieder ab. Um weiteren Übergriffen vorzubauen, ließ Dietrich II mit aufwendigen Terrassierungen 1427/28 eine Vorburg und noch einen Mauerring errichten, der die Talsiedlung einschloß. Jetzt war die Niederburg die kolossalere der beiden einander gegenüberliegenden Festungen.

Die Herren von Manderscheid

Zu dieser Zeit hatten die Manderscheider, vielleicht vom Stamm der Kerpener Eifelritter, ihren kleinen Herrschaftsbereich um die Stammburg herum, die Grafschaft genannt, bereits ausgeweitet. Durch Erbschaft, Heirat, geschickte Erwerbspolitik und Diplomatie gegenüber den großen und kleinen Landesherren waren sie in die Zentral- und Nordeifel vorgedrungen und erwarben um die Mitte des 15. Jahrhunderts den erblichen Grafentitel. Ihren größten Machtzuwachs erreichte die Dynastie 1468 mit den Herrschaften Blankenheim und Gerolstein, die ohne Erben waren, so daß Dietrich von Manderscheid als Herr von Schleiden Ansprüche durchzusetzen vermochte. Um die Mitte des 16. Jahrhunderts hatte das Grafenhaus Besitztümer wie kein anderes in der Eifel, 22 Herrschaften und etliche Burgen. Graf Dietrich III teilte diese Lande 1488 unter seine drei Söhne auf. So entstanden die Linien zu Schleiden (mit Manderscheid), zu Blankenheim und zu Oberkail. Die Blüte der Adelsfamilie, die Wirtschaft, Kunst und Wissenschaften förderte, lag im 16. Jahrhundert, als Dietrich IV, dem Schleiden zugefallen war, durch Entwicklung der Eisenindustrie mit modernen Mitteln Wohlstand des Landes erreichte und als Humanist Einfluß ausübte. Die Zeitgenossen nannten ihn den Weisen. Seine Toleranz gegenüber Luthers Reformation zeigte in seinen Territorien Wirkung (s. Schleiden). Auf der Manderscheider Niederburg kam es jedoch nur zu einem kurzen protestantischen Zwischenspiel, als der dort residierende evangelische Schwede, Graf Steno von Löwenhaupt-Rasburg, die neue Lehre 1615 einführen wollte. Auf Befehl des Kaisers ließ der Katholik Erzherzog Albrecht, Statthalter der Spanischen Niederlande, zu denen Luxemburg gehörte, die Niederburg 1618 belagern und den schwedischen Grafen gefangennehmen. Seitdem lag die Burg verwaist.

Mit dem Tod des Johann Wilhelm Franz von Manderscheid-Blankenheim 1780 starb der letzte männliche Vertreter des bedeutenden Adelsgeschlechtes, und der gesamte Besitz ging an die älteste Tochter Augusta über, die letzte regierende Gräfin. Als die französischen Heere 1794 die Rheinlande besetzten, zerstörten sie die Niederburg, und Augusta floh mit ihrem Mann, einem böhmischen Adligen, zu dessen Palais Sternberg in Prag. Die Feudalzeit ging zu Ende. Die Niederburg wurde 1899 vom Eifelverein erworben, die Oberburg gelangte 1921 in den Besitz der Gemeinde Manderscheid. Erst die Gebietsreform von 1969 brachte die Vereinigung der einstigen kleinen Talsiedlung Niedermanderscheid mit Obermanderscheid auf der Höhe, das sich seit 1997 wieder Stadt nennen darf. Im Laufe der Jahrhunderte hatte das mittelalterliche Burgenstädtchen Dorfcharakter angenommen.

Leben in der jungen Stadt

Pünktlich zur erneuten Verleihung der Bezeichnung »Stadt« im September 1997 waren Manderscheids sämtliche Straßen und Bürgersteige neu belegt. Der Ort auf dem 400 Meter hohen Bergrücken zwischen der kleinen Kyll und der Lieser im Südeifeler Landkreis Bernkastel-Wittlich, 53 Kilometer von Trier entfernt, hatte sich ordentlich gemausert, um wieder »städtisches Gepräge« anzunehmen. 1999 zählte die neben Kaisersesch jüngste Stadt der Eifel 1 503 Einwohner. Die begehrte Aufwertung, die zwar keine rechtlichen Vorteile gewährt, wohl aber eher zu öffentlichen Fördermitteln verhilft, ist in Rheinland-Pfalz neben Kriterien der Siedlungsform und kultureller Eigenart auch an eine Mittelpunktsfunktion des Ortes für das Umland gebunden. In Manderscheid setzte 1963 Aufwind ein, als die Eifelklinik aufgebaut wurde, eine Rehabilitationsklinik der Landesversicherungsanstalt der Rheinprovinz, die heute über 180 Betten verfügt und auf Psychosomatik und Innere Medizin spezialisiert ist. Der Trakt wahrt in Randlage hinter einem Hang gebührenden Abstand zu dem kleinteiligen geschlossenen Ort.

Die Eröffnung der Klinik zog schon 1964 die Anerkennung Manderscheids als heilklimatischer Kurort nach sich. Folglich ließen sich Kurärzte nieder, Geschäftsleute richteten Läden ein, und der traditionelle Fremdenverkehrsort begann sich professionell für die neuen Gäste aufzurüsten. 1980 wurde das

Die alte Mühle in Niedermanderscheid, 1542

Kurhaus eingeweiht, reichlich zwei Jahre später war der Kurpark begehbar, Tennisanlagen standen zur Verfügung, die Burgen wurden restauriert, Ritterspiele aufgeführt, ein Heimatmuseum öffnete, eine geologische Wanderroute wurde angelegt. Der Straßenbau kam voran, man erstellte Parkplätze, wies ein Gewerbegebiet aus, und 1988 erhielt Manderscheid das Prädikat Kneipp-Kurort, eine neue Herausforderung. Zu der aufstrebenden Entwicklung gehörte die Gründung einer Verbandsgemeinde aus 21 umliegenden Dörfern 1969/70 mit zentralem Verwaltungssitz in Manderscheid, sowie der Neubau einer Grund- und Hauptschule und eines Kindergartens. 1990 fand der Ort Aufnahme in das Städtebauförderungsprogramm, das unter anderem die Verlegung des Heimatmuseums in ein historisches Gebäude aus Bundes- und Landesmitteln unterstützte und die Einrichtung eines Maarmuseums ermöglichte, das im Sommer 1999 öffnete.

Die zielgerichtete schrittweise Veränderung des von Landwirtschaft, Handwerk und Fremdenverkehr geprägten Dorfes zu einem florierenden gepflegten Kurort mit 170 000 Übernachtungen im Jahr, die Klinik einbezogen, bewältigte Manderscheid mit Zuschüssen der Landesregierung und privaten Investitionen zur Sanierung von Wohnhäusern. Alle zogen an einem Strang. Der Wandel des einstigen Bauerndorfes läßt sich auch an den freien kleinen Straßen im frühen Siedlungskern ablesen, vor dessen alten Toreinfahrten noch bis zur Aussiedlung der Höfe in unseren sechziger Jahren Misthaufen dicht an dicht dampften. Sie »zu entdecken war ein Schock« für das englische Ehepaar Macquoid auf seiner Eifelreise 1895 gewesen: »Wir waren froh zu hören, daß der fortschrittliche Bürgermeister von Manderscheid bemüht ist, diese unangenehmen Schaustücke aus seinem sonst so reizenden Städtchen zu entfernen.« Vermutlich hielt der Gemeindechef bei seinem besänftigenden Versprechen Zeige- und Mittelfinger hinter dem Rücken gekreuzt.

Bei dem einschneidenden Strukturwandel Anfang der sechziger Jahre waren viele Manderscheider fortgezogen, eine große Gruppe

Die Kurfürstenstraße, rechts Trierer Häuser

ging nach Düsseldorf und Köln, außerdem begann die Pendlerbewegung Richtung Ruhrgebiet, Oberhausen. Nur zum Wochenende kehrte man nach Hause zurück. Heute halten sich Aus- und Einpendler die Waage, und die auswärtigen Arbeitsplätze, Wittlich, Daun, Trier oder Koblenz sind über die nahe Autobahn A 48 in 17 bis 40 Minuten erreichbar. Noch sechs Betriebe leben jetzt hauptberuflich von Vieh- und Weidewirtschaft. Die Klinik ist der größte Arbeitgeber, doch stellt Tourismus die weitaus größte Erwerbsquelle der Bewohner dar. 1 039 Betten stehen zur Verfügung in Hotels, Gasthäusern, Pensionen, Privatzimmern, Ferienwohnungen, einer Jugendherberge und der Klinik. Es existieren 15 Speiselokale und sieben Cafés. In Relation zur Einwohnerzahl weist Manderscheid die höchste Übernachtungszahl von Rheinland-Pfalz auf. Der Dienstleistungssektor ist mit differenziertem Einzelhandel, Banken und Handwerksbetrieben gut ausgeprägt. In Niedermanderscheid wird nach wie vor die ehemals gräfliche Wollspinnerei betrieben, seit 1872 im Besitz der Familie Steffens, die Wolle aus einem Umkreis von 150 Kilometern verarbeitet. Das Wollweberhandwerk war in beiden Burgenorten stark entwickelt. In Obermanderscheid gab es 1785 noch 100 Tuchmacherniederlassungen.

Manderscheid, genau in der Mitte zwischen den Kreisstädten Daun und Wittlich gelegen, strahlt als Versorgungszentrum kleinster Größe auf ein Umland mit reichlich 10 000 Bewohnern aus, die auch noch aus den Randgebieten von Daun und Wittlich zum Einkaufen, zu Bankgeschäften und Arztbesuchen kommen oder Behördengänge im Forstamt und bei der Verwaltung erledigen. Realschüler und Gymnasiasten müssen allerdings nach Wittlich oder Daun mit dem Bus pendeln. Die Einwohnerzahl zeigt steigende Tendenz. Zunehmend bauen sich auf günstig angebotenen Grundstücken junge Familien oder Rentner, ehemalige Kurgäste, ein Haus. Da der regionale Raumordnungsplan, wie auch die Stadt, auf weitere Entwicklung von Fremdenverkehr und Erholungswesen des heilklimatischen Kurortes setzt, wird es in Manderscheid keine Industrieansiedlung geben.

Die Maare im Museum erleben

Die kleine Stadt besitzt außer den beiden Burgen, dem nahen Kloster Himmerod und der bergigen vielgestaltigen Waldlandschaft unzählige geologische Attraktionen, die Wissenschaftler wie Alexander von Humboldt schon im vorigen Jahrhundert anreisen ließen. Innerhalb der von Experten erarbeiteten GEO-Route auf einer Strecke von 140 Kilometern durch die »Vulkaneifel um Manderscheid« bildet die Gruppe der Mosenberg-Reihenvulkane mit dem Windsbornkratersee einen Höhepunkt. Dieser See ist der einzige wassergefüllte Vulkankrater nördlich der Alpen.

Die Gegend ist reich gesegnet mit Maaren, den mit Regen- und Grundwasser gefüllten Explosionstrichtern, die beim Auftreffen glutflüssigen Magmas auf wasserführende Gesteinsbereiche entstanden (s. Daun). Mit diesem Pfund verstand Manderscheid zu wuchern. Die Eröffnung des naturkundlichen Maarmuseums in der ehemaligen Turn- und Festhalle von 1929 mit Labor und Forschungstrakt im angeschlossenen Neubau erschließt dem Besucher die Welt der Vulkanseen in Erlebnischarakter und mit modernsten Techniken. So wird das Modell eines Maares aus dem Boden gehoben und begehbar präsentiert. Computersimulation ermöglicht den Blick hinab in den tiefen Schlot und aufwärts zum darüberliegenden See. Das Konzept des Hauses wurde von dem Naturhistorischen Museum Mainz/Landessammlung für Naturkunde Rheinland-Pfalz, der Verbandsgemeinde und einem wissenschaftlichen Beirat entwickelt. Es erläutert die Maare der Welt seit ihrer Entstehung bis heute allgemein und dann speziell die der Eifel.

45 Millionen Jahre alte Honigbiene

Glanzpunkte der Schausammlung setzen inzwischen weltberühmte Fossilien aus dem nahen Eckfelder Trockenmaar. Sie wurden nach Probegrabungen des Mainzer Museums seit 1987 aus den sauerstofffreien Ölschiefer-

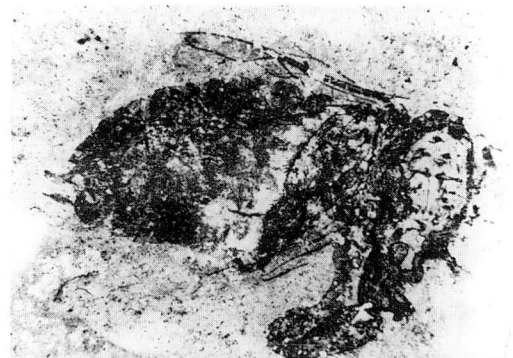

Der älteste bekannte Vertreter der Honigbienen, Eckfeldapsis electrapodis Lutz 1993. Originalgröße ca. 9 mm

ablagerungen zu Tage gefördert und überliefern eine überwältigende Fülle von Tieren und Pflanzen, mehr als 25 000 Funde, aus dem mittleren Eozän von vor 45 Millionen Jahren. Das Alter eines Fossils wird anhand von Zerfallsreihen bestimmter radioaktiver Elemente ermittelt. Die Fossillagerstätte des verlandeten Eckfelder Maares, das urprünglich 150 Meter tief war, ist in Deutschland nur noch mit der Grube Messel (49 Millionen Jahre) und dem Geiseltal bei Halle vergleichbar. Die Relikte der drei Fundstellen ergänzen sich in idealer Weise zur Rekonstruktion des damaligen Lebensraumes, dessen Klima, Flora und Pflanzen sie bezeugen. Eine Klimaverschlechterung hatte zum Aussterben der beherrschenden Spezies der Dinosaurier geführt, wodurch die Entwicklung und Ausbreitung der Vorläufer der heutigen Säugetiere möglich geworden war. 1991 wurde das sensationelle »Eckfelder Urpferdchen« geborgen, das vollständige Skelett einer trächtigen Stute, die in dem Maar ertrunken war. Nicht nur der Fötus, sogar der aus Laub bestehende Mageninhalt blieb erhalten. Wie die Zähne zeigen, konnten Pferde damals noch keine harten Gräser verzehren. Das noch vielzehige Tier hat eine Schulterhöhe von 40 und eine Länge von 70 Zentimetern. Präparierte Oberkieferknochen und Zähne von Krokodilen sowie Palmenzweige und Wasserhyazinthen bestätigen ein subtropisch-tropisches Klima. Einzigartig sind die »Eckfeldbarsche« unter der archivierten Artenvielfalt der Fische. Fossile Vogelköpfe mit Federn wurden freigelegt und mehrere tausend Insekten, die auf den Seeboden abgesunken waren, angeführt von der umfangreichen Familie der Rüsselkäfer. Vertreter von Blatt-, Pracht- und Schwarzkäfern sind mit ihren Schillerfarben zu bewundern. Eine der größten Raritäten bedeutet die entdeckte weltweit älteste Honigbiene, die unmittelbar nach ihrem Flug zu Blüten in den Maarsee abgestürzt war, denn ihre Hinterbeine tragen noch die Pollenfracht. Pflanzenfunde wie Moose, Farne, Blätter von Tee-, Rosen-, Walnuß- und Ulmengewächsen, Beispiele von mehr als 600 Einzelblüten von 40 verschiedenen Arten veranschaulichen die Üppigkeit einer Flora von vor 45 Millionen Jahren. Identifiziert sind auch die ältesten Traubenkerne von Rheinland-Pfalz.

Ein monumentales Diorama im Museumssaal, eine plastisch, mit Palmen und Tieren gestaltete Landschaft vor illusionistisch gemaltem Hintergrund hilft dem Besucher, sich die Jahrmillionen zurückliegende Welt des Eckfelder Maares belebt vorzustellen. Ex-

Das Heimatmuseum, ein klassizistischer Bau

kursionen, Kurse, Seminare und Zusammenarbeit mit Schulen gehören zu den Aufgaben des exklusiven Museums, dessen Träger der »Verein Maarmuseum Manderscheid« ist. Fördermittel flossen und kommen vom Land, das auch den wissenschaftlichen Mitarbeiter, den Biologen Dr. Walter Bell bezahlt. Die Stelle des Direktors, des Geologen Dr. Martin Koziol, finanziert die Landessammlung für Naturkunde Rheinland-Pfalz, unter deren Regie Grabungen in dem Schutzgebiet während der Sommermonate fortgesetzt werden. Die Ergebnisse finden weltweite Beachtung.

Stadtrundgang

Mit der Stadtrechtverleihung 1332 war Manderscheid ein umwehrter Marktort geworden. Seine mittelalterliche Straßenstruktur hat sich vollständig erhalten. Die drei Längs- und drei Querachsen umschloß ein ovaler Bering, der im Osten die Kante des in die Tiefe stürzenden Liesertales säumte, aus dem die respekteinflößenden Burgen aufragen. Die kurze Mittelzeile der Anlage führte im Westen zu einem der drei Tore. Entlang ihrer geradlinigen Verlängerung jenseits des Stadtausganges, der heutigen, nach dem Kurfürsten benannten Hauptstraße, dehnte sich der Ort weiter auf dem schmalen Hochplateau Richtung Westen aus und folgte schließlich der Dreiwegegabelung nach Daun, Bettenfeld und Wittlich. Geringe Reste der Stadtmauer finden sich noch am »Postpfädchen«, dort, wo es bei der alten Posthalterei auf die Kurfürstenstraße trifft, und gegenüber, hinter den ehemaligen Remisen.

Manderscheids Erscheinungsbild ist nicht mehr mittelalterlich geprägt, da Brände 1718, 1726 und 1791 die Fachwerkbauten bis auf wenige Relikte tilgten. Doch in der Talsiedlung Niedermanderscheid, einen Kilometer südöstlich unterhalb, stehen noch Gebäude aus dem 16. und 17. Jahrhundert, das älteste ist die Mühle von 1542. Die Wollspinnerei aus dem Jahr 1769 diente mit ihrer Tordurchfahrt, der »Port«, noch bis 1960 dem regulären Verkehr. Der hochgehobene Ort bezieht seinen Reiz aus der Einheitlichkeit von verputzten Steinhäusern des 18. und 19. Jahrhunderts. Ihre Maßstäblichkeit, vorherrschend ein Stockwerk über dem Erdgeschoß, und die strenge Gliederung der Fassaden durch Fensterachsen, Türen und Toreinfahrten in schmucker roter oder farbig gefaßter Sandsteinrahmung sind tonangebend geblieben. In der noch steil ansteigenden Graf-Dietrich-Straße geleiten kleine Freitreppen jeweils zum Eingang, dessen Türsturz meist das Baujahr angibt. Die gegen Mitte oder Ende des 18. Jahrhunderts errichteten Häuser, deren Steuer nach Größe der Lichtöffnungen bemessen wurde, zeigen kleinere Fenster, die Flachbögen mit Schlußsteinen betonen. Entsprechend geschwungen sind die Portalbekrönungen über den meist flankierenden reliefierten Pilastern im Gewände. Auch Rokokozierat gehört zum Zeitgeschmack. Die Scheunentore bilden einen Halbkreis oder Flachbogen aus. Mit dem beginnenden Klassizismus zu Anfang des 19. Jahrhunderts werden dann gerade, rechteckige Formen an allen Öffnungen modern, so auch an den nun größeren Fenstern. Doch der bestimmende Haustyp blieb erhalten: Wohntrakt, Stall und Scheune liegen unter einem steilen Satteldach mit durchlaufendem First. Die Eingänge dieser »Trierer Häuser« liegen an der Traufseite. Ihre harmonisch proportionierten, gestreckten einfachen Baukörper reihen sich, besonders eindrucksvoll in der alten Burgstraße, zu geschlossenen Zeilen aneinander. Da die Landwirte heute ausgesiedelt sind, wurden Ställe und Scheunen zu Wohnräumen umgebaut.

Neben Bauern belebten Handwerker den alten Stadtkern. Der schmale Marktplatz, einst die Domäne der Tuchmacher und Handelszentrum noch bis nach dem Krieg, liegt am Nordende der ovalen Siedlung, vor dem vieleckigen eindrucksvollen Neubau der Kirche mit dem alten Turm. Hier stehen noch einzelne, zum Teil mehrgeschossige Häuser von der Mitte des 18. Jahrhunderts. Dem fünfachsigen, 1783 gebauten Pfarrhaus mit dekorativen Rotweinranken über dem Portal schließt sich ein rechtwinkliger Hof an, der zur Lebensgrundlage der Geistlichen gehörte. Der kleine Garten liegt schon am Steil-

Wohnhaus des 18. Jahrhunderts, Kurfürstenstraße

hang und geht auf den terrassierten Friedhof über. Früher schlossen sich winzige Gartenparzellen der Bewohner an, auf denen sie Pflanzen fürs Feld vorzogen. In der Nachbarschaft des Pfarrers finden sich Manderscheids ältestes Wohnhaus, ein spitzgiebeliger Fachwerkbau auf Steinsockelgeschoß aus dem Jahr 1630, und in gleicher Bauweise das größere »Mählig-Haus« von 1745. Es beherbergte während der Franzosenzeit die Mairie, die Bürgermeisterei, woraus die Einwohner »Mählich« machten. Der heutige Besitzer leitet den Namen von sich vermählen ab, denn in der Mairie wurden auch Ehen geschlossen. Den gassenähnlichen Bogen der Klosterstraße besetzen noch kleine überputzte Fachwerkhäuser. Das Kloster, eine Niederlassung von Franziskanerinnen in der Zeit von 1894 und 1969, wurde 1976 zugunsten eines Feuerwehrgerätehauses und Parkplatzes abgerissen, was heute als Bausünde von der Stadt bereut wird. Denn die beiden mächtigen Gebäude gehörten zu dem Komplex der historischen Kurfürstlichen Kellnerei. Das

Haupthaus, heute Sitz der Verbandsgemeindeverwaltung, bildet mit seiner sechsachsigen Front den repräsentativen Auftakt der Kurfürstenstraße, Manderscheids Geschäftszentrum. Den Vorplatz begrünte früher ein Garten, wie an vielen etwas zurückgesetzten Häusern entlang der Hauptzeile. Die Kellnerei wurde in der zweiten Hälfte des 16. Jahrhunderts errichtet, zu Ende des 18. Jahrhunderts innen modernisiert, und hundert Jahre später erhielt sie für Schulzwecke im Erdgeschoß größere Fenster im Stil der alten. Diese sind breit gerahmt, pfostengeteilt und an ihren oberen Ecken mit sogenannten Ohren versehen. Gleichzeitig wurde ein stattlicher Treppenturm der westlichen Schmalseite angefügt. Gegenüber liegt das Heimatmuseum, ein Gebäude aus der Mitte des vorigen Jahrhunderts, dessen siebenachsige klare Fassade ein durchgezogenes Gesims gliedert, dem die Fenster im ersten Stock aufsitzen. Ein hohes Krüppelwalmdach mit Gauben überhöht die Wirkung der Schauseite. Eine Hofanlage gehört hinter dem Haus dazu, der Erbauer war ein bedeutender Viehhändler und Landwirt. Später diente das Anwesen als Rathausschänke mit eigener Schlachtung. Dieser klassizistische Haustyp kehrt nebenan und weiter die Straße hinauf immer wieder. Doch dominieren die schönen gepflegten Trierer

Das Maarmuseum, ehemalige Turn- und Festhalle

Häuser des 18. und 19. Jahrhunderts, die auch noch die drei Ausfallstraßen säumen und Manderscheid Charakter geben.

Ein Solitär der zwanziger Jahre

Villen repräsentieren die Zeit der Jahrhundertwende an den Ortsausgängen. Die aufwendigste, an der Daunerstraße in historischem Mischstil und parkähnlichem Garten, gehörte dem legendären Sanitätsrat Trimborn, der das erste Auto in Manderscheid fuhr und den Patienten bei Hausbesuchen über Land Kaffee aus seiner Thermosflasche anbot. Um Armen bei langwierigen Geburten nicht zur Last zu fallen, aß er mitgebrachte Butterbrote.

Mit der ehemaligen Turn- und Festhalle von 1929 in der Straßengabelung nach Bettenfeld und Wittlich, heute Maarmuseum, kam ein eleganter auffallender Solitär nach Manderscheid, gebaut von dem Wittlicher Kreisbaumeister Johannes Vienken. Der Architekt, der in Hannover und Darmstadt studiert hatte, war in Wittlich bereits mit Bauten im Zeitstil, wie der Synagoge, hervorgetreten. Sein Entwurf der Turn- und Festhalle setzt Prinzipien der modernen Architektur seit den zwanziger Jahren um, die stereometrische Grundformen, Ornamentlosigkeit, ein additives Kompositionsschema und glatte Oberflächen auszeichnen. Das Manderscheider Gebäude rückt unter flachem Satteldach zwei rechteckige gleichhohe Baukörper zusammen, einen kürzeren schmalen, für den Emporentrakt und einen langgestreckten für die Halle, wobei die Nahtstellen und die Ecken des Vorbaues abgerundet sind. Diese kurvige Außenverkleidung verleiht dem Haus, das auf einem Bruchsteinsockel ruht, eine elegante Linie, die ein hochsitzendes Gurtgesims nachzeichnend betont. Es ist hellgrau wie die Fenstergewände gegen den Gelbton des Putzes fein abgesetzt. Die glatte schmale Stirnseite mit überdachtem Haupteingang und vorgelegter Freitreppe mit gemauerten verputzten Wangen gliedern nur drei sehr schlanke hohe Fenster. Über dem mittleren befindet sich das auf Turnvater

Jahn zurückgehende Symbol der Turnvereine, ein Kreuz aus vier F-Buchstaben, die für »frisch, fromm, fröhlich, frei« stehen. Die Längsseiten der Halle sind von je vier großen, ebenfalls langgezogenen Rechteckfenstern geöffnet. Stilistisch wird der Bau der Neuen Sachlichkeit zugeordnet. Der Innenraum mit Empore und Bühne zeigt jedoch durch Stukkaturzierformen einen anderen Charakter. Pilaster mit ausgeprägten Kapitellen fassen den Saal in traditioneller Festlichkeit ein. Sachlichkeit und Nüchternheit blieben außen vor. Unmittelbar nach dem Krieg führte der Musikverein hier Operetten wie »Das weiße Röß'l« und »Der fidele Bauer« auf. Die Halle diente dann als Kino, war Notkirche während des Neubaues 1967/68 und geriet als Geräteschuppen schließlich in Vergessenheit. Heute steht das in der Eifel einzigartige Gebäude seiner Art unter Denkmalschutz und kommt als Maarmuseum wieder zur Geltung.

Die Lebensbaumkirche

Manderscheids katholische Pfarrkirche St. Hubertus zählt zu den wenigen Gebäuden, die im Krieg Schaden erlitten. Der einfache Saalbau von 1720, der 1836 auf fünf Joche verlängert worden war, ersetzte, mit Ausnahme des Turmes, eine Kirche von 1692, die der erste Stadtbrand zerstört hatte. Mittelalterliche Vorgänger sind seit 1330 schriftlich überliefert. Da in dem aufstrebenden Kurort mit vielen Gästen seit unseren sechziger Jahren die Pfarrkirche zu klein und erneut reparaturbedürftig geworden war, entschloß man sich zu einem Neubau anstelle von St. Hubertus, doch unter Einbeziehung des alten Turmes. Mit dem Entwurf wurde 1967 Karl Peter Böhr aus Trier beauftragt. Der 1925 in der Eifel in Polch geborene Architekt hatte nach dem Examen als Hochbauingenieur in Trier 1949 noch an der Kölner Werkschule bei Dominikus Böhm studiert, einem der bedeutendsten deutschen Kirchenbauer des 20. Jahrhunderts, und war dessen Mitarbeiter geworden. Nach Gründung eines eigenen Büros 1951 eröffnete sich für Böhr durch die

Lebensbaumkirche von K. P. Böhr, 1967/68, südöstliche Ansicht

Kriegszerstörungen ein weites Betätigungsfeld. Bis zur Mitte der siebziger Jahre wurden insgesamt 30 Kirchen in Eifel, Saarland und Rheinland nach seinen Plänen neu errichtet, etliche bestehende Anlagen erweiterte der Spezialist, der auch Pfarrzentren, Klöster und Altenheime baute. In den folgenden Jahrzehnten widmete sich Böhr vorrangig Restaurierungen alter Gotteshäuser, wie zum Beispiel St. Clemens in Mayen. Seit 1988 arbeitete er auch am Trierer Dom und wurde 1996 zum Dombaumeister ernannt.

Die Ausgangslage in Manderscheid, die vorgegebene Bezirksumgrenzung des Marktplatzes und der unverrückbare alte Turm, veranlaßten den intuitiven Pragmatiker Böhr zu einem vieleckigen unregelmäßigen Grundriß, der dennoch eine gewisse Symmetrie wahrt. Die Umrisse ergeben eine schmetterlingsähnliche Figur mit breitem Kopf. An ein polygonales Chorhaupt, das bewußt den Dreiachtelschluß der alten Kirche wiederholt, setzen weit gespreizte, verschieden lange Querarme an, die dann, in unterschiedlichen Winkeln gebrochen, als kürzere oder längere Schenkel sich der Mittelachse annähern, die der Chor vorgibt. Vor dem Zusammentreffen genau gegenüber dem Chor springen die abknickenden Umrisse zurück und sparen Terrain für den Vorplatz mit Gräbern aus. Der Grundriß erhält dadurch Flügelformen.

Im Aufriß entstand ein differenzierter, geschlossener, weiß verputzter Baukörper, der in der südwestlichen Flügelspitze den alten schlichten Turm in seine Fluchten aufnimmt, und den verschieden große, glatte Mauerflächen in harmonischen Proportionen rhythmisieren und gliedern. Ein wesentliches Gestaltungselement stellt die Dachkonstruktion in der Komposition der Anlage dar. Für Böhr, den Böhm-Schüler, ergab sie sich als logische Folge aus dem vieleckigen Grundriß, den er ins Dreidimensionale übertrug, indem er eine verschieferte Dachlandschaft aus unterschiedlichen, nach außen oder innen gewölbten Falten gestaltete. Über dem Auf und Ab der Formen verlaufen die Firste der Querarme als ruhige waagerechte Linien, während die Schnittkante der Dachflächen, die zum Chorhaupt führt, steil zu betont größerer Höhe ansteigt und erst über dem vieleckig gebrochenen Abschluß als kurze Waagerechte endet. Den höchsten erreichten Punkt akzentuiert, dem Dachreiter gleich, ein aufsitzender vergoldeter Pinienzapfen, ein Fruchtbarkeitssymbol. Es verweist auf einen Lebensbaum im Inneren, der der Kirche den Namen gibt. In Erinnerung an St. Hubertus kehrt am Chordach eine Abwandlung des klassischen Dreiachtel-Schlusses wieder. Der überragende achtseitige Knickhelm des alten Turmes fügt sich harmonisch in das Konzept. Das gesamte Kirchendach besteht aus einer in Beton gegossenen starren Plastik, die dem Mauerwerk wie ein Deckel übergestülpt ist. Um Risse an der Fugenlinie durch den Druck zu kaschieren, verblendet ein breites umlaufendes Schieferband den obersten Wandstreifen. Direkt unter ihm liegen sparsam, ohne festes System eingesetzte Rechteckfenster. Manche Mauerfläche blieb ganz frei. Böhr verarbeitete hier, nach eigener Aussage, eine Anregung von alten Häusern in der Westeifel, deren Befensterung er unregelmäßig und eher zufällig antraf. Auch der Turm zeigt über glatten Wänden nur im Glockengeschoß Öffnungen, einem Gesims aufsitzende gekuppelte Rundbögen. Kleine Viereckfenster über dem Erdboden der östlichen Chorwand belichten die Krypta, zu der eine schmale hohe Tür führt. Am nördlichen Querarm liegt die Sakristei, die sich mit doppelter Fensterreihe vom Kirchenschiff absetzt.

Beim Umschreiten des vielseitigen Bauwerkes ergeben sich durch perspektivische Überschneidungen jeweils neue reizvolle Ansichten, Akkorde von Formen, die im Wechsel zwischen Dynamik und Ruhe übereinstimmen. Auch mit den umgebenden Häusern harmoniert die Anlage. Der Architekt griff das Motiv der Satteldächer auf, zerlegte sie und setzte sie in eigenwilliger neuer Ordnung zu der großen verschieferten Betonhaube wieder zusammen.

Das vieleckige Innere

Man betritt die Kirche durch ein überdachtes schlichtes Portal im Südwesten oder durch die dicken Mauern der tonnengewölbten Turmhalle von 1692 und steht sogleich in einem sich weit öffnenden mild belichteten und überschaubaren Raum. Seine klaren strengen Formen, die in Altweiß geschlemmten Kalksandsteinmauern, die vieleckig gebrochen das breit gelagerte Schiff auf einer Höhe umgrenzen, und die nahtlos aufsitzende, überwölbende, imposante unbemalte Betonplastik des unregelmäßigen Faltendaches, das sich innen wie außen zeigt, bilden eine geschlossene, sehr wirkungsvolle Raumkomposition. Hauptblickpunkt ist der offene, eingezogene Chor unter der am höchsten hinaufreichenden Decke. Der Turm ist mit einer spitz auslaufenden Ecke in die Variationen von vor- und zurückspringenden Deckenfalten und Mauerwinkeln einbezogen. Seine Nordwand gehört zu der kleinen Sängerempore im westlichen Flügelende. Zur prägenden Gestaltung des Kircheninneren gehört das helle Holzgestühl auf dem schwarzen Schieferboden. Es füllt gleich einem Amphitheater auf einer Ebene nahezu den gesamten Schiffskörper. Als flaches breites Bogensegment ist es wie in einem Zentralraum konzentrisch gruppiert und auf das Ziel in dem um drei Stufen erhöhten Chor, den Altar, ausgerichtet. Zusammen mit dem Lesepult und Leitungssitz präsentiert er die »erlebbare Mitte der Gemeinde«, wie es den Richtlinien der Liturgischen Erneuerung des Zweiten Vatikanischen Konzils entspricht.

Der Altar ist außergewöhnlich. Er bildet die Krone eines in Stein gearbeiteten stilisierten Lebensbaumes, der in der unter dem Chor liegenden Krypta aus der Mitte eines Taufbrunnens aufsteigt, den Boden des Chores mit seinem Stamm durchbricht und mit vier kurzen kräftigen Ästen die blättergeschmückte Altarplatte trägt. Die Idee der Wiederbelebung des altchristlichen Baptisteriums, eines eigenen Kultraumes für die Taufe mit Brunnen in Verbindung zu dem Versammlungsraum der Gemeinde, um die innere Beziehung von Taufe und Eucharistie zu veranschaulichen, haben der damalige Pfarrer Anton P. M. Didas, der Architekt Böhr und der Kölner Bildhauer Toni Zens gemeinsam entwickelt. Das Baptisterium, die Krypta, ist über eine Treppe neben dem Chor erreichbar und auf dem Grundriß zweier aneinandergeschobener Sechsecke errichtet. Das erste birgt den von einer Schlange umzingelten runden Brunnen mit der Säule des Lebensbaumes in seiner Mitte, zu dem flache Stufen hinabführen. Den Durchbruch des Stammes durch die strahlenförmige Betonbalkendecke faßt ein rahmendes Sechseck ein. Die Wände des kleinen Kultraumes umlaufen Sitzbänke. Wenn es still ist, hört man das klangvolle Platschen von Wassertropfen. Licht durchleuchtet ein kleines Fenster mit dem Bildnis des jugendlichen Christus in Purpurrot. Für die Oberkirche wählte der Koblenzer Glasmaler Schwarzkopf mosaikartige abstrakte Strukturen, die er in zartem Graublau variierte. Die Fenster beleben dezent den klaren, unbunten Farbklang aus Weiß, Dunkel- und Hellbeige und Schwarz, den die Mauern zusammen mit

Konzentrisch gruppiete Bänke und Rokoko-Kanzel

Die im Chor aufragende Lebensbaum-Krone

der Decke, dem Gestühl und dem Boden schaffen. Kaum wahrnehmbar sind einfache Glühbirnen als hängende Beleuchtungskörper eingesetzt.

Die Ausstattung der Kirche wurde von St. Hubertus übernommen und stammt größtenteils aus dem 18. Jahrhundert. Die Rokoko-Schmuckformen wirken im Kontrast zu dem konsequenten neuen Raumkonzept noch zierlicher, sie kehren die radikale Strenge der Innenarchitektur geradezu noch hervor. Im Altarraum sitzt an der Stirnwand das Tabernakel aus dem alten Hochaltar, gerahmt von vergoldeten Akantusranken. Die wie grünlicher Marmor bemalte Holzkanzel zieren schwungvoll eingefaßte Felder und ein Schalldeckel mit goldfarbener Volutenbekrönung. Der kleine halbovale Taufstein mit Muschelrippendekor ist aus rotem Sandstein gearbeitet und abseits, in der Turmhalle, plaziert. Vor der polychrom bemalten schlichten Steinskulptur einer Pietà des 17. Jahrhunderts im südlichen Querarmende des Schiffes steht zur Andacht ein Kerzenständer. Maria hält den Leichnam ihres Sohnes, dessen Seitenwunde blutet, an Schulter und Arm fest. Der schmerzhaften Gottesmutter ist in der Kirche auch eine lächelnde, stehende Himmelskönigin zur Seite gestellt, mit Krone, Zepter und dem Jesusknaben auf dem Arm. Die farbig gefaßte Konsolfigur unter einem Baldachin gibt mit der Biegung ihres Körpers in sanfter S-Kurve und mit ihrem rundlichen Kopf über schmalen Schultern noch den Typ der gotischen Lothringischen Madonna wieder. Sehr ausdrucksvoll ist der fast lebensgroße barocke Torso eines Kruzifixes gestaltet, der in der Krypta hängt. Ohne Arme wirkt der naturalistisch gearbeitete schlanke Körper, den ein kurzes bauschiges Lendentuch umhüllt, noch schmaler. Das lockige Haupt mit den feinen Gesichtszügen ist auf die rechte Schulter herabgesunken. Nur der halboffene Mund und geschlossene Lider geben den schönen Körper als tot zu erkennen.

In prachtvoll vergoldetem Meßornat mit hoher Mitra und Bischofsstab repräsentiert eine barocke Konsolfigur den hl. Hubertus. Der Schutzheilige der Jagd und gegen Tollwut zeigt sein Attribut vor, das Jagdhorn auf der Bibel. Er ist Patron auch des neuen Gotteshauses geblieben, gibt ihm aber nicht mehr den Namen. Hubertus blickt seit 1968 in der Lebensbaumkirche versonnen in unbestimmte Ferne.

Hl. Hubertus, Barockfigur des Kirchenpatrons

Barockes Pfarrhaus und Fachwerkbau von 1630

Den Kaiser im Namen

Kaisersesch, Stadt seit 1321
1997 bestätigt
Gesamtstadt: 2 908 Einwohner
Kirche: St. Pankratius

Wenn sich Nebeldunst von den umschließenden bewaldeten Hügelketten auf Kaisersesch legt und die Häuser in der sanften Mulde verhüllt, ist der Ort noch durch den hochragenden schiefen Spitzhelm der Kirche auszumachen, sein Wahrzeichen. St. Pankratius steht auf felsigem Grund mitten im Quellgebiet des Pommerbaches und am tiefsten Punkt der alten Talsiedlung, 410 Meter über dem Meeresspiegel. Die Häuser ringsum gründen auf Erlenpfählen, die nicht faulen. Esch, wie Bewohner noch sagen, spielt heute seine Rolle als ein Zentrum in der östlichen Hocheifel zwischen Mosel und Mayen dynamisch aus. Es ist mit 2 908 Einwohnern und rund 3000 Arbeitsplätzen (1999) ein Standort für Industrie- und Gewerbebetriebe. Einzelhandel versorgt die Umgebung, Schulen und Sozialeinrichtungen haben ein weites Einzugsgebiet. Mehr als 80 Busverbindungen halten täglich Kontakt zu Mayen, Cochem und Gerolstein. Kaisersesch gehört zum Landkreis Cochem-Zell und liegt direkt an der Autobahn A 48. Dieser Lebensnerv hat vorgeschichtliche und römische Vorgänger.

Die Römer ließen ihre für Truppen und Handel angelegte Achse von Trier nach Koblenz zum Rhein am Schnittpunkt der Straße Richtung Karden und Cochem durch einen Wall sichern, der im Forst »Langheck« erhalten ist. Bei der Waldkapelle im Ort unterhielten sie eine Wachstation. Hier wurden die Pferde gewechselt und Lebensmittel aufgefüllt. Nahebei fand man Gräber. In später kurtrierischer Zeit wurde die »Via Agrippina« ausgebaut und seit 1811 »Route de 2e classe Paris-Trier-Koblenz« genannt. Damals, unter französischer Fremdherrschaft, verlor Kaisersesch die im Mittelalter verliehenen Stadtrechte, die seinerzeit die Aufwertung auch seines Namens bewirkt hatten.

Asche wird Kaisersesch

Kaisersesch war alter pfalzgräflicher Besitz, der zu dem Fronhof Klotten an der Mosel gehörte. Als »Asche« wird die Siedlung 1056 erstmalig beurkundet: Richeza, Tochter des lothringischen Pfalzgrafen Ezzo und Königin von Polen, machte der Abtei Brauweiler bei Köln eine umfangreiche, »Asche« einschließende Schenkung. 1088 ist die Waldrodung »Asche« oder »Esche« bezeugt. Sie gehörte dann seit 1142 dem Bereich der Reichsburg Klotten an, nachdem Kaiser Konrad den Pfalzgrafen die Herrschaft entzogen hatte. Gemeinsam mit 50 zum Reichsgut Cochem zählenden Orten wurde Esch im Jahr 1294 von König Adolf von Nassau für 4543 Pfund Silber dem Erzbischof Boemund von Trier verpfändet. Mit dieser gewaltigen Summe finanzierte der König seine Wahl und Krönung. Gerne hätte der Erzbischof von Köln diese Kosten übernommen, um dadurch in der Einflußsphäre seines großen Trierer Rivalen Fuß fassen zu können. Doch der Kö-

Wachturm der mittelalterlichen Stadtbefestigung von Kaisersesch

nig hatte sich für Boemund entschieden, dem nun der erste Schritt zur Eingliederung der 50 Orte in sein Territorium ermöglicht wurde. Das Gebiet schloß genau die Lücke zwischen dem Trierer Ober- und Niedererzstift. Boemunds Nachfolger, der gewandte zielstrebige Erzbischof Balduin von Luxemburg, kündigte das Pfand dann ein Jahr nach seinem Amtsantritt, 1308, auf. Partner in diesem Geschäft war sein Bruder, der eben gerade zum König gewählte Heinrich VII. Der hätte das Silbergeld zurückzahlen können, tat es aber nicht. Somit wurde auch Esch legaler kurtrierischer Besitz, den Balduin als eine von vielen Machtbasen in seinem an Umfang ständig wachsenden Land nutzte. Er begann Esch mit einer Schutzmauer und Türmen zu einem Bollwerk zu befestigen. Es galt, den neuen Standort gegen Übergriffe der konkurrierenden, kampfeslustigen Kölner Erzbischöfe zu sichern, die in Andernach am Rhein mit ihrer südlichsten Festung auftrumpften.

Sodann bat Balduin den Nachfolger seines Bruders, König Ludwig den Bayern, Esch Stadt- und Marktrechte zu verleihen. Am 17. September 1321 gab der König »dem Dorf« nach Frankfurter Beispiel alle Freiheiten und Privilegien »für immer« und fügte der Urkunde »unser kaiserliches Siegel« bei. Ludwig besaß seit 1328 die Kaiserwürde. 1339 erscheint zum ersten Mal schriftlich der Name »Kaiseresch«, der sich allmählich für die kurtrierische Stadt durchsetzte. Balduin hatte sie auch innerhalb der Diözese aufgewertet und die von Hambuch abhängige Filiale Esch zu einer eigenen Pfarrei erhoben. Schließlich wurde Keysersesch Hauptort eines kurtrierischen Amtes und erhielt Mittelpunktsfunktion. Der erste Amtmann bezog 1419 sein als Schloß bezeichnetes Quartier und war auch noch für Cochem zuständig. Die Verkehrslage begünstigte den Handel in Richtung Rhein und Mosel. Kaufleute und Handwerker hatten sich niedergelassen, die meisten Bewohner lebten von Landwirtschaft. Das 1321 verbriefte Privileg der Befreiung von Frondiensten bestätigten die jeweils neuen Trierer Landesherren bis weit hinein in das 16. Jahrhundert.

Die Waldkapelle von 1796

Die Bergmannskuh

Das Jahr 1689 brachte der gesamten Region Verheerung. Im Raubkrieg Ludwigs XIV erstürmten französische Truppen mit 10 000 Mann im August erst Cochem, zerstörten dann Kaisersesch und Monreal fast vollständig, um anschließend Mayen in Brand zu stecken. Kaisersesch, das durch die Nähe zu der strategisch bedeutenden Straße Trier–Koblenz in Kriegen besonders Plünderungen und Brandschatzungen der durchziehenden Soldateska ausgesetzt war, erholte sich nur schwer von dem Vernichtungsschlag. Zwar wirkte die Einrichtung einer Posthalterei der Thurn und Taxis 1725 belebend, auch behielt Kaisersesch nach dem Ende des Kurstaates während der folgenden Fremdherrschaft der Franzosen (1794–1815) seine zentrale Verwaltungsfunktion, die es ebenfalls seit der Zugehörigkeit zu Preußen über 17 Ortschaften ausübte. Doch erst gegen Ende des 19. Jahrhunderts zeichnete sich mit der Verdoppelung der Bevölkerung auf 1021 Bewohner ein Auftrieb ab, den nicht zuletzt der Bahnanschluß an die Strecke Gerolstein–Andernach ermöglicht hatte.

Die Station wurde zum Verladebahnhof für Schiefer aus den umliegenden Orten. Die ungezählten kleinen Gruben bei Kaisersesch, seit napoleonischer Zeit als Familienbetriebe, »Grübchen«, geführt, wurden dann nach und nach von Mayener Schieferfirmen aufgekauft, auch der Humboldtschacht, der 1920 ausgebeutet war. Viele Kaisersescher arbeiteten als Tagelöhner. Eine Zigarrenfabrik mit 80 Angestellten bezog den Tabak aus der Wittlicher Senke. Braugerste, die auf den kargen Böden prächtig gedieh, und Kartoffeln wurden waggonweise per Bahn nach Köln verhandelt. Eichenlohe ging nach wie vor an Gerbereien von Moselanern. Die Landwirtschaft hatte sich nach Mißernten gerade wieder durch die staatliche Hilfsaktion mit Eifelfonds gekräftigt. In der schwersten Zeit, zwischen 1840 und 1871, waren etwa 2000 Bewohner des Amtsbezirkes Kaisersesch nach Amerika ausgewandert. Die ausharrenden »Käuler«, die in der Kaul, einer Grube, Arbeitenden, brachten die Familie nur mit der eigenen Kuh, der »Bergmannskuh« durch.

Die Koblenzer Straße

Proteste und Aufschwung

Heute gibt es in Kaisersesch noch einen hauptberuflichen Landwirt. Der Ort fand neben Handel und Gewerbe eine neue Lebensgrundlage nach dem Strukturwandel der sechziger Jahre. Die erste Industrieansiedlung kam 1970, angelockt durch die Autobahn und günstige Preisbedingungen. In demselben Jahr wurde Kaisersesch Verwaltungssitz einer 18 Orte zusammenfassenden Verbandsgemeinde, erhielt ein Post- und ein Forstamt. Immer mehr Geschäfte ließen sich nieder, das Dienstleistungsangebot stieg. Der richtige Aufschwung kam dann aber erst in den neunziger Jahren, nachdem Bürgerinitiativen den Bau einer atomaren Wiederaufbereitungsanlage verhindert hatten, die anstelle dessen in Wackersdorf errichtet wurde, und nachdem der Plan einer Sondermüllverbrennungsanlage gleichfalls am Protest der Bürger gescheitert war. Investoren waren abgeschreckt worden, hatten gezögert oder abgewartet und konnten sich jetzt klar entscheiden. Heute beliefern den Weltmarkt eine Firma, die Spanplatten und Möbelteile produziert, und eine, die Spanplatten veredelt, Paneele und Fußböden herstellt. Beide zusammen beschäftigen etwa 800 Arbeitnehmer. Zu den größeren Unternehmen zählen Werke für Maschinenbau, Beton, ein Weinlogistikzentrum und ein Braugerstenhandel. Viele mittelständische Betriebe vertreten das breitgefächerte Handwerk oder Branchen wie den Transport. Ein starker Einzel- und Großhandel und Einrichtungen wie Banken, Krankenkassen, ein Paketzentrum oder die Autobahnmeisterei bereichern den Wirtschaftsstandort Kaisersesch, dessen Industriegebiet in der nordöstlichen Peripherie weiter wächst trotz der nahen Konkurrenz Mayen. Zur täglichen Arbeit pendeln mehr Personen ein als aus. Kaisersesch versorgt das Umland von 12 000 Bewohnern mit dem täglichen Bedarf. Man kommt zum Einkaufen, zu Bankgeschäften, Behördengängen, Arztbesuchen, zur Krankengymnastik. Krankenhäuser liegen in der Nähe in Mayen, Cochem und Koblenz. Gymnasiasten müssen nach Mayen, Cochem, Daun oder Münstermaifeld fahren. Doch zur Grundschule pendeln Schüler aus der Umgebung ein, wie auch zur Haupt- und Regionalschule, die für die 18 Orte der Verbandsgemeinde zuständig ist. Die Sonderschule von Kaisersesch nimmt Lernbehinderte aus dem gesamten Kreis auf. Als Außenstellen des Bildungs- und Pflegeheimes St. Martin vom benachbarten Düngenheim liegen für mehr als 60 junge behinderte Erwachsene Wohnheime in einzelnen Häusern im waldigen Stadtgebiet. Tourismus profitiert vom Kaisersescher Herbstmarkt am ersten Oktoberwochenende, wenn 10 000 Besucher kommen. Ein neuer Bauboom für Einfamilienhäuser dehnt den Ort nach Südwesten aus.

Die städtische Struktur, die der geschichtsträchtige Eifelort in den letzten Jahren zunehmend entwickelte, fand Anerkennung bei der Landesregierung. Sie verlieh Kaisersesch im September 1997 »die Bezeichnung Stadt«. Diesen aufwertenden Titel hatte man 1950 und 1971 ohne Erfolg beantragt. Im Sprachgebrauch der Bewohner überwiegt bisher noch »das Dorf«, das es in den letzten 200 Jahren seit der Franzosenzeit gewesen war. Der neue Status brachte die Aufnahme in das Städteförderungsprogramm für das Jahr 2000. Verkehrsberuhigung, Denkmalpflege, Begrünung, Straßenerneuerung stehen an, Kaisersesch hat Nachholbedarf. Im Zweiten Weltkrieg wurde nur der Bahnhof getroffen, Truppennachschub sollte verhindert werden.

Stadtrundgang

Die historische Koblenzer Straße, die aus nordöstlicher Richtung in die Talsiedlung einführt, zeigt noch alten Charakter mit Bauernhäusern aus unverputztem, in Erdfarben changierendem Bruchstein. Dunkle Basaltlava umrahmt die viereckigen Fenster, gibt zusätzlich Strenge und Schwere. Sie kommt aus den nahegelegenen Mayener Mühlsteinbrüchen. Die meisten Gebäude wurden im vorigen Jahrhundert anstelle abgebrannter Vorgänger errichtet. Vom Ende

Hofanlage vom Ende des 17. Jahrhunderts, Koblenzer Straße

des 17. Jahrhunderts stammt die Hofanlage mit überdachtem Torbogen. Ihr spitzgiebeliges traufständiges Wohnhaus in Fachwerk, das älteste der Stadt, steht auf einem Steinsockelgeschoß und ist zur Straße hin im ersten Stockwerk mit Schiefer verkleidet. Farbig verputzte zweistöckige Gebäude, wie die Zigarrenfabrik von 1876, fallen in der Zeile auf. Gassen zweigen kaum wahrnehmbar ab, so schmal sind sie. Das Sträßchen »Hinter der Mauer«, das einen Bogen in nordwestlicher Richtung schlägt und eine Strecke des Verlaufes der mittelalterlichen Umwehrung nachzeichnet, führt zu ihrem einzigen stattlichen Relikt, einem Rundturm mit erneuertem Kegeldach. Seine Mauern sind 1,70 Meter kompakt, sicherten die Stadt nach Norden und Westen und bargen im Erdgeschoß ein Verlies. Seit 1808 diente die Stadtbefestigung als Steinbruch für Wohnhäuser. Sie abzutragen galt damals als fortschrittlich. Ein Rest findet sich noch nahe dem neuen Busbahnhof.

Hinter der Kirche: historisches Amtsgebäude und Gefängnis

Die alte Schule von 1838 mit Anbau von 1901, heute Bürgerhaus

Die Stadtbefestigung hatte die Form eines ungleichmäßigen Ovals und wurde von je einem Tor im Norden und Süden, Richtung Koblenz und Trier, geöffnet. Beim Südtor, nahe der Kirche, lag das gleich alte Burghaus, das 1725 die Posthalterei übernahm. Die dazugehörigen Pferdeställe, die einzig die vielen Stadtbrände überdauert hatten, wichen in jüngster Zeit einem Parkplatz. Fundamente eines zweiten Burghauses fanden sich hinter dem Chor der Kirche. Um sie herum gewinnt man noch einen Eindruck von dem alten ländlichen Kaisersesch mit Höfen und kleineren Wohnhäusern. Hier steht auch das ehemalige kurfürstliche Amtsgebäude und spätere Rathaus, ein schlichter einstöckiger verputzter Bau mit einläufiger Podesttreppe aus Basaltlavaquadern, die in dem ansteigenden Gelände zum Hochparterre führt. Das Gebäude, dessen Erdgeschoß aus dem 17. Jahrhundert stammt, soll nicht weiter dem Verfall preisgegeben, sondern restauriert und Stadtarchiv werden. Es beherbergte unter dicken Balkendecken neben der Amtsstube zwei schmale Gefängniszellen und die Wohnung des Wärters. Der letzte, der gleichzeitig Schuster und Küster war, zog 1934 aus. Inhaftierungen wurden noch bis 1953 vorgenommen. Die Wände der Zellen sind voller Kritzeleien, auch noch aus der Zeit der Franzosen, die Erschießungen anordnen konnten: VOUS, QUI ENTREZ ICI, PERDREZ TOUT, Sie, die hier eintreten, werden alles verlieren. »Prison« nennen die Bewohner das Haus bis heute. Die Preußen ließen in dem Gefängnis Haftstrafen bis zu fünf Tagen verbüßen, meist wegen Holzfrevels oder Streunerei. Für schwere Vergehen war Koblenz zuständig. Daher wurde der 1919 bei Kaisersesch gefaßte »Eifelschreck«, der fünffache Mörder »Stumpfarm« – seinem linken Arm fehlte die Hand – nach Koblenz überführt und 1923 in Köln enthauptet. Seit 1868 saßen die preußischen Beamten nicht mehr im Prison, sondern verlegten die Bürgermeisterei in ein repräsentatives fünfachsiges Haus, das sie bei dem Mayener Architekten Michael Alken in klassizistischen Formen in Auftrag gegeben hatten. Es liegt am unteren Ende der Koblenzer

Straße. An ihrem anderen Ende, am Eingang des Ortes, wurde 1838, wie in einigen Nachbarorten, eine Schule von Johann Claudius von Lassaulx errichtet, ein sechsachsiger Bau in neoromanischen Formen, mit schöner Blendbogengliederung an der Fassade. Lassaulx, der namhafte Natursteinapostel im Rheinland, ließ in Bruchstein arbeiten. Heute ist das unter Denkmalschutz stehende, noble Gebäude, dem 1901 ein angepaßtes Lehrerwohnhaus zur Seite gestellt wurde, aus konservatorischen Gründen verputzt. Die Schule dient jetzt als Bürgerhaus und beherbergt einen Gemeinde-Sitzungssaal.

Das verkehrsreiche belebte Zentrum in der Talsenke besteht aus bunt zusammengewürfelter Architektur. Aufwendige postmoderne Geschäfts- und Dienstleistungskomplexe geben den Ton an zwischen hohen Ziegel- oder Putzbauten der Jahrhundertwende und bescheidenen älteren Häusern. Der schiefe langgestreckte Spitzhelm auf dem umbauten urtümlichen Kirchturm überhöht, unerreicht, die kleine Stadt, gibt ihr die Mitte und einen gewissen Pfiff. Erst nachdem der Bahnhof im Westen von Kaisersesch eröffnet worden war, wurde die breite Bahnhofstraße als Verlängerung der Poststraße angelegt, die beide heute Hauptgeschäftsadern sind. Dem Busverkehr hat man einen eigenen Platz mit Pavillon gebaut.

Im Südwesten des Ortes stößt ein Neubaugebiet an den jüdischen Friedhof aus den zwanziger Jahren, den heute die jüdische Kultusgemeinde Koblenz pflegen läßt. Eine mächtige Tanne zeigt das von Weißdornhecken eingezäunte Areal an. Seit Mitte des vorigen Jahrhunderts wuchs in Kaisersesch eine jüdische Gemeinde mit knapp 50 Mitgliedern heran, Viehhändler, Metzger, Handwerker. Ihr kleines Bethaus steht noch in der Koblenzer Straße. Nur wenigen war es gelungen zu emigrieren, die meisten von ihnen traf das Schicksal der Deportation.

St. Pankratius

Im vorigen Jahrhundert, besonders in seinen letzten Jahrzehnten, nahm die Bevölkerung

Grabstein auf Kaisersesch's Judenfriedhof

so stark zu, daß vielerorts die Kirchen zu klein wurden. In der Kölner und der Trierer Diözese entstanden allein zwischen 1800 und 1870 insgesamt rund 700 Neubauten, bis 1900 stieg die Zahl noch einmal beträchtlich. In Kaisersesch beauftragte man 1898 den Architekten Lambert von Fisenne (1852–1903) mit dem Entwurf für ein größeres Gotteshaus. Der belgische Freiherr hatte sein Büro in Gelsenkirchen und bereits eine Vielzahl alter Kirchen auch in der Eifel erweitert und neue errichtet, häufig in neogotischem Stil. Bei St. Pankratius ließ er sich von spätromanischen Formen inspirieren, dem sogenannten Übergangsstil, der seit Mitte des Jahrhunderts neben der beherrschenden Neogotik (s. Mendig) im Rheinland bei den Bischöfen offiziell anerkannt war und der in dem Koblenzer Johann Claudius von Lassaulx (1781–1848) schon einen frühen bedeutenden und eigenwilligen Vertreter hatte.

Fisenne erstellte eine geschlossene Anlage von plastischer Kraft, eine Stufenhalle. Dieser beliebte Bautyp, auch Pseudobasilika genannt, hat ein Mittelschiff, das zwar die

Südfront der Kirche mit altem Turm

Seitenschiffe überragt, doch keine eigenen Fenster besitzt und im Inneren Hallencharakter zeigt. Ansteigendes, im Westen und Norden umbautes, eingeengtes Gelände und die Einbeziehung des mittelalterlichen Turmes waren Vorgaben. Der ungegliederte viergeschossige quadratische Westturm mit gekuppelten Schallarkaden im Glockengeschoß ist verputzt und gehörte zu einer Kirche vom Anfang des 14. Jahrhunderts, die 1778 durch einen größeren Saalbau mit barocken Formen ersetzt worden war. Der Chor wies nach Norden, der alte Turm stand neben der Südfront im Westen und erhielt gleichzeitig über einem kurzen Dachsattel einen gotischen achtseitigen Spitzhelm. Seine fehlerhafte hölzerne Konstruktion gab, ähnlich wie in Mayen, dem Winddruck nach, so daß sich eine leicht geneigte Spindelform herausbildete. Die acht Giebelkranzfenster wurden 1926 in den Helm eingesetzt.
Fisenne übernahm die Nord-Südrichtung der niedergelegten Kirche von 1778 und setzte seinen langgestreckten Baukörper auf einen Sockel, der, entsprechend der Steigung, im

Süden an der Hauptfassade entlang der Brunnenstraße 20 Treppenabsätze hoch ist und der an der Ostflanke, entlang der Burgstraße, von fünf zu zwei Eingangsstufen abflacht.
Der Südabschluß, Schauseite der Kirche, ist ein auffälliger Blickpunkt noch vom alten Postplatz aus vor allem wegen der Gliederung in verschiedenfarbigen schmückenden Natursteinen. Fisenne griff mit seiner »Polychromie« an der Außenhaut auf Lassaulx zurück. Er verwendete roten Sandstein vom Kyllburger Land, schwärzliche Mayener Basaltlava und für die eingegrenzten Putzflächen über Bruchsteinmauern helle Erdfarbe, die zusammen einen kräftigen Akkord anschlagen. Klarheit bestimmt die Gestaltung der Südfront, die mit der Stirnseite des Hauptschiffes etwas vor die Seitenschiffenden springt. Deutlich sind die Konturen hervorgehoben: gebuckelte, hellverfugte Basaltlava-Werksteine verkleiden, gleich Pilastern, die hochlaufenden Kanten, bilden einen breiten Rahmen bis unter das Dach. Das aufsitzende Giebeldreieck wird von einem getreppten Rundbogenfries in rotem Sandstein eingefaßt. Spannungsvoll belebt die Fassade eine kleine Halbrundapsis mit Kegeldach, die in der Mittelachse plastisch aus der Wandfläche heraustritt. Sie wird von je zwei Rundbogenfenstern flankiert und von einer großen Rosette überhöht. Die etwas zurückliegenden Seitenschiffenden sind ebenfalls von Basaltlava-Werksteinen umrandet. Ihre Pultdachschräge ziert ein Treppenfries.
Der über drei breite und zwei verkürzte Joche sich dehnende Schiffskörper beeindruckt durch gestaltete Baumasse an seiner freien Ostseite. Das große Satteldach zieht mit durchlaufendem First noch über das Chorjoch, begleitet vom schmaleren Pultdach des Seitenschiffes, das die Neigung des Sattels aufgreift und unmittelbar an dessen Traufe ansetzt, da die Stufenhalle keine Obergaden ausbildet. So liegen zwei gestaffelte ruhige Schieferflächen parallel. Die Seitenschiffwand ist mit Betonung der Senkrechten unterteilt, wobei die vorgelegten breiten Wandstreifen in Basaltlava-Werksteinen jeweils im Rhythmus der Joche Felder eingrenzen, die

lange gekuppelte Rundbogenfenster durchbrechen. Die reliefartige symmetrisch-geometrische Wandstruktur nach dem Vorbild spätromanischer, staufischer Architektur gewinnt durch die unterschiedliche Farbigkeit und Materialität der Natursteine Eigenheit. Die Horizontale zeichnen profilierte Gesimse an Traufe und Sockel nach, die, wie die Fenstergewände und Portale im südlichen und nördlichen Joch in rotem Sandstein gearbeitet sind.

Die Chorseite schließt im Norden mit einer hohen Halbkreisapsis unter dem Giebeldreieck mit Stufenfries. Das mächtige Mauerrund umfängt ein Mantel aus Basaltlava-Werkstein, der drei bis zum Boden reichende verputzte Blendbögen ausspart, die lange Rundbogenfenster durchbrechen. Flankierende Schlitzöffnungen sorgen für zusätzliches Licht im Inneren. Nebenapsiden vor den Seitenschiffenden rahmen das eindrucksvolle Chorhaupt.

Die der Straße abgekehrte Westflucht der Kirche nimmt im Süden den Turm mit überdachtem rundbogigen Hauptportal auf. Anschließend begleitet das Seitenschiff ein niedriger Vorbau, der sogenannte Beichtgang, eine Kapelle im Inneren. Ähnlich einem Querhaus mit niedrigem Giebel springt im dritten Joch die Sakristei vor.

Das Innere: bunte Ornamentik

Der Besucher betritt die Kirche durch das südliche Portal in der Burgstraße und gelangt über eine Wendeltreppe in das Schiff, einen kunstvoll und einheitlich gestalteten Raum, der durch reiche bunte ornamentale Bemalung prachtvolle Wirkung erzielt. Rundsäulen mit Würfelkapitellen tragen in weitem Abstand das breitgelagerte hohe fensterlose Mittelschiff und öffnen in großen Spitzbogenarkaden schmale niedrigere Seitenschiffe, die bei abgestufter Höhe die Halle erweitern und sie mit Fenstern belichten. Kräftige Rundstabrippen steigen von den Kapitelldeckplatten auf und überspannen das querrechteckige Kreuzgewölbe in der Höhe. Die Gurtbögen zeigen leicht spitz

Blick in den Chor von St. Pankratius

bogige Form. Schmückend und ausdrucksvoll unterstreicht die Farbfassung Gliederung und Mauerstärke der Innenarchitektur, die spätromanische Formen wiederbelebt. Rot mit weißen Fugen und ein feines Hellgrau sind die Dominanten, betonen Säulen, Rippen, Ränder, Kanten und Fenstergewände. Gemalte bunte Ornamentbänder mit geometrisierenden Zickzack- und Phantasiemustern füllen die breiten Bögen der Arkaden, Liliengewächse ranken in den Gewölbezwickeln. Die Joche der Seitenschiffe sind längsrechteckig ausgebildet. Runde Scheidbögen umschließen die Zweiergruppen der Fenster. Wegen des Turmes am Südende ist das westliche Seitenschiff verkürzt und von nur zwei und nicht drei Rundsäulen getragen. Es erweitert sich aber noch einmal durch kleine Rundbogenarkaden zu dem sogenannten Beichtgang, einem niedrigen Andachtsraum.

Das schmale Chorjoch mit hohem Triumphbogen stellen mächtige Pfeiler in Kreuzform heraus. Es ist um vier Stufen erhöht. Die

Barockes Kruzifix

niedrigere und schmalere Apsis liegt noch eine Stufe höher. Ihre spitzbogige Öffnung akzentuiert eine gezahnte Hausteinrahmung in Rot mit weißen Fugen. Die ursprüngliche Gliederung des halbrunden Chorhauptes unter den drei hochsitzenden Fenstern, Rundbogenblendfriese, wurden 1955 vermauert.

Das Südende des Mittelschiffes, ein verkürztes Joch, trägt auf schlanken Säulen mit Würfelkapitellen die Orgelempore. Der Raum unter ihr wird erhellt durch zwei Fenster neben der kleinen Apsis, die der Außenfassade besonderen Charakter gibt. Sie liegt in einer Achse mit der Hauptapsis und birgt ein schlichtes Kreuz.

Bei der Restaurierung 1985/86 konnten originale Ausstattungsstücke in die Kirche zurückgeholt werden. Der Hochaltar im Chor steht, wie die Altäre in den Nebenapsiden, auf einem von Säulchen mit Würfelkapitellen getragenen Unterbau mit Steinplatte. Der Aufbau, in Gestalt eines Hauses, zeigt in halbplastischen vielfigurigen Szenen die Geburt Christi, das Abendmahl und als Bekrönung eine Kreuzigung. Heiligenfiguren, unter ihnen der Patron der Kirche, Pankratius, stehen auf Engelkonsolen. Der Kreuzweg Christi flankiert mit den 14 Stationen, farbig gefaßten Reliefs, die Ostwand des Seitenschiffes. Sämtliche figürlichen Kunstwerke sind im naturalistischen Zeitstil gearbeitet. Die Chorfenster geben in leuchtend bunten Farben Begebenheiten aus der heiligen Familie wieder, während die Glasmalerei im Schiff Flechtwerkornamente variiert. Von der Vorgängerkirche ist ein ausdrucksvolles barockes Kruzifix vom 17. Jahrhundert bewahrt. Die Arme des Gekreuzigten sind hochgereckt, das schwere bärtige Haupt ist tief auf die rechte Schulter gesunken, ein großer Knoten rafft das bauschige Lendentuch.

Der Patron der Kirche, der hl. Pankratius, war ein römischer Märtyrer, der unter Diokletian im Alter von vierzehn Jahren enthauptet worden sein soll. Er gehört mit den Heiligen Servatius und Bonifatius zu den Eisheiligen, denn sein Festtag ist der 12. Mai, Zeitpunkt der Kälterückfälle. In dem alten, landwirtschaftlich geprägten Kaisersesch erflehten die Bauern seinen Schutz für die junge Saat, ihre Existenzgrundlage. 1706 wurde ihm eine Kirchenglocke geweiht mit der Inschrift: PANCRATIUS GENEND, UNGEWITTER ICH TREIB ZU END, UNSEREM PATRON GAEB ICH DEN TON. Soweit der Schall trug, waren im Volksglauben die Wetterdämonen gebannt.

Literatur

Abel, Karl, Die sozialen Verhältnisse am Mechernicher Bleiberg im 19. Jahrhundert, Heimatkalender, Schleiden 1969

Albert-Schweizer-Realschule Mayen, Auf den Spuren der Juden in Mayen und Umgebung, Ausstellungskatalog, Mayen 1987

Alken, Heinrich, Geschichte meiner Familie, Geschichts- und Altertumsverein für Mayen und Umgebung, Hrsg., Mayen 1992

Caspar, Benedikt, Rund um den schiefen Turm, Saarbrücken 1939

Altmann, Bernd und Caspary, Hans, Bearb., Kulturdenkmäler in Rheinland-Pfalz, Bd. 9. 2, Worms 1993

Barkhausen, Ernst, Die Tuchindustrie in Montjoie, Aachen 1925

Becker, Karl E., Das Kyllburger Land, Kyllburg 1977

Blum, Peter, Die Kreisstadt Daun/Eifel, Daun 1951

Bock, Franz, Kyllburg und seine kirchlichen Bauwerke des Mittelalters, Kyllburg 1895/96

Bodsch, Ingrid, Nideggen – Burg und Stadt, Köln 1995

Bongart, Harald, Als »Knönche« und Kaufleute die Stadt prägten, Euskirchener Jahrbuch, Euskirchen 1995

Bornheim gen. Schilling, Werner, u. a., Kirchen, Dome und Klöster, Kunst und Kultur in Rheinland-Pfalz, Bad Neuenahr-Ahrweiler 1982

Brauksiepe, Bernd/Neugebauer, Anton, Klosterlandschaft Eifel, Regensburg 1994

Busse, Hans-Berthold, Die Rosenkranzkirche Bad Neuenahr, Bad Neuenahr-Ahrweiler 1990

Daners, Peter, Die evangelische Erlöserkirche in Gerolstein, Rheinische Kunststätten, Neuss, voraussichtlicher Erscheinungstermin Herbst 1999

Dehio, Georg, Handbuch der Deutschen Kunstdenkmäler, Rheinland-Pfalz und Saarland, 2. bearb. Aufl., München, Berlin 1984

ders., Handbuch der Deutschen Kunstdenkmäler, I. Rheinland, neubearb., München, Berlin 1966

Didas, Anton P. M., Die Lebensbaumkirche Manderscheid, Trier 1968

Droege, Georg; Fehn, Klaus und Flink, Klaus, Hrsg., Rheinischer Städteatlas, Nideggen, Lieferung III Nr. 20, Köln 1976

Eifelverein, Hrsg., Bad Münstereifel (»Die schöne Eifel«), Düren 1984

ders., Daun (»Die schöne Eifel«), Düren 1990

ders., Gemünd (»Die schöne Eifel«), Düren 1978

ders., Gerolstein (»Die schöne Eifel«), Düren 1993

ders., Heimbach (»Die schöne Eifel«), 2. Aufl., Düren 1987

ders., Hillesheim (»Die schöne Eifel«), Düren 1982

ders., Kyllburg (»Die schöne Eifel«), Düren 1964

ders., Vulkaneifel um Manderscheid (»Die schöne Eifel«), 8. Aufl., Düren 1988

ders., Neuerburg, (»Die schöne Eifel«), 2. Aufl., Düren 1983

ders., Schleiden (»Die schöne Eifel«), Düren 1981

Engelskirchen, Lutz, Die Erlöserkirche in Gerolstein als ein Symbol, Eifeljahrbuch, Düren 1995 ders., Die Gerolsteiner Erlöserkirche als Baudenkmal und Denkmalkirche, Eifeljahrbuch, Düren 1997

Faas, Franz Josef, Prüm die letzten hundert Jahre, Horb am Neckar 1987

ders., Prüm und das Prümer Land 1700-1945, Prüm 1986

ders., Prüm/Eifel, Kathol. Pfarrkirche St. Salvator, Regensburg 1998

Fiedler, Ursula, Beiträge zur Vor- und Frühgeschichte der Gemeinde Kall (Kreis Euskirchen) unter besonderer Berücksichtigung archäologischer Quellen, schriftliche Hausarbeit, Bonn 1977

Forster, Hermann, Erläuterungen zum Geschichtlichen Atlas der Rheinprovinz, Bd. IV, Das Fürstentum Prüm, Bonn 1903

Freckmann, Klaus, Wittlicher Tabak, Wittlich 1976

ders., Stadt Wittlich, Rheinische Kunststätten, Heft 199, 2. Aufl., Neuss 1982

Frey, Martin; Gilles, Karl-Josef und Thiel, Markus, Das Römische Bitburg, Trier 1995

Galerie Hennemann und F. J. van der Grinten, Georg Meistermann, Die Fenster in Profanbauten, Bonn 1985

ders., Georg Meistermann, Die Fenster der Feldkirche, Bonn 1979

Gappenach, Hans, Münstermaifeld, Rheinische Kunststätten Heft 244, Neuss 1980

ders., Hrsg., Münstermaifelder Heimatbuch, Münstermaifeld 1960

Gerhards, Albert, Kathol. Pfarr- und Wallfahrtskirche Heimbach/Eifel, München und Zürich 1991

Geschichts- und Altertumsverein, Hrsg., Geschichte von Mayen, Mayen 1991

Geschichtsverein »Prümer Land«, Hrsg., Ortslexikon des Altkreises Prüm, Prüm 1992

Gilles, von den Hoff, Kortenkamp, Petry, Beiträge zur Geschichte und Kultur der Stadt Wittlich, Bd. I, Wittlich 1990

Grote, Ludwig, Hrsg., Die deutsche Stadt im 19. Jahrhundert, München 1974

Handbuch der Historischen Stätten Deutschlands, Bd. 3, Nordrhein-Westfalen, Zimmermann, Walter und Borger, Hugo, Stuttgart 1963; Bd. 5, Rheinland-Pfalz und Saarland, Petry, Ludwig, Hrsg., Stuttgart 1959

Hegel, Eduard, Geschichte der Erzdiözese Köln, Bd. IV, Köln 1979

ders., Hrsg., Geschichte des Erzbistums Köln, Bd. I, Das Bistum Köln von den Anfängen bis zum Ende des 12. Jahrhunderts, 2. Aufl., Köln 1972

Heid, Ludger und Schoeps, Julius, Hrsg., Wegweiser durch das jüdische Rheinland, Berlin 1992

Hesse, Günter/Schmidt-Kölzer, Manderscheid, Geschichte einer Verbandsgemeinde in der südlichen Vulkaneifel, Bernkastel-Kues 1986

Heydt, Horst, Die Schloßkirche zu Alt-Saarbrücken und die Glasfenster von Georg Meistermann, Saarbrücken 1993

Heyen, Franz-Josef, Hrsg., Polch im Maifeld, Koblenz 1986

Heyen, Hans, Homann und Rudolf, Neuerburg im Wandel der Zeit, Gerolstein 1983

Hinsen, Hermann, Die Reformation in Schleiden im Lichte bisher unbekannter Quellen, Aufsatz in »Monatshefte für evangelische Kirchengeschichte des Rheinlandes«, 43. Jahrgang, Köln und Bonn 1994

Hoersch, Wilhelm, Geschichte der Grafen von Daun zu Daun, Daun 1877

Hoffmann, Gertrud, Beschreibung der Stadt Münstermaifeld nach J. Büchel, bearb. und ergänzt, Münstermaifeld 1988

Isenmann, Eberhard, Die deutsche Stadt im Spätmittelalter: 1250-1500, 1988 Stuttgart

Kathol. Kirchengemeinde Bitburg-Liebfrauen, Hrsg., Lebendige Steine, 1000 Jahre Bitburg-Liebfrauen, Trier 1981

Kaufmann, K. L., Aus Geschichte und Kultur der Eifel, Köln 1926

Kubach, Hans Erich und Verbeek, Albert, Romanische Baukunst an Rhein und Maas, Bd. 4, Berlin 1989

Kerkhoff, Ulrich und Ohnmacht, Mechthild, Bearb., Kulturdenkmäler in Rheinland-Pfalz, Bd. 4, 1, Stadt Wittlich, Düsseldorf 1987

Keyser, Erich, Hrsg., Deutsches Städtebuch, Bd. III und IV, Stuttgart 1956 und 1964

Klein, Hans-Georg, Mühlenteich und Huten in Ahrweiler, Bad Neuenahr-Ahrweiler 1996

Köhler, Udo, Hrsg., 50 Jahre Erlöserkirche in Gerolstein, Gerolstein 1963

Kreissynodalvorstand Aachen, Hrsg., Evangelische Gottesdienststätten im Kirchenkreis Aachen, Monschau-Imgenbroich 1986

Kulturgemeinschaft Bitburg, Hrsg., Bitburg, Bitburg 1990

Kunstdenkmäler der Rheinprovinz, Clemen, Paul, Hrsg. : Die Kunstdenkmäler des Kreises Ahrweiler, des Kr. Bitburg, des Kr. Daun, des Kr. Düren, des Kr. Mayen, Bd. II, des Kr. Monschau, des Kr. Prüm, des Kr. Rheinbach, des Kr. Schleiden und des Kr. Wittlich, Düsseldorf 1898-1943

Künzel, Anja, Kirche bauen – Gemeinde bilden, Aachen 1995

Landesamt für Denkmalpflege, Hrsg., Synagogen und Denkmalpflege, Mainz 1989

Landschaftsverband Rheinland, Hrsg. u. a., Die Manderscheider, Ausstellungskatalog, Köln 1990

Laub, Gerhard, Die Eisengewinnung im früheren Amt Harzburg, Bad Harzburg 1988

Lehmann-Brauns, Elke, Basaltlava-Kreuze der Eifel, 3. Aufl., Köln 1996

dies., Die alten Dorfkirchen der Eifel, 2. Aufl., Köln 1996

Lexikon der christlichen Ikonographie, Braunfels, Wolfgang, Hrsg., Freiburg im Breisgau 1976

Lexikon für Theologie und Kirche, Freiburg 1964

Liedke, Hansjoachim, Die Evangelische Gemeinde Monschau, Monschau 1981

Löhr, Wolfgang, Das Kanonikerstift in Münstereifel, Euskirchen 1969

Losse, Michael, Stadt Adenau, Rheinische Kunststätten, Heft 322, Neuss 1987

de Lorenzi, Philipp, Beiträge zur Geschichte sämtlicher Pfarreien der Diözese Trier, Bd. I und II, Trier 1887

Lucas, Theo, Die Herrschaft Neuerburg, Bd. 3a, Neuerburg 1975

Macquoid, Katherine und Gilbert, Die Eifelreise, London 1895/Briedel 1995

Markowitz, Gertrud und Klaus, Stadt Mayen, Rheinische Kunststätten Heft 237, Neuss 1980

Mayer, Alois, Aus Ruinen neu erstanden, Heimatjahrbuch Kreis Daun, S. 257-261, Daun 1989

Meyer, Wilhelm, Geologie der Eifel, 3. Aufl., Stuttgart 1994

Meyer, Hermann, Hillesheim, Trier 1990

Meynen, E., Hrsg., Die Stadte der Bundesrepublik Deutschland, Bd. 3, Bonn 1970

Mötsch, Johannes und Schoebel, Martin, Hrsg., Eiflia Sacra, Studien zu einer Klosterlandschaft, Mainz 1994

Müller, Wolf-Manfred, Stadt Polch im Maifeld, Rheinische Kunststätten Heft 358, Neuss 1990

Museum der Stadt Bad Neuenahr-Ahrweiler, Museumsführer, Bearb. Wernz-Kaiser, Heike, Bad Neuenahr-Ahrweiler 1993

Neu, Peter, Eisenindustrie in der Eifel, Köln 1988

ders., Bearb., Rheinischer Städteatlas VIII 42, Adenau (Kr. Ahrweiler), Bonn 1985

ders., Bearb., Rheinischer Städteatlas V 28, Gemünd, Bonn 1979

ders., Bearb., Rheinischer Städteatlas II 12, Schleiden, Bonn 1974

Neuburg, Claudia, Alltag und Lebensverhältnisse von Arbeitern im Mechernicher Bleierzbergbau, Münster 1995

Niewodniczanska, Marie Luise, Stadt Bitburg in der Eifel, Rheinische Kunststätten, Heft 392, Neuss 1993

dies., Stadt Kyllburg in der Eifel, Rheinische Kunststätten, Heft 348, Neuss 1989

Nolden, Reiner, Hrsg., 1100 Jahre Prümer Urbar, Trier 1973

Ohlert, Joseph-Matthias und Bernhard, Die Stiftskirche zu Bad Münstereifel, München 1991

Ortsgemeinde Kaisersesch, Hrsg., Kaisersesch – Erlebte Geschichte, Kaisersesch 1996

Pauly, Ferdinand, Aus der Geschichte des Bistums Trier, Trier 1968

Petri, Franz und Droege, Georg, Hrsg., Rheinische Geschichte Bd. 1-3, Düsseldorf 1980

Pracht, Hans Peter, täntze, todt und teuffel, Aachen 1991

Reck, Hans Hermann, bearb., Kulturdenkmäler in Rheinland-Pfalz, Bd. 9. 1, Kreis Bitburg-Prüm, Verbandsgemeinden Kyllburg und Speicher, Worms 1991

Rolef, Monika, Prüm und die Karolinger, Prüm 1995

Roggendorf, R., Mechernich, Altes und Neues zur Heimat- und Pfarrgeschichte, Köln 1929

Ronig, Franz und Pieroth, Heinrich, Die Geschichte der Clemenskirche und ihre kulturhistorische Bedeutung, Mayen 1976

ders., Die Stiftskirche Unserer Lieben Frau zu Kyllburg, Kyllburg 1976

Ruland, Josef, Bad Neuenahr, Rheinische Kunststätten Heft 386, Neuss 1993

Saupp, Norbert, Heimbach, Geschichte einer Stadt, Monschau 1993

Schäfer, Theo, Die Pfarrkirche St. Johannes in Nideggen, Rheinische Kunststätten Heft 200, 2. Aufl., Neuss 1985

Schalig, Jörg; Schneider, Karl Friedrich und Stadler, Jörg, Die Bleierzlagerstätte Mechernich, Krefeld 1986

Scheibler, Walter, Die Geschichte der evangelischen Gemeinde Monschau, Aachen 1939

Schlagberger, Franz X., Hrsg., Wandalbert von Prüm, Das Kalendergedicht

Schleindl, Angelika, Jüdisches Leben in Wittlich, Ausstellungskatalog, Wittlich 1993

Siebel, Wilhelm, Die evangelische Gemeinde Schleiden, Schleiden 1936

Schmitz-Ehmke, Ruth, Die Bau- und Kunstdenkmäler von Nordrhein-Westfalen, Berlin 1985

dies. und Fischer, Barbara, Stadt Schleiden, Die Bau- und Kunstdenkmäler des Kreises Euskirchen, Berlin 1996

dies., Die Schleidener Stadtteile, Rheinische Kunststätten, Heft 288, Neuss 1984

Schneider, Jakob, Das Kylltal, Trier 1843

Schneider, Ottmar, Mendig, Thür/Mayen 1969

Schnell, Hugo, Der Kirchenbau des 20. Jahrhunderts in Deutschland, München und Zürich 1973

Schoenen, Paul, Das Rote Haus in Monschau, Köln 1968

Schug, Peter, Geschichte der zum ehemaligen kölnischen Eifeldekanat gehörenden Pfarreien der Dekanate Adenau, Ahrweiler, Remagen, Bd. 4, Trier 1952, Adenau, Daun, Gerolstein, Hillesheim und Kelberg, Bd. 5, Trier 1956

Stadt Adenau, Hrsg., 1000 Jahre Adenau, Adenau 1992

Stadt Daun, Hrsg., 1250 Jahre Daun, Daun 1981

Stadt Gerolstein, Hrsg., Stadt Gerolstein, Trier 1986

Stadt Nideggen, Hrsg., Nideggen, 650 Jahre Stadt, Düren 1963

Stadt Schleiden, Hrsg., Schleiden, Vergangenheit und Gegenwart, Schleiden 1975

Stadtverwaltung Gerolstein, Hrsg., Gerolstein in der Eifel, Gerolstein 1965

Thomas, Alois, Neue Bauten im Bistum Trier, Trier 1961

Trier, Eduard und Weyres, Willy, Kunst des 19. Jahrhunderts im Rheinland, Bd. I, Düsseldorf 1980

Vogts, Hans, Vincenz Statz (1819-1898), Mönchengladbach 1960

Wackenroder, Ernst, Bearb., Die Kunstdenkmäler des Landkreises Cochem, Teil 2, München 1959

Wagner, Herbert, Hillesheim in der Eifel, Heft 4, Neuss 1976

ders., Mirbach in der Eifel, Rheinische Kunststätten Heft 246, 2. Aufl., Neuss 1991

Wein-Mehs, Maria, Juden in Wittlich, Wittlich 1996

Weiler, Hildegard, Geschichte der Stadt Münstermaifeld, Münstermaifeld 1977

Weiß, Peter Josef und Neuß, Elmar, Monschau (Altstadt), Heft 75, 3. Aufl., Neuss 1988

Wendt, Christoph, Monschau, Aachen 1995

Wessel, Marieluise, St. Markus Wittlich, Kunstführer Nr. 2114, Wittlich 1994

Westfehling, Uwe, Edward T. Compton, Das Skizzenbuch einer Eifelwanderung im Jahre 1868, Köln 1985

Weyres, Willy und Albrecht Mann, Handbuch zur Rheinischen Baukunst des 19. Jahrhunderts, Köln 1968

Wolff, Arnold, Willy Weyres – Architekt, Forscher und Lehrer, Kölner Domblatt, Köln 1989

Wrede, Adam, Eifeler Volkskunde, Frankfurt/Main 1983

Zahn, Wolfgang, Das Rote Haus in Monschau, Rheinische Kunststätten, Heft 76, 7. Aufl., Neuss 1993

Ders., Alte Pfarrkirche und ehemaliges Minoritenkloster mit Aukirche in Monschau, Rheinische Kunststätten, Heft 354, Neuss 1990

Zender, Matthias, Volksmärchen und Schwänke aus Eifel und Ardennen, Bonn 1984

Bildnachweis:
Fotos: Elke Lehmann-Brauns. Außerdem wurden folgende Abbildungen freundlicherweise zur Verfügung gestellt:
Seite 10: Hermann-Josef Hoffmann, Münstermaifeld; Seite 32: Heinz Lempertz, Mendig; Seite 74: Museum der Stadt Bad Neuenahr-Ahrweiler; Seiten 93 und 99: Fotoarchiv der Stadt Bad Münstereifel; Seite 111: Bergbaumuseum Mechernich; Seite 150: Touristik GmbH Monschau; Seite 158 Stadtarchiv Schleiden; Seite 183: Hans-Bernd Gossel, Lahntal-Caldern; Seite 231: Museum Prüm; Seite 233: Stadtbibliothek Stadtarchiv Trier; Seite 249 Bitburger Brauerei, Bitburg; Seite 254: Lothar Monshausen, Bitburg; Seite 291: Landessammlung für Naturkunde Rheinland-Pfalz, Mainz

Stein mit Ohrenmaske, vermutlich von der Kyllburger Stiftsanlage, heute am Pfarrhaus von Kyllburg

Die Grundrisse von 13 Stadtkirchen

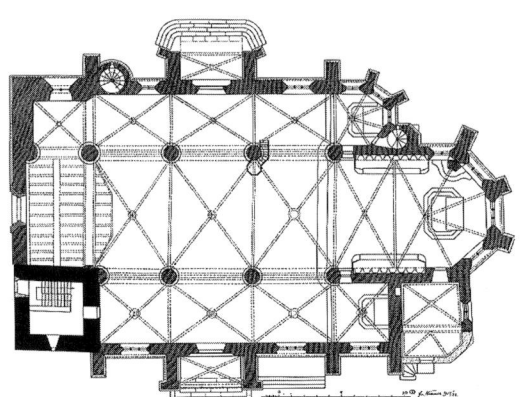

Mayen: St. Clemens

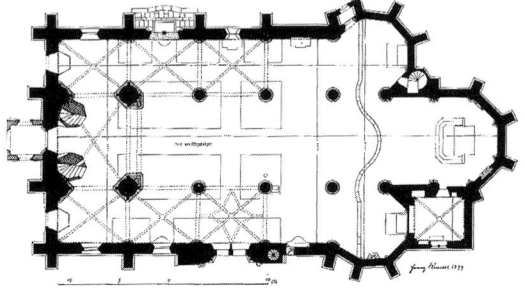

Ahrweiler: St. Laurentius

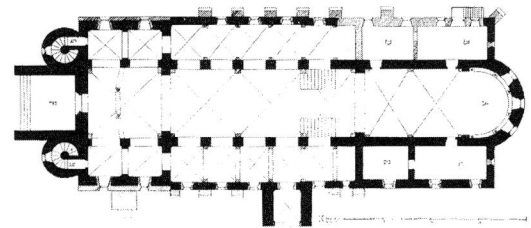

Münstereifel: ehemalige Stiftskirche

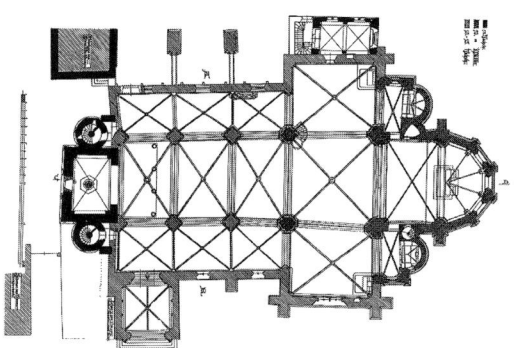

Münstermaifeld: ehemalige Stiftskirche

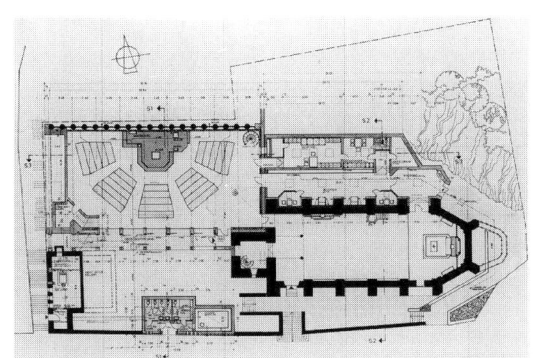

Heimbach: St. Clemens und St. Salvator

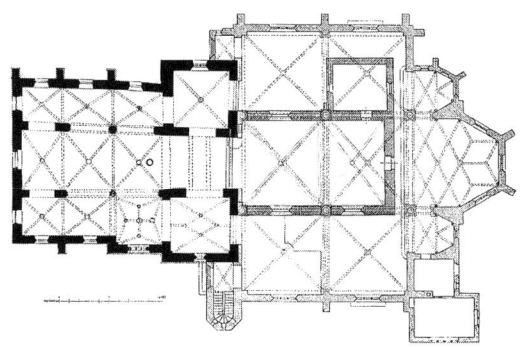

Adenau: St. Johannes d. Täufer

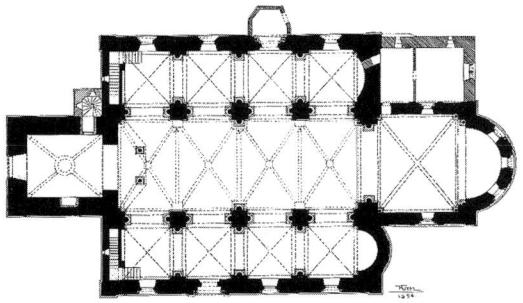

Nideggen: St. Johannes d. Täufer

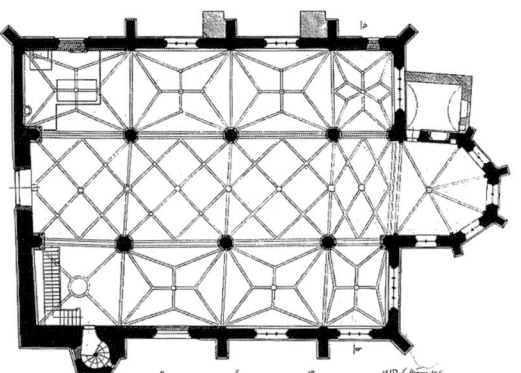

Schleiden: ehemalige Schloßkirche

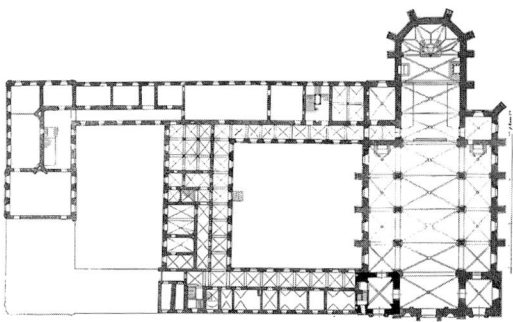

Prüm: ehemalige Abtei

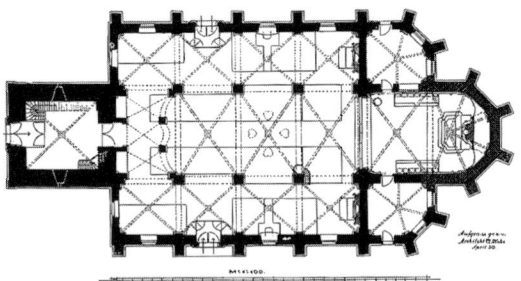

Wittlich: St. Markus

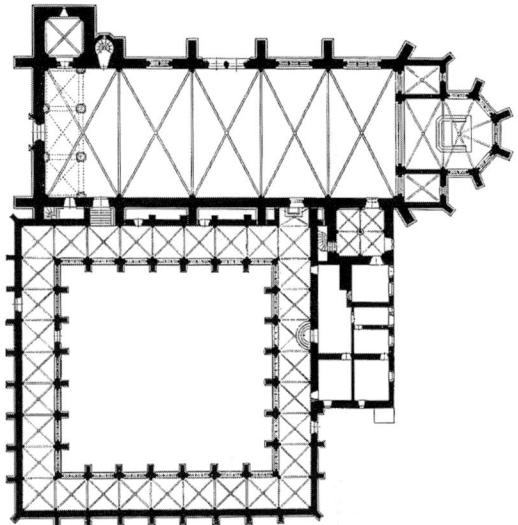

Kyllburg: ehemalige Stiftsanlage

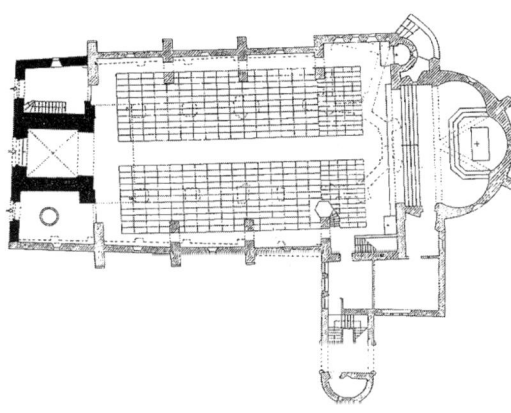

Daun: St. Nikolaus

Die Wiedergabe der Grundrisse erfolgte mit freundlicher Genehmigung des Verlages der Akademischen Buchhandlung Interbook Trier aus den Bänden „Die Kunstdenkmäler der Rheinprovinz" (Nachdruck) für die Kirchen von Mayen, Münstermaifeld, Adenau, Ahrweiler, Münstereifel, Nideggen, Schleiden, Wittlich, Prüm und Kyllburg. Für Heimbach stellte den Grundriß freundlicherweise K. H. Rommé zur Verfügung, für Daun Alois Thomas, für Manderscheid K. P. Böhr.

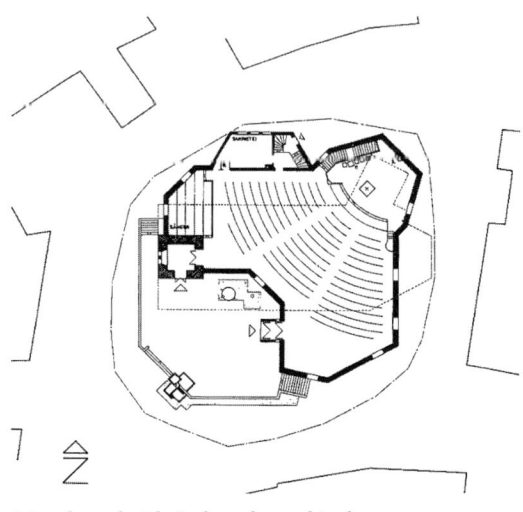

Manderscheid: Lebensbaumkirche

315

Stichwortverzeichnis

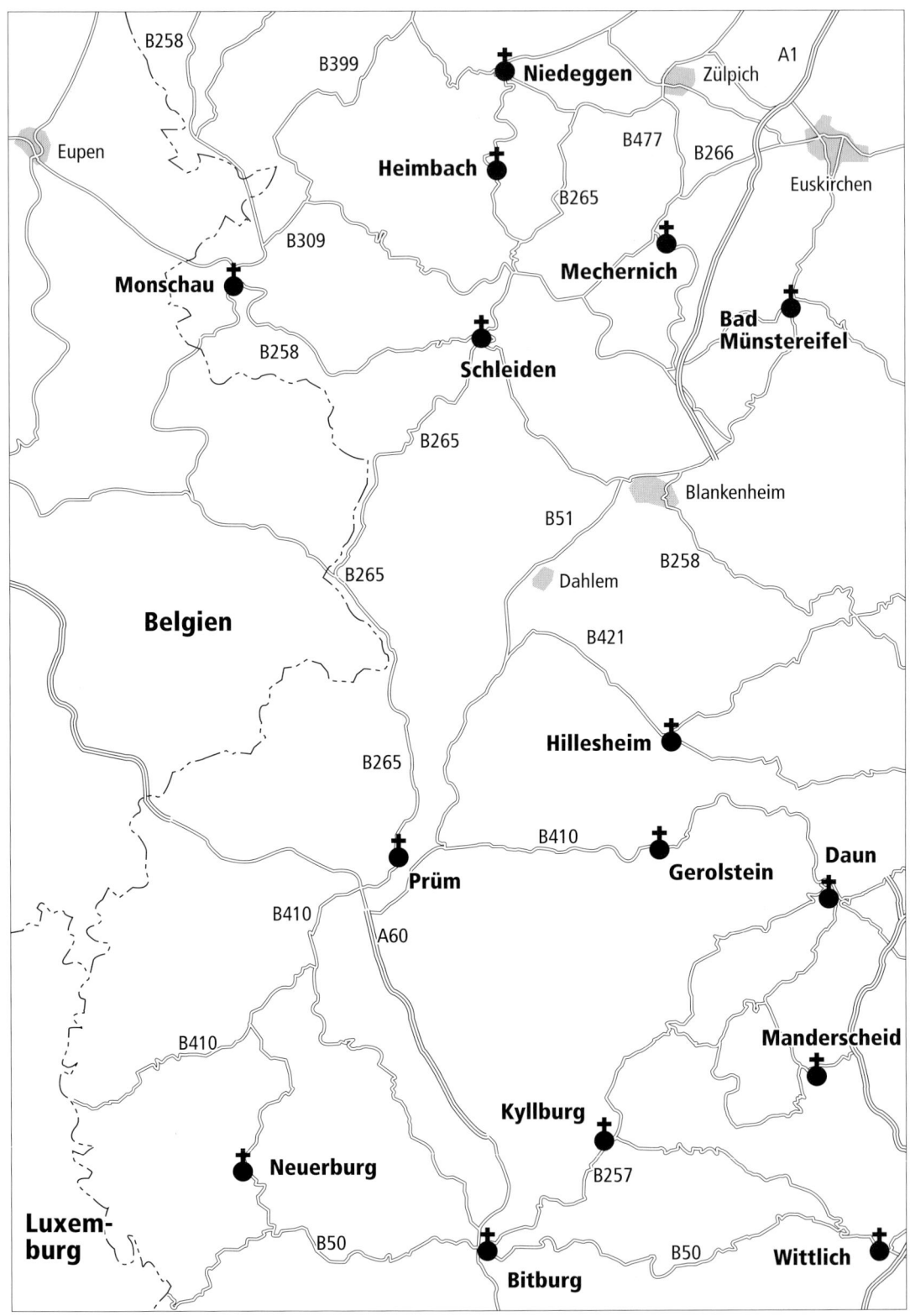

B258
B399
Niedeggen
Zülpich
A1
Eupen
B477
B266
B309
Heimbach
B265
Euskirchen
Monschau
Mechernich
B258
B265
Bad
Münstereifel
Schleiden
B265
Blankenheim
B51
B265
B258
Belgien
Dahlem
B421
Hillesheim
B265
B410
Gerolstein
Daun
Prüm
B410
A60
B410
Manderscheid
Kyllburg
Neuerburg
B257
Luxem-
burg
B50
Bitburg
B50
Wittlich

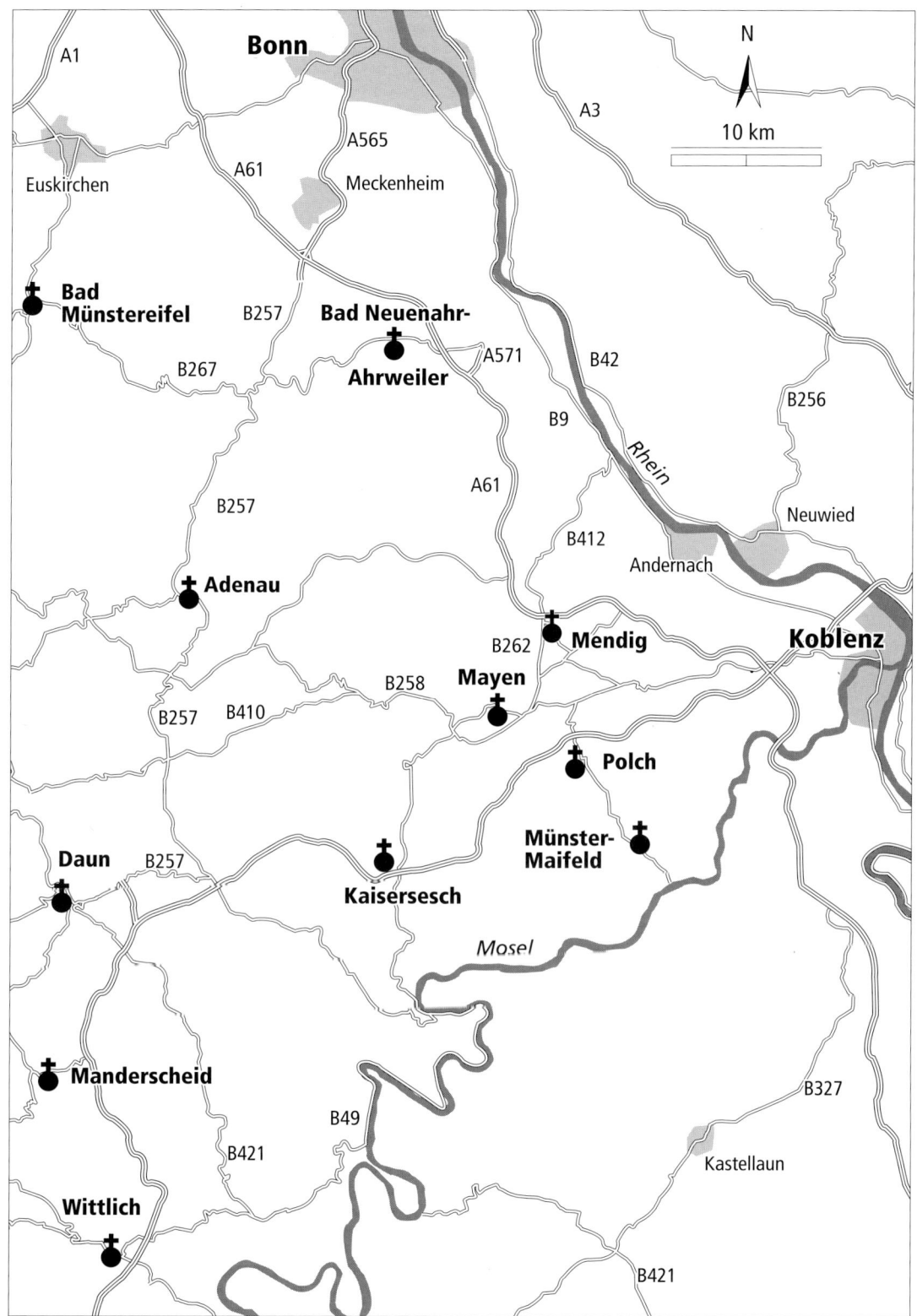

Bad Münstereifels Stadtmauer nahe dem Werther Tor im Norden, 14. Jahrhundert